Sagesse éternelle
Édition complète

Sagesse éternelle

L'enseignement de Śrī Mata Amritānandamayi

Propos recueillis par
Swami Jnanamritānanda Puri

Mata Amritānandamayi Center, San Ramon
Californie, États-Unis

Sagesse éternelle
L'enseignement de Śrī Mata Amritānandamayi

Publié par :
Mata Amritānandamayi Center
P.O. Box 613
San Ramon, CA 94583-0613
États-Unis

En France :
www.etw-france.org

Au Canada :
http://ammacanada.ca/?lang=fr

En Inde :
www.amritapuri.org
inform@amritapuri.org

Amma,

Puisse chacune de mes actions être adoration
et abandon total de moi-même,

Que chaque son qui sort de mes lèvres,
soit une psalmodie de ton puissant mantra,

Que chaque geste de mes mains
soit un mudra, un hommage sacré,

Que chacun de mes pas me fasse faire
le tour de ton être,

Quand je mange ou je bois
que ce soit une offrande à ton feu sacré,

Que mon repos soit prosternation,
Amma,

Que chacun de mes actes et de mes bonheurs
Soit adoration.

Table des Matières

Avant-propos 13

Chapitre 1 19

Lundi 3 juin 1985 19

La mère qui jamais ne se repose 19

Conseils aux chefs de famille 21

Mener une vie spirituelle pour purifier sa conduite 23

Lundi 10 juin 1985 25

Les instructions du guru 26

Océan de compassion 28

Bhakti yoga 32

L'importance de l'attitude intérieure 34

Pour les chercheurs spirituels 35

Le danger de la richesse 37

La mère de l'univers 40

Méditation 49

Les chagrins de la vie dans le monde 50

Précisions concernant la sādhana 51

Conseils aux dévots 55

Chapitre 2 81

La dévotion 81

La nature du guru 83

La sādhana est indispensable 84

La grandeur de la dévotion 86

Les instructions d'Amma 88

Mānasa pujā (adoration mentale) 91

Vendredi 5 juillet 1985 92

Les principes de la vie spirituelle 94

Lundi 8 juillet 1985 100
Joies et peines de la vie profane 100
Pas de compromis avec la discipline 103
Quand Amma s'occupe de la vache 105
Conseils aux chefs de famille 107
Mardi 6 août 1985 112
L'extase divine d'Amma 113
Le passé est un chèque annulé 115
La cause et le remède de la souffrance 117
Chapitre 3 **121**
Mercredi 7 août 1985 121
Méditation 121
Celle qui protège de tous les dangers 122
L'avenir est-il prédestiné ? 123
Samedi 10 août 1985 126
Le voyage spirituel 128
Lundi 12 août 1985 133
Samedi 24 août 1985 135
Où Amma clarifie les doutes des brahmacārīs 136
Une expérience étonnante 139
La mère infatigable 141
Le travail d'un missionnaire 143
Unniyappam 146
Vendredi 6 septembre 1985 148
Le renonçant et sa famille 149
Sur le rivage 152
Instructions aux brahmacārīs 153
Souvenirs d'enfance d'Amma 159
Chapitre 4 **163**
Brahmacārīs et chefs de famille 163
Quelques moments avec les brahmacārīs 168

La mère qui nourrit ses enfants 169
Amma et Ottur 172
Seva et sādhana 173
L'advaita au quotidien 176
Une leçon de cuisine 178
Amma bénit une vache 179
L'adoration des divinités et du guru 180
Dimanche 13 octobre 1985 182
Observez le principe qui est à la base des rituels 184
Comment affronter la louange et le blâme 187
Un accident provoqué par un chien 189
La mère qui accorde des bénédictions invisibles 192
Le trésor intérieur 193
La déesse du savoir initie les enfants 196
Donnez à ceux qui sont dans le besoin 199
Le vrai dévot ignore la pauvreté 201
Mettez votre foi en pratique 203
La foi en Dieu, la foi en soi 205

Chapitre 5 **209**
Amma répand ses bénédictions 209
Amma boit du lait empoisonné 212
La véritable forme d'Amma 215
S'abandonner à Dieu 217
Pas de temps pour la sādhana 218
Amma à Ernakulam 221
Enseigner le dharma dès l'enfance 222
Les enfants handicapés — d'où vient leur karma ? 226
Conseils aux brahmacārīs 227
Qui est prêt pour la réalisation ? 230
La véritable nature d'Amma 233
Servir dans le monde : les règles à observer 233

Lundi 4 novembre 1985 236
Vedanta — le vrai et le faux 236
Bhakti bhava 239
Brahma muhūrta 241
Histoires anciennes 243
Amma écoute la lecture du Bhāgavatam 247
Tyāga 250
Conseils à propos du japa 251

Chapitre 6 **255**

Vendredi 15 novembre 1985 255
Le secret du karma 256
L'initiation à un mantra 260
L'importance de la solitude 263
Samedi 16 novembre 1985 268
Brahmacārya 268
Mardi 7 janvier 1986 275
Adorer une forme 276
Amma et l'érudit 278
Abhyāsa yoga 280
L'amour est essentiel 283
Amma avec les dévots 286
Les soucis de la mère pleine de compassion 290
Amma, rivière de compassion 291
Mercredi 22 janvier 1986 296
Le sādhak et le scientifique 298
Questions au sujet de la sādhana 299

Chapitre 7 **309**

Vendredi 7 février 1986 309
Celle qui dissipe les doutes 309
L'incarnation des écritures 313
Son saṅkalpa est la vérité même 317

Celle qui tire d'invisibles ficelles 320
L'éducation des enfants 322
Où chercher le bonheur 323
Les bienfaits des yāgas 324
Autres questions 327
Amma discipline « à la baguette » 331
Sannyāsa est pour les courageux 332
Le principe d'ahimsa 336
Les signes du souvenir 338
Le rôle des temples 340
Sādhana avec le guru 342

Chapitre 8 **347**
Le travail accompli avec śraddhā est une méditation 347
La concentration 349
L'égoïsme dans les relations humaines 352
Jouer un rôle pour le bien de la société 354
Le secret du karma yoga 356
Tourne-toi vers Dieu maintenant 357
« Et pourtant, j'agis » 361
Satsaṅg en chemin 363
Des avocats en quête de justice 368
Des épreuves inattendues 371
Dimanche 18 mai 1986 373
La sympathie pour les pauvres 374
Amma mendie pour ses enfants 376
Jeudi 25 mai 1986 379
La première nourriture solide 379
Vendredi 30 mai 1986 380
Un remède pour Amma 381
La sādhana doit venir du cœur 382
La même vérité sous des noms différents 384

Accomplir chaque action comme une forme d'adoration 386

Chapitre 9 **391**

Lundi 9 juin 1986 391

Il ne suffit pas de faire une sādhana pour soi-même 393

Ceux qui prennent totalement refuge en elle sont toujours protégés 396

Vendredi 13 juin 1986 397

Une leçon de śraddhā 398

Les brahmacārīs et les liens de famille 402

Dimanche 15 juin 1986 406

Un dévot met Devi à l'épreuve 408

Instructions destinées aux disciples 409

La mère qui veut voir ses enfants pleurer 411

Détachement de courte durée 413

S'attendre à réussir sans étudier 416

La spiritualité et le monde 418

Kṛṣṇa était-il un voleur ? 421

Bhava darśan 424

Chapitre 10 **429**

Les pécheurs sont aussi ses enfants 429

Le foyer doit devenir un āśram 432

Om 433

Chacun selon son saṁskāra 434

Contact avec les femmes 435

Jeudi 10 juillet 1986 438

La méditation doit être pratiquée avec concentration 439

Adorer une forme 441

Vairagya 444

Les règles sont importantes dans un āśram 448

Comment éliminer les défauts 450

Comment discerner entre le bien et le mal 454

Chapitre 11 **459**

Maîtrisez la colère 459

Samedi 23 août 1986 460

Agir 462

La patience 464

Lundi 25 août 1986 469

Darśan au bord de la route 474

Mardi 2 septembre 1986 475

Méditation au bord de la lagune 477

Dimanche 14 septembre 1986 480

Amma console un jeune aveugle 482

La fête d'Onam à l'āśram 484

Visite au foyer familial et renoncement 488

Dieu est dans le temple 490

Les différences de castes n'ont pas de sens 491

Mercredi 17 septembre 1986 493

Le satsaṅg est important, la sādhana indispensable 494

Glossaire **498**

Guide pour la prononciation **515**

Avant-propos

Bien rares sont les *mahātmās* (grandes âmes) capables de voir l'univers entier contenu dans l'*ātman* (le Soi) et l'*ātman* à l'intérieur de l'univers. Même si on les reconnaît, ils ne sont pas forcément enclins à communiquer avec nous ou à nous conseiller, car ils reposent dans l'éternel silence du Soi. C'est donc une très grande chance pour nous de rencontrer un *mahātmā* pleinement réalisé qui soit prêt à nous guider et à nous discipliner avec le tendre amour d'une mère et la compassion inexplicable d'un *guru*. Aujourd'hui, partout dans le monde, le *darśan* et les paroles d'ambroisie de Śrī Mata Amritānandamayi Devi transforment la vie de centaines de milliers de gens. Ce livre, bien qu'incomplet, est un précieux recueil de conversations entre Amma et ses disciples, ses dévots ou des visiteurs. Il couvre la période allant de juin 1985 à septembre 1986.

La sagesse des *mahātmās*, dont la mission est d'élever le monde, a une signification à la fois présente et intemporelle. Bien qu'ils mettent en lumière des valeurs éternelles, ils sont en harmonie avec l'époque dans laquelle ils vivent et leurs paroles s'accordent aux battements de cœur de ceux qui les écoutent.

Amma prononce ses paroles immortelles, qui transforment la société, à une époque où l'être humain a perdu valeurs traditionnelles, nobles sentiments et paix de l'esprit dans une tentative frénétique pour s'investir dans le monde extérieur du pouvoir, du prestige et des plaisirs sensoriels. Tandis qu'il poursuit, insensé, ces distractions, il demeure ignorant de son propre Soi, ce qui le prive de l'harmonie et de la beauté de la vie. Le manque de foi, la peur et les rivalités ont détruit les liens personnels et les relations familiales. L'amour n'est plus qu'un mirage dans une société vouée à une consommation excessive.

L'amour désintéressé pour Dieu laisse la place à une dévotion motivée uniquement par les désirs. L'être humain accorde une importance démesurée à l'intellect qui cherche le profit immédiat, tandis qu'il néglige la gloire durable que lui promet la véritable sagesse. Les principes spirituels supérieurs et les nobles expériences, au lieu d'être vécus, restent lettre morte. C'est à un tel tournant qu'Amma nous parle un langage de pure dévotion, une langue du cœur, faite de sagesse et de l'amour qui est toute sa vie. Ses paroles d'ambroisie ont une valeur à la fois présente et éternelle.

La sagesse d'Amma, qui a personnellement écouté les innombrables problèmes de centaines de milliers de personnes, montre sa profonde connaissance de la nature humaine. Elle connaît les besoins des gens et se met au niveau du rationaliste, du croyant, du scientifique, de l'homme ordinaire, de la femme au foyer, de l'homme d'affaires, de l'érudit et de l'illettré pour donner à chacun, homme, femme ou enfant, la réponse adéquate, qui répond à son attente.

Amma montre l'exemple de sa vie et déclare : « Voyant en tout la vérité, ou *brahman*, je me prosterne devant cette vérité. Je sers chacun, ne voyant en lui que le Soi ». Elle accepte l'*advaita* (la non-dualité) comme la vérité ultime ; mais le chemin qu'elle indique à la plupart de ses dévots est une combinaison harmonieuse de *mantra japa*, méditation sur une forme divine, chant dévotionnel, *arcana* (litanies), *satsaṅg* et service désintéressé au monde.

Ses conseils ne sont pas théoriques, mais tout à fait pratiques et ancrés dans la vie quotidienne. Ses instructions mettent en lumière la nécessité d'un entraînement spirituel et d'une *sādhana* (pratique spirituelle) dans la vie de l'individu et dans la société ; elles soulignent le rôle du service désintéressé dans la quête du Soi, l'importance de la prière sincère, effectuée avec dévotion et amour pur. Amma se préoccupe également de questions concernant le code de conduite des familles, les problèmes de la vie quotidienne, le *dharma* de la relation entre homme et femme et des indications pratiques pour les chercheurs spirituels, énonçant parfois des énigmes de nature philosophique.

Nous l'entendons exhorter ses enfants à suivre la voie de la spiritualité, à renoncer au luxe, à éliminer les mauvaises habitudes et à servir ceux qui souffrent : « Mes enfants, le vrai but de la vie est de réaliser Dieu ». La spiritualité n'est pas la foi aveugle ; c'est l'idéal qui disperse les ténèbres. C'est le principe qui nous enseigne à accueillir des circonstances adverses ou un obstacle avec le sourire. C'est un enseignement pour le mental. Amma nous montre que nous ne pouvons utiliser nos autres connaissances sans acquérir ce savoir.

La sagesse infinie d'Amma s'exprime à travers ses paroles de réconfort aux malheureux, ses réponses aux curieux en matière de spiritualité et les instructions qu'elle donne parfois à ses disciples. Chaque réponse correspond à la nature et à la situation de celui qui pose la question. Même quand ce dernier est incapable d'exprimer pleinement son idée, Amma, qui connaît le langage du cœur, donne la réponse adéquate. Ceux qui viennent à elle reçoivent souvent des réponses à leurs doutes avant d'avoir eu l'occasion de les exprimer.

Répondant à la question d'une personne, elle en profite souvent pour glisser un conseil à un auditeur silencieux. Lui seul comprendra que cette réponse était pour lui. Il faut garder cela en mémoire lorsqu'on étudie l'enseignement d'Amma.

Les paroles d'un *mahātmā* possèdent plusieurs niveaux de signification. Nous devons les intégrer à celui qui nous correspond. Une histoire bien connue des *upaniṣads* raconte que quand le dieu Brahma prononça le mot « *da* », les démons l'interprétèrent comme une invitation à plus de compassion (*dayā*), les humains comme un appel à donner (*dāna*) et les êtres célestes comme une injonction à pratiquer la modération (*dama*).

Comme il est doux d'écouter Amma, de la regarder parler avec des gestes et des expressions vivantes, dans un langage simple qu'embellissent des histoires venant à point et des analogies tirées de la vie quotidienne. L'amour qui brille dans les yeux d'Amma, son visage radieux et plein de compassion s'impriment dans le cœur des auditeurs et deviennent des sujets de méditation.

Il n'y a aucune pénurie en matière de littérature spirituelle aujourd'hui ; la triste réalité demeure néanmoins que les gens parlent des nobles idéaux sans les mettre en pratique. Mais Amma parle en se fondant sur son vécu. Jamais elle ne donne un conseil dont sa propre vie ne montrerait pas l'exemple. Elle nous rappelle souvent que principes spirituels et *mantras* ne sont pas faits pour rester sur nos lèvres, mais pour s'exprimer aussi à travers notre vie. Amma n'a jamais étudié les écritures ni suivi l'enseignement d'un *guru*. La source secrète des principes spirituels profonds qui jaillissent d'elle sans arrêt, c'est son expérience directe du Soi.

La vie des *mahātmās* est le fondement même des écritures. Quand Amma affirme : « Le monde entier appartient à celui qui connaît la réalité. », « La sollicitude envers les pauvres est notre devoir envers Dieu. », « Si vous prenez refuge en Dieu, Il vous donnera ce dont vous avez besoin quand vous en aurez besoin. », ces paroles reflètent sa vie. Chacun de ses mouvements est une danse de compassion pour le monde entier et une déclaration d'amour pour Dieu. Amma se fonde sur cette unité entre pensée, parole et action, lorsqu'elle affirme que ses enfants n'ont pas besoin d'étudier les écritures s'ils analysent sa vie et l'étudient avec soin. Amma brille au milieu de notre société comme l'incarnation vivante du *vedanta*.

Les *mahātmās*, qui sanctifient le monde par leur présence, sont des *tīrthas* (lieux sacrés de pèlerinage) incarnés. De même que les pèlerinages et la fréquentation régulière des temples purifient notre mental, lorsque nous les pratiquons pendant plusieurs années, un seul *darśan*, un contact ou une parole d'un *mahātmā* nous sanctifie et dépose en nous le germe d'un *saṁskāra* élevé.

Les paroles d'un *mahātmā* ne sont pas de simples sons, mais l'expression de leur grâce. Leurs paroles ont pour but d'éveiller la conscience, même chez quelqu'un qui les écoute sans en comprendre le sens. Lorsqu'elles nous parviennent sous la forme d'un livre, leur étude devient le plus grand des *satsaṅgs*, la plus grande des méditations. Les *mahātmās* comme Amma, qui ont l'expérience de la réalité, transcendent le temps et l'espace. Lire ou entendre ses paroles immortelles nous permet de maintenir avec elle un lien intérieur invisible et nous prépare à recevoir sa bénédiction. C'est là que réside la valeur de cette étude.

Nous offrons humblement ce recueil de paroles immortelles aux lecteurs, en priant pour que cette lecture les incite à s'inspirer des nobles idéaux spirituels dont la vie d'Amma est l'exemple parfait et à progresser sur le chemin de l'ultime vérité.

Les éditeurs

Chapitre 1

Lundi 3 juin 1985

Le jour naissant perçait le dais de palmes de cocotiers qui ombrage le terrain de l'*āśram.* On pouvait entendre, venant de la chambre d'Amma[1], la douce mélodie de la *taṃbūrā.* Depuis qu'un dévot lui en avait fait cadeau, peu de temps auparavant, Amma en jouait un bon moment le matin. Elle ne prend l'instrument qu'après l'avoir touché et salué avec respect, et s'être prosternée devant lui. Elle se prosterne de nouveau en le reposant.

Pour Amma, tout est une forme de Dieu. Elle nous dit souvent de considérer tous les instruments de musique comme une incarnation de Devi Sarasvatī. Pendant les *bhajans*, il est impossible de dire exactement à quel moment elle repose les petites cymbales dont elle joue, tant elle y met de respect et d'attention.

La mère qui jamais ne se repose

Amma arriva dans la hutte de *darśan* peu après neuf heures du matin. Plusieurs dévots l'y attendaient déjà.

Amma : « Mes enfants, cela fait longtemps que vous attendez ? »

---

[1] Amma signifie mère en malayalam, la langue du Kerala.

Un dévot : « Juste un petit moment. Nous avons eu beaucoup de chance, aujourd'hui, car nous avons entendu Amma jouer de la taṃbūrā. »

Amma : « Amma perd alors la notion du temps. Elle n'a pas eu le temps de dormir après le *bhava darśan* de la nuit dernière. Elle avait beaucoup de lettres à lire, et lorsqu'elle a eu fini, il faisait jour. Gāyatri l'a priée plusieurs fois d'aller dormir, mais Amma répondait toujours : « Une lettre encore, rien qu'une. » Puis, voyant la lettre suivante, elle ne pouvait s'empêcher de l'ouvrir et de la lire. La souffrance de ces enfants lui perçait le cœur. Beaucoup d'entre eux n'attendent pas même de réponse ; ils désirent simplement lui confier leur chagrin. Comment pourrait-elle ignorer leur prière ? Quand elle pense à leur douleur, elle oublie complètement ses propres difficultés.

Quand Amma a terminé, il faisait jour. Elle ne s'est pas couchée. Après sa douche, elle a éprouvé le besoin d'être seule et s'est mise à jouer de la *taṃbūrā*. Cette sonorité captive son mental. Lorsqu'elle joue, elle n'a pas conscience du temps qui passe. Quand la pendule a sonné neuf heures, elle s'est souvenue de vous, ses enfants, et est immédiatement descendue ! »

Il n'y avait rien d'inhabituel à l'emploi du temps d'Amma ce jour-là. La plupart des journées se déroulent ainsi. Elle n'a souvent pas le temps de dormir ni de manger. Les nuits de *bhava darśan*, il est fort tard quand elle rentre dans sa chambre et elle se met alors à lire les lettres, toujours nombreuses, qui l'attendent. La plupart de ces lettres racontent des histoires remplies de larmes. Amma les lit toutes avant de se coucher. Certains jours, elle a un peu de temps vers midi pour lire. Mais comment trouverait-elle le moyen de se reposer, quand elle accorde tant d'attention aux problèmes de ses enfants, qui sont plusieurs centaines de milliers ? Il est rare qu'elle puisse dormir plus de deux heures. Parfois, elle ne prend aucun repos. Mais quand elle se rappelle que les dévots l'attendent, elle oublie tout et se hâte de descendre les escaliers. Toute lassitude disparaît alors de son visage.

Conseils aux chefs de famille

Une jeune femme aux vêtements tachés, la chevelure en désordre, vint se prosterner devant Amma. Elle tenait dans les bras un bébé. Son visage était marqué par le chagrin.

Amma : « Tu pars aujourd'hui, ma fille ? »

La dévote : « Oui, Amma, cela fait trois jours maintenant que j'ai quitté la maison ».

Elle posa la tête sur la poitrine d'Amma et se mit à sangloter. Amma lui releva la tête et essuya ses larmes en disant : « Ne t'inquiète pas, ma fille, tout ira bien. »

La femme se prosterna de nouveau et partit.

Un dévot : « Je connais cette jeune femme, elle a beaucoup changé ».

Amma : « Son mari avait un bon emploi, mais il s'est mis à avoir de mauvaises fréquentations et à boire. Il n'eut bientôt plus d'argent liquide et lui demanda ses bijoux pour payer l'alcool qu'il consommait[2]. Comme elle hésitait, il l'a battue. Par peur des coups, elle a fini par tout lui donner. Il a vendu les bijoux et dépensé tout l'argent à boire. Il rentrait ivre toutes les nuits, la tirait par les cheveux et la battait. Voyez dans quel état elle est maintenant, après avoir reçu tant de coups ! Il y a quelques jours, ils se sont battus pour la petite chaîne en or que le bébé porte autour du cou et elle en est sortie bien mal en point. Alors elle a pris le bébé et est venue se réfugier ici. Ils formaient une famille si heureuse, au début. Quel bien une drogue peut-elle

[2] En Inde, les bijoux font partie de la dot de la femme et sont sa propriété personnelle, son assurance vieillesse, etc. Le mari n'a en principe pas le droit de l'en déposséder.

nous apporter ? La santé, la richesse et la paix du foyer, tout est perdu ».

Une autre dévote : « Un de nos voisins boit. Récemment, il est rentré ivre, a attrapé sa fille, un bébé d'un an et demi, et l'a violemment jetée par terre. Quel être sain d'esprit serait capable d'une chose pareille ! Sa femme est dans un triste état, avec tous les coups qu'elle prend ».

Amma : « Mes enfants, quand un homme est abruti par l'alcool, il est incapable de reconnaître sa femme ou ses enfants. Il a peut-être participé à une bagarre avant de rentrer. Quelle joie nous apporte donc l'alcool ? Nous nous contentons d'imaginer que les drogues nous apportent du plaisir. Le bonheur se trouve-t-il donc dans le tabac, l'alcool ou les stupéfiants ? Certaines personnes dépensent plusieurs centaines de roupies par mois en cigarettes. Cette somme suffirait à financer les études d'un enfant. Ces drogues nous permettent peut-être de tout oublier pendant un bref moment mais en réalité, elles privent notre corps de sa vitalité, ruinent notre santé et nous conduisent à une mort prématurée. Ceux qui devraient être le soutien de leur famille et du pays finissent au contraire par se détruire eux-mêmes et par nuire aux autres ».

Un dévot : « Amma, pourquoi ces gens se détruisent-ils consciemment ? »

Amma : « Mes enfants, c'est la quête égoïste du plaisir qui pousse un homme à fumer et à boire. Il pense que cela le rend heureux. Nous devons expliquer aux gens les principes de la spiritualité. Mais pour cela, il nous faut vivre en accord avec ces principes. Alors les autres nous imiteront. Leur cœur en sera transformé et leur égoïsme diminué.

Nous voyons des gens dépenser des milliers de roupies pour s'entourer de confort, d'une splendeur excessive alors que leur voisin n'a peut-être rien à manger ou que le mariage d'une jeune fille est annulé parce que ses parents n'ont pas les mille roupies qui constitueraient sa dot. Dans une autre famille, une belle-fille est renvoyée chez elle parce qu'elle n'a pas reçu une part assez importante de l'héritage de son père. Mais au même moment, les voisins dépensent des millions pour le mariage de leur fille. Ceux qui ont les moyens, mais ne veulent pas aider ceux qui sont dans le besoin, font le plus grand mal à la société. Ils trahissent aussi leur âme. »

Mener une vie spirituelle pour purifier sa conduite

Le visage d'Amma prit une expression sérieuse. Elle dit d'une voix ferme : « Mes enfants, seules des pensées spirituelles peuvent transformer un mental égoïste et le rendre généreux. Par exemple : « Nous sommes tous le même Soi ; nous sommes tous les enfants de la même mère, la mère de l'univers. Nous respirons tous le même air. » « Quand je suis né, je n'avais ni nom, ni caste. La caste et la religion sont venues bien après, mon devoir est donc de rompre ces barrières et d'aimer chacun comme mon frère ou ma sœur. Je ne pourrai trouver le bonheur qu'en aimant et en aidant les autres. La véritable adoration de Dieu est d'aider ceux qui souffrent. » Telles sont les pensées qu'il s'agit d'entretenir ; elles ouvriront notre cœur et élèveront notre conscience. Lorsque nous aurons saisi ces principes, notre caractère se transformera en profondeur et nous serons pleins de compassion.

De nos jours, la plupart des gens ne se préoccupent que du « moi » et du « mien ». Ils ne songent qu'à leur propre bonheur et à celui de leur famille. C'est la mort. Cela amènera leur destruction et celle de la société. Mes enfants, nous devons leur expliquer : « Ce n'est pas ainsi qu'il faut vivre ! Vous n'êtes pas de petites mares stagnantes et polluées, vous êtes des rivières destinées à couler pour le bien du monde. Vous n'êtes pas nés pour souffrir, mais pour connaître la béatitude !

Lorsque l'eau de la mare est reliée à une rivière, elle est purifiée ; si elle est reliée à un égout, elle devient encore plus sale. L'égout est l'attitude égoïste du « moi » et du « mien ». La rivière est Dieu. Enfants, prenons refuge en Dieu. Que la vie nous apporte gain ou perte, cette attitude nous sera bénéfique. En prenant refuge en Dieu, nous trouverons la joie et la paix de l'esprit. La paix et la prospérité augmenteront dans notre famille et dans le monde. »

Regardant un dévot assis non loin de là, Amma dit : « Quand ce fils est venu voir Amma pour la première fois, il était si saoul qu'il était inconscient. Quelques personnes l'ont porté jusqu'ici ». Amma rit.

Le dévot : « Après avoir vu Amma, j'ai arrêté de boire. Certains de mes amis ont fait de même en voyant cela. Maintenant je ne peux même plus entendre parler d'alcool. »

Amma : « Mon fils, lorsque tu as changé, cela en a influencé d'autres, n'est-ce pas, apportant la paix à leur famille ? Mes enfants, nous naissons et nous procréons. Mais en-dehors de cela, que faisons-nous pour le bien du monde ? Il est vrai que nous prenons soin de notre famille, mais n'est-ce pas là simplement notre devoir ? Si nous nous contentons de cela, comment pouvons-nous être en paix ? Lorsque la mort arrivera, serons-nous satisfaits ? En vivant sans connaître les principes d'une vie juste, nous souffrons et faisons de plus souffrir les autres. Nous mettons au monde des enfants qui connaissent à leur tour la douleur et la peine. Voilà bien la vie, de nos jours, n'est-ce pas ? »

Un dévot : « Amma veut-elle dire que nous ne devrions avoir ni femme ni enfants ? »

Amma : « Non, ce n'est pas ce qu'elle entend. Nous devrions atteindre la paix dans cette vie, au lieu de vivre comme un animal.

Au lieu de courir après le plaisir, il s'agit de comprendre quel est le but de la vie et de nous y consacrer. Menez une vie simple. Distribuez aux autres ce qui vous reste après avoir pourvu à vos propres besoins. Vivez sans faire de mal à autrui et enseignez aux autres ces mêmes principes. À nous de contribuer à créer une culture où ils fleuriraient. Sachons être bons et vertueux. Que nos cœurs deviennent meilleurs afin que nous aidions les autres à le devenir eux aussi. Voilà ce qui est nécessaire. Si nous agissons ainsi, nous connaîtrons toujours la joie et la paix, même si le confort extérieur nous manque.

Si nous ne pouvons pas aider les autres, nous devrions au moins éviter de leur faire du mal. Cela est en soi un grand service. Mais ce n'est pas suffisant. Essayez de vous investir dans des activités qui bénéficieront à autrui. Contentez-vous du strict nécessaire et n'entreprenez rien de superflu. Nourriture, pensées, sommeil et paroles, tout devrait être limité à l'essentiel. Si nous adoptons cette discipline, notre mental ne nourrira que de bonnes pensées. Ceux qui vivent ainsi, loin de polluer l'atmosphère, la sanctifient. Nous devrions les considérer comme des modèles. »

Les visages, éloquents, montraient à quel point les conseils d'Amma en vue du bien-être des individus et de la société avaient ému les dévots. Ils sentaient qu'elle leur indiquait clairement la manière de mener désormais leur vie. Ces précieux instants passés en sa compagnie leur laissaient un sentiment de plénitude ; ils se prosternèrent devant elle avant de partir.

Lundi 10 juin 1985

À dix heures du matin, quelques *brahmacārīs* et dévots étaient assis avec Amma devant le *kalari* (le vieux temple). À droite de l'édifice se dressait le petit bâtiment abritant le bureau, la bibliothèque, la cuisine et le réfectoire. À l'arrière se trouvaient trois petites chambres pour les *brahmacārīs*. La famille d'Amma avait vécu dans cette maison avant de déménager. À gauche du *kalari* se trouvaient l'école de *vedanta*, quelques huttes, la chambre d'Amma et la salle de méditation.

Les instructions du guru

Amma : « Aujourd'hui, Amma a sévèrement disputé un de ses fils. » Elle désignait ainsi l'un des *brahmacārīs*.

Un dévot : « Pourquoi, Amma ? »

Amma : « Il est allé à Kollam l'autre jour pour faire réparer la voiture. Avant son départ, Amma lui avait recommandé de rentrer le jour même, que les réparations soient terminées ou non. Il est cependant resté à Kollam pour la nuit, parce que la voiture n'était pas prête. Alors quand il est rentré le lendemain, Amma l'a disputé. Hier, il est parti à Kollam sans le lui dire ou lui laisser un mot. Aujourd'hui, Amma l'a de nouveau réprimandé. Ce n'est pas agréable pour Amma, mais on voit la qualité d'un chercheur spirituel à sa façon d'obéir. Que peut faire Amma ? Elle semble parfois très cruelle envers ses enfants.

Certains malades n'autorisent pas le docteur à leur faire une piqûre, car ils ont peur de la douleur. Mais le docteur sait qu'ils ne guériront jamais sans cela. Il leur fait donc la piqûre, même s'il lui faut employer la force et contraindre le malade pendant le traitement. Si le médecin, par gentillesse, renonçait à agir, le malade pourrait en mourir. Pour qu'il guérisse, le traitement est inévitable. De même, un vrai *guru* s'assure que le disciple lui obéit. C'est indispensable pour qu'il atteigne le but. Le devoir du *guru* est de faire faire au disciple ce qu'il faut.

Le forgeron chauffe un morceau de fer à blanc et le façonne en lui portant des coups répétés. Ce n'est pas par cruauté, mais pour lui donner la forme désirée. Pour fabriquer une belle fleur en papier, il faut utiliser des ciseaux et tailler dans le papier. De même, si le *guru* réprimande l'élève et le discipline, ce n'est que pour lui révéler la nature du Soi. Toute punition infligée par le maître est un acte de pure compassion. Le disciple doit développer une attitude d'humilité et d'abandon de lui-même, éprouver le sentiment d'être le serviteur de son *guru*. Alors seulement, il lui accordera sa grâce et l'élèvera jusqu'au monde où il vit. Le disciple doit avoir l'attitude : « Je ne suis rien, Tu es tout. Je ne suis que Ton instrument ».

Hormis notre ego, tout appartient à Dieu. Seul l'ego nous appartient et il n'est pas aisé de s'en débarrasser. Nous ne pouvons le détruire que par notre obéissance au maître. Si nous suivons ses instructions et nous soumettons à sa volonté, par sa grâce, l'ego disparaîtra.

Un tronc d'arbre flottant qui descend la rivière suit le courant. De même, le disciple doit se comporter selon la volonté du *guru*, avec une attitude d'abandon de lui-même et la conviction : « Tu es tout ». C'est la seule façon d'éliminer l'ego. Quel pouvoir possédons-nous que nous puissions appeler « notre volonté » ? Quelqu'un déclare du haut des escaliers : « Je descends », mais tombe raide mort au bout de dix marches. N'y a-t-il pas d'innombrables exemples comme celui-là ? Si « notre volonté » existait, la personne ne serait-elle pas descendue comme elle l'avait annoncé ? Mais elle n'en a pas été capable. Comprenons donc que tout est la volonté de Dieu. »

Joignant les mains, Amma pria à voix haute : « Ô Devi, à partir de ce jour, aie la bonté de ne plus m'obliger à réprimander mes enfants ! Accorde-leur intelligence et discernement ! Accorde-leur ta bénédiction ! » Amma demeura quelques instants ainsi. Ceux qui l'entouraient se mirent eux aussi à prier, les mains jointes et les yeux fermés.

Mardi 11 juin 1985

Océan de compassion

À quatre heures de l'après-midi, Amma descendit dans la hutte pour donner le *darśan*. Un serpent était venu sur le côté de la hutte et les dévots et *brahmacārīs* s'efforçaient de le faire partir. Amma s'approcha et leur dit : « Mes enfants, ne lui faites pas de mal ! Jetez-lui juste un peu de sable ». Comme s'il avait entendu ses paroles, le serpent s'éloigna lentement. Les écritures disent : Prosternations sans fin à Devi, qui réside en tous les êtres sous forme de compassion.

Amma s'assit dans la hutte et se mit à donner le *darśan*. Venant se prosterner un par un, les dévots déposaient leur fardeau à ses pieds. Ils lui murmuraient à l'oreille les désirs et les problèmes qui les tourmentaient. Certains fondaient en larmes en la voyant. Ceux qui venaient à elle, aux prises avec les difficultés de la vie, s'en allaient en paix, heureux.

Les dévots partis, les *brahmacārīs* s'assemblèrent autour d'Amma.

Un *brahmacārī* : « Amma n'a pas parlé de spiritualité aujourd'hui. »

Amma : « Mon fils, ceux qui sont venus aujourd'hui étaient remplis de souffrance. Un enfant affamé n'a pas besoin d'un discours sur le *vedanta* ou sur les principes spirituels. Apportons d'abord un peu de soulagement à leur peine. Ensuite, nous pourrons leur parler de spiritualité. Comment pourraient-ils assimiler cela maintenant ?

Par contre, ceux qui ont soif de Dieu n'aiment pas parler d'autre chose, même quand ils sont confrontés à de grandes souffrances. Dans la joie ou les épreuves, ils conservent une humeur égale. Lorsque le bonheur leur est accordé, ils ne perdent pas la tête à s'en délecter, pas plus qu'ils ne s'effondrent dans les périodes de chagrin. Ils acceptent les deux comme la volonté de Dieu et considèrent joies et peines comme sa bénédiction. Si une épine vous rentre dans le pied, vous ferez plus attention en marchant et vous éviterez peut-être ainsi un fossé béant devant vous. Dieu nous envoie la souffrance pour nous sauver. Les vrais croyants s'accrochent aux pieds du seigneur même dans la douleur. Dans leurs prières, ils ne demandent jamais le bonheur. Jamais ils ne songent à leur bien-être personnel. Mais quand un être qui souffre vient à nous, notre devoir est de le réconforter, de prendre le temps de lui dire quelques paroles consolantes. »

Amma éprouve la peine d'autrui comme la sienne et est ravie de prendre sur elle le fardeau de ceux qui souffrent. Pour tous, elle est le feu sacrificiel qui reçoit leur *prārabdha* en offrande, la flamme de la lumière et de l'espoir.

Dès qu'Amma sortit du temple après le *bhava darśan*, les dévots l'entourèrent. La plupart d'entre eux voulaient prendre le bus du matin ; ils se pressaient donc fiévreusement autour d'elle pour se prosterner une dernière fois et recevoir sa bénédiction avant de partir. Un jeune dévot, cependant, ne s'approchait pas. Seul, à l'écart de la foule, il restait assis sous le porche de la salle de méditation. Un *brahmacārī* lui demanda : « Tu ne vas donc pas voir Amma ? »

Le dévot : « Non. »

Brahmacārī : « Alors que tout le monde souhaite approcher Amma et lui parler, pourquoi t'isoles-tu ? »

Le dévot : « Comme les autres, j'attends d'habitude devant le *kalari* pour être le premier à me prosterner aux pieds d'Amma quand elle sort. Mais aujourd'hui, ma conscience ne me permet pas de l'approcher. J'ai commis un tel péché. »

Brahmacārī : « Je ne te crois pas. Tu imagines quelque chose. Quelle faute as-tu donc commise, pour que cela t'empêche d'approcher Amma ? »

Le dévot : « J'habite Kollam. Pendant quelques années, je me suis adonné à la boisson, ce qui amenait des disputes avec ma femme. Je l'ai renvoyée chez ses parents. Ma famille et mes voisins me haïssaient. Je n'avais pas un seul ami au monde, et j'avais décidé de mettre fin à mes jours. C'est alors que j'ai eu la chance immense de rencontrer Amma, d'avoir son *darśan*. Ce fut un tournant dans ma vie.

Après ce premier *darśan*, je cessai de boire. Mon comportement changea complètement et l'opinion des gens à mon sujet aussi. Mais aujourd'hui, j'ai faibli. Je suis allé à un mariage avec des amis, et au retour, ils ont voulu boire. Ils ont insisté pour que je trinque avec eux, et j'ai cédé. Mais ensuite, un sentiment de culpabilité insupportable s'est emparé de moi, et je suis venu tout droit ici. Auparavant, je ne me sentais pas coupable quand je buvais. Mais maintenant, c'est différent. (*La voix lui manquait pour continuer*). Maintenant, il m'est difficile de regarder le visage d'Amma. »

Brahmacārī : « Ces remords à eux seuls suffisent à expier ta faute. Ne t'inquiète pas. Va tout raconter à Amma et tu seras en paix. »

Le dévot : « Je sais que mon malaise disparaîtra si je me prosterne devant elle. J'en ai déjà fait l'expérience. Mais ce n'est pas ce qui m'ennuie, en ce moment. Si je rentre chez moi, mes amis ne me laisseront pas tranquille. J'aimerais donc rester ici quelques jours, mais je n'ai pas le courage de demander à Amma. Je me sens si faible d'avoir encore fauté aux yeux de ma mère, qui répand sur moi plus d'amour que celle qui m'a porté en son sein. »

Ses yeux étaient pleins de larmes. Le *brahmacārī* ne trouvait pas les mots nécessaires pour consoler le jeune homme, mais il était présent et comprenait la douleur déchirante de ce cœur si lourd.

Après avoir indiqué aux autres dévots où ils pouvaient dormir, Amma vint trouver le jeune homme. Il se leva aussitôt avec respect, les mains jointes. Amma prit ses deux mains dans les siennes et dit : « Es-tu si faible, mon fils ? »

Les larmes roulaient le long de ses joues. Amma les essuya et reprit : « Mon fils, cesse de t'inquiéter. Pourquoi te ronger au sujet du passé ? Si ces gens-là viennent encore te chercher, ne les suis pas, voilà tout. Un perroquet vivait dans un temple, un autre dans un débit de boissons. Tandis que le perroquet du temple récitait des mantras, celui du bistrot débitait des obscénités. Mon fils, notre conduite est déterminée par nos fréquentations. Si nous restons assis dans une pièce avec la télé allumée, nous finirons par la regarder. Si nous voulons l'éviter, éteignons ou allons dans une autre pièce. Si nous sommes en mauvaise compagnie, nous contracterons des habitudes néfastes. Nous devons donc prendre garde à éviter ceux qui ont des mœurs corrompues. Mon fils, si un problème te préoccupe, tu peux en parler à Amma. Elle est là pour toi. Reste ici quelques jours. Emprunte quelques livres à la bibliothèque, profites-en pour lire ».

Amma se tourna vers le *brahmacārī* : « Prends les dispositions nécessaires pour que ce fils puisse séjourner à l'étage de la maison située au nord de l'aśram ».

En entendant les paroles si affectueuses de la mère qui connaît chacune de ses pensées, le jeune dévot ne put s'empêcher de fondre à nouveau en larmes.

De ses mains si douces, Amma essuya ses larmes et le consola : « Mon fils, va dormir maintenant. Amma te parlera demain ».

Amma envoya le *brahmacārī* avec le dévot, puis se dirigea vers la cocoteraie en compagnie d'une jeune femme qui avait attendu longtemps l'occasion de lui parler en privé. Quand elle rentra dans sa chambre, il était plus de trois heures du matin.

Mercredi 12 juin 1985

Bhakti yoga

Amma entra dans le *kalari*, accompagnée de quatre *brahmacārīs* et de quelques chefs de famille dont c'était la première visite à l'*āśram*. Amma soulignait combien il est important que notre dévotion envers Dieu soit pure.

Amma : « La prière habituelle d'Amma était : « Ô Devi, je ne veux que t'aimer. Si je n'obtiens pas ton *darśan*, je l'accepterai, mais donne-moi un cœur plein d'amour pour tous les êtres ! Si tu ne m'aimes pas, peu importe, mais je t'en prie, laisse-moi t'aimer ! » Celui qui aime vraiment Dieu est comme pris de fièvre. Il n'éprouve aucune attirance pour la nourriture. Il ne savoure ni les plats salés, ni ce qui est acide, et même les sucreries lui semblent amères. Les aliments ne l'intéressent pas. Mais il est rare de nos jours qu'un chercheur éprouve cet amour dès le début. Il est donc nécessaire de contrôler nos différentes habitudes avec *śraddhā*. Surtout en matière de nourriture. Si le mental se met à errer vers des objets extérieurs, nous devons sans trêve le ramener à la pensée de Dieu. Il n'y pas de temps à perdre. »

Un dévot : « Amma, je ne perds pas de temps. Soit je viens ici pour te voir, soit je vais au temple. N'est-ce pas tout ce qui est en mon pouvoir ? »

Amma : « Il est bon de venir ici ou de fréquenter les temples, mais notre but est de purifier le mental. Si nous n'y parvenons pas, tout est vain. Ne crois pas que nous puissions trouver la paix sans rendre nos actions et notre mental purs. Gardons cela en mémoire quand nous rencontrons un *mahātmā* ou entrons dans un temple, et cultivons l'abandon de nous-mêmes. Mais de nos jours, les gens se préoccupent de réserver une chambre d'hôtel avant même de partir en pèlerinage. Dès le départ, ils parlent de leur famille et de leurs voisins. Une fois rentrés chez eux, ils continuent. Dieu, au milieu de tout cela, est oublié.

Nous aurons beau multiplier les rencontres avec des *mahātmās*, les visites aux temples, les offrandes, nous ne retirerons un réel bienfait que de notre *sādhana*. Notre cœur doit se mettre à l'unisson du divin. Il ne suffit pas d'aller à Tirupatti ou Vārāṇasī pour trouver la libération. Faire le tour des temples ou se baigner dans ces lieux saints ne nous apporte pas forcément de bénéfice matériel ou spirituel. S'il suffisait d'aller à Tirupatti pour être libéré, tous les hommes d'affaires qui y vivent le seraient aujourd'hui, non ?

Où que vous alliez, n'oubliez jamais le nom de Dieu. Voyez le fer à béton que l'on mélange au ciment pour construire les routes. Le béton ne prend que si le métal est propre. De même, nous ne pourrons installer Dieu dans le temple de notre cœur que si nous le purifions par le *japa*. Il n'existe pas de meilleur moyen pour purifier le mental que de répéter le nom de Dieu.

On ne peut voir chez soi les programmes de télé tournés en studio qu'en allumant le poste. Ne serait-il pas stupide de blâmer autrui si vous ne pouvez rien voir alors que le poste est éteint ? La grâce de Dieu s'écoule sans cesse vers nous, mais pour la recevoir, nous devons nous mettre sur la longueur d'onde de son monde. Quel intérêt y a-t-il à rester enfermé, portes closes, et à se plaindre qu'il fait sombre, alors que le soleil brille au-dehors ? Il suffit d'ouvrir la porte de son cœur pour recevoir la grâce que Dieu répand sans arrêt sur nous.

Quand il pleut, la terre se transforme en boue, ce qui pose des problèmes à tout le monde ; la pluie qui tombe sur le sable se perd également. Mais la goutte d'eau que recueille l'huître devient une perle sans prix. Dieu ne cesse de répandre sa compassion sur nous ; le bénéfice que nous en retirons dépend de l'attitude intérieure avec laquelle nous la recevons.

Mes enfants, tant que nous ne sommes pas en harmonie avec le monde de Dieu, nous ne produisons que les notes discordantes de l'ignorance et non une musique divine. Il nous faut accepter notre imperfection. Il est inutile de blâmer autrui.

Nous sommes prêts à attendre le bus pendant des heures ou à passer la journée au palais de justice pour un procès. Mais nous n'avons aucune patience lorsque nous rencontrons un *mahātmā* ou allons au temple. Si vous allez dans un *āśram* ou dans un temple, restez-y un moment et rappelez-vous Dieu avec dévotion. Répétez son nom, méditez ou bien servez de manière désintéressée. Sinon, vous ne retirerez aucun bienfait de votre visite. »

L'importance de l'attitude intérieure

Amma : « Si notre mental est pur et si nous pensons à Dieu en agissant, sa grâce sera toujours sur nous, même si nous n'allons jamais au temple. Par contre, si nous ne pouvons pas nous empêcher d'être égoïste ou de critiquer autrui, d'innombrables visites au temple ne nous seront d'aucune utilité.

Il était une fois deux voisines. L'une consacrait son temps à adorer Dieu tandis que l'autre était une prostituée. La dévote disait à sa voisine : « Ce que tu fais est un grand péché, qui te conduira en enfer ». La prostituée versait des larmes chaque jour en se rappelant ces paroles et songeait : « Quelle pécheresse je suis ! Je n'ai pas d'autre moyen de vivre, c'est pourquoi je fais cela. Ô Dieu, j'en suis si désolée ! Au moins, dans ma prochaine vie, donne-moi une chance de prier et de t'adorer chaque jour, comme le fait mon amie ! Je t'en prie, pardonne-moi mes péchés ! »

Même au temple, la voisine continuait à mépriser la prostituée et la vie qu'elle menait. À la fin, les deux femmes moururent et les serviteurs du ciel et de l'enfer arrivèrent. La prostituée allait être emmenée au ciel et la dévote en enfer. La femme soi-disant pieuse ne put le supporter. Elle demanda aux êtres célestes : « Vous emportez au ciel une femme qui toute sa vie a vendu son corps, tandis que chaque jour j'adorais Dieu et priais au temple. Pourtant, vous m'emmenez en enfer. Quelle justice est-ce là ? Vous devez vous tromper ».

Les serviteurs répondirent : « Il n'y a pas d'erreur. Quand tu étais au temple et faisais la *pujā* (culte rituel), tu pensais aux mauvaises actions de la prostituée. Elle, par contre, bien que prostituée, ne s'est jamais identifiée à son travail ; ses pensées étaient tournées vers Dieu. Elle ne passait pas un seul jour sans éprouver de profonds remords pour ses fautes et prier Dieu de lui pardonner. Sa dévotion était sincère, bien qu'elle fût forcée de se prostituer pour vivre. C'est pourquoi elle va au ciel ».

Pour les chercheurs spirituels

Les *bhajans* étaient terminés. Sortant du temple, Amma s'allongea sur le sable entre le *kalari* et la salle de méditation. La cloche du dîner sonna et elle demanda aux dévots d'aller manger. Un à un, ils s'en allèrent ; seuls un ou deux *brahmacārīs* restèrent pour méditer en présence d'Amma.

Après le repas, les dévots revinrent s'asseoir autour d'elle. Une femme posa les pieds d'Amma sur ses genoux et se mit à les masser.

Amma : « Avez-vous mangé, mes enfants ? »

Un dévot : « Oui, Amma, nous avons dîné. »

Amma : « À la maison, vous auriez eu de bons petits plats. Il n'y a rien de tel ici. Vous n'êtes sans doute pas rassasiés. »

Un autre dévot : « Nous avons mangé notre content, Amma. La nourriture abondante de notre foyer n'a pas aussi bon goût que ce qui nous est servi ici. »

Amma (*riant*) : « Mon fils, tu dis cela uniquement par amour pour Amma. » Tout le monde éclata de rire.

Un dévot : « Amma, j'ai une question. »

Amma : « Mes enfants, vous pouvez poser n'importe quelle question à Amma. »

Dévot : « Je t'ai entendu dire l'autre jour à un *brahmacārī* que nous devrions faire le vœu d'*ahiṃsā* (non-violence). Nous ne devrions jamais nous mettre en colère. Même si quelqu'un se met en colère contre nous, l'attitude juste est de voir Dieu en lui et de lui manifester de l'amour. N'est-ce pas bien difficile à mettre en pratique ? »

Amma : « Mon fils, l'important n'est pas de réussir parfaitement, mais de faire un effort sincère. Ceux qui ont voué leur vie à la spiritualité devraient être prêts à effectuer quelques sacrifices. Leur vie est déjà engagée sur ce chemin. Si quelqu'un s'oppose à eux, ils doivent accueillir cela comme une occasion créée par Dieu pour éliminer leur ego. Ils ne devraient pas, sous l'emprise de l'ego, répliquer de manière hostile. Un *sādhak* (un chercheur spirituel) ne peut grandir que s'il voit Dieu en chacun, éprouvant de l'amour et de la compassion. »

Un dévot : « Amma, j'ai renoncé à bien des choses pour l'amour de Dieu, mais je ne trouve pas la paix. »

Amma : « Mon fils, nous parlons de nos sacrifices. Mais que possédons-nous réellement à quoi nous puissions renoncer ? Qu'est-ce qui nous appartient vraiment ? Ce que nous appelons aujourd'hui nôtre ne le sera plus demain. Tout appartient à Dieu. C'est sa grâce qui nous procure tout. Si quelque chose nous est propre, ce sont nos attractions et nos répulsions ; c'est à cela qu'il faut renoncer. Tant que cet attachement demeure, nous aurons beau nous défaire de bien des choses, nous connaîtrons le chagrin. Le vrai renoncement ne se produit que lorsque nous sommes convaincus au tréfonds de nous-mêmes que ni la famille, ni la richesse, ni la réussite sociale ou la célébrité ne nous apporteront une paix durable. Quel est l'enseignement de la Gītā ? N'est-ce pas d'agir sans attachement ? »

Le danger de la richesse

Amma raconta alors l'histoire suivante : « Il était une fois un homme riche. Un jour, quelques-uns de ses amis vinrent lui rendre visite. Ils avisèrent un serviteur devant la maison et lui demandèrent où était son maître. Le domestique alla voir, revint, et leur dit que son maître comptait des cailloux. « Comment un homme aussi riche peut-il s'amuser à compter des cailloux ? » s'étonnèrent les invités. Quand leur hôte arriva un peu plus tard, ils lui posèrent la question. Il répondit : « Je comptais de l'argent. Mon valet est-il assez sot pour croire que je comptais des cailloux ? Je suis désolé de ce malentendu ». Après le départ de ses amis, il réprimanda sévèrement son serviteur.

Quelques jours plus tard, un autre ami vint à son tour voir notre homme. Il demanda au laquais de chercher son maître. S'étant renseigné, le serviteur lui annonça : « Il aime son ennemi ». En réalité, notre amoureux de la richesse comptait son argent avant de le mettre dans un coffre. Il eut le sentiment que le valet l'avait délibérément insulté. Une telle insolence le mit en rage ; il renvoya le domestique après lui avoir donné une bonne raclée. Au moment où il partait, le maître lui donna une poupée en disant : « Si tu trouves quelqu'un de plus stupide que toi, donne-lui cette poupée ! » Le serviteur s'en alla sans répondre.

Quelques mois passèrent. Une nuit, des voleurs attaquèrent la maison du riche. Ils dérobèrent toute sa fortune. Comme il s'efforçait de les en empêcher, ils le jetèrent du dernier étage de la maison et s'enfuirent en emportant tout. Le lendemain matin, sa famille le trouva gisant sur le sol, devant la maison. Il était incapable de se relever. On essaya différents traitements, mais rien ne lui rendit la santé. Sa fortune s'était envolée, sa femme et ses enfants le quittèrent donc aussi. Il souffrait, et il n'y avait personne pour s'occuper de lui. N'ayant rien à manger, il acceptait ce que les voisins lui donnaient.

Son ex-serviteur apprit dans quelle situation il se trouvait et vint le voir. Il avait avec lui la vieille poupée. Dès qu'il arriva, il l'offrit à son ancien maître. Celui-ci comprit sa sottise et lui demanda : « Pourquoi mets-tu du sel sur mes blessures ? »

Le domestique répondit : « Au moins maintenant, tu comprends le sens de mes paroles. La fortune que tu avais amassée a-t-elle aujourd'hui pour toi plus de valeur qu'un caillou ? Cette richesse ne s'est-elle pas avérée ton ennemie ? C'est elle qui t'a réduite à cet état. N'as-tu pas tout perdu à cause d'elle ? Qui est assez stupide pour en faire l'objet de son amour ? Ceux qui jusqu'alors prétendaient t'aimer n'aimaient que ta fortune. Celle-ci disparue, tu es comme mort à leurs yeux. Personne ne t'aime maintenant. Comprends enfin que Dieu est ton seul véritable ami. Appelle-Le à l'aide ! »

Le serviteur soigna son ancien maître avec beaucoup d'amour. Ce dernier était rempli de remords. « Je ne sais que faire maintenant. La vie que j'ai menée jusqu'ici a été complètement inutile. Je croyais que ma femme, mes enfants et ma richesse ne me quitteraient jamais et je vivais pour eux. Je n'ai pas songé un seul instant à Dieu. Mais maintenant, tout s'est envolé. Ceux qui inclinaient respectueusement la tête devant moi ne m'accordent plus un seul regard. Pour montrer leur mépris, ils crachent à ma vue. »

Le serviteur le consola : « Ne pense pas que personne ne s'occupe de toi. Dieu est avec toi. »

Il resta auprès de lui et le soigna. »

Amma s'arrêta. Un homme assis parmi les dévots, au fond, se mit à pleurer. C'était la première fois qu'il rencontrait Amma. Il pleurait amèrement, incapable de dominer son chagrin. Amma l'appela près d'elle et le consola. Tout en pleurant, il dit : « Amma, tu viens de raconter ma propre histoire. Ma fortune n'existe plus. Ma femme et mes enfants me haïssent. Ma seule consolation est mon vieux serviteur ».

Essuyant ses larmes, Amma dit : « Ce qui est perdu est perdu, mon fils. Ne t'afflige pas pour cela. Dieu seul est éternel. Tout le reste disparaît un jour ou l'autre. Il suffit que tu vives en gardant cette pensée à l'esprit. Ne t'inquiète pas ».

Amma demanda à Balu de chanter :

manassē nin svantamāyi

N'oublie pas, Ô mon mental,
Cette vérité suprême : personne ne t'appartient !
Parce que tu agis de façon insensée,
Tu erres dans l'océan de ce monde.
Même si les gens t'honorent en s'écriant :
« Maître, maître », cela ne durera que peu de temps.

Ce corps si longtemps honoré,
Il faudra le quitter lorsque viendra la fin.
Pour quelle amoureuse as-tu lutté jusqu'à ce jour,
sans prendre soin de ta vie ?
Même elle, ton cadavre lui fera peur,
Et elle ne t'accompagnera pas.

Même si tu es prisonnier du piège subtil de māyā,
N'oublie pas le nom de la mère divine.
On ne peut obtenir la vision de Dieu ni par les vedas,
Ni par les tantras, ni par le vedanta
ou les autres philosophies.
Absorbé dans la béatitude éternelle, Dieu,
Dont la nature est vérité, demeure en tous les êtres.

Pour obtenir la dévotion,
Même les anciens sages ont pratiqué l'ascèse
avec un cœur pur.
Comme un aimant attire le fer,
Le seigneur attirera à lui les âmes imprégnées de dévotion.

Pouvoir, prestige et richesse, tout est périssable,
La seule réalité est la mère universelle.
Renonçant à tous les désirs,
Dansons dans cette béatitude
En chantant le nom de mère Kāli.

Mercredi 19 juin 1985

La mère de l'univers

Un jeune barbu aux cheveux longs arriva à l'*āśram*. Il aborda un *brahmacārī* et se présenta comme journaliste. « Nous avons entendu au sujet d'Amma des rumeurs contradictoires, bonnes et mauvaises, dit-il, je suis venu voir ce qui se passe réellement dans cet *āśram*. J'ai parlé à un ou deux des résidents. Mais il y a une chose que je ne comprends pas du tout. »

« Quoi donc ? » dit le *brahmacārī*.

« Comment des gens instruits comme vous peuvent-ils croire à un dieu humain ? »

Brahmacārī : « Qu'entendez-vous par Dieu ? Voulez-vous dire un être muni de quatre bras, portant une couronne et trônant dans un paradis plus haut que le ciel ? »

Journaliste : « Non. Chacun a sa propre conception de Dieu. En général, nous imaginons que Dieu est l'incarnation de toutes les qualités que nous considérons comme sublimes. »

Brahmacārī : « Qu'y a-t-il donc d'erroné si nous adorons comme divin un individu dans lequel nous constatons la présence de ces qualités ? Si nous refusons cela, nous limitons Dieu aux statues que l'homme sculpte dans la pierre et installe dans les temples pour les adorer.

Les textes spirituels de l'Inde déclarent qu'en réalité un être humain, une âme individuelle *(jivātman)*, ne se distingue pas de Dieu et qu'il prend conscience de sa nature divine lorsque son ego (le sentiment d'être limité) est détruit par une pratique ininterrompue. Si l'absolu omniprésent peut se manifester à travers la divinité d'un temple, pourquoi ne brillerait-il pas chez un individu ? »

Le journaliste ne sut que répondre.

Le *brahmacārī* reprit : « Les qualités que les écritures attribuent à Dieu, l'amour, la compassion, le désintéressement, la faculté de pardonner et un amour égal pour tous, nous les voyons chez Amma. C'est pour cette raison que certains d'entre nous la considèrent comme la mère de l'univers. D'autres la voient comme une mère aimante qui nous a accompagnés au cours d'innombrables vies. D'autres encore la voient comme le *guru* qui éveille la connaissance du Soi. Elle ne se proclame ni Dieu ni *guru* ni quoi que ce soit. Si vous voulez pêcher du poisson dans l'océan, vous aurez du poisson, mais si vous désirez des perles, il est possible d'en obtenir aussi. De même, tout est contenu en Amma. Si nous faisons des efforts, nous obtiendrons ce que nous voulons.

Le message des *upaniṣads* est que chacun de nous est l'essence de l'Absolu. Rāma, Kṛṣṇa et Buddha ne vinrent-ils pas sur cette terre sous une forme humaine ? Si nous les adorons, pourquoi ne pas adorer un être qui manifeste leurs qualités divines et glorieuses tandis qu'il est parmi nous, sous une forme humaine ? »

Le journaliste : « Ne suffit-il pas de la considérer comme un *guru* ? Pourquoi en faire Dieu ? »

Brahmacārī : « C'est juste. Mais les écritures disent que le maître n'est autre que Dieu sous forme humaine. D'une certaine manière, notre tradition place le *guru* plus haut que Dieu. »

Amma venait juste d'arriver dans la hutte et se mit à donner le *darśan* aux dévots. Le *brahmacārī* invita le journaliste à s'approcher d'elle. « Entrons. Vous pourrez poser vos questions directement à Amma. »

Le visiteur s'assit auprès d'Amma et la regarda, étonné, recevoir les dévots un par un, caresser et consoler chacun avec un amour débordant. Lorsqu'on lui présenta le journaliste, Amma rit.

Amma : « Amma ne lit ni les journaux, ni quoi que ce soit d'autre, fils. La plupart des enfants qui vivent ici ne voient jamais un journal. »

Journaliste : « Je demandais à ce *brahmacārī* si Amma était Dieu. »

Amma : « Elle n'est qu'une folle ! Tous ces gens l'appellent Amma, elle les appelle donc ses enfants. »

Lorsqu'elle parle, Amma cache la plupart du temps sa véritable nature. Pour apprécier ne serait-ce qu'une parcelle de sa nature innée, il faut avoir acquis un certain discernement spirituel. La plupart des gens s'imaginent un *guru* assis sur un trône splendide, souriant, servi par ses disciples et répandant sa bénédiction sur tous. Ceux qui viennent à l'*āśram* se voient contraints d'abandonner cet idéal. Qui rencontre Amma pour la première fois la trouvera plus normale que les gens les plus ordinaires. On peut la voir nettoyer la cour, couper les légumes, cuisiner, montrer leur chambre aux dévots ou charrier du sable. Mais pour celui qui connaît les écritures, il est aisé de reconnaître la vraie mère. Son humilité manifeste clairement sa grandeur.

Un *brahmacārī* demanda un jour à Amma : « La plupart des gens, s'ils obtiennent le moindre petit pouvoir occulte, vont partout proclamer qu'ils sont *brahman* et acceptent de nombreux disciples. Et les gens leur font confiance. Alors que cela se produit partout, pourquoi Amma leurre-t-elle ses enfants en disant qu'elle n'est rien ? »

Amma donna la réponse suivante : « Les *brahmacārīs* qui vivent ici aujourd'hui sont destinés à aller demain dans le monde. Ils doivent devenir des modèles pour la société. Toute parole et toute action d'Amma est pour eux un enseignement. S'il apparaît même une trace d'ego dans ses paroles et dans ses actes, elle sera multipliée par dix en chacun de vous. Vous penserez : « Si Amma peut le faire, pourquoi pas moi ? » Et cela sera nuisible au monde.

Savez-vous, mes enfants, combien il est difficile pour Amma de rester à votre niveau ? Un père s'efforce de marcher aux côtés de son petit, en faisant des pas minuscules. Il ne le fait pas pour lui-même, mais pour l'enfant. S'il marche à petits pas, celui-ci pourra le suivre. Le rôle que joue Amma n'est pas pour elle, mais pour vous tous. C'est pour vous permettre de grandir.

Quand un enfant a la jaunisse, sa mère évite les épices et le sel dans sa cuisine et cache tout ce qui en contient. Si l'enfant découvrait ces aliments, il pourrait en manger, avoir la fièvre et en mourir. Pour son bien, la mère mange elle aussi des plats sans assaisonnement. Bien qu'elle ne soit pas malade, elle sacrifie ses préférences. De même, les actions et les paroles d'Amma sont pour votre bien à tous. À chaque pas, elle songe à votre croissance. Pour que le malade accepte le conseil du médecin et cesse de fumer, il faut que le docteur soit lui-même non-fumeur. Si le docteur boit, comment le patient aurait-il envie de renoncer à l'alcool ? Amma n'accomplit rien pour elle-même ; tout est pour le bien du monde, pour vous aider à progresser. »

Le journaliste demanda à Amma : « Ne jouez-vous pas pour tous ces gens le rôle de *guru* ? »

Amma : « Cela dépend de l'attitude de chacun. Amma n'a jamais eu de *guru* et n'a accepté personne comme disciple. Amma se contente de dire que tout arrive conformément à la volonté de la mère divine. »

Le journaliste : « Un de mes amis est un grand admirateur de J. Krishnamurti. »

Amma : « Bien des enfants qui viennent ici sont ses dévots. Les enfants occidentaux, en particulier, l'apprécient. »

Le journaliste : « Krishnamurti n'accepte pas de disciples. Personne ne vit avec lui. On peut lui rendre visite et lui parler. Une conversation avec lui nous apporte, dit-on, ce que nous recherchons. Sa présence suffit à inspirer les gens. Il est très gai et ne s'entoure pas de l'aura d'un *guru*. »

Amma : « Mais lorsqu'il affirme qu'un *guru* n'est pas nécessaire, c'est un enseignement, n'est-ce pas ? Et si quelqu'un, assis auprès de lui, l'écoute, n'avons-nous pas là un *guru* et un disciple ? »

Le journaliste : « Il ne donne ni conseils, ni instructions. »

Amma : « Mais qu'en est-il de ses discours, fils ? »

Le journaliste : « Ils ressemblent à des conversations et sont très informels. »

Amma : « Aucun *guru* n'insiste pour que nous lui obéissions ou conformions notre vie à ses propos. Mais chacune de ses paroles est une forme d'enseignement. Sa vie elle-même constitue son enseignement. Nous écoutons ce que dit Krishnamurti et en suivant ses préceptes, nous connaîtrons notre vraie nature, n'est-ce pas ? Être prêt à cela, c'est être un disciple. Cela développe en nous l'humilité et les bonnes habitudes. D'ordinaire, seuls les enfants qui grandissent en suivant les conseils de leurs parents deviennent de bons adultes.

L'obéissance envers nos parents nous insuffle le sens du devoir et de la bonne conduite. Amma ne dit pas que la méthode de Krishnamurti est mauvaise. Il a lu beaucoup de livres, rencontré bien des sages et beaucoup appris d'eux. Il a en outre pratiqué de nombreuses méthodes. Grâce à cela, il est parvenu au niveau où il se trouve et a compris que tout était à l'intérieur de lui-même. Mais mon fils, tu n'as pas atteint ce niveau.

Aujourd'hui, notre attention est dirigée essentiellement vers les objets extérieurs. Nous ne regardons presque jamais à l'intérieur. Lorsque les enfants sont à l'école, ils ne songent qu'à jouer. Ils travaillent surtout par crainte de leurs parents. Mais dès qu'ils ont un but, par exemple obtenir de bonnes notes à leur examen, devenir ingénieur, etc., ils étudient sans qu'on les y pousse. Bien que nous ayons un but spirituel, notre mental s'en détourne sous la pression des *vāsanas* (des tendances latentes). Pour contrôler le mental, un *sadguru* (un maître réalisé) est indispensable. Mais une fois que l'on est parvenu à un certain niveau, aucune aide n'est plus nécessaire. Le *guru* intérieur est alors éveillé.

Le chant que nous avons appris autrefois, nous l'avons peut-être oublié. Mais si quelqu'un nous en fredonne le début, il nous revient tout entier en mémoire. Ainsi, toute la sagesse est contenue en nous. Le *guru* nous le rappelle ; il éveille ce qui est endormi.

Lorsque nous déclarons que nous n'avons pas besoin d'un maître, cela même implique son existence car après tout, il fallait bien que quelqu'un nous le dise. Le *guru* est celui qui détruit notre ignorance. Tant que notre mental n'a pas acquis une certaine pureté, il est essentiel de passer quelque temps auprès d'un maître et de suivre ses instructions. Même si vous avez un don inné pour la musique, il ne s'épanouira que si vous vous exercez sous l'égide d'un professeur compétent.

La capacité des *gurus* ordinaires se limite à expliquer les principes de la spiritualité. Mais un *sadguru*, qui a réalisé le Soi, transmet à ses disciples une partie de son pouvoir spirituel. Cela leur permet d'atteindre le but plus rapidement. Comme la tortue fait éclore ses œufs par le pouvoir de la pensée, les pensées du *sadguru* éveillent le pouvoir spirituel chez le disciple.

Les *satsaṅgs* et les livres spirituels orientent le mental vers de bonnes pensées. Mais cela seul ne nous permet pas de progresser à un rythme soutenu. Un médecin examine le malade et lui prescrit des médicaments. Mais si une opération est nécessaire, il faut voir un chirurgien. De même, pour purifier le mental, pour avancer vers le but suprême, il nous faut prendre refuge auprès d'un *guru*. »

Le journaliste : « Les écritures ne disent-elles pas que tout est contenu en nous ? Quelle est donc l'utilité de cette *sādhana* ? »

Amma : « Bien que tout soit contenu en nous, cela ne sert à rien si nous n'en avons pas conscience. Pour y parvenir, la *sādhana* est indispensable. Les *ṛṣis* qui nous ont transmis les *mahāvākyas* (grands aphorismes, paroles clés) telles que « Je suis *brahman* » et « Tu es cela » étaient parvenus à ce niveau de conscience. Leur façon de vivre était bien différente de la nôtre. Ils avaient une vision égale de toutes les créatures vivantes. Ils aimaient et servaient tous les êtres sans distinction. À leurs yeux, rien dans l'univers n'était séparé d'eux-mêmes. Alors qu'ils manifestaient les qualités de Dieu, nous avons celles de la mouche. Une mouche vit dans la saleté et les excréments. Ainsi, notre mental ne voit que les défauts et les fautes d'autrui. Cela doit changer. Nous devons développer la faculté de voir le bien en tout. Tant que nous n'avons pas réalisé la vérité grâce à la *sādhana* et à la contemplation, il est vain de dire que tout est contenu en nous.

Des gens viennent ici après avoir étudié les écritures et le *vedanta* pendant quarante ou cinquante ans et déclarent qu'ils n'ont pas trouvé la paix intérieure. Ce n'est pas en accrochant au mur l'image d'une lampe que nous obtiendrons de la lumière. Si nous voulons voir clair, il faut allumer une vraie lampe. Apprendre par les livres et faire des discours ne suffit pas. Pour connaître la vérité, il faut pratiquer une *sādhana* et découvrir sa nature réelle. Pour parvenir à cette expérience, l'aide d'un *guru* est essentielle. »

Le journaliste : « Est-ce l'aide qu'Amma donne ici ? »

Amma : « Amma ne fait rien elle-même. Le *paramātman* lui fait tout faire ! Ces gens ont besoin d'elle pour l'instant ; le chercheur a besoin du *guru*. Pourquoi ? C'est qu'au point où il en est, son mental n'est pas assez fort. Les petits enfants aiment jouer avec le feu. La mère dit alors : « N'y touche pas, mon fils, tu vas te brûler ! » Il faut que quelqu'un le lui dise pour qu'il se détourne du feu. C'est tout ce que fait Amma. Nous avons besoin au départ de quelqu'un qui nous montre nos erreurs. »

Le journaliste : « Si l'on obéit aveuglément au *guru*, n'est-ce pas de l'esclavage ? »

Amma : « Mon fils, pour connaître la vérité, nous devons perdre le sens de l'ego. C'est extrêmement difficile si nous sommes seuls pour faire notre *sādhana*. Pour éliminer l'ego, il est indispensable de se livrer à des exercices spirituels sous la direction d'un *guru*. Lorsque nous nous prosternons devant le maître, nous ne voyons pas en lui un individu, mais l'idéal qu'il incarne. Nous agissons ainsi afin de pouvoir un jour atteindre son niveau.

C'est grâce à l'humilité que nous pouvons grandir. La graine contient l'arbre, mais si elle reste dans un grenier, les souris la mangeront. Sa forme véritable ne se développe que si elle est d'abord enfouie sous terre. Le parapluie s'ouvre si vous appuyez sur le bouton ; il peut alors vous abriter de la pluie.

Par respect pour nos parents, nos aînés et nos professeurs, nous leur avons obéi ; nous avons ainsi pu grandir et acquérir des connaissances. Ils ont cultivé en nous de bonnes qualités, de bonnes habitudes. L'obéissance au *guru* permet de même au disciple d'accéder à un niveau de conscience supérieur, plus vaste.

C'est pour devenir plus tard le roi des rois que le disciple assume maintenant le rôle d'un serviteur. Nous protégeons un jeune manguier en l'entourant d'une clôture, nous en prenons soin pour pouvoir ensuite en savourer les fruits. Le disciple montre son respect envers le *guru* et lui obéit pour pouvoir atteindre la vérité qu'il incarne.

Lorsque nous prenons l'avion, les hôtesses nous demandent d'attacher notre ceinture avant le décollage. Ce n'est pas pour montrer leur pouvoir, mais pour notre sécurité. Le *guru* demande ainsi au disciple de suivre certaines règles et d'observer des limites, mais ce n'est que pour l'élever, pour le protéger des dangers qui pourraient le faire chuter. Le maître sait que les impulsions du disciple, qui viennent de l'ego, représentent un danger pour lui et pour les autres. La route est ouverte à tous les véhicules, mais si chacun conduit à sa fantaisie, les accidents se multiplieront. C'est pourquoi on nous demande d'observer les règles de la circulation. Nous obéissons bien au policier chargé de la circulation au carrefour, et cela évite de nombreux accidents.

Lorsque notre sens du « moi » et du « mien » s'apprête à nous détruire, nous sommes sauvés si nous suivons les conseils du *guru*. Il nous donne l'entraînement nécessaire pour que, plus tard, nous soyons hors de danger. La simple proximité du maître nous insuffle de la force. Il est l'incarnation de l'altruisme. C'est parce que le *guru* vit selon la vérité, le *dharma*, le renoncement et l'amour que nous découvrons ces vertus. Il en est l'essence. Si nous lui obéissons et l'imitons, elles prennent racine en nous ; l'obéissance au *guru* n'est pas un esclavage. Le but du *guru* est la sécurité du disciple. En vérité, il nous montre le chemin. Un vrai maître ne considère jamais le disciple comme un esclave. Il est plein d'amour pour lui et veut le voir réussir, même si cela implique pour lui-même des souffrances. Le vrai *guru* est tout à fait comme une mère. »

Les paroles d'Amma pénétrèrent profondément dans l'esprit des dévots, déracinant les doutes et semant les graines de la foi. Le journaliste partit, satisfait d'avoir découvert bien des choses qu'il ignorait auparavant.

Samedi 22 juin 1985

Méditation

Amma et les *brahmacārīs* étaient assis dans la salle de méditation. Quelques dévots, chefs de famille, se trouvaient là également. Un *brahmacārī* nouvellement arrivé ne voulut pas manquer cette chance d'être auprès d'Amma ; il désirait en savoir plus au sujet de la méditation.

Brahmacārī : « Amma, qu'entend-on par méditation ? »

Amma : « Imaginons que nous voulions préparer du *pāyasam* (dessert à base de riz). Si quelqu'un nous demande pourquoi nous mettons de l'eau dans la casserole, nous répondons que c'est pour le *pāyasam*. Mais nous mettons seulement de l'eau à chauffer. Quand nous prenons ensuite le riz et le *jaggeri* (sucre de canne brut), nous disons que c'est pour le *pāyasam*. En réalité, le *pāyasam* est encore à venir. De même, lorsque nous sommes assis les yeux fermés, nous disons que nous méditons. En fait, il ne s'agit pas de méditation, mais d'une pratique destinée à nous permettre d'atteindre l'état de vraie méditation. Celui-ci est un état mental, une expérience indescriptible.

Nous parlons bien de *sādhakam* en relation avec le chant. Cela désigne simplement la pratique. Pour bien chanter, il est nécessaire de s'exercer régulièrement afin de devenir habile. Ainsi, sur la voie spirituelle, la *sādhana* est la pratique et la méditation est l'état auquel elle nous donne accès.

Le souvenir constant de Dieu est méditation ; il est comme le flot d'une rivière. On ne parvient à cet état que grâce à une concentration parfaite. Au début, il faut purifier le mental, le concentrer et le dissoudre grâce au *japa* et aux chants dévotionnels ; on peut ensuite pratiquer la méditation. Si nous n'éprouvons pas d'amour pour Dieu, il est impossible de fixer le mental sur lui. Celui qui a développé cet amour ne verra jamais son mental se diriger vers les objets du monde. Pour lui, les plaisirs du monde sont comme de la crotte de chien. Les bébés attrapent de la boue ou des saletés et mettent tout à la bouche. Lorsqu'ils grandissent et développent un peu de discernement, sont-ils encore tentés de faire cela ? »

Les chagrins de la vie dans le monde

Un *brahmacārī* apporta quelques lettres qui venaient d'arriver et Amma se mit à les lire. Tout en les parcourant, elle dit aux dévots : « Il suffit de lire ces lettres pour comprendre la nature de la vie. La plupart racontent de grandes souffrances ».

Brahmacārī : « Certaines ne posent-elles pas des questions d'ordre spirituel ? »

Amma : « Si, mais la plupart sont des récits pathétiques. Comme cette lettre, l'autre jour, écrite par une de mes filles. Tous les soirs, son mari rentre ivre et la bat. Un jour, leur enfant de deux ans est venu se mettre entre eux. Pour un homme saoul, quelle est la différence entre un enfant et un adulte ? Un coup de pied, et la jambe du bébé était brisée. Il a maintenant la jambe dans le plâtre. Malgré cet événement, le mari boit toujours autant. La femme doit s'occuper du petit et des travaux ménagers. Elle demandait la bénédiction d'Amma pour que son mari cesse de boire. »

Un dévot : « Amma, lis-tu vraiment toutes ces lettres toi-même ? Rien que le courrier d'aujourd'hui représente un gros paquet. »

Amma : « Quand Amma songe à leurs larmes, comment pourrait-elle ne pas lire ces lettres ? Elle répond elle-même à certaines d'entre elles. S'il y a beaucoup de courrier, elle explique à quelqu'un ce qu'il faut répondre. Il est difficile de les lire toutes et d'y répondre. Certaines font dix ou douze pages. Amma n'a pas le temps de tout lire, bien qu'elle veille parfois presque jusqu'à l'aube. Même quand elle mange, elle a une lettre à la main. Il lui arrive souvent de dicter une réponse tout en prenant sa douche. »

Elle donna les lettres à un *brahmacārī* en disant : « Mets toutes ces lettres dans la chambre d'Amma, fils. Amma les lira plus tard ».

Précisions concernant la sādhana

Amma demanda à un *brahmacārī* récemment arrivé : « Lis-tu en ce moment, fils ? »

Brahmacārī : « Oui, Amma. Mais la plupart des livres disent la même chose. Et le même livre se répète en bien des endroits. »

Amma : « Mon fils, il n'y a qu'une chose à dire : « Qu'est-ce qui est éternel, qu'est-ce qui est éphémère ? » « Qu'est-ce qui est bon, qu'est-ce qui est mauvais ? » Comment réaliser l'éternel ? La Gītā et les *purāṇas* tentent de nous l'expliquer. Les principes essentiels y sont maintes fois exposés. C'est pour montrer à quel point ils sont importants. À force de se les entendre répéter, les gens finiront par les garder en mémoire. Il existe entre les livres quelques différences de surface, c'est tout. Tandis que le Rāmāyaṇa raconte la bataille entre Rāma et Rāvaṇa, le Mahābhārata parle de la guerre entre les Kauravas et les Pāṇḍavas. Le principe de base est le même. Comment rester fidèle aux principes spirituels et faire face aux différentes situations que la vie nous apporte ? C'est ce que les *mahātmās* et les livres s'efforcent de nous enseigner. »

Un autre *brahmacārī* : « Amma, je me sens faible physiquement depuis que j'ai commencé à prendre des cours de yoga. »

Amma : « Mon fils, pendant les premiers mois de pratique du yoga, tu auras une sensation de lassitude. Mange bien. Une fois que ton corps sera habitué aux postures, tout redeviendra normal. Tes besoins alimentaires devraient alors eux aussi redevenir normaux. » Amma rit.

« Mais que je ne t'attrape pas en train de te gaver, sous prétexte que je t'ai dit de bien manger. »

Tout le monde rit.

Amma reprit : « Les *sādhaks* doivent faire très attention à leurs habitudes alimentaires. Mieux vaut ne rien manger le matin. Vous devriez vous plonger en méditation jusqu'à environ onze heures. Trop manger augmente le *tamas* et le mental sera alors rempli de toutes les mauvaises tendances. Si vous mangez le matin, que ce soit très léger. Le mental doit se concentrer sur la méditation. »

Un jeune homme, assis près de la porte de la salle de méditation, écoutait attentivement les paroles d'Amma. Titulaire d'un diplôme supérieur, il vivait depuis quatre ans à Rishikesh. Il avait entendu parler d'Amma un mois auparavant, alors qu'il était en visite chez un ami à Delhi. Cela faisait deux jours qu'il était arrivé à l'*āśram*.

Le jeune homme : « Amma, je pratique une *sādhana* depuis quelques années et le résultat pour l'instant me déçoit. Quand je songe que je n'ai pas encore pu réaliser Dieu, mes forces m'abandonnent. »

Amma : « Mon fils, sais-tu quel degré de détachement est nécessaire pour réaliser Dieu ? Imagine que tu sois chez toi, en train de dormir profondément. Tu es soudain réveillé par une sensation de chaleur. Tu découvres que tu es encerclé par les flammes. Ne tenterais-tu pas désespérément d'échapper au feu ? Songe avec quelle force tu appellerais au secours en voyant la mort devant toi. Pour obtenir la vision de Dieu, il faut implorer avec le même désespoir. Représente-toi comment quelqu'un qui tombe à l'eau sans savoir nager lutte pour remonter et respirer. C'est ainsi qu'il faut lutter pour se fondre dans l'absolu. La douleur de ne pas avoir obtenu la vision de Dieu doit être constante et te tenailler le cœur à chaque instant. »

Amma fit une pause, puis reprit : « Vous n'obtiendrez pas la vision de Dieu simplement en vivant à l'*āśram*. Il faut pratiquer une *sādhana* avec un détachement extrême. « Je ne veux rien d'autre que Dieu », telle doit être votre attitude. Celui qui a la fièvre trouve même les sucreries amères. Qui brûle d'amour pour Dieu ne songe à rien d'autre. Ses yeux ne veulent voir que la forme de Dieu. Ses oreilles languissent d'entendre le nom divin et tout autre son les agace et les ennuie. Le mental lutte comme un poisson hors de l'eau jusqu'à ce qu'il atteigne Dieu ! »

Amma ferma les yeux et se plongea en méditation. Tous les regards étaient intensément fixés sur elle.

Quelques minutes plus tard, elle se leva et longea le mur extérieur de la salle de méditation. Le bassin qui contenait l'eau potable se trouvait au sud, à un mètre du mur de la salle, laissant un étroit passage. L'eau de cette réserve était pompée vers une citerne située plus haut, d'où elle était distribuée à tout l'*āśram*. Amma examina le bassin. Avant de se rendre dans la hutte pour donner le *darśan* aux gens qui l'attendaient, elle dit aux *brahmacārīs* : « La mousse est en train de pousser sur les murs du réservoir. Mes enfants, il faut le nettoyer ».

C'était le crépuscule. Plongée dans une extase divine, Amma assise sur le petit lit de sa chambre, chantait un *bhajan*. La flamme de la lampe à huile, parfaitement immobile, semblait captivée par son chant.

āgamāntapporuḷe jaganmayi

Ô essence des vedas, toi qui imprègnes l'univers,
Toi qui es pure sagesse. Qui te connaît ?
Ô Soi de béatitude,
Être éternel que la souffrance n'effleure pas,
Ô puissance suprême et primordiale, protège-moi !

Omnisciente, tu résides dans tous les cœurs,
Impatiente d'accorder la béatitude de la libération.
Les méchants ne peuvent te voir,
Mais tu brilles à jamais dans la méditation des êtres vertueux.

Tu resplendis sous la forme de la vérité éternelle.
Ô Devi, l'éternelle,
Montre-moi le chemin de la libération,
Brille en moi qui ne suis qu'un simple lourdaud.

Ô mère, je te le dis clairement :
Daigne entrer dans mon cœur et y briller.
Permets-moi de proclamer ta gloire
Et libère-moi de cette māyā.

Sur le mur, derrière Amma, était accrochée une représentation de la déesse Sarasvatī tenant la *vina*. Les doigts de la déesse jouaient-ils pour accompagner le chant d'Amma ? Avant que l'écho de la mélodie se soit évanoui, elle attrapa l'image et l'embrassa à plusieurs reprises. Puis elle resta un moment immobile, serrant la déesse contre son cœur, sans faire le moindre mouvement.

Quand les *bhajans* commencèrent devant le *kalari*, elle reposa doucement l'image sur son lit. On pouvait encore y voir deux sillons, laissés par le flot de ses larmes. Amma se leva et se mit à marcher doucement de long en large, toujours en extase. Les *bhajans* se terminèrent, puis l'*ārati* Amma sortit dans la petite cour devant la salle de méditation.

Conseils aux dévots

Quelques dévots s'approchèrent d'Amma, qui les conduisit vers le *kalari* et s'assit.

Un dévot : « Amma, j'ai une question au sujet de quelque chose que tu as dit aux *brahmacārīs* ce matin. »

Amma : « Quoi donc, mon fils ? »

Le dévot : « Amma a dit que la vie dans le monde était comparable à de la crotte de chien. Faut-il en avoir une vision aussi négative ? »

Amma répondit en riant : « Amma s'adressait alors aux *brahmacārīs*, n'est-ce pas ? Pour continuer sur la voie spirituelle, il leur faut un détachement de cette intensité. Si la conscience de son but est fermement ancrée en lui, un *brahmacārī* ne sera pas du tout attiré vers le monde. Il faut qu'Amma lui donne une vision négative de la vie laïque, pour qu'il ait la force de continuer son chemin. Sinon, il sera pris au piège des plaisirs physiques et perdra sa force.

Un soldat reçoit un entraînement approprié au travail de l'armée ; celui d'un policier est différent et lui permettra d'exercer son métier. De même, les instructions destinées aux *brahmacārīs* et celles destinées aux chefs de famille diffèrent. Bien que le but soit le même, le degré d'intensité varie. Le *brahmacārī* a déjà renoncé à toutes les relations et s'est consacré entièrement à son chemin. À chaque pas, il répète un *mantra* de détachement.

Amma ne dira jamais que le statut de *gṛhasthāśrama* est inférieur. Nos anciens *ṛṣis* n'étaient-ils pas tous des chefs de famille ? Rāma et Kṛṣṇa n'ont-ils pas mené une vie de famille ? Mais celui qui a fait le vœu de *brahmacārya* doit considérer la vie dans le monde comme de la crotte de chien. Il peut alors garder le détachement indispensable pour rester sur la voie.

Un *brahmacārī* doit donc recevoir les conseils nécessaires pour développer un détachement absolu. Amma est très heureuse de voir s'éveiller chez ses enfants laïcs un sentiment de détachement. S'ils sont attentifs à maintenir cette flamme toujours allumée, ils finiront par atteindre le but. Amma ne demandera jamais à quelqu'un de tout abandonner et de devenir *sannyāsi* tant que la personne n'éprouve pas un détachement total.

Le chemin qu'elle indique ne consiste pas à aller dans l'Himalaya pour s'asseoir les yeux fermés en ne songeant qu'à *moksha* (la libération). Il faut apprendre à surmonter les situations difficiles. Le chacal, dans la jungle, se promet de ne plus hurler la prochaine fois qu'il verra un chien. Mais dès qu'il en voit un, l'habitude est la plus forte et il hurle. Le vrai courage consiste à n'éprouver ni attachement ni sens de la possession, tout en vivant les expériences du monde. C'est ainsi que devrait être un vrai *gṛhasthāśramī*.

Comme la fleur tombe lorsque le fruit se forme, les désirs liés au monde disparaissent quand naît le détachement. Que la personne vive chez elle ou au fin fond de la forêt, aucun désir ne peut alors la lier. Celui dont le but est de réaliser Dieu n'attache d'importance à rien d'autre. Il a déjà compris que rien de physique n'est permanent et que la vraie béatitude est à l'intérieur. »

Le dévot : « Comment tourner le mental vers Dieu s'il erre en quête de plaisirs extérieurs ? »

Amma : « Quand il a faim, le chameau mange des buissons d'épines, ce qui lui met la bouche en sang. Si, affamé, vous ne mangez que des piments, parce que vous aimez cela, vous aurez la bouche en feu et l'estomac aussi. Vous vouliez apaiser votre faim mais il vous faut maintenant en subir les conséquences douloureuses. Ainsi, si nous faisons dépendre notre bonheur des objets matériels, nous finirons toujours par souffrir.

Prenez par exemple le musc. Il peut chercher longtemps la source du parfum qu'il respire, il ne la trouvera jamais, car elle est en lui. La béatitude ne vient pas des objets extérieurs. Elle demeure à l'intérieur de nous. Si nous contemplons cette vérité et développons un détachement suffisant, le mental cessera de courir après les plaisirs extérieurs.

Sachant que le jus est dans le fruit, nous le pelons et jetons la peau. C'est l'attitude que doit avoir un *sādhak*. Alors son mental ne se tournera pas vers l'extérieur. Nous serons capables de goûter l'essence de toute chose. »

Le dévot : « N'est-il pas possible de savourer la béatitude tout en menant une vie tournée vers le monde ? »

Amma : « Comment serait-il possible de connaître la plénitude de la béatitude sans fixer le mental entièrement sur Dieu ? Si tu mélanges le *pāyasam* à d'autres aliments, en reconnaîtras-tu le goût ? Le dieu Viṣṇu demanda plusieurs fois à Sanaka et aux autres sages de se marier. Mais ils répondirent : « Chaque instant de notre vie matrimoniale s'écoulera sans que nous pensions à toi. Nous n'avons besoin que de toi, seigneur, et de rien d'autre ! »

Comme rien n'est séparé de Dieu, les gens soutiennent que les plaisirs du monde ne devraient pas constituer un obstacle. Certes, si l'on peut penser à Dieu en toutes circonstances. Mais en sommes-nous capables ? Quand nous mangeons une sucrerie, en goûtons-nous la douceur ou bien pensons-nous à Dieu ? Si vous pouvez ne songer à rien d'autre qu'à Dieu, même à cet instant-là, alors il n'y a pas de problème, vous pouvez suivre cette voie. »

Le dévot : « Les écritures ne prescrivent-elles pas quatre stades de la vie : *brahmacārya*, *gṛhasthāśrama*, *vānaprastha* et *sannyāsa* ? Après avoir mené la vie d'un *gṛhastha* (chef de famille), on passe au stade de *vānaprastha* lorsque s'installe un certain détachement, pour devenir *sannyāsi* quand le détachement est complet. Tous les liens sont alors tranchés et l'on s'abandonne complètement à Dieu. C'est en vérité le but de la vie. »

Un autre dévot : « On dit aussi que si le détachement est complet, il est possible de passer directement du stade de *brahmacārya* à celui de *sannyāsa.* »

Amma (riant) : « Certes, mais les parents ne le permettent pas, c'est le problème. Certains des enfants résidant à l'*āśram* ont eu à surmonter une opposition sérieuse afin de pouvoir rester. »

Un dévot : « Méritons-nous la réalisation ? Nous sommes si désolés d'être pris par cette vie dans le monde ! »

Amma : « Ne pensez pas cela, mes chers enfants ! Songez que cette vie est destinée à aplanir les obstacles sur votre chemin vers Dieu. Lorsque nous partons en voyage, si quelque chose bloque la route, nous l'ôtons avant de continuer notre chemin. Si nous ne le faisons pas, l'obstacle restera. La vie dans le monde nous permet de déraciner le désir et la colère présents en nous. Amma recommande parfois le mariage aux enfants dont les *vāsanas* sont très fortes. Si on les réprime, elles exploseront tôt ou tard. Il faut les transcender. La vie de famille crée les circonstances nécessaires pour cela.

Le mental gagnera en force grâce à la pratique de la contemplation. Si un bébé qui apprend à marcher tombe, il doit se relever et continuer à marcher. S'il reste par terre, il ne fera aucun progrès. La vie de famille n'est pas faite pour nous éloigner de

Dieu, mais pour nous en rapprocher. Mes enfants, utilisez-la donc dans ce but et ne vous faites pas de souci inutile.

La vie de famille nous permet de surmonter nos *vāsanas*. Ne les laissez pas vous submerger ; comprenez leur nature et dépassez-les. Nous n'atteindrons le but que si nous sommes complètement détachés de nos tendances négatives. Nous sommes satisfaits d'avoir mangé notre content de *pāyasam*, mais un peu plus tard, nous en voulons deux fois plus. Quand nous aurons compris la vraie nature de ce désir, le mental n'y fera plus attention. Si un lézard tombe dans le *pāyasam*, qui en mangera ?

Quand les *vāsanas* nous attirent, le mental résiste s'il sait qu'elles ne sont pas source de vraie joie et n'apportent que de la souffrance. Mais il faut que cette vérité soit bien ancrée dans le mental et dans l'intellect. Ne gâchez pas votre vie, mes enfants, en étant esclave du mental ! Ne troquez pas un joyau sans prix pour un bonbon. Le mental se calmera si nous arrêtons d'accorder autant d'importance aux plaisirs des sens.

Ne vous inquiétez pas si vous n'avez pas la force de le faire tout de suite. Asseyez-vous seul chaque jour pour méditer un moment là-dessus, en adoptant l'attitude d'un témoin. Que cela devienne une habitude régulière. Vous développerez certainement la force dont vous avez besoin. Il est inutile de vous asseoir et de pleurer en songeant que vous êtes trop faibles. Trouvez la force nécessaire. Vous pourrez alors affronter n'importe quel défi, sans vaciller. Mes enfants, ne pleurez pas en pensant que vous êtes indignes. Cela ne fera que vous affaiblir.

Mon fils, ne regrette pas de ne pas être un *brahmacārī*, de ne pas vivre auprès d'Amma. Certaines feuilles sont proches de la fleur, d'autres en sont éloignées, mais toutes les feuilles appartiennent à la même plante. Mes enfants, n'en doutez jamais. Ne vous désolez pas de ne pas pouvoir jouir de la présence d'Amma. Vous aussi êtes capables d'atteindre un jour le but ultime. »

Le dévot : « Cependant, nos vies n'ont-elles pas été vécues en vain puisque nous étions prisonniers des désirs matériels ? »

Amma : « Pourquoi vous désoler à propos du passé ? Avancez avec foi. Il était une fois un pauvre bûcheron. Chaque jour, il allait dans la forêt couper du bois pour en faire du charbon qu'il vendait à une boutique comme combustible. Il ne retirait de cette activité qu'un maigre revenu, qui ne suffisait pas à lui remplir le ventre. Il vivait dans une vieille hutte moisie dont le toit fuyait. Sa santé ne lui permettait pas de travailler plus dur et il était désespéré. Un jour, le roi traversa le village. Il entendit parler de la triste situation du bûcheron. Le roi lui dit : « À partir d'aujourd'hui, tu n'auras plus à lutter pour survivre. Je te donne une forêt de bois de santal. Tu peux vivre confortablement de son revenu ».

Le lendemain, le bûcheron alla travailler comme d'habitude. Comme il possédait sa propre forêt, il n'avait plus besoin de chercher des arbres à couper. Il coupa du bois de santal, en fit du charbon et l'apporta à la boutique, comme toujours. Il ne gagnait pas plus qu'avant.

Quelques années plus tard, le roi revint dans le village. Il voulut voir l'homme auquel il avait donné la forêt de bois de santal. Le roi s'attendait à voir un homme riche. Il fut étonné en voyant le bûcheron ; il semblait si possible plus pauvre qu'auparavant. Son visage n'exprimait aucun bonheur et il avait oublié ce que rire signifiait. Consterné, le roi lui demanda : « Que t'est-il arrivé ? Qu'as-tu fait de la forêt que je t'ai donnée ? » « J'ai coupé les arbres, j'en ai fait du charbon de bois que j'ai vendu. » Le roi ne pouvait en croire ses oreilles ! Cet homme avait vendu ces précieux arbres pour une somme insignifiante. « Reste-t-il des arbres ? » demanda-t-il. « Oui, il en reste un », répondit l'homme. Le roi dit alors : « Sot que tu es ! Je t'ai donné une forêt entière de bois de santal. Ce bois n'est pas destiné à servir de combustible !

Eh bien, au moins, il te reste un arbre. Coupe-le et vends-le sans en faire du charbon. Tu en retireras suffisamment d'argent pour vivre le restant de tes jours ». Le bûcheron suivit le conseil du roi et mena ensuite une vie confortable.

Mes enfants, vous avez le désir de connaître Dieu. Cela suffit. Votre vie trouvera son accomplissement. Il suffit que vous la meniez désormais de façon adéquate. »

Une femme accompagnée de deux petits enfants s'approcha d'Amma et se prosterna devant elle. Elle posa la tête sur les genoux d'Amma et se mit à pleurer amèrement en racontant l'histoire de ses malheurs.

Son mari avait monté une affaire en empruntant de l'argent à un taux d'intérêt exorbitant. Il avait fait faillite. Pour rembourser la dette, ils avaient vendu leurs terres et mis les bijoux de la femme en gage. Ils n'avaient pas pu les récupérer à temps et ils furent vendus aux enchères. Pressés par les créanciers, ils furent contraints de vendre leur maison et de vivre en location. Maintenant, il leur manquait l'argent nécessaire pour payer le loyer. La jeune femme était partie avec ses enfants en pensant se suicider, mais elle avait entendu parler d'Amma et était venue la voir.

Elle dit à travers ses larmes : « Amma, sais-tu quelle vie agréable nous avions ? Mon mari a tout brisé. Je ne peux pas vivre plus longtemps dans ce logement. Nous n'avons même pas l'argent du loyer. Les gens de ma famille sont tous à l'aise. Comment puis-je sans honte leur montrer mon visage ? J'ai décidé de mettre fin à ma vie et à celle de mes enfants ».

Amma : « Ma fille, tu n'as pas besoin d'en mourir. Ta vie est-elle d'ailleurs entre tes mains ? Et de quel droit prendrais-tu celle de tes enfants ? Il n'y a pas de feu sans fumée, mon enfant, et pas de désir sans souffrance. Ils sont inséparables, comme le soleil et la sensation de chaleur. Vous vouliez une vie grandiose, vous avez monté une grosse affaire et cela a causé votre souffrance. Si vous aviez appris à être satisfaits de ce que vous aviez, il n'y aurait maintenant pas de problème. La vie est faite de joie et de douleur. Aucune existence n'est constituée que de l'une ou de l'autre.

Il y a un temps pour tout. Il y a des périodes dans la vie où tout ce que nous entreprenons échoue. Inutile de s'effondrer quand cela se produit. Accrochez-vous à Dieu. Il est notre seul refuge. Il ne manquera pas de nous indiquer une solution. Au moins, tu es en bonne santé et tu peux travailler pour gagner ta vie. Dieu te procurera du travail. Il est inutile de rester assise dans un coin et de pleurer. Tu ne feras que perdre ton temps et te ruiner la santé. Ne te désole pas au sujet de ce qui est perdu, ma fille ! Songer au passé en s'affligeant revient à serrer dans ses bras un corps sans vie. Le passé ne reviendra pas et nous ignorons tout de l'avenir. Au lieu de perdre ton temps et de te ruiner la santé en ruminant le passé et en imaginant le futur, concentre-toi sur le présent. Tu le gâches en vivant constamment dans le passé ou dans l'avenir. Seul le *paramātman* connaît les trois, passé, présent et futur. Tu dois donc les lui abandonner et avancer en songeant à lui. Tu auras alors toujours le sourire.

Imagine quelqu'un en train de consommer une glace. En mangeant, il songe : « Dans le restaurant où je suis allé hier, la nourriture n'était pas couverte. Un cafard ou un lézard serait-il tombé dedans ? La migraine dont j'ai souffert ce matin venait-elle de ces aliments ? Aujourd'hui, mon fils m'a encore demandé des vêtements neufs. Comment pourrais-je lui acheter quoi que ce soit ? Je n'ai pas d'argent. Il y a longtemps que je rêve d'une plus belle maison, mais je ne gagne pas assez. Si je trouvais un meilleur emploi, les choses iraient mieux ! » À ce moment-là, la glace est finie. Plongé dans ses pensées, notre homme n'en a pas même savouré une cuillerée. Le passé le troublait et il s'inquiétait du futur ; il a donc perdu l'occasion de passer un agréable moment dans le présent. S'il avait oublié le passé et l'avenir, il aurait au moins pu déguster sa glace. Sachez donc vivre en appréciant chaque instant, mes enfants. Abandonnez tout à Dieu, ou accueillez toutes les situations avec le sourire. Oubliez le passé et le futur, occupez-vous de ce qui arrive dans le présent et soyez vigilants.

Si vous tombez, relevez-vous et avancez avec enthousiasme. Considérez que la chute avait pour but de vous rendre plus vigilant. Le passé est comme un chèque annulé. Il est inutile de ruminer en y songeant. À quoi bon rester assis à vous inquiéter de vos blessures ? Appliquez-leur dès que possible le remède nécessaire.

Ma fille, nous venons au monde les mains vides et nous le quittons de même. Nous acquérons des objets et les perdons ensuite. C'est tout. Une fois que nous avons compris que telle est la nature du monde, nous ne perdons pas notre énergie à nous en préoccuper. La paix intérieure est la vraie richesse, ma fille. C'est celle que nous devons trouver le moyen de protéger.

Reste ici jusqu'à ce que ton mari trouve un emploi. Vos enfants aussi peuvent rester. Cesse de t'inquiéter ! » De ses mains, Amma essuya les larmes de la femme, balayant ses inquiétudes.

Une autre femme dit : « Amma, je suis très triste quand je me sens incapable de me relier à Dieu ; beaucoup de mauvaises pensées surgissent et me dérangent ».

Amma : « Ma fille, ne te tracasse pas à ce sujet. Le mental n'est qu'une accumulation de pensées. Songe que les mauvaises pensées viennent car il est temps pour elles de disparaître. Mais fais attention à ne pas t'identifier à elles.

Lorsque nous voyageons en bus, nous voyons beaucoup de jolies choses le long de la route : de belles maisons, des fleurs, de magnifiques jardins, etc. Mais nous ne forgeons pas de lien avec ces objets. Nous les regardons passer, sachant qu'ils ne sont pas notre lieu de destination. Nous devons apprendre à regarder les pensées qui traversent le mental de la même manière. Regarde-les, mais ne te lie pas à elles, ne t'y accroche pas. Nous pouvons rester sur la berge et regarder la rivière couler. Le spectacle est intéressant, mais si nous sautons dans la rivière, nous perdrons vite notre force. Essaye de développer la faculté de prendre du recul et de rester témoin, pendant que les pensées défilent dans ton mental. Cela le rendra fort. »

Une femme qui avait écouté dit : « Amma, une fois que nous sommes pris dans la toile d'araignée de la vie familiale, malgré tous nos efforts, il est difficile de s'en libérer ! »

Amma : « Un oiseau est assis sur une petite branche morte et mange un fruit qu'il a trouvé. Il sait que le rameau peut se briser à tout instant, il est donc très vigilant, perché sur sa branche. Comprenez que telle est la nature de ce monde. Tout peut nous quitter, à tout moment. Gardez cela en mémoire, mes enfants. Dieu seul est éternel, accrochez-vous à cette vérité. Alors vous ne connaîtrez pas le chagrin.

Si nous savons qu'on tire un feu d'artifices, la prochaine détonation ne nous étonnera pas et ne nous fera pas perdre notre équilibre. Ainsi, si nous comprenons la véritable nature de ce monde, nous resterons équilibrés. Apprenons à accomplir toute action en la considérant comme notre devoir et avançons sans nous identifier à quoi que ce soit.

Prenez l'exemple d'un directeur de banque. Voyez tous les employés dont il est responsable. Il doit être attentif au personnel et en outre recevoir ceux qui viennent pour obtenir un prêt en lui apportant un gros dossier pour plaider leur cause. Si le directeur se laisse charmer par les sourires et les flatteries de ses clients, s'il leur accorde un prêt sans examiner attentivement leur dossier, il finira en prison. Il sait que certains d'entre eux sont venus pour obtenir de l'argent à tout prix ; il sait aussi que l'argent de la banque ne lui appartient pas, et il ne le confie pas au premier venu ; il ne s'irrite contre personne et n'hésite pas à accorder un prêt à ceux qui le méritent. Il se contente de bien faire son devoir, c'est tout ; alors il n'a aucun regret.

Telle est l'attitude juste pour nous tous. Nous devrions être capables d'accomplir toute action avec sincérité et enthousiasme. Il ne s'agit pas de sombrer dans le découragement ou la paresse en songeant que nous n'emporterons rien dans la tombe. Accomplissons notre travail par devoir, avec *śraddhā*, sans aversion. Considérez toute chose comme un aspect du *paramātman*. Tout est contenu dans ce principe ultime.

Vous avez déjà vu des bonbons enveloppés dans des papiers de différentes couleurs, rouge, blanc, bleu et vert. En apparence ils sont tous différents. Les enfants se disputent pour avoir leur couleur favorite : « J'en veux un bleu », « J'en veux un rouge », etc. L'enfant qui en réclame un rouge ne sera pas content si on lui en donne un bleu. Il pleurera jusqu'à ce qu'il en obtienne un rouge. Mais une fois le papier ôté, les bonbons ont tous le même goût. Nous sommes comme ces enfants : nous ne pensons pas au bonbon, nous sommes fascinés par les papiers et nous nous disputons pour obtenir la couleur désirée. En réalité, le principe qui est au cœur de tous les êtres vivants est le même. Les formes et les couleurs extérieures varient, le principe suprême est immuable. Nous sommes incapables de saisir cette vérité parce que nous avons perdu notre innocence enfantine et notre pureté intérieure.

Supposons que quelqu'un se mette en colère contre nous ou agisse de manière hostile. Si nous réagissons avec colère ou si nous le punissons, c'est comme si nous mettions le doigt sur une plaie qu'il a sur la main pour l'agrandir, au lieu d'y appliquer un remède pour qu'elle guérisse. Le pus de la blessure retombera sur nous et nous sentirons mauvais. Son ego en sera renforcé et notre ignorance s'approfondira. Par contre, si nous lui pardonnons, c'est comme si nous soignions sa plaie : notre conscience s'élève, notre cœur s'ouvre. Donc, mes enfants, menez une vie d'amour et de pardon. Cela peut vous paraître très difficile, mais si vous essayez, vous y parviendrez certainement. »

Un dévot : « Amma, comment trouver le temps de méditer et de faire mon *japa* au milieu des responsabilités de la vie familiale ? »

Amma : « Rien n'est difficile pour ceux qui le veulent vraiment. Mais il faut que le désir soit réel. Passez au moins un jour par semaine dans la solitude et consacrez-le à la *sādhana*. Malgré vos responsabilités et le travail qu'il vous faut accomplir, vous devriez en trouver le moyen. Ne vous mettez-vous pas en congé de maladie si vous n'êtes pas bien, même si le travail est loin d'être fini ? Ne prenez-vous pas une journée pour assister à un mariage dans votre famille ? La *sādhana* est tellement plus importante ! Au moins une fois par semaine, allez dans un *āśram* pour faire des pratiques spirituelles et servir. Cette journée vous permettra de renforcer l'amour et le sens de la coopération au sein de votre famille.

Si vos enfants font des bêtises, expliquez leur les choses avec amour. L'enfance est la base de la vie. Si nous n'accordons pas assez d'attention à nos enfants, si nous ne leur montrons ni affection ni amour, ils pourraient mal tourner. Que les parents n'oublient pas de montrer beaucoup d'amour à leurs enfants quand ils sont très jeunes, comme on arrose une tendre et jeune plante. Une fois que les enfants ont grandi et ont un emploi, les parents devraient leur confier la responsabilité de la famille et se retirer dans un *āśram* pour effectuer une *sādhana* dans la solitude. Purifiez votre mental par le service désintéressé. Il n'est pas sage de rester attachés à nos enfants et à notre foyer jusqu'à notre dernier souffle. Les enfants devenus adultes, nous auront le désir de voir nos petits-enfants et d'aider à les élever. Tous les êtres vivants sur cette terre se développent et vivent, n'est-ce pas ? Ils n'attendent pas notre aide. Confiez vos enfants à Dieu. C'est ce que devraient faire des parents aimants. C'est le véritable amour.

Jusqu'à présent, nous avons trimé pour « nous et nos enfants ». Nous ne nous distinguons pas en cela des animaux. Quel est alors le fruit de cette précieuse incarnation humaine ? Désormais, notre travail devrait être consacré à « Toi ». Alors, lentement, le « moi » disparaîtra de lui-même et avec lui, nos soucis et nos chagrins.

Une fois montés dans le train, pourquoi continuer à porter nos bagages en nous plaignant de leur poids ? Nous pouvons les poser. Apprenons de même à prendre refuge en l'être suprême, à tout lui abandonner.

S'il nous est difficile de trouver une journée par semaine, nous devrions passer au moins deux jours par mois dans l'atmosphère d'un *āśram* à méditer, répéter notre *mantra* et servir. Le souvenir de Dieu est le fondement de la vie. Nous parviendrons ainsi à nous libérer de tous les liens, comme un serpent fait peau neuve, et à nous fondre en Dieu. Suivez une discipline régulière. Certaines personnes disent qu'il est inutile de se retirer du monde qui nous entoure, puisqu'il est lui aussi *brahman*. Certes, tout est *brahman*, mais avons-nous atteint ce niveau de conscience ? Dieu ne voit le mal en personne. Il ne voit que le bien en tout. Lorsque nous aurons la même attitude, alors nous pourrons nous permettre d'affirmer que tout est *brahman*. S'il se trouve une seule bonne chose au milieu de mille mauvaises, Dieu ne verra que la bonne.

Un *guru* avait deux disciples et donnait à l'un plus de responsabilités dans l'*āśram* qu'à l'autre. Le second disciple n'appréciait pas cette attitude car il se considérait comme le meilleur. Il se mit à détester le premier disciple. Un jour, il demanda au *guru* : « Pourquoi ne me confies-tu aucune responsabilité dans l'*āśram* ? Je suis plus capable que lui ».

Le *guru* enjoignit alors aux deux élèves de partir dans le monde et de voir quelle était la nature des gens. En marchant, le premier disciple vit un homme au bord de la route en train de donner un bonbon à un petit enfant et de le consoler. En se renseignant, il apprit que cet homme était en fait un assassin. Mais le disciple fut tout de même touché par le bon côté de cet homme. Continuant son chemin, il vit quelqu'un donner à boire à un vieil homme allongé sur le bas-côté, affaibli par la faim et la soif. Par la suite, il apprit que l'homme était un voleur ; il se réjouit de voir que même le brigand éprouvait de la compassion. Puis il vit une prostituée essuyer les larmes d'une autre femme et la calmer. En voyant la gentillesse et la compassion dont elle faisait preuve, le disciple fut incapable de mépriser la fille des rues. Il retourna vers son *guru* et lui raconta tout, en louant les bonnes actions dont il avait été témoin.

Le second disciple revint en même temps. Il raconta qu'il avait vu un homme battre un enfant, un autre réprimander un mendiant et enfin une infirmière se fâcher contre un malade. Il n'éprouvait que de la haine envers les gens qu'il avait vus se comporter ainsi. L'homme qui avait battu l'enfant avait un grand cœur. En fait, il procurait de la nourriture et des vêtements à de nombreux enfants pauvres et pourvoyait à leur éducation. Cet enfant-là avait l'habitude de voler. Il n'y avait pas moyen de le raisonner et l'homme finit par le battre pour lui faire comprendre son erreur. Mais le disciple trouvait cela injustifiable. Il pensait : « Si bon que soit notre cœur, est-il permis de frapper un enfant ? Quel méchant homme ! »

Le deuxième homme qu'il avait rencontré donnait généreusement à autrui. Il vit quelqu'un en bonne santé mendier et tenta de le convaincre d'utiliser la santé que Dieu lui donnait pour travailler et gagner son pain. Le disciple désapprouva cela également. Il songea : « Aussi généreux que l'on soit, de quel droit donne-t-on des conseils ? S'il ne voulait rien donner, il lui suffisait de renvoyer le mendiant ».

Enfin, l'infirmière que le disciple avait vue aimait beaucoup ses patients. Elle les soignait jour et nuit. Ce malade avait l'habitude d'ôter ses pansements, ce qui empêchait ses plaies de cicatriser. Par amour pour lui, l'infirmière le disputait. Eh bien, le disciple n'admit pas cela non plus. « L'infirmière a sans doute appliqué un remède qui empestait, c'est pourquoi le malade a enlevé les pansements. Et elle le réprimande ! Quelle mauvaise femme ! »

Après avoir écouté le récit des deux disciples, le *guru* dit : « Nul n'est entièrement mauvais en ce monde. Si mauvaise que soit la réputation d'une personne, il y a du bien en elle. L'un d'entre vous a pu voir le bien chez un assassin, un voleur et une prostituée. S'il y a de la bonté en nous, nous la verrons chez les autres. C'est le regard qu'il nous faut ».

Le maître dit au second disciple : « Mon fils, c'est ta propre nature que tu as vue chez les autres. Tu n'as pu percevoir que le mal, même chez des êtres très bons. Le jour où tu changeras, tu pourras, toi aussi, voir le bien en toute chose.

Aujourd'hui, notre mental ressemble à celui du second disciple. Même s'il y a mille actions justes, nous ne les voyons pas. Nous voyons l'erreur qui a été commise. Mais Dieu ne voit chez ses enfants que le bien. Nous ne pouvons dire que tout est *brahman* ou que tout est Dieu que si nous avons la même attitude.

Certaines personnes déclarent : « Le *guru* n'est-il pas en nous ? Ne suffit-il pas de suivre notre pensée ? Pourquoi prendre refuge en une autre personne ? » Il est exact que le *guru* est à l'intérieur de nous, mais il est à présent l'esclave de nos *vāsanas*. Nous ne contrôlons pas notre pensée ; ce sont les *vāsanas* qui la contrôlent. Il est donc dangereux de la suivre.

Voici une histoire : il était une fois un homme qui avait rencontré bien des *gurus*. Ils ne parlaient que d'humilité, de foi et de dévotion. L'homme n'appréciait pas ce discours. « Je ne veux être l'esclave de personne », décida-t-il. Assis sur le bord de la route, il songeait : « Aucun des maîtres que j'ai vus n'est capable de me guider correctement ». Comme il levait la tête, perdu dans ses pensées, il vit non loin de là un chameau qui broutait. L'animal hocha la tête. L'homme s'étonna qu'il eût saisi ses pensées. « Il doit être le *guru* que je cherche », se dit-il. Il alla le trouver et lui demanda : « Veux-tu être mon maître ? » Le chameau, de nouveau, hocha la tête. Notre homme en fut tout heureux.

Dès lors, il ne fit plus rien sans interroger son maître-chameau. L'animal approuvait tout d'un signe de tête. Il lui demanda un jour : « J'ai rencontré une fille. Puis-je l'aimer ? » Le chameau hocha la tête. Au bout de quelques jours, il revint et demanda : « L'épouserai-je ? » L'animal donna sa bénédiction à cela aussi. Quelques jours passèrent. La question suivante fut : « Il n'y a pas de mal à ce que je boive un peu ? » Le chameau, encore une fois, hocha la tête. Ce jour-là, l'homme rentra chez lui bien éméché. Cela devint bientôt une habitude. Sa femme n'aimait pas cela. Il alla voir son *guru* et lui demanda s'il pouvait se battre avec sa femme. Le maître l'y autorisa. Mais il revint bientôt dire : « Ma femme n'aime pas que je boive. Puis-je la tuer ? » Même à cette question, le chameau répondit oui. L'homme se dépêcha de rentrer chez lui pour poignarder sa femme, la blessant sérieusement. La police vint, l'arrêta, et il fut condamné à la prison à vie.

Le mental est comme ce maître-chameau. Ce n'est pas une question de bien ou de mal. Il approuve tout ce qui nous plaît, sans songer aux conséquences. Si nous nous fions au mental, qui est l'esclave des *vāsanas*, nous resterons éternellement prisonniers. Notre intellect ne possède actuellement pas le moindre discernement, le mieux est donc de suivre les conseils d'un vrai *guru*. Nous accomplissons des actes erronés en prenant pour excuse que c'est Dieu qui nous les fait faire. Il n'est pas juste de notre part de désirer que le maître approuve tout ce que nous faisons. Seul celui qui suit les instructions du *guru* sans les mettre en question pourra atteindre le but. Celui-là est un vrai disciple.

Comme la tortue couve ses œufs par la pensée, une pensée du maître suffit à nous mener au but. Un *sadguru* est celui qui a réalisé la vérité. En suivant ses conseils, même s'ils ne nous conviennent pas sur le moment, nous progresserons. Les maîtres qui laissent leurs disciples suivre leurs désirs ne sont pas authentiques. Ils ne savent que hocher la tête, comme le chameau. Ils ne se préoccupent pas des progrès de leur élève. »

Un dévot : « Amma, les écritures ne disent-elles pas que tout est *brahman* ? »

Amma : « Mais nous ne sommes pas parvenus à ce niveau ! Il nous faut donc agir avec discernement. Il est peu sage de s'approcher d'un chien enragé en déclarant que tout est *brahman*.

L'ami qui vous demande de ne pas vous approcher de l'animal est lui aussi *brahman*. Si vous n'avez pas le discernement nécessaire, dans un cas comme celui-là, vous en mourrez.

Tant que vous n'en avez pas l'expérience, à quoi sert de répéter : « Tout est *brahman* » ? Songez aux objets en roseau que l'on fabrique. Le rotin est dans la chaise, dans la table, dans le panier. Mais il contient aussi en lui la chaise, la table et le panier. De même, il y a de l'or dans la bague, le bracelet et les boucles d'oreilles. Mais nous nous attachons surtout aux formes que revêtent ces objets. Ceux que la forme ne fascine pas voient l'or. C'est ce regard qu'il faut développer, en comprenant que tout contient la réalité suprême, *brahman*. Ceux qui ont cette vision ne peuvent rien faire de mal. Qui parle de *brahman* sans en avoir l'expérience commettra des erreurs.

Advaita (la non-dualité) est un état de conscience dans lequel il n'existe que l'un. On perçoit alors spontanément tout être comme son propre Soi. Ce n'est pas un sujet de discours, mais une expérience.

Un homme emprunta un jour de l'argent à différentes personnes et acheta une île, sur laquelle il se construisit un palais. À tous les visiteurs il ne parlait que de son palais et se pavanait. Un *sannyāsi* vint un jour lui demander *bhikṣā* (l'aumône de nourriture). Notre riche eut le sentiment que le *sannyāsi* ne lui témoignait pas assez de respect et il en fut contrarié. Il dit au *sannyāsi* : « Sais-tu qui possède cette île, ce palais et tout ce que tu vois là. ? Cela m'appartient. Je domine tout. Nul ne me témoigne aucun respect ! »

Le *sannyāsi* l'écouta patiemment, puis il demanda : « Est-ce que tout, ici, t'appartient ? »

« Oui, » fut la réponse.

« Vraiment ? »

« Oui, vraiment. »

Le *sannyāsi* dit : « À qui appartenait l'argent qui t'a permis de l'acheter ? Interroge ta conscience. »

Notre riche en fut tout décontenancé. Il comprit son erreur, et qu'en réalité rien ne lui appartenait. Il tomba aux pieds du *sādhu*.

La « connaissance » que nous possédons aujourd'hui n'a pas été obtenue grâce à la *sādhana*. Nous n'avons fait que lire ce que d'autres ont écrit et nous voilà, oisifs, déclarant : « Je suis *brahman* », sans montrer ni compassion, ni humilité ou capacité de pardon envers quiconque. De telles personnes n'ont pas même le droit de prononcer le mot « *brahman* ».

Si vous le lui apprenez, un perroquet répète aussi : « *brahman, brahman* ». Mais si un chat passe par là, le perroquet se mettra à crier de peur et mourra en criant. Au lieu de simplement répéter le mot « *brahman* », il faut absorber ce principe, le fixer dans notre mental grâce à une contemplation ininterrompue. Ce principe est le symbole de la compassion et de l'infini. Seule l'expérience nous le révèle. Les êtres qui y sont parvenus n'ont pas besoin de répéter « Je suis *brahman* ». Rien qu'en nous approchant d'eux, nous sentons cette qualité d'être. Leur sourire ne s'efface jamais, quelles que soient les circonstances.

Brahman est contenu en nous comme l'arbre dans la graine. Mais que dire d'une graine qui proclamerait « Je suis l'arbre » ? L'arbre est dans la graine, mais celle-ci doit d'abord être semée, germer et enfin croître. Une fois que l'arbre est adulte, vous pouvez même y enchaîner un éléphant. Mais si nous ne protégeons pas la graine, un oiseau pourrait bien la manger. Le principe suprême est effectivement contenu en nous, mais il faut l'amener sur le plan de l'expérience grâce à l'étude et à une méditation constante.

Un jeune homme demanda un jour à un maître de l'accepter comme disciple. L'*āśram* comptait de nombreux résidents. Le *guru* dit au jeune : « La vie spirituelle est très dure. Il vaut mieux que tu reviennes plus tard, quand tu seras plus âgé ».

Le jeune en fut si désappointé que le *guru* dit : « D'accord. Que sais-tu faire ? » Le maître suggéra différents travaux, mais le jeune homme n'était habitué à aucun d'entre eux. Il finit par proposer : « Pourquoi ne t'occuperais-tu pas de nos chevaux ? »

« Comme vous voudrez », répondit le disciple.

On lui donna donc la responsabilité des chevaux. Le nouveau disciple accomplit sa tâche avec un grand dévouement. Les chevaux devinrent bientôt plus forts, leur santé s'améliora.

Le *guru* ne donnait pas d'ordinaire d'instructions particulières à ses disciples. Chaque matin, il leur donnait un verset à méditer et à mettre en pratique dans leur vie. Telle était sa méthode d'enseignement.

Un jour, le maître donna les versets plus tôt que de coutume. Il s'apprêtait à partir en voyage sur l'un des chevaux quand le jeune disciple, jusqu'alors pris par son travail, accourut pour avoir son verset. « Ô maître, dit-il, quelle est ma leçon du jour ? » Le *guru* répliqua sévèrement : « Ne vois-tu pas que je pars en voyage ? Est-ce le moment de me poser une telle question ? » Il enfourcha le cheval et partit au trot. Le jeune ne fut pas déçu pour autant. Il se mit à méditer les paroles du *guru* : « Ne vois-tu pas que je pars en voyage ? Est-ce le moment de me poser une telle question ? »

Le maître revint le soir et ne trouva pas le jeune homme parmi les disciples. Il les interrogea et ceux-ci répondirent en se moquant : « Cet idiot est assis quelque part en train de marmonner des phrases du style : « Ne vois-tu pas que je pars en voyage ? Est-ce le moment de me poser une telle question ? » Et ils éclatèrent tous de rire. Le *guru* comprit ce qui était arrivé. Il appela le jeune homme et lui demanda ce qu'il faisait. Il répondit : « Maître, je méditais sur ce que vous m'avez dit ce matin ». Le *guru* en eut les larmes aux yeux. Il mit les mains sur la tête du disciple et le bénit. Les autres disciples en furent mécontents. Ils se plaignirent : « Maître, nous sommes ici depuis si longtemps et vous nous ignorez. Pourquoi accorder tant d'amour à ce sot ? »

Le *guru* demanda à l'un d'entre eux d'aller chercher une sorte de drogue. Il prit la substance, la mélangea à de l'eau et en versa un peu dans la bouche de chacun, en leur disant de recracher immédiatement. Puis il leur demanda : « L'un de vous se sent-il drogué ? » « Comment serait-ce possible ? Vous nous avez demandé de recracher aussitôt ? »

Le maître dit alors : « C'est également ce que vous faites avec les versets que je vous donne le matin. Vous entendez ce que je dis et l'oubliez immédiatement. Mais le jeune homme que vous enviez est différent. Il accepte ce que je lui dis sans le mettre en doute, tant il a d'innocence. En outre, quand vous vous occupiez des chevaux, ils n'avaient que les os et la peau car vous ne les nourrissiez pas correctement. Vous ne les laviez pas et ils étaient irritables, donnant des coups de sabot à quiconque s'approchait. Depuis qu'il en a la responsabilité, ils sont en bonne santé et ont pris du poids. Si on s'approche d'eux, ils viennent et le mouvement de leur tête indique de l'amour. Il ne s'est pas contenté de les nourrir, il les aime. Il a accompli son devoir avec sincérité et sans faillir, accomplissant toute action pour elle-même. Par-dessus tout, il est capable d'intégrer tout ce que je dis sans le mettre en question ».

Mes enfants, nous devons être comme ce disciple et ne considérer aucune parole du *guru* comme dénuée de sens. Nous devons être prêts à réfléchir sur ses paroles et à les assimiler complètement. Le maître ne peut que répandre sa grâce sur un disciple qui se comporte ainsi. »

Parmi les dévots, une femme demanda : « Amma, est-il juste qu'un dévot marié, s'il se détache du monde, abandonne sa femme et ses enfants ? » Son mari, qui était à côté d'elle, rit en entendant la question et un rire général s'ensuivit.

Amma dit en riant : « Ne t'inquiète pas, ma fille. *mon* (fils) ne te quittera pas pour venir ici. S'il le fait, nous te le renverrons tambour battant ! » Tout le monde rit.

Amma reprit : « Une fois que vous êtes marié, vous ne pouvez pas tout abandonner pour partir. Si vous avez atteint le degré requis de détachement et si votre famille est assez riche pour vivre sans vous, vous pouvez renoncer à tout. Mais il faut que le détachement soit réel, comme celui de Buddha ou de Rāmatīrtha.

Il est toujours mauvais de se jeter dans le *sannyāsa* pour échapper à ses responsabilités. Le détachement doit être parvenu à maturité. Sinon, cela reviendrait à ouvrir un œuf avant qu'il éclose. »

Un dévot : « Je n'ai plus aucune envie d'aller à mon travail. La vérité et le *dharma* y sont méprisés et mes collaborateurs me font de la peine de bien des façons si je ne joue pas leur jeu ».

Amma : « Mon fils, tu n'es pas le seul à rencontrer ce problème. Bien des enfants qui viennent ici rencontrent les mêmes difficultés. De nos jours, il n'est pas facile de faire honnêtement son travail. La vérité et le *dharma* ne sont plus respectés et nous en subissons les conséquences. Ceux qui travaillent dans le monde doivent surmonter bien des obstacles. S'ils adhèrent à la vérité et à l'honnêteté, les actions de leurs collègues les dérangeront peut-être. À quoi bon se désoler et faiblir ? Mon fils, ne t'occupe pas de ce que font les autres. Agis selon ta conscience et Dieu ne t'abandonnera jamais. Ceux qui commettent de mauvaises actions en vue d'un bénéfice immédiat ignorent la souffrance qui les attend. Il leur faudra subir les conséquences de leurs actes demain, si ce n'est aujourd'hui. »

Amma fit une courte pause, puis demanda : « Quelle heure est-il, mes enfants ? »

Un dévot : « Il est plus de onze heures. »

Amma : « Allez dormir maintenant, mes enfants. Amma n'a pas encore lu les lettres qui sont arrivées ce matin. Il est temps pour elle de monter. »

Amma se leva ; comme elle arrivait à l'escalier qui mène à sa chambre, un dévot vint en courant se prosterner devant elle.

Amma : « Qu'y a-t-il, mon fils ? »

Le dévot : « Je pars demain matin de bonne heure et ne pourrai te voir avant mon départ. C'est pourquoi je te dérange maintenant. »

Amma (en riant) : « Comment pourrais-tu déranger Amma ? »

Un dévot : « Je n'ai pas eu l'occasion de te dire la raison de ma visite, Amma. Le mariage de ma fille aura lieu la semaine prochaine. Tout s'est déroulé comme tu l'avais prédit. Je n'ai pas à donner un centime pour la dot. Le garçon travaille dans le Golfe Persique où elle ira vivre avec lui. Sa famille est à l'aise. »

Pendant sept ans, cet homme avait tenté d'arranger le mariage de sa fille. La planète Mars dans son horoscope exerçait une influence défavorable. Ils avaient envisagé de nombreuses offres, mais la plupart du temps, les horoscopes ne s'accordaient pas. S'ils étaient en harmonie, la proposition tombait à l'eau. Pendant longtemps, le père s'était fait beaucoup de souci. Puis il entendit parler d'Amma et emmena sa fille la voir. Amma lui donna un *mantra* en disant : « Plus besoin de vous préoccuper de ce problème. Ma fille, répète ce *mantra* avec dévotion et tout ira bien ». Trois semaines plus tard, une proposition de mariage arriva par un parent éloigné. Les horoscopes indiquaient une entente excellente et la date du mariage fut bientôt fixée.

J'ai apporté l'alliance destinée au garçon. Je t'en prie, Amma, bénis-la. » Il lui tendit un petit paquet qu'elle porta à ses yeux avant de le lui rendre.

Amma monta l'escalier. Līlābai, une dévote, l'attendait devant la porte de sa chambre. Elle était triste, car elle avait perdu son *tali* (collier de mariage).

Amma : « Ne l'avais-tu pas apporté pour le donner à Amma ? Pense que Dieu l'a pris. Pourquoi te désoler ? »

Līlā venait de Kottayam. La plus jeune de ses filles vivait à l'*āśram*. C'est de là qu'elle allait à l'école. Le père de Līlā n'approuvait pas que sa petite-fille vive à l'*āśram*.

Amma : « Comment va ton père ? »

Līlā : « Il n'aime pas du tout que nous venions ici et ne cesse de nous disputer. »

Amma : « Mais c'est normal ! Qui aime voir les filles de la famille se tourner vers la spiritualité ? »

Līlā : « Amma, sa désapprobation n'est-elle pas l'effet de ta volonté ? »

Amma : « Oh vraiment ? Qui dit cela ? » Elle rit.

« Celui qui choisit la voie de la spiritualité rencontre en général de nombreuses oppositions. C'est en les surmontant et en les dépassant qu'il montre la force de son lien avec Dieu. Si ton père est en colère contre toi, c'est son *saṁskāra*. Pourquoi t'en inquiéter ? Ton *saṁskāra* est de venir à l'*āśram*.

Imagine qu'au moment où tu t'apprêtes à sortir, le vent se mette à souffler en rafales, la pluie à tomber en trombes. Si, effrayée, tu restes chez toi, tu n'atteindras jamais ta destination. Lorsqu'on est mû par le désir sincère de réaliser Dieu, on ignore de tels obstacles et on avance. Si tu restes chez toi, cela montre que ta soif de Dieu n'est pas très ardente. Efforce-toi de parvenir au but en triomphant des difficultés que tu rencontres. C'est cela, le vrai courage. Les autres exprimeront leur opinion, qui correspond à leur vision du monde. Il n'y a aucune raison de s'inquiéter. Accorde-leur l'importance qu'ils méritent, sans leur en vouloir. »

Amma entra dans sa chambre.

La lune regardait d'un œil furtif à travers les rideaux. Amma se mit à écrire à ses enfants du monde entier, dont beaucoup dormaient profondément à cette heure. De ses douces paroles, elle essuyait leurs larmes. Voyant que la *brahmacāriṇī* qui écrivait sous sa dictée s'était endormie sur les feuilles de papier, Amma prit le stylo et se mit à appliquer la pâte de santal apaisante de ses paroles réconfortantes sur le mental en feu de ses enfants. Peut-être venait-elle aussi dans leurs rêves, leurs lèvres sèches s'éclairant alors d'un sourire.

Chapitre 2

Mercredi 26 juin 1985

La dévotion

Amma et les *brahmacārīs* se trouvaient dans la salle de méditation. Quelques dévots chefs de famille comme Padmanābhan et Divākaran étaient avec eux.

Padmanābhan, fondé de pouvoir dans une banque de Kozhikode (Calicut), mentionna la visite récente à l'*āśram* d'un docteur homéopathe et de sa famille.

Amma : « Amma se rappelle bien leur visite. Il se considère comme un ardent partisan de l'*advaita* ; la dévotion de sa femme, par contre, est grande. Il est peut-être venu au *darśan* parce qu'elle le lui avait demandé. En entrant, il a pris de grands airs et a déclaré : « Rāma et Kṛṣṇa n'existent pas ». Amma lui a répondu : « Tous les chercheurs parviennent au même résultat. Mais pour effectuer notre *sādhana*, nous avons besoin d'un *upādhi* (instrument ou accessoire). Comment peux-tu affirmer que Kṛṣṇa ou Rāma n'existent pas ? Même si tu ne vois pas Oachira sur une carte de l'Inde, peux-tu dire que cet endroit n'existe pas ? Notre sens de l'*advaita* se limite à des mots. Il est impossible de parvenir à ce niveau de conscience sans dévotion ». Il n'a rien répliqué à cela. »

Amma attrapa un stylo et écrivit : « *namaḥ śivāya* » sur son avant-bras gauche. Elle sembla entrer en extase en écrivant. Fixant intensément du regard le *mantra* écrit sur son bras, Amma dit à Padmanābhan : « Autrefois, Amma avait l'habitude de serrer l'oreiller contre son cœur quand elle allait se coucher. Elle le couvrait de baisers, incapable d'y voir un oreiller. Elle avait le sentiment que c'était Devi. Elle restait là, étendue, les lèvres sur le mur, imaginant qu'elle embrassait la mère divine. Ou bien elle écrivait « *namaḥ śivāya* » sur l'oreiller, sur la natte, et embrassait le nom divin. Elle ne s'endormait que quand elle était au bord de l'évanouissement à force d'appeler Devi en pleurant. »

Amma se tut, immobile. Ses yeux se fermèrent lentement. Les vagues de béatitude qui la submergeaient étaient visibles sur son visage. Tout le monde méditait, les yeux fixés sur elle. Un *brahmacārī* chanta :

mauna ghanāmṛtam śāntiniketam

Demeure du silence infini, paix éternelle et beauté,
Dans laquelle s'est dissout le mental de Gautama Buddha,
Lumière qui détruit l'esclavage,
Rive de la joie que la pensée ne peut atteindre.

Connaissance qui donne à jamais l'équanimité,
Demeure sans commencement ni fin,
Béatitude que l'on éprouve lorsque le mental est en paix,
Source de toute-puissance,
Demeure de la conscience infinie.

« Tu es cela » : le but qu'indique cette parole,
Ce but qui nous donne la joie éternelle de l'état non-duel,
C'est lui que je désire atteindre, et pour cela,
Ta grâce est l'unique moyen.

Le chant terminé, Amma ouvrit les yeux au bout d'un moment.

La nature du guru

Divākaran : « J'ai un ami qui a vécu quelque temps auprès d'un *svāmi* dont il avait reçu un *mantra*. Un jour le *svāmi* l'a réprimandé. Mon ami l'a quitté aussitôt. »

Amma : « Mon fils, dans la vie spirituelle, si tu acceptes quelqu'un comme *guru*, ta foi et ton dévouement envers lui devraient être sans faille. Le maître peut parfois se montrer sévère, mais c'est pour le bien des disciples, qui ne devraient jamais le critiquer pour cette attitude à laquelle il ne s'identifie pas. Une mère qui gifle son enfant pour l'empêcher de mettre la main au feu ne le fait pas par mépris pour son enfant, mais pour le sauver du danger. Ton ami aurait dû comprendre que le *guru* le disputait pour son bien. »

Divākaran : « Il a déclaré qu'il était parti parce qu'il ne pouvait imiter bien des actions du maître. »

Amma : « Le disciple ne doit pas faire tout ce que fait le *guru*. Cela l'empêcherait de progresser. Personne ne peut se faire l'émule du maître. Il faut utiliser son discernement et choisir, parmi les actions du *guru*, celles qu'il convient d'imiter, sans jamais songer : « Mon *guru* a bien fait cela, pourquoi n'en ferais-je pas autant ? Rien ne lie les *mahātmās*, qui ont atteint l'état de perfection. Ils ressemblent à des arbres géants auxquels on peut attacher des éléphants. Inutile de les entourer d'une clôture. Mais nous sommes de petites plantes et nous avons besoin d'une barrière pour nous protéger des vaches et des chèvres. Les actions des *mahātmās* ne sont pas comparables aux nôtres et nous ne devons pas tenter de les imiter toutes.

Les actes d'un être humain ordinaire sont motivés par la croyance : « Je suis ce corps » . Mais un être réalisé sait qu'il est pure conscience. Beaucoup de ses actions sont incompréhensibles pour les êtres ordinaires.

Il était une fois un *mahātmā* qui faisait chaque matin bouillir de l'huile. Il se la versait aussitôt sur le corps, puis il allait prendre son bain. Voyant cela, un de ses disciples pensa que cette habitude était sans doute la source de tous les pouvoirs du *guru*. Le lendemain, il s'aspergea d'huile bouillante. Vous pouvez imaginer le résultat ! *(Rire général)* Si nous copions tout ce que fait le maître, nous pourrions bien faire la même expérience. Il faut donc choisir les comportements qui nous aideront à progresser. »

La sādhana est indispensable

Divākaran : « J'ai visité d'autres *āśrams* et je n'ai rencontré nulle part un emploi du temps semblable à celui en vigueur ici. Je vois que l'accent est mis sur la méditation et le karma yoga. Dans beaucoup d'endroits, c'est l'étude des écritures qui a la place d'honneur. »

Amma : « Tant que les objets du monde nous troublent, nous avons besoin de pratiquer régulièrement le *japa* et la méditation pour les transcender. Cela exige au départ beaucoup d'efforts de notre part, mais à force, cela devient naturel. Seule la *sādhana* nous permet de progresser. Sans elle, nous n'avons rien. À quoi sert d'étudier et de faire des discours ? Quelle est la différence entre un orateur et un magnétophone ? Il ne fait que réciter ce qu'il a appris, c'est tout. Pouvons-nous apaiser notre faim en lisant des livres de cuisine ? Il faut préparer de la nourriture et la manger. *Tapas* (les austérités) est indispensable : cela renforce en nous les bonnes *vāsanas* et qualités. La pureté et la concentration du mental sont essentielles. Amma ne dit pas que l'étude des écritures est inutile, mais elle doit aller de pair avec la *sādhana*, dont l'importance est primordiale et qui doit être accomplie sans faille. La *sādhana* devrait devenir une seconde nature, comme l'habitude de se brosser les dents et de se laver quotidiennement.

Lorsque nous aurons été formés à l'*āśram* et que nous irons dans le monde en portant les vêtements fournis par l'*āśram*, des milliers de gens nous témoigneront de l'amour et du respect. Mais Amma déclare à ses enfants que ceux qui les insultent sont leurs meilleurs *gurus*. Seul un traitement déplaisant nous incitera à nous examiner attentivement, ce que nous ne ferons pas si nous ne sommes entourés que de gens qui nous aiment. Si nous rencontrons de l'hostilité, demandons-nous : « D'où vient leur attitude envers moi ? Quelles fautes ai-je donc commises pour mériter un pareil traitement ? » Les accusations lancées contre nous nous permettront ainsi de grandir spirituellement. »

Padmanābhan : « Amma, vaut-il mieux d'abord travailler à se libérer ou bien œuvrer pour le bien d'autrui ? »

Amma : « Pour être capable de ne penser qu'au bien d'autrui, il faut que l'égoïsme ait complètement disparu. Atteignons d'abord ce niveau de conscience. Les prières et les actions que nous accomplissons dans ce but forment la voie de notre libération. Il s'agit de s'oublier complètement pour ne songer qu'au bien des autres. Lorsque nous vouons notre vie uniquement aux autres, notre mental en est purifié. »

Un *brahmacārī* qui écoutait la conversation posa une question concernant le pouvoir du maître. Amma répondit : « Il existe différentes sortes de *gurus*. Les *sadgurus*, par un simple *saṅkalpa* (résolution), peuvent accorder la libération. Leur souffle même est bénéfique pour la nature. »

Brahmacārī : « On dit que le maître protège les disciples de tout danger. Mais si un disciple se trouve en péril alors que le *guru* est en *samādhi*, comment le saura-t-il ? Comment le protègera-t-il ? »

Amma : « En fait, personne n'est séparé du Soi. Ne sommes-nous pas tous contenus en lui ? La rivière a deux berges, mais un seul lit. Quand le *guru* est en *samādhi*, il est uni au Soi. Il sera au courant de la situation. »

La grandeur de la dévotion

Padmanābhan : « Amma, bien des gens ne reconnaissent pas la grandeur de la dévotion. Et bien des dévots qui vont chaque jour au temple pour y prier ne semblent pas mener une vie très spirituelle. »

Amma : « Certains croient que la dévotion consiste à se rendre dans de nombreux temples pour y adorer cent divinités différentes. Une telle dévotion n'est que foi aveugle et n'est pas fondée sur les principes spirituels. Les témoins de ce comportement jugent que la dévotion se réduit à cela et critiquent tout ce qui s'y rapporte. Les êtres spirituels ne s'opposeront jamais à *tattvattile bhakti* (la dévotion fondée sur la connaissance spirituelle).

Il s'agit de comprendre que le but de la vie est de réaliser Dieu et de l'adorer en gardant cette pensée toujours présente à l'esprit. *Tattvatile bhakti* consiste à reconnaître qu'un seul et même Dieu se manifeste à travers tous les êtres vivants et toutes les divinités, tous les noms et toutes les formes. C'est un abandon désintéressé de soi-même à Dieu. Voilà le genre de dévotion qu'il nous faut.

Sans dévotion, il est difficile d'accéder à *jñāna* (la sagesse spirituelle). Impossible de rien construire si nous n'avons que des graviers. Il faut ajouter du ciment et fabriquer du béton. Sans le liant de l'amour, nous ne pouvons pas bâtir les marches menant à Dieu.

Il existe des aliments très variés, néanmoins, qui souffre d'une indigestion ou d'une autre maladie ne peut pas manger n'importe quoi. Mais le *kāñjī* (gruau de riz fait à partir de la céréale concassée) est digeste pour tous les estomacs. Ainsi, la voie de la dévotion convient à tous.

Tant que subsiste le sens du « moi », nous avons besoin d'un centre *(upādhi)* sur lequel fixer notre mental, afin d'éliminer l'ego. La dévotion est notre amour pour ce centre ; c'est le désir ardent de réaliser Dieu. On peut la comparer au désinfectant que l'on utilise pour nettoyer une plaie : elle purifie le mental.

Pour pouvoir semer la graine de la connaissance dans le champ du mental, il faut l'irriguer avec l'eau de la dévotion. Nous pourrons alors récolter la libération. Celui qui a goûté ne serait-ce qu'une seconde à *prema bhakti* (la dévotion qui est amour suprême) ne s'en écartera jamais. Mais cette dévotion ne naît pas chez tous les dévots. Les participants à une loterie ne gagnent pas tous le premier prix ; une personne sur un million l'obtient. De même, un dévot sur un million accède à *prema bhakti.* »

Au beau milieu de ses louanges à la gloire de la dévotion, Amma se tut. Son mental quitta le monde extérieur pour s'élever vers un plan de conscience supérieur. Assise les yeux mi-clos, sa forme immobile évoquait pour tous la mère divine, au-delà de tout attribut qui, en apparence inactive, accomplit toute chose. La dualité embrassée par dévotion est bien plus belle que la non-dualité.

Un peu plus tard, Amma ouvrit les yeux. Mais elle n'était pas d'humeur à parler. L'expression de son visage montrait qu'elle était dans un autre monde. Était-ce la même Amma qui s'était jusqu'à présent montrée si éloquente ?

Au bout de quelques minutes, elle s'approcha d'un enfant et lui donna deux bonbons, qu'elle tira d'un paquet offert par un dévot. Elle embrassa le gamin sur le front en disant : « Ce bonbon te procure du plaisir maintenant, mais il va te gâter les dents. Si tu connais Dieu, le plaisir est éternel, et ce n'est pas mauvais pour les dents ! »

Amma quitta la salle de méditation pour se rendre dans la hutte de *darśan*. Les dévots qui l'y attendaient approchèrent et se prosternèrent un par un. Une femme étreignit Amma très fort et se mit à pleurer. Mariée depuis plusieurs années, elle n'avait pas d'enfant. Telle était la cause de son chagrin.

Amma : « Ma fille, tu pleures parce que tu n'as pas d'enfants. Mais ceux qui en ont pleurent en voyant leur comportement ! »

Amma lui releva le visage, essuya ses larmes en disant : « Ne t'inquiète pas, ma fille. Prie Dieu. Amma va faire un *saṅkalpa* pour toi. »

L'espoir illumina le visage de la dévote.

Les instructions d'Amma

Amma demanda à un enfant de chanter un *kīrtan*. La tendre mélodie jaillit doucement des lèvres de l'enfant qui ne montrait aucune trace de timidité ou de fierté. Amma battait la mesure en frappant dans ses mains et elle se joignit aux autres pour chanter en chœur. Quelques dévots méditaient.

devi devi devi jaganmohinī

Ô Déesse qui enchante le monde
Ô Caṇḍikā, qui a tué les démons Caṇda et Muṇda
Ô Camuṇdesvari, mère divine,
Montre-nous le droit chemin,
Pour nous faire traverser l'océan de la transmigration.

Le chant terminé, Amma rompit le silence. « Vous devriez entendre Sugunaccan (le père d'Amma) faire son *japa*. C'est très intéressant. Il répète : « Nārāyaṇa, Nārāyaṇa. » à toute vitesse et sans reprendre son souffle. » (Amma fit rire tout le monde en l'imitant.) Le mental ne vagabonde pas si vous pratiquez le *japa* ainsi. Personne ne le lui a appris, il a trouvé cela tout seul. »

Amma monta dans sa chambre mais revint peu après et se mit à faire les cent pas dans la cour. Puis elle entra dans le bureau de l'*āśram* et s'y assit, entourée de trois ou quatre *brahmacārīs.*

Le bureau était une petite pièce. Amma attrapa quelques enveloppes qui se trouvaient sur la table, prêtes à être postées.

Amma : « Mon fils, qui a écrit ces adresses ? Est-il possible d'écrire aussi mal ? Voyez, quel manque de soin ! Il faut libeller une adresse proprement, même si cela exige un peu plus de temps, n'est-ce pas ? Ou bien choisis quelqu'un qui a une belle écriture. Qui peut déchiffrer les adresses si les lettres se chevauchent ainsi ? Il faut les réécrire. Chacune des actions d'un *sādhak* doit être accomplie avec *śraddhā.* »

Elle s'apprêtait à donner les enveloppes à un *brahmacārī*, quand elle remarqua les timbres.

Amma : « À quoi songez-vous donc quand vous travaillez, mes enfants ? Ces timbres sont collés à l'envers ! C'est de la négligence pure. Les actions d'une personne indiquent clairement l'intensité de sa *lakṣya bodha* (son désir d'atteindre le but).

Vous êtes tous venus ici pour réaliser Dieu. Sans patience ni vigilance, vous n'y parviendrez pas. Comment vous concentrerez-vous pendant la méditation si vous ne faites pas preuve de *śraddhā* dans les petites choses, sur le plan matériel ? La méditation est très subtile. Ce sont le soin et la patience dont nous faisons preuve dans nos moindres actes qui nous permettent d'accomplir de grandes choses.

Écoutez cette histoire : il était une fois un *mahātmā* qui demanda à sa femme de toujours poser un verre d'eau et une aiguille à côté de lui lorsqu'il s'asseyait par terre pour manger. Sa femme n'y manqua jamais, sans lui en demander la raison. Quand le mari fut bien vieux et que sa mort approcha, il l'interrogea :

« As-tu quelque chose à me demander ? » Elle répondit : « Non, je n'ai besoin de rien, mais il y a une chose que j'aimerais savoir. Pendant toutes ces années j'ai fait ce que tu m'avais dit et j'ai posé un verre d'eau et une aiguille à côté de toi quand tu mangeais. Mais je n'ai jamais compris à quoi cela servait ». Le *mahātmā* lui expliqua : « Si un grain de riz était tombé par terre pendant que tu me servais ou que je mangeais, je voulais le ramasser avec l'aiguille et le nettoyer en le plongeant dans l'eau avant de le manger. Mais grâce à ta vigilance, pas un seul grain de riz n'est tombé pendant toutes ces années. Je n'ai donc pas eu besoin de l'aiguille ni de l'eau ».

Toute leur vie ils faisaient attention à ne pas même gaspiller un grain de riz. Seuls ceux qui sont capables d'une telle *śraddhā* deviennent des *mahātmās.* »

Brahmacārī : « Nous allons refaire les enveloppes de ces lettres avant de les poster, Amma. »

Amma : « Ces enveloppes seraient perdues, fils ! Avons-nous de l'argent à gaspiller ainsi ? Ne gâchez pas les timbres non plus. Il suffit d'écrire proprement chaque adresse sur un morceau de papier que vous collerez ensuite sur l'enveloppe. Faites plus attention désormais, voilà tout. »

Amma entra dans la bibliothèque, située juste à côté du bureau et s'assit par terre avant que les *brahmacārīs* aient eu le temps d'étaler une natte sur le sol. Elle prit un livre d'images qui racontait les jeux de l'enfant Kṛṣṇa et se mit à examiner chaque illustration en détail. L'une d'elles montrait Kṛṣṇa tenant la montagne Govardhana levée sur son petit doigt. Il pleuvait à seaux et toutes les vaches, tous les pâtres s'étaient réfugiés sous la montagne.

Voyant l'image, un *brahmacārī* demanda à Amma : « Amma, Śrī Kṛṣṇa n'a-t-il pas exhibé un *siddhi* quand il a soulevé la montagne Govardhana ? »

Amma : « Śrī Kṛṣṇa n'a pas soulevé la montagne pour convaincre les autres de sa puissance ou pour gagner leur respect. Les circonstances exigeaient qu'il agisse. Il tombait des cordes et il n'y avait pas d'autre moyen de protéger ses compagnons. Il fit donc ce qu'il devait faire. »

Amma marqua une courte pause, puis elle reprit : « Le but d'un *mahātmā* est de guider les gens sur la voie du *dharma.* Le *darśan* d'un *mahātmā* transforme le cœur de quantité de méchantes gens ».

Amma entendit la cloche qui annonçait le déjeuner et dit : « Mes enfants, allez manger. Amma a du travail » Puis elle monta dans sa chambre.

Mānasa pujā (adoration mentale)

Un *brahmacārī* attendait Amma dans sa chambre. Il lui lut un article qu'il avait écrit pour *Matruvani*, la revue de l'*āśram.*
Amma : « Comment va ta méditation, mon fils ? »

Brahmacārī : « Je manque de concentration, Amma. »

Amma : « Essaye *mānasa pujā*, fils. Le mental est comme un chat. Nous avons beau nous occuper de lui avec beaucoup d'affection, un moment d'inattention suffit pour qu'il mette la tête dans la casserole et vole de la nourriture. *Mānasa pujā* est une méthode qui permet de fixer le mental capricieux sur Dieu. Accomplis cette adoration en appelant : « Amma, Amma ! » avec amour, dévotion et un désir intense. Imagine que tu tiens la main de la mère divine et que tu verses de l'eau sur elle pour lui donner son bain. Regarde l'eau qui coule sur toutes les parties de son corps. Ne cesse pas de l'appeler et visualise sa forme. Imagine que tu fais *abhiṣeka* en utilisant successivement du lait, du miel, du beurre, du *ghī* (beurre clarifié), de la pâte de santal et de l'eau de rose. Vois comment ces substances coulent le long de son corps, de la tête aux pieds, visualise chaque partie de sa forme.

Parle-lui et prie. Après lui avoir ainsi donné le bain, sèche son corps avec une serviette, revêts-la d'un sari de soie et pare-la de bijoux. Applique une marque vermillon sur son front. »

Amma arrêta la description et resta longtemps en méditation. Puis elle ouvrit les yeux et reprit : « Mets-lui des bracelets de cheville, passe une guirlande autour de son cou et admire sa beauté. Puis, fais l'*arcana* avec des fleurs. Prends la fleur, qui représente ton mental, et imagine que tu offres chaque pétale à ses pieds. Ou bien imagine que tu jettes tes *vāsanas* dans un feu sacrificiel qui brûle devant elle. Après l'*arcana*, offre-lui le *pāyasam* de ton amour. Dans ton imagination, accomplis l'*ārati* pour elle et vois comment chaque partie de son corps brille à la lumière de la flamme. Enfin, imagine que tu fais *pradakṣiṇa* autour de Devi. Ne cesse pas de prier pendant toute la *pujā*.

Mon fils, essaye de faire tout cela avec *prema*. Alors ton mental ne vagabondera plus ».

Les paroles d'Amma insufflèrent au *brahmacārī* une énergie nouvelle sur le chemin de sa *sādhana*. Il quitta la chambre d'Amma avec un sentiment de grande plénitude. Il venait juste de voir quelques-uns des innombrables visages d'Amma : le *guru* omniscient qui montre le chemin à ses disciples ; la mère aimante, toujours inquiète du bien-être de ses enfants, et l'administrateur hors pair qui gère les affaires de l'*āśram* avec grande habileté.

Vendredi 5 juillet 1985

Vers dix-huit heures, un professeur accompagné d'un ami arriva de Kozhencheri pour voir Amma. Après s'être lavé les mains et les pieds, ils allèrent se prosterner dans le *kalari*. Les instruments de musique étaient déjà installés pour les *bhajans*. Un des visiteurs s'adressa au *brahmacārī* qui accordait les tablas : « Nous sommes partis de chez nous ce matin, mais nous arrivons tard parce que nous n'étions pas sûrs du chemin. Nous aimerions voir Amma et rentrer ce soir ».

Brahmacārī : « Amma vient juste de remonter dans sa chambre. Jusqu'ici elle était restée à converser avec les dévots. Vous la verrez peut-être quand elle descendra pour les *bhajans.* »

La déception se lisait sur le visage des visiteurs : ils avaient manqué le *darśan* de quelques minutes.

Brahmacārī : « Vous aurez peut-être du mal à rentrer ce soir, car il est difficile d'avoir un bus à cette heure tardive. Pourquoi ne pas rencontrer Amma et rentrer demain ? »

Le professeur : « J'ai promis à ma famille de rentrer ce soir et ils s'inquiéteraient. Si seulement nous pouvions voir Amma un moment. Je suis certain qu'avec sa bénédiction, nous n'aurions pas de problèmes pour rentrer. »

Brahmacārī : « Comment avez-vous entendu parler d'Amma ? »

Le professeur : « Par le père d'un de mes étudiants. Il avait les larmes aux yeux en me parlant d'Amma. Il m'a raconté que sa femme avait été clouée au lit pendant quatre ans. Elle ne pouvait même pas se lever seule. Ils avaient essayé bien des traitements, mais en vain. L'an dernier ils ont rencontré Amma, et après avoir reçu sa bénédiction, la femme a été complètement guérie. Il a ajouté qu'ils étaient venus voir Amma la semaine dernière. »

Le *brahmacārī* déploya une natte pour les visiteurs et dit : « Vous pouvez vous asseoir ici. Si vous devez vraiment rentrer cette nuit, allez vous prosterner devant Amma quand elle viendra pour les *bhajans* et partez ensuite. »

Le professeur : « Mon beau-père est venu me voir récemment. Il va souvent écouter des *satsaṅgs.* Quand je lui ai parlé d'Amma, il m'a demandé si elle était réalisée. Que dois-je répondre ? »

Brahmacārī : « L'autre jour j'ai entendu quelqu'un poser la même question à Amma. Elle a dit : « Oh, Amma n'est qu'une folle, elle ne sait rien ! » Mais l'homme ne s'est pas contenté de cette réponse et a insisté. Amma a fini par lui répondre : « Ne demande pas à une mère de dix enfants si elle a jamais accouché ! »

C'était l'heure des *bhajans*. Les *brahmacārīs* étaient prêts. Amma arriva ; le professeur et son ami allèrent se prosterner devant elle. Amma leur mit la main sur l'épaule en disant : « Vous venez juste d'arriver, mes enfants ? Amma est restée ici jusqu'à près de six heures et n'est remontée dans sa chambre que pour peu de temps ».

Le professeur : « Nous sommes arrivés tout de suite après ton départ. C'est une chance pour nous de pouvoir te rencontrer maintenant. Nous avons promis de rentrer ce soir. Sinon nous resterions volontiers jusqu'à demain. »

Amma : « Avez-vous quelque chose à me demander, mes enfants ? »

Elle les conduisit devant la salle de méditation. Ils s'assirent là, pendant que les *bhajans* commençaient dans le *kalari*.

Les principes de la vie spirituelle

Le professeur : « Je n'ai pas de problèmes d'argent, Amma, mais je suis très inquiet au sujet de mes enfants. Je n'ai pas l'esprit en paix. »

Amma : « Mon fils, quand ton mental est agité, dis ton *mantra*. Si tu cherches une consolation dans quoi que ce soit d'autre, tout s'effondrera. Si un objet ne t'apporte pas la paix, tu en essayeras un autre, puis un autre, sans succès car tu ne trouveras pas la paix ainsi. Rien ne te la procurera. Mais si tu te souviens de Dieu et répètes ton *mantra*, tu seras vite calme et paisible. Ton mental sera capable d'affronter n'importe quelle situation. »

Le professeur : « Amma, parfois je songe même à me faire *sannyāsi*. »

Amma : « C'est une décision qui demande à être mûrement réfléchie. Il ne s'agit pas d'embrasser l'état de *sannyāsa* pour échapper à une souffrance à laquelle nous sommes confrontés. Le renoncement doit venir de votre compréhension des idéaux spirituels. La vie spirituelle exige beaucoup de patience, sinon elle aboutit à une déception. Elle requiert la même discipline et les mêmes limitations que la vie en prison. Cette prison deviendra ensuite la voie menant à la liberté. Un *sādhak* qui ne détourne jamais son regard de Dieu parviendra au but.

Bien des gens interrogent les enfants qui sont ici : « Pourquoi vivez-vous à l'*āśram* ? Vous pourriez trouver du travail et mener une vie agréable ». Ils répondent : « Nous avons vécu dans le monde avec de l'argent en suffisance et tout le confort possible, mais nous n'avions aucune paix intérieure. Ici, sans confort, nous trouvons la paix et la tranquillité. Nous nous efforçons de toujours maintenir cette paix en pratiquant le *japa* et la méditation. L'expérience nous a montré que seul le souvenir de Dieu procure une paix réelle. Notre désir de rester à l'*āśram* vient de cette expérience ».

Le professeur : « Bien que ce soit notre première visite, nous avons parlé à des personnes qui viennent ici fréquemment. Chacune d'elles a une vision différente de toi, Amma. Certaines te voient comme Devi, d'autres comme Kṛṣṇa, d'autres encore comme leur *guru*. Pour les uns, tu es la mère, incarnation de l'amour et de l'affection. Pour les autres, tu es une femme ordinaire. Qui es-tu vraiment, Amma ? Nous aimerions le savoir. »

Amma : « Mes enfants, chacun voit en fonction de son *saṅkalpa*. La même femme est l'épouse de son mari, la mère de son enfant et la sœur de son frère. Un homme est perçu différemment par sa femme, sa mère et sa fille, n'est-ce pas ? La différence est dans la conception de chacun, le *saṅkalpa*. Prenez une belle fleur. L'abeille butine le nectar, le poète compose un poème, le peintre en fait un tableau. Pour le ver, c'est de la nourriture. Le savant sépare les pétales, le pollen et les graines pour effectuer une recherche, le dévot l'offre à la divinité qu'il adore. Chacun voit la fleur selon ses capacités et la formation reçue. »

Après une courte pause Amma reprit : « Mon fils, les étiquettes sont données par les autres. Amma ne déclare pas qu'elle est un *mahātmā* ou qu'elle est Dieu. Son but est simplement de protéger les gens de la chaleur accablante qu'est la vie dans le monde en les amenant sous l'ombrelle de Dieu. Il s'agit pour elle d'amener si possible un changement dans l'esprit de ceux qui nuisent aux plus faibles et de les aider à accomplir de bonnes actions, bénéfiques pour eux-mêmes et pour le monde. Pour Amma, il n'y a aucune différence entre ceux qui l'aiment et ceux qui la haïssent ».

Le professeur : « Certaines personnes affirment qu'ici, on détourne les jeunes du droit chemin. »

Amma : « Mon fils, avant de donner son avis sur quoi que ce soit, ne faut-il pas se renseigner, observer et examiner ? Pourtant, bien des gens ont l'habitude de juger sans savoir, sans connaître par expérience. Un être qui cherche sincèrement la vérité peut-il accepter leur opinion ?

Beaucoup de personnes ont abandonné de très mauvaises habitudes et ont été complètement transformées après leur venue ici. Des alcooliques ont cessé de boire. Comment peux-tu donc déclarer qu'il s'agit d'un mauvais lieu ? Pourquoi attacher de l'importance à des paroles, sans rien connaître ni observer par soi-même ? Il y a des gens capables d'acheter un sari sans aucune valeur à n'importe quel prix si on leur dit que c'est de l'importation. Ce qui est fabriqué en Inde, si beau que ce soit, ne les intéresse pas. Quelqu'un écoute la radio et s'exclame : « Oh, quel beau chant ! » Si son ami lui révèle que c'est la voisine qui chante, l'auditeur change d'avis : « Oh vraiment ? Cela explique tout. Je pensais en réalité que c'était affreux ». Telle est la nature humaine. Les gens ont perdu la faculté de distinguer entre le bien et le mal, le beau et le laid. Ils décident à l'avance ce qu'ils vont voir et dire. »

Le professeur (montrant l'homme qui l'accompagne) : « C'est un de mes proches amis. Il traverse de sérieuses difficultés. Son affaire va mal et il perd de l'argent. »

Amma : « Il traverse peut-être une période défavorable, fils. Il y en a toujours dans la vie. Mais rappelez-vous toujours que Dieu peut vous aider, réduire vos problèmes et vous soulager dans une large mesure. »

Le professeur : « Il ne croit pas aux temples, etc. »

L'ami : « Amma, Dieu est partout, n'est-ce pas ? Il n'est pas limité aux quatre murs d'un temple. »

Amma : « Ne considère pas les choses de cette manière, fils. Le vent souffle partout, et pourtant nous utilisons des ventilateurs, n'est-ce pas ? L'ombre d'un arbre ne nous apporte-t-elle pas un bien-être spécial ? L'atmosphère n'est pas la même partout. En entrant dans un temple, vous n'éprouvez pas la même sensation qu'en entrant dans un bureau. Ne règne-t-il pas une paix spéciale, une fraîcheur particulière aux abords d'un temple ? Le souvenir constant de Dieu crée une atmosphère de cette qualité. Ne crois pas que ce soit une perte de temps d'aller au temple. Les enfants du cours préparatoire utilisent des graines ou des billes pour apprendre à compter. Une fois qu'ils savent, ils n'en ont plus besoin. En s'aidant d'un rondin de bois, il est facile d'apprendre à nager. L'apprentissage terminé, il devient inutile.

Un sportif qui remporte une compétition de saut en longueur peut franchir plusieurs mètres, mais avant qu'il parvienne à ce résultat, il lui faut des années d'entraînement. Tout le monde n'y parvient pas. Quelques *mahātmās* voient Dieu en tout ; tu peux les compter sur les doigts. Ils n'ont pas besoin de temples.

Mais il faut songer aux autres, qui ne peuvent accéder à la vérité suprême qu'à l'aide de ces supports. »

Amma se leva en disant : « Mes enfants, Amma va chanter maintenant. Attendez tous deux la fin des *bhajans* avant de rentrer ».

Avant qu'ils puissent répondre, Amma se dirigea vers le *kalari* et se joignit aux chants. La douceur de la dévotion emplissait l'atmosphère.

kaṇṇunīrillātta kaṇṇukaleṅkilum

Mes yeux sont secs,
Pourtant mon cœur se tord de douleur ;
Aucun son ne sort de mes lèvres,
Mais ton mantra ne quitte pas ma langue,
Ô mère !

Ô arbre mystique qui exauce les désirs,
Mon mental est toujours posé sur tes fleurs,
Mais māyā, le cruel chasseur,
S'apprête à m'abattre !

Ô toi, qui accordes de bons auspices,
Tu es venue appliquer de la pâte de santal
Sur les blessures de mon âme,
Baigne-moi dans le frais clair de lune de ton amour,
M'accordant ainsi la plénitude !

L'*ārati* terminé, une famille s'approcha d'Amma et se prosterna. Ils habitaient Kozhencheri.

Amma : « Êtes-vous partis de chez vous aujourd'hui, mes enfants ? »

Dévot : « Nous sommes venus rendre visite à un parent qui habite tout près, à Kayamkulam. Nous avons alors pensé à nous arrêter à l'*āśram* avant de rentrer. »

Amma : « Cela fait bien un mois que vous êtes venus, n'est-ce pas ? »

Dévot : « Oui. Il nous a été impossible de venir car mon père était cloué au lit par les rhumatismes. »

Amma : « Comment va-t-il maintenant ? »

Dévot : « Il va bien ; il doit nous accompagner ici la semaine prochaine. »

Amma : « Amma va vous donner du *prasād* pour lui. Rentrez-vous cette nuit ? »

Dévot : « Oui, Amma. Ma fille travaille demain. »

Amma : « Mais comment allez-vous rentrer ? Il est tard. »

Dévot : « Nous sommes venus en jeep. »

Amma : « Oh, il y a deux autres enfants qui viennent de votre ville. Ils s'apprêtaient à repartir en bus mais Amma leur a demandé d'attendre la fin des *bhajans.* »

Dévot : « Pas de problème. Il y a beaucoup de place dans la jeep et nous ne sommes que trois. »

Amma leur présenta le professeur et son ami. Le professeur dit : « Nous allions partir après avoir vu Amma. Quand elle nous a demandé de rester, nous avons eu peur de manquer le dernier bus. Nous voyons maintenant que si nous lui faisons confiance, tous nos problèmes seront résolus ».

Amma demanda à une *brahmacārinī* d'apporter des *vibhutis* (des cendres sacrées) et les distribua comme *prasād.* Elle en donna une portion spéciale pour le père du dévot. Après avoir ordonné à une *brahmacārinī* de veiller à ce que tout le monde ait à dîner, elle remonta dans sa chambre.

Lundi 8 juillet 1985

Il était dix-sept heures ; Amma était assise dans le *kalari*. Un *brahmacārī* qui était allé en ville acheter des légumes arriva, portant son fardeau. Il avait sur la tête un gros sac de riz et en outre, un sac de légumes en équilibre sur l'épaule. La charge était visiblement trop lourde pour lui. Voyant qu'il peinait, Amma prit le sac de riz et le posa par terre. Elle lui demanda : « Es-tu parti seul alors que tu devais acheter tout cela ? Tu n'aurais-tu pas pu emmener quelqu'un ? »

Brahmacārī : « Je ne pensais pas que ce serait si lourd. »

Deux *brahmacārīs* emportèrent le sac à la cuisine.

Amma : « Bien sûr, comment pourrais-tu savoir ce que pèseront tes achats, alors que tu n'as jamais travaillé chez toi, ni soulevé une lourde charge ? Comment as-tu fait pour mettre le sac de riz sur ta tête ? »

Brahmacārī : « Le passeur m'a aidé. »

Amma : « Pauvre enfant ! Désormais, ne va plus seul faire le marché. »

Elle passa les doigts dans ses cheveux ; « l'enfant » savourait sa caresse, oubliant tout le reste, ravi de béatitude.

Joies et peines de la vie profane

Amma retourna s'asseoir devant le *kalari*. Une femme s'approcha d'elle et se prosterna. Amma la prit dans ses bras et l'embrassa. La femme posa la tête sur les genoux d'Amma et se mit à sangloter. Elle ne cessait de répéter : « Si seulement Amma faisait un *saṅkalpa*, tous mes ennuis seraient finis ».

Amma la consola, lui donnant de petites tapes dans le dos. « Ma fille, est-il suffisant qu'Amma fasse un *saṅkalpa* ? Il faut que tu sois prête à l'accepter. Même si Amma allume la lumière, c'est à toi d'ouvrir la porte pour qu'elle entre. Si les portes sont hermétiquement fermées, comment recevras-tu la lumière ? Si Amma prend une résolution, pour que tu en bénéficies, il te faut penser à Dieu. Consacre tous les jours un peu de temps à répéter le nom de Dieu. Nous perdons chaque jour tant de temps ! Suffit-il de dire qu'Amma doit tout arranger, si tu ne fais toi-même aucun effort ? »

Cette femme était convaincue que tous ses ennuis venaient d'un mauvais sort jeté par les voisins et elle s'efforçait d'en convaincre Amma, l'implorant de punir ses ennemis et de la protéger. Elle avait répété plusieurs fois sa demande. La voix d'Amma se fit plus sévère quand il fut manifeste que la femme ne prêtait aucune attention à ce qu'elle disait. Les plaintes cessèrent, et la femme écouta avec crainte et respect.

Amma : « Il existe deux sortes de joies et de peines. Quand nous n'obtenons pas ce que nous voulons, nous sommes tristes. Mais si les vœux d'autrui sont exaucés, nous voilà encore plus tristes. Nous sommes heureux quand nos projets réussissent, mais notre joie est encore plus grande si d'autres échouent. Oubliant toutes nos peines, nous exultons en voyant celles des autres. Notre fille n'est pas mariée, mais nous sommes heureux que celle du voisin ne le soit pas non plus. Le jour de son mariage, nous voilà tristes. Mes enfants, c'est une dépravation mentale, une maladie grave qui ronge notre paix intérieure. C'est un cancer du mental.

Deux voisins allèrent un jour acheter du bois de construction. L'un se procura une poutre et l'autre trois. Quand le premier scia la poutre, il constata qu'elle était creuse. Triste d'avoir perdu son argent, il en perdit l'appétit. Sa femme vint alors lui annoncer que les trois poutres achetées par le voisin étaient pourries à l'intérieur. L'abattement fit alors place à la joie. « Vraiment ! Apporte-moi un thé ! », dit-il en riant joyeusement. « Il a ce qu'il mérite ! Il se croit donc bien riche pour acheter trois poutres. »

Mes enfants, nous devons avant tout changer cette attitude. Tant que le mental est dans cet état, quelle que soit la quantité de *japa* que nous ferons, nous n'en retirerons aucun bénéfice. Nous n'obtiendrons ni la grâce de Dieu, ni la paix intérieure. Avant de mettre du lait dans un pot qui a contenu des aliments acides, il faut le nettoyer à fond, sinon le lait tournera. Mes enfants, prions Dieu avant tout de nous donner un cœur qui se réjouisse du bonheur des autres et sympathise avec leur souffrance.

Si le voisin d'à côté est fou, nous aurons des problèmes. Le bruit qu'il fait la nuit nous empêchera de dormir et même le jour nous n'aurons peut-être pas la paix. Imaginez notre tristesse si notre frère rentrait ivre chaque soir et engageait une bagarre. C'en serait fini de notre paix. Par contre, s'il est une bonne nature, cela aura pour nous des conséquences heureuses. Quand d'autres mènent une vie tranquille et paisible, comprenons que c'est nous qui en bénéficions. Au moins ils ne nous créent pas d'ennuis ! Réjouissons-nous de leur bonheur et éprouvons de la compassion pour leurs souffrances. Une telle attitude indique que nous progressons intérieurement. Dieu demeure dans un tel cœur. Les vrais enfants de Dieu sont ceux qui considèrent la joie et la souffrance d'autrui comme les leurs. »

La femme pleurait maintenant et Amma s'arrêta pour essuyer ses larmes. « Ne te fais pas de reproches, ma fille. Répète régulièrement le *mantra* qu'Amma t'a donné. Tout ira bien. »

Ces paroles consolèrent la dévote qui se releva après s'être prosternée. Elle dit au revoir, ayant ainsi déposé son fardeau de chagrin aux pieds de la mère divine, refuge de ceux qui souffrent. En nous immergeant dans ce flot de paix ininterrompu, qui s'écoule vers tous les cœurs en peine, ne sommes-nous pas certains d'être consolés ?

Samedi 20 juillet 1985

Pas de compromis avec la discipline

Les premières lueurs de l'aube n'avaient pas encore paru à l'est. Les *brahmacārīs* faisaient l'*arcana* dans la salle de méditation, tandis qu'Amma, les mains derrière le dos, faisait les cent pas devant la porte, dans l'obscurité. Il y avait une certaine gravité dans sa démarche. Deux hommes munis de lampes électriques passèrent sur la berge du canal, au sud de l'*āśram*. C'étaient des pêcheurs qui s'apprêtaient à lancer leurs filets.

C'est alors qu'un *brahmacārī* arriva en courant pour participer à l'*arcana*. Il avait dû se lever un peu en retard. Comme il ouvrait doucement la porte de la salle de méditation, Amma l'arrêta en tendant le bras et en refermant la porte. La tête basse, le *brahmacārī* se tenait devant l'entrée.

Au bout de quelques minutes, Amma dit : « Ignores-tu que l'*arcana* commence à cinq heures ? Si les gens arrivent un par un, ceux qui font l'*arcana* perdront leur concentration. Maintenant, tu dois réciter les mille noms dehors. À partir de demain, sois dans la salle de méditation à quatre heures trente. Sans discipline dans ta *sādhana*, tu ne feras aucun progrès. »

Le *brahmacārī* posa son *āsana* (tapis de méditation) et s'assit. Les *mantras* résonnaient dans la salle de méditation. Le sens de chaque *mantra* s'éclairait pour lui tandis qu'il fixait son mental sur les pieds sacrés d'Amma, qui passait et repassait devant lui d'un pas léger.

Nakha-dīdhiti-sañchanna-namajjana-tamoguṇa

Nous nous prosternons devant celle dont les pieds radieux éliminent l'ignorance des dévots qui lui rendent hommage !

Nous nous prosternons devant celle dont les pieds sont plus rayonnants que les fleurs de lotus !

Nous nous prosternons devant celle dont les pieds de lotus bienfaisants sont ornés de bracelets de chevilles en or, incrustés de pierres précieuses, qui scintillent doucement !

Nous nous prosternons devant celle dont la démarche est aussi lente et douce que celle du cygne !

Sortant de la salle après l'*arcana*, les *brahmacārīs* furent agréablement surpris de voir Amma. Ils vinrent tous se prosterner devant elle. Elle mit les mains sur la tête du fils retardataire et le bénit.

Amma : « Mon fils, as-tu éprouvé de la peine quand Amma t'a empêché de te joindre à l'*arcana* ? »

Quelle souffrance subsiste quand le cœur fond dans l'amour d'Amma, comme la pierre *candrakānta* à la lumière de la pleine lune ?

Amma : « Mon fils, nous sommes dans un *āśram*. Quand nous faisons l'*arcana* à *brahma muhūrta* (l'heure sacrée qui précède l'aube), tous les enfants doivent y participer. Personne ne doit dormir, se laver ou quoi que ce soit de ce style. Tout le monde devrait être prêt et installé cinq minutes avant le début de l'*arcana*. »

Brahmacārī : « Il n'y avait qu'un filet d'eau au robinet, c'est pourquoi, quand j'ai eu fini de me doucher, j'étais en retard. »

Amma : « Si tu as un examen ou une entrevue pour obtenir un emploi, tu ne diras pas que tu étais en retard parce qu'il n'y avait pas d'eau ou d'électricité. Tu devrais faire ta *sādhana* avec la même attitude. Lorsque vous êtes rassemblés, si nombreux, pour faire l'*arcana*, la mère divine est présente, n'en doutez pas. Il ne faut pas entrer ni parler ou dormir à cette heure-là.

C'est pourquoi Amma t'a dit de faire l'*arcana* dehors, puisqu'ils avaient déjà commencé. »

Amma monta dans sa chambre après avoir posé sur ses enfants la caresse de ses yeux aimants. Elle en ressortit à sept heures, accompagnée d'une *brahmacārinī*, et se dirigea du côté nord de l'*āśram*. Elle rassembla toutes les palmes de cocotier tombées à cet endroit. Un *brahmacārī* les emporta à côté de la cuisine. Il ne perdit pas l'occasion d'éclairer certains de ces doutes.

Brahmacārī : « Amma, est-il possible d'éliminer complètement le mental ? »

Amma : « Le mental est une accumulation de pensées. Les pensées sont comme les vagues de l'océan. Elles se lèvent, se succèdent. On ne peut les arrêter de force. Mais quand l'océan est profond, les vagues s'apaisent. Essayez ainsi de concentrer le mental sur une seule pensée, au lieu de vouloir les stopper de force. Alors l'océan du mental gagnera en profondeur et sera tranquille. Même si de petites vagues se forment en surface, au-dessous, il sera paisible. »

Quand Amma s'occupe de la vache

Amma arriva du côté de l'étable. Un *brahmacārī* lavait une vache que l'on venait d'acheter. Elle s'appelait Śāntini, « celle qui est paisible », mais il n'y avait aucun rapport entre son nom et son comportement. Parmi ceux qui l'avaient lavée, personne ne s'en était tiré sans recevoir au moins un coup de queue. La traire était une vraie bataille : il fallait être trois et lui lier les pattes. Elle semblait avoir fait le vœu de veiller à ce que le lait finisse par terre ou du moins, arrose ceux qui s'efforçaient de la traire.

Le *brahmacārī*, qui connaissait bien la nature de Śāntini, utilisait un récipient pour l'asperger d'eau. Il lui mouilla le corps par deux fois. Il appelait cela son bain. La saleté et la bouse collaient encore au corps de l'animal. Amma n'apprécia pas du tout cette façon de laver la vache. Elle prit le seau d'eau des mains du *brahmacārī*, pendant qu'une *brahmacārinī* se rendait à la cuisine pour y prendre de la fibre de noix de coco, que l'on utilise pour frotter. Amma montra à son fils comment laver la vache, enlevant avec soin la bouse qui collait au ventre et aux pattes de l'animal pour qu'elle soit propre.

Tous les spectateurs furent étonnés de la soudaine docilité de Śāntini, du jamais vu jusqu'alors. Elle restait tranquille comme un enfant obéissant. Peut-être attendait-elle cette occasion.

Pendant qu'elle la lavait, Amma dit : « Mon fils, ne te mets jamais derrière une vache quand tu la laves, elle pourrait te donner un coup de patte. Celle-ci est un peu rebelle, il faut donc faire bien attention et te placer sur le côté. » Amma montra aussi comment attacher l'animal dans l'étable.

Apprenant qu'elle lavait Śāntini, deux dévots arrivèrent pour voir la scène. En sortant de l'étable, Amma leur dit : « Ces enfants n'ont pas l'habitude de ce genre de travaux. Ils viennent de passer leur licence et ils étaient auparavant choyés par leurs parents. Ils ne savent même pas faire leur lessive. Hier Amma a vu l'un d'eux essayer d'utiliser du *super-white*[3] pour laver son linge. Nous aurions bien ri si Amma n'était pas arrivée à temps ! Il avait vidé toute une bouteille de super-white dans un demi seau d'eau et s'apprêtait à y mettre ses habits ! Imaginez dans quel état ils en seraient ressortis ! (Elle rit) Il a utilisé pour une lessive ce qui lui est fourni pour un mois. Amma lui a montré comment mélanger dans un seau un peu de produit avec de l'eau et y plonger les vêtements ».

---

[3] Super-white : produit concentré, de couleur bleue, utilisé en Inde pour le dernier rinçage de vêtements blancs. Cela les fait paraître plus blancs.

Conseils aux chefs de famille

Amma était assise devant la salle de méditation entourée des dévots assis par terre. Monsieur Menon, de Palakkad, engagea la conversation.

Menon : « Amma, je pratique la méditation, cependant je suis sans cesse tourmenté par différents problèmes. J'ai parlé avec de nombreux chefs de famille comme moi et la plupart rencontrent la même difficulté. Je me demande parfois à quoi servent le *japa* et la méditation. »

Amma : « Mon fils, il ne suffit pas de pratiquer le *japa* et la méditation. Il faut assimiler les principes de base. Quand Amma était jeune, elle coupait les branches de l'arbre *kampatti*. Il fallait grimper à l'arbre et la première fois, elle a eu le corps entier comme brûlé. Son visage était tout enflé et elle ne voyait plus rien. Il lui a fallu deux ou trois jours pour retrouver son état normal. Elle a appris alors qu'il fallait d'abord s'enduire le corps d'huile. Elle n'a jamais manqué ensuite de se protéger avec de l'huile quand elle cassait les branches de l'arbre *kampatti*. Vous avez ainsi besoin de la couche protectrice de votre amour pour Dieu avant d'entrer dans la vie de famille. Alors vous ne connaîtrez pas le chagrin.

Il faut avoir la conviction que Dieu est notre seul véritable parent. Mes enfants, sachez que toutes les autres relations et objets de ce monde ne nous apporteront pour finir que de la souffrance. Que votre lien soit avec Dieu seul. Cela ne signifie pas que vous devez abandonner votre femme et vos enfants ou les considérer comme des étrangers. Prenez bien soin d'eux, mais sachez que le seul parent durable que nous ayons est Dieu. Tous les autres nous quitteront un jour ou l'autre. Prenez donc toujours refuge en lui. Songez que les difficultés que vous rencontrez dans la vie sont pour votre bien ; la paix et la félicité régneront alors dans la famille. »

Un dévot : « Pouvons-nous vivre comme ceux qui pratiquent de grandes austérités ? »

Amma : « Amma ne dit pas que les chefs de famille doivent se livrer à une ascèse, mais essayez de chanter le nom divin quoi que vous fassiez. Inutile de vous soucier de la pureté du corps quand vous répétez le nom de Dieu. Dieu est partout ; Il est toujours dans notre cœur, simplement, nous ne le savons pas. Un diamant brille naturellement, mais il perd son éclat s'il tombe dans l'huile. De même, notre ignorance nous empêche de reconnaître Dieu.

Le matin, chantez le nom divin pendant au moins dix minutes après avoir pris votre douche. Méditez au moins un moment. Faites la même chose le soir. Quel que soit votre chagrin, allez le confier à votre véritable ami, dans la salle de *pujā*. En plus de votre mari ou de votre femme, vous devriez avoir un ami : Dieu. Si votre mari ou votre femme vous rend malheureux, confiez-le à Dieu, et à personne d'autre. Si votre voisin vient se battre avec vous, allez dans la salle de *pujā* et plaignez-vous : « Pourquoi l'as-tu laissé me traiter ainsi ? N'étais-tu pas avec moi ? » Ouvrez votre cœur et confiez tout à Dieu. Alors cela devient un *satsaṅg*.

Si quelqu'un vous apporte de la joie, dites-le aussi à Dieu. Oublier Dieu dans les moments de bonheur et ne songer à lui que dans la peine n'est pas un signe de vraie dévotion. Nous devrions être capables de voir qu'il nous donne aussi bien la joie que le chagrin.

Si votre travail vous laisse des loisirs, consacrez-les à lire des livres spirituels comme la Gītā et le Rāmāyaṇa, la biographie d'un *mahātmā* ou son enseignement, au lieu d'aller au cinéma ou de vous distraire d'une façon ou d'une autre. Ne perdez jamais l'occasion de participer à un *satsaṅg* et racontez à vos amis de ce que vous y avez entendu. Cela leur apportera aussi la paix. Observez *brahmacārya* (la chasteté) au moins deux ou trois jours par semaine. C’est essentiel pour que vous obteniez le bénéfice de votre *sādhana*. (*Riant*) Nous n’avons pas qu’une seule femme ; les yeux, le nez, la langue, les oreilles et la peau, tous sont nos femmes. Il faut maîtriser l’attachement que nous leur portons ; nous pourrons alors connaître la véritable essence qui demeure en nous. »

Une dévote : « Amma, comment trouver le temps pour le *satsaṅg* et la lecture quand il faut assumer les tâches ménagères et s’occuper des enfants ? »

Amma : « Qui le veut vraiment trouve le temps. Même ceux qui répètent sans arrêt qu’ils n’ont pas le temps se précipitent à l’hôpital pour y amener leur enfant malade, n’est-ce pas ? Si le traitement dure trois ou quatre mois, ils ne quittent pas l’hôpital pour aller travailler. Quand la santé de votre enfant est en jeu, vous parvenez toujours à trouver le temps, même si d’habitude vous vous plaignez de passer votre vie à courir. Quand vous aurez compris que Dieu est votre seul protecteur et que vous ne serez pas en paix tant que vous n’aurez pas pris refuge en lui, alors vous trouverez le temps.

Si vous ne parvenez pas à vous libérer un moment chaque jour pour adorer Dieu, essayez d’être comme les *gopis*. Elles n’avaient pas d’heure pour prier. Elles voyaient Dieu en accomplissant leur travail. Elles répétaient le nom divin en barattant le lait et en broyant le grain, en faisant les travaux du ménage. Les pots de poivre, de coriandre et d’autres épices portaient les noms du seigneur. Quand elles voulaient du poivre, elles demandaient Mukunda. Si elles donnaient du coriandre, elles donnaient Govinda. Qui venait acheter du lait et du yaourt les demandait en employant le nom du seigneur. Elles ne faisaient rien d’autre que de chanter les noms du seigneur, toujours et partout. Elles pouvaient ainsi se souvenir de Dieu sans effort spécial. Ceux qui n'ont pas la possibilité de consacrer un moment particulier à la *sādhana* peuvent songer à Dieu de cette façon.

Dieu seul est réel et éternel ; gardez cette idée fermement ancrée dans votre esprit. Pendant que vous travaillez, répétez votre *mantra*. Vous n'aurez alors pas besoin de consacrer un moment spécial au souvenir de Dieu, car votre esprit sera toujours fixé sur lui. »

Le dévot : « N'est-il pas suffisant de méditer sur le Soi ? Est-il nécessaire de chanter un *mantra*, etc. ? »

Amma : « On demande aux écoliers de répéter des poèmes et les tables de multiplication afin de les apprendre par cœur. Pour la plupart d'entre eux, une seule lecture ne suffit pas. De même, la méditation seule ne permet pas à tous de fixer le mental sur le principe suprême. Il leur faut pratiquer le *japa* et chanter des *bhajans* dans la solitude. Celui qui parvient à la concentration par la seule méditation n'a besoin de rien d'autre. Mais quand vous chantez un *mantra* ou des *kīrtans*, votre mental se concentre rapidement et ne vagabonde pas vers les objets extérieurs aussi facilement qu'à d'autres moments. C'est à la portée de tout le monde. »

Les dévots arrivaient à l'*āśram* et se rassemblaient autour d'Amma pour boire le nectar de ses paroles. Quand leur nombre fut assez important, Amma entra dans la hutte et se mit à donner le *darśan*.

Des parents amenèrent leur fille, une jeune femme qui avait perdu son équilibre mental. En voyant leur désespoir, Amma leur donna la permission de rester quelques jours à l'*āśram*. La malade exigeait une surveillance constante car sinon, elle se sauvait ; il y avait donc toujours quelqu'un pour lui tenir la main. Amma donna à son père un morceau de bois de santal pour en faire de la pâte et l'appliquer fréquemment sur le front de sa fille.

Après les *bhajans*, Amma s'assit dans la cour, devant le *kalari*, entourée des dévots et des *brahmacārīs*. La malade sortit de sa chambre et tenta de s'enfuir ; sa mère et sa sœur la suivaient. Une *brahmacārinī* et une autre femme l'attrapèrent et la conduisirent vers Amma, qui la fit asseoir à côté d'elle. Elle ne cessait de poser à Amma des questions dépourvues de sens. Amma l'écoutait attentivement et lui répondait de temps en temps pour la calmer. Sur son ordre, on l'emmena près du robinet qui se trouvait à l'extérieur de la salle de méditation. Amma remplit un seau d'eau et le versa sur la tête de la jeune femme. Elle répéta plusieurs fois l'opération, en tenant fermement la main de la malade pour l'empêcher de se sauver. Cela dura environ une demi-heure ; il y eut ensuite un léger changement dans le comportement de la patiente. Amma fit de la pâte de santal et lui en mit sur le front. Avant de la renvoyer dans sa chambre avec sa mère, Amma n'oublia pas de lui poser un baiser affectueux sur la joue.

Amma revint s'asseoir devant le *kalari*, appela Balu et lui demanda de chanter un *kīrtan*. Le *brahmacārī* Śrī Kumār se mit à l'harmonium.

śrī cakram ennoru cakram

À l'intérieur de la roue mystique appelée śrī cakra
Demeure la déesse śrī vidyā (connaissance).
Cette déesse est la nature du mouvement,
Le pouvoir qui fait tourner la roue de l'univers.

Elle monte parfois un lion,
Parfois un cygne (Sarasvatī),
Et se manifeste comme la śakti du dieu Brahma.
Ô mère, toi qui mènes et contrôles la trinité divine (Brahma, Viṣṇu et Śiva).
La déesse Kātyāyanī n'est-elle pas une autre de tes formes ?

Pour soulager leurs peines, ces dévots rendent hommage à tes formes.
Ô mère, les humains sont dans les rets de māyā :
Qui donc pourrait comprendre que le corps est méprisable ?

Ô mère qui chevauche un tigre, comment un ignorant
Pourrait-il célébrer ta suprême majesté ?

Mardi 6 août 1985

Habillée de blanc immaculé, Amma descendait les marches, venant de sa chambre. Les dévots qui l'attendaient les mains jointes se mirent à psalmodier doucement : « Amma, Amma,... » Suivie de ses enfants, elle se dirigea vers le *kalari*. Comme l'espace était trop petit à l'intérieur, ceux qui ne purent entrer attendirent leur tour à l'extérieur. Le sourire rayonnant d'Amma répandait la paix. Ses yeux remplis de compassion soulageaient les cœurs blessés.

Une jeune femme posa la tête dans le giron d'Amma et se mit à sangloter. Amma lui releva le visage et essuya ses larmes avec beaucoup d'affection. Elle consola la jeune femme en disant : « Ne pleure pas, ma fille ! Amma est là pour toi ! Ne pleure pas ! » Mais la femme continuait à pleurer, sans pouvoir maîtriser son chagrin. Amma la prit dans ses bras et la caressa avec amour, lui frottant doucement le dos. La jeune femme venait d'une famille riche. Elle était tombée amoureuse d'un des amis de son frère. Mais comme le jeune homme venait d'une autre caste, sa famille s'était opposée à leur relation. Leur amour avait pourtant finit par triompher et ils s'étaient mariés. Ils avaient loué une maison, et le mari avait emprunté de l'argent pour monter une affaire. Puis il avait fait faillite, et quand les créanciers s'étaient montrés pressants, il était parti sans rien dire à personne.

« Amma, il m'a abandonnée, moi et les enfants. Il n'y a personne pour prendre soin de nous ! » Elle répétait cela tout en pleurant sur l'épaule d'Amma.

Amma s'efforça de la consoler : « Ne t'inquiète pas, ma fille. Il ne lui est rien arrivé. Il reviendra. »

La jeune femme releva la tête et demanda : « Mon mari reviendra, Amma ? »

Amma : « Sans aucun doute ; ne t'inquiète pas, ma fille ! » Après un bref silence, elle reprit : « Amma va te donner un *mantra*. Garde toujours Devi à l'esprit et répète le *mantra* régulièrement. Tes problèmes seront résolus dans un mois. »

Le visage de la jeune femme s'éclaira. L'espoir brillait dans ses yeux. Amma ferma les yeux et resta un moment en méditation. Puis elle rouvrit les yeux en disant : « Śiva, Śiva ! »

L'extase divine d'Amma

Un par un, les dévots venaient se prosterner devant Amma, puis se retiraient. Monsieur Bhāskaran Nair, de Trissur, s'avança. Depuis la mort de sa femme, il consacrait tout son temps à des activités spirituelles. Il venait souvent à l'*āśram* voir Amma. La paix qui émanait de son visage, son humilité et le *mala* de graines de *tulasi* qu'il portait autour du cou, tout indiquait une nature sattvique. Amma ouvrit le paquet que Monsieur Nair venait de lui offrir. Il contenait une photo de Caitanya Mahāprabhu (un *mahātmā* ayant vécu au Bengale) et sa biographie. Amma examina le livre, l'ouvrit et le tendit à Monsieur Nair en disant : « Fais un peu la lecture, mon fils, Amma t'écoute ». Tout heureux, il se mit à lire :

« Quand l'amour de Dieu éclot dans votre cœur, vous n'avez plus d'autre pensée. La langue qui a goûté le sucre candi désire-t-elle encore des succédanés ? L'âme bénie qui a développé de l'amour pour Dieu est dans une ivresse constante. L'amant est déchiré à chaque instant par le désir de s'unir à sa bien-aimée. Il ne s'inquiète pas de savoir si elle l'aime ou non. À chaque seconde, il pense à elle, triste de la séparation.

Tel était l'amour de Mahāprabhu pour Dieu. Le flot de *prema* qui jaillissait du lac de son cœur devint de plus en plus puissant. Ce Gange d'amour n'était jamais à sec, comme cela arrive aux petites rivières. Il riait et l'instant d'après se mettait à danser. Au lieu de dormir, il passait la nuit à pleurer, si bien que ses vêtements étaient trempés de larmes. Il poussait de profonds soupirs en s'écriant : « Kṛṣṇa, Ô Kṛṣṇa ! » Il devint incapable d'accomplir les actions de la vie quotidienne, de se laver, de manger ou de prier au moment du crépuscule. Hormis les exploits de Kṛṣṇa, il ne pouvait parler de rien, ni même rien entendre. Il ne connaissait rien d'autre que Kṛṣṇa, son éternel Bien-aimé. »

M. Nair jeta un coup d'œil vers Amma. Elle était complètement perdue à ce monde. Ses yeux se fermèrent lentement. La lumière émanant de son visage divin semblait remplir l'espace. Des larmes roulèrent sur ses joues et s'arrêtèrent à mi-chemin. L'extase d'Amma, induite par la dévotion, se communiqua aux dévots qui l'entouraient ; tout le monde la regardait, immobile, sans même cligner des paupières. Une femme se mit à pleurer et à appeler « Amma, Amma ! » à voix haute. Monsieur Nair arrêta de lire pour contempler de tout son être le visage d'Amma, les mains jointes en signe de dévotion. Submergée de dévotion, une femme entonna :

ayi giri nandini nandita mohinī

Ô fille de la montagne ! Enchanteresse,
Adorée de tous, adorée de Nandi,
Toi qui joues avec l'univers,
Qui résides au mont Vindhya,
Ô Déesse, épouse de Śiva,

Dont la parentèle est vaste,
Toi qui as accompli bien des exploits,
Sois victorieuse,
Toi qui as tué le démon Mahiṣa,
Magnifique bien-aimée de Śiva,
Fille d'Himavat (l'Himalaya) !

Au bout d'une heure et demie Amma rouvrit les yeux et se remit à donner le *darśan* aux dévots.

Puis elle sortit pour aller s'asseoir à l'ombre, entre l'école de *vedanta* et la hutte. Quelques dévots et *brahmacārīs* l'entourèrent. Il y avait là Surendran, qui avait autrefois vendu de l'alcool. Après avoir rencontré Amma, il avait changé d'activité et monté une épicerie à côté de chez lui.

Le passé est un chèque annulé

Surendran : « Amma, j'ai commis de nombreuses fautes dans ma vie, dont le souvenir me hante. »

Amma : « Mon fils, pourquoi t'inquiéter des erreurs passées ? Le passé est le passé. En te tracassant, tu perds l'énergie dont tu disposes maintenant. À présent, prends la ferme décision de ne pas recommencer. C'est cela qui compte. Ensuite, des actions pures nettoieront ton mental. Ton désir d'être bon en pensées et en actes, les efforts que tu fais en ce sens, montrent la pureté de ton mental.

Auparavant, tu ignorais que tes actions étaient mauvaises. Maintenant que tu en es conscient, tu t'efforces de changer. Cela suffit. Si un jeune enfant lance une balle sur sa mère, elle sourit. Elle l'attrape et l'embrasse. Mais quand il est plus âgé, s'il lui jette un objet avec force, elle ne le lui pardonne pas. Nous avons commis bien des erreurs sans le savoir. Dieu nous le pardonne. Mais une fois que nous sommes conscients de mal faire,

Il ne pardonnera pas si nous recommençons. C'est cela qu'il faut éviter, même si cela nous demande un effort.

Inutile de déplorer la vie que nous avons menée jusqu'à aujourd'hui. C'est comme un chèque annulé ou comme les fautes que vous faites en écrivant au crayon. Avec une gomme, on peut effacer, mais cela ne marche pas indéfiniment. Si on gomme trop souvent, le papier se déchire. Les erreurs commises par ignorance, Dieu les oublie. Mais recommencer en sachant que c'est mal, c'est la pire transgression du *dharma* et il faut absolument l'éviter. »

Un dévot : « Amma, suis-je digne de prier Dieu ? Mon mental est-il assez pur pour cela ? »

Amma : « Ne crois pas que tu sois indigne, fils. Ne pense pas que tu n'es pas assez pur pour prier à cause de tes erreurs passées ou que tu prieras quand ton mental sera purifié. Si tu songes à te baigner dans la mer une fois que les vagues auront disparu, tu n'y entreras jamais. Tu n'apprendras pas à nager en restant assis à côté de la piscine. Il faut sauter à l'eau. Qu'arrivera-t-il si le docteur dit au malade de venir le voir une fois qu'il sera rétabli ? C'est Dieu qui purifie le mental. C'est pourquoi nous prenons refuge en lui. Lui seul peut faire le nettoyage. »

Surendran : « Amma, une fois que nous croyons en toi et éprouvons réellement de la dévotion, nous ne pouvons rien faire de mal. La grâce que nous te demandons, c'est donc la foi et la dévotion. »

Amma : « Mes enfants, il suffit d'avoir foi en Dieu. Si votre foi en lui est ferme, vous ne ferez pas d'erreur et vous ne connaîtrez que la joie. »

Surendran : « N'es-tu pas toi-même Dieu, Amma ? »

Amma : « Amma n'aime pas déclarer cela. Imagine qu'une fleur parfumée éclose sur une plante. La plante ne devrait pas s'exclamer : « Regardez ma fleur ! Comme elle est belle ! Et quel parfum merveilleux ! C'est l'effet de ma puissance ». Parler ainsi nourrit l'ego. Tous les pouvoirs appartiennent à Dieu. Nous ne devons jamais croire que quoi que ce soit nous appartient. Rien ne vient de la puissance d'Amma. Elle a fleuri sous l'effet du pouvoir divin. C'est Lui l'origine de son parfum. Amma ne déclarera jamais que rien de tout cela lui appartient. »

La cause et le remède de la souffrance

Un dévot : « Quelle est la cause de la souffrance ? »

Amma : « C'est l'attitude qui consiste à percevoir « le moi » et « le mien ».

Un jour, nous rentrions de Kozhikode et dans le bus se trouvaient un père et son fils. Ils étaient assis et jouaient ensemble. Puis l'homme s'est endormi, et l'enfant aussi, sur les genoux de son père. Peu après, l'enfant a glissé et est tombé par terre. Le père ne s'en est pas aperçu tout de suite, car il ne s'est réveillé qu'en l'entendant pleurer. Alors il s'est lamenté aussi en disant : « Oh, mon, fils, mon fils ! » Il a examiné l'enfant pour voir s'il s'était fait mal. Cette conscience du « moi » et du « mien » s'est transformée en douleur dès son réveil. Sans elle, il n'y a pas de souffrance.

Deux enfants jouaient avec un bâton. Un troisième s'est mis à pleurer en les voyant car lui aussi en voulait un. Comme il faisait beaucoup de tapage, sa mère est venue, a pris le bâton aux autres enfants et le lui a donné. Il a joué un petit moment avec, puis il s'est endormi. Le bâton a glissé de sa main, sans qu'il en ait conscience. Il avait pleuré pour l'obtenir mais dans son sommeil, il a perdu la notion du « moi » et du « mien ». Cela l'a calmé et lui a permis de dormir en paix, oubliant tout. Ainsi, *brahman* reposant en *brahman*, c'est la béatitude. Si nous abandonnons la notion du « moi » et du « mien », nous pourrons goûter cette félicité. Alors la souffrance n'existe plus. Mais il faut renoncer à l'attachement au « moi » individuel ».

Le dévot : « Amma, est-ce si facile pour chacun de nous ? »

Amma : « Essaye, mon fils ! Nous ne parviendrons peut-être pas à escalader une montagne, mais nous pouvons au moins en ramasser une poignée de sable. Si nous prenons de l'eau dans le creux de la main et l'enlevons de l'océan, il contiendra cela en moins. Vois les choses de cette façon. En outre, si ton dévouement est complet et ton effort constant, rien n'est impossible. Si tu verses sans arrêt de l'eau dans une bouteille d'encre, la couleur se dilue jusqu'à ce qu'il soit impossible de dire ce qu'elle a contenu. Ainsi, le souvenir constant de Dieu rend le mental plus vaste, le sens de l'individualité se dissout lentement pour finalement disparaître. Le mental individuel devient le mental universel. »

Un autre dévot : « Amma, bien des gens me haïssent parce que j'ai de l'argent. Est-ce mal d'être riche ? »

Amma : « Mes enfants, il n'y a rien de mal à posséder de l'argent. Mais le but de la vie ne consiste pas simplement à accumuler des biens. Tu peux conserver ce qui correspond à tes besoins, mais sans excès.

Il était une fois un villageois qui fabriquait des parapluies. En travaillant, il chantait le nom de Dieu et engageait des conversations spirituelles avec ceux qui venaient le voir. Il vivait joyeux, content de ce qu'il gagnait, et tout le monde l'aimait. Il gagnait assez pour vivre.

Un jour, un propriétaire terrien lui acheta un parapluie. Satisfait de la qualité et du prix raisonnable de ce dernier, il s'intéressa à notre villageois, dont les nobles qualités l'attiraient. Il lui fit présent d'une somme d'argent. Dès que l'artisan posséda cet argent, son caractère changea. Son esprit n'était plus au travail car il s'inquiétait : « Comment protéger cet argent ? Est-il en sécurité à la maison ? Va-t-on me le voler ? » Pensant à l'argent, il cessa de faire son *japa*. Il ne terminait plus son travail à temps, car il échafaudait des plans pour l'avenir : « Dois-je construire une maison ou bien agrandir mon affaire ? » Il ne pensait à rien d'autre et ne pouvait donc plus se concentrer sur son travail. Il n'aimait plus parler aux autres, parce qu'il avait oublié comment parler avec amour. Qui lui posait une question l'ennuyait, car cela le dérangeait dans ses pensées. De moins en moins de gens fréquentaient son magasin et son revenu s'amenuisa. Les pensées tournées vers l'argent détruisaient sa paix intérieure. Son avidité et son égoïsme augmentant, il devint agité et dépressif. La somme qu'il avait reçue en cadeau fut vite dépensée. Il n'avait plus de travail. L'homme qui menait une vie heureuse avant de posséder cet argent était plongé dans les tourments.

Mes enfants, quand nous tombons dans l'excès, c'en est fait de notre paix. Efforcez-vous donc toujours de mener une vie simple. Cela suffira pour que vous soyez en paix. Nous n'avons besoin d'aucun surplus. »

La langue qu'Amma emploie pour dissiper les doutes de ses enfants est simple. Mais ils ne se lassent pas d'entendre ces paroles d'ambroisie qui transmettent la connaissance à travers ces histoires de la vie quotidienne, ces exemples qui recèlent des diamants de sagesse. Leur prière est celle qu'Arjuna adressait à Kṛṣṇa : « Je n'ai pas eu assez de ce nectar. Je T'en prie, parle encore, laisse-moi T'écouter encore et encore ! »

Chapitre 3

Mercredi 7 août 1985

Amma était assise face à la Mer d'Arabie, sur la berge du canal qui passait à la limite de l'*āśram*. Tous les *brahmacārīs* vinrent s'asseoir autour d'elle pour méditer. L'atmosphère était paisible et solennelle, disposant le mental naturellement à l'introspection. Même les vagues de l'océan, à l'ouest, semblaient s'être calmées. Tous essayaient de méditer. Amma jeta sur eux un regard plein de compassion, puis se mit à donner des conseils.

Méditation

« Mes enfants, quand vous vous asseyez pour méditer, ne croyez pas que vous allez pouvoir calmer le mental immédiatement. Détendez d'abord toutes les parties du corps. Desserrez vos vêtements s'ils vous gênent. Assurez-vous que la colonne vertébrale est droite. Puis fermez les yeux et concentrez-vous sur la respiration. Vous devez être conscients de l'inspiration et de l'expiration. D'ordinaire, nous respirons sans y prêter attention, mais il ne devrait pas en être ainsi ; il faut prendre conscience de ce processus. Le mental sera alors en éveil.

Si vous restez assis un moment, le mental s'apaise. Vous pouvez continuer la méditation en vous concentrant toujours sur la respiration, ou bien méditer sur la forme de votre divinité d'élection. Si votre mental s'égare, ramenez-le sur l'objet de votre méditation. Si vous n'y parvenez pas, il suffit d'observer où vont les pensées. Le mental doit rester sous votre surveillance ; il cessera alors de vagabonder et vous en aurez le contrôle.

Commencez à méditer, maintenant, mes enfants. »

Celle qui protège de tous les dangers

Les *brahmacārīs* s'absorbèrent en méditation. Mais au bout d'un temps très court, Amma sortit brusquement de son état méditatif. En voyant ce changement inhabituel, un *brahmacārī* lui en demanda la raison.

Amma : « Quelque chose est arrivé à un des enfants. » Elle se tut un moment, puis reprit : « Ce fils qui vient régulièrement de Kozhencheri, c'est lui qu'Amma a vu. Quand il est venu la semaine dernière, elle lui a dit de faire attention dans ses déplacements et lui a enjoint expressément de ne pas conduire pendant trois mois ».

Amma semblait particulièrement inquiète. Elle monta rapidement dans sa chambre.

Ces paroles d'Amma rappelèrent à Haridās, un dévot de Pattambi, ce qui lui était arrivé une année auparavant. Il raconta son histoire aux autres : « J'avais l'habitude de venir en jeep avec ma famille pour voir Amma. Elle me dit un jour lors d'une de mes visites : « Ne conduis pas pendant quelque temps, mon fils. Amma voit un malheur ! » Au retour, j'ai donc fait conduire la jeep par mon frère. Deux mois plus tard, je suis allé à Sultan Battery, pour y voir un ami. Là-bas, mon frère est tombé malade. Un problème digestif l'a mis hors d'état de conduire ou même de voyager. Je devais être de retour le lendemain matin pour régler des questions financières ; il m'était donc impossible de rester. J'ai laissé mon frère et j'ai pris le volant le soir même.

Comme je me rappelais les paroles d'Amma, je conduisais lentement et en faisant très attention, tout en répétant mon *mantra*. Sur la route, envahi par le sommeil, je me suis arrêté pour prendre une tasse de thé et me passer la figure à l'eau froide, puis j'ai continué mon voyage. Mais au bout d'un moment, l'envie de dormir est revenue. Je luttais pour rester éveillé en conduisant. J'ai fini par m'assoupir un moment, perdant le contrôle de la jeep qui fit une embardée vers la droite.

J'ai senti soudain quelqu'un prendre le volant et le tourner vers la gauche. Au même instant je me suis écrié : « Amma ! » et j'ai appuyé sur le frein. La jeep s'est arrêtée, touchant presque un gros rocher situé à gauche de la route. Dans l'obscurité, il était impossible de rien voir clairement. La route était construite à flanc de montagne, la montagne à gauche et à droite, un abîme qui tombait à pic dans une vallée profonde. En voyant que la voiture s'était arrêtée tout près du bord gauche de la route, je fus convaincu que l'aide du sauveteur invisible n'avait pas été le simple effet de mon imagination.

Une semaine plus tard, je suis venu à l'*āśram*. Dès qu'elle m'a vu, Amma a demandé : « Mon fils, as-tu conduit malgré les recommandations d'Amma ? » Je suis resté interdit, les yeux remplis de larmes. »

Amma protège ses enfants, comme une mère surveille son bébé et le porte sans le poser. Elle connaît toutes les pensées de ses enfants et est consciente de chacune de leurs respirations.

L'avenir est-il prédestiné ?

Amma descendit de sa chambre après les *bhajans*. Une famille de Bhopal était venue la voir. Ils profitaient des vacances pour séjourner dans leur ville natale, dans le Kerala, et c'est là qu'ils avaient entendu parler d'Amma. Ils voulaient la rencontrer avant de rentrer à Bhopal la semaine suivante. Le mari avait appris les principes spirituels de son père, un fervent dévot de Rāmakṛṣṇa. La foi en Dieu de sa femme et de ses enfants était elle aussi profonde. Au milieu d'une vie fort occupée, ils trouvaient toujours du temps pour la *sādhana.* Ils avaient l'intention de rentrer chez eux le soir, après avoir eu le *darśan* d'Amma. Comme ils étaient en voiture, rentrer de nuit ne leur posait pas de problème.

Quand il eut l'occasion de parler à Amma, le mari dit : « Amma, j'ai eu beaucoup d'ennuis ces temps derniers. Ma femme a dû passer un mois à l'hôpital et quand elle est rentrée, c'est notre fils qui est tombé malade et est resté une semaine hospitalisé. Mon épouse prétend que nos ennuis disparaîtront si un astrologue étudie notre thème et nous indique comment y remédier ».

Amma : « Connaissez-vous quelqu'un qui puisse étudier vos horoscopes ? »

Le mari : « Mon beau-père connaît l'astrologie. Chaque jour, ma femme fait une histoire et tente de me convaincre de lui envoyer nos coordonnées de naissance. Je n'ai aucune foi dans les horoscopes et les choses de ce genre. Nous devons subir notre destinée, alors à quoi bon ces études et ces pratiques ? »

Amma : « Il n'est pas juste de dire que cela ne sert à rien. En étudiant les positions des planètes, nous pouvons dans une certaine mesure connaître notre avenir. Si nous connaissons le chemin, nous pouvons éviter les embûches. Si nous savons qu'il y a devant nous une barrière de ronces ou un fossé, nous pouvons les éviter, n'est-ce pas ? »

Le mari : « Alors, nous pouvons changer le destin ? »

Amma : « Le destin peut être modifié grâce à *tapas* et à la *sādhana*. Même la mort peut être évitée. Tu connais sans doute l'histoire du sage Mārkaṇḍeya. Son destin n'a-t-il pas changé quand son cœur, priant face à la mort, a appelé au secours ? Tout ce qui est inscrit dans notre destinée peut-être transcendé grâce à des actions accomplies dans une attitude d'abandon total à Dieu. Mais nous devons être prêts à agir, au lieu de nous contenter de rester assis, oisifs, et de blâmer la fatalité. Accuser le destin sans rien entreprendre est un signe de paresse. »

Le mari : « L'horoscope qui prévoit l'avenir s'avérerait alors erroné, n'est-ce pas ? »

Amma : « Notre effort fera certainement une différence. Écoutez cette histoire : deux amis firent faire leur horoscope. Or ils étaient tous deux destinés à mourir d'une morsure de serpent. L'un d'entre eux devint la proie d'une inquiétude permanente et son angoisse le rendit fou. Les autres membres de la famille en perdirent le repos. L'autre ne se laissa pas gagner par l'angoisse. Il chercha une solution. Conscient des limites de son pouvoir face à la mort, il se tourna vers Dieu. Il s'abandonna à Dieu. Mais il utilisa aussi la bonne santé et l'intelligence que Dieu lui avait données : il prit toutes les précautions possibles pour éviter d'être mordu. Il resta chez lui et s'absorba dans le souvenir de Dieu.

Une nuit, alors qu'il se rendait dans sa salle de *pujā*, son pied heurta quelque chose. Il y avait dans la pièce une divinité en forme de serpent, dardant sa langue. C'est ce que son pied avait touché, et cela s'était produit à l'heure où, selon l'horoscope, un reptile aurait dû le mordre. Bien que le serpent fût inanimé, il se blessa, mais il n'y avait pas de poison. Les efforts qu'il avait faits en se tournant vers Dieu portèrent leurs fruits. Son ami, par contre, devint la proie de l'anxiété avant même que rien n'arrivât et il gâcha ainsi sa vie. Ne blâmez pas le destin, mais faites des efforts. Vous pourrez ainsi triompher de tous les obstacles. »

Le mari : « Amma, j'ai une question. »

Amma : « Quelle question, mon fils ? »

Le mari : « S'il était possible de modifier le destin, Śrī Kṛṣṇa n'aurait-il pas pu changer la disposition d'esprit de Duryodhana et éviter la guerre ? Si Kṛṣṇa lui avait révélé sa forme divine, Duryodhana serait-il parti en guerre ? »

Amma : « Le seigneur a révélé sa forme suprême aux Kauravas comme aux Pāṇḍavas. Grâce à son humilité, Arjuna put reconnaître la majesté du seigneur, mais Duryodhana, trop imbu de lui-même, en fut incapable. Il est inutile de montrer quoi que ce soit à ceux qui n'ont pas une attitude d'abandon à Dieu. Les principes de la spiritualité ne peuvent être transmis qu'à celui qui le mérite et qui est dans une juste disposition d'esprit. Pour Duryodhana, seule comptait la glorification du corps. Il n'était pas ouvert aux conseils de Śrī Kṛṣṇa ; il considérait que les paroles de celui-ci visaient uniquement à aider les Pāṇḍavas. Il prenait le contre-pied de tout ce que lui disait Śrī Kṛṣṇa. La guerre seule peut venir à bout d'un tel ego. »

Le visage d'Amma prit une expression sérieuse. Elle se leva brusquement. Ses pensées s'étaient tournées vers autre chose. Les visiteurs se prosternèrent et se retirèrent. Amma se dirigea vers la cocoteraie. Marchant au milieu des arbres, elle chantait quelques strophes d'un *bhajan* à voix basse. Levant les bras vers le ciel, elle répétait les mêmes paroles sans se lasser, avec une grande intensité ; sa voix tremblait et se brisait.

Au bout d'un moment, elle s'assit sur le sable et pencha son visage vers le sol. Versait-elle des larmes pour ses enfants ? N'osant pas troubler sa solitude, tous s'esquivèrent discrètement. Amma s'allongea par terre et resta plusieurs heures dans cette position. Le mental limité de l'être humain doit s'avouer vaincu lorsqu'il tente de comprendre la nature insondable de ses actes. La seule solution est alors un abandon total de soi-même.

Samedi 10 août 1985

Le jour se levait. Pendant la nuit, un homme d'âge moyen était arrivé à l'*āśram*, trop ivre pour marcher correctement. Deux jeunes hommes discutaient à présent avec lui, car il leur devait de l'argent. Il avait emprunté leur auto-rickshaw pour venir cette nuit-là. En route, il s'était arrêté à tous les bars. Arrivé à l'*āśram*, il ne lui restait plus d'argent. Ils réclamaient soixante roupies, et il n'avait que quelques pièces. Il finit par leur donner sa montre, qui avait de la valeur, et les renvoyer.

Sa démarche était incertaine. Les *brahmacārīs* l'aidèrent à marcher jusqu'à l'école de *vedanta* et le firent s'allonger. Suivant le conseil d'un dévot, il but un peu de petit lait. Quelqu'un l'aida à changer de vêtements.

Ce jour-là, un programme d'*arcana* et de *bhajans* en la divine présence d'Amma était prévu à Kollam. À huit heures du matin, Amma descendit de sa chambre, prête à partir. L'homme qui était arrivé ivre accourut alors. Il s'était lavé et couvert de cendre sacrée. Il se prosterna de tout son long devant Amma en récitant à voix haute des hymnes à la mère divine. Il lui raconta aussi ses ennuis. Elle savait bien qu'il buvait, mais le consola pourtant avec un amour maternel. Elle lui dit : « Amma rentrera ce soir. Reste dormir ici cette nuit. Tu pourras rentrer chez toi demain, après le Devi *bhava* ».

Quelques dévots accompagnaient Amma et les *brahmacārīs* à Kollam. Elle monta dans la grande barque qui servait de bac pour traverser la lagune. Désirant être près d'elle, tout le monde monta dans le même bateau, mais il y avait trop de monde. Amma, ne voulant peiner aucun de ses enfants, ne fit descendre personne. Si l'embarcation penchait, il rentrerait un peu d'eau, et si un bateau à moteur passait, elle sombrerait sûrement dans son sillage. Comme la mère divine était avec eux, tous avaient confiance qu'il n'arriverait rien de tel.

Mes enfants, il y a des gens qui ne savent pas nager. Soyez donc très prudents. Si vous bousculez le bateau, il sombrera. », dit-elle d'une voix grave. L'embarcation s'éloigna doucement de la rive.

Le voyage spirituel

Amma dit : « Mes enfants, le voyage spirituel ressemble à cette traversée. Nous devons rester assis et nous maîtriser, retenant même notre respiration, jusqu'à ce que nous atteignions l'autre rive. Si nous n'exerçons pas ce contrôle, le bateau peut sombrer. Ainsi, tant que nous n'avons pas touché l'autre rive de l'océan du *samsāra* (cycle des naissances, morts et renaissances), tant que nous n'avons pas atteint *pūrṇam* (la plénitude), il faut faire attention à chaque pas. Une fois que nous sommes parvenus au but, il n'y a plus de souci à avoir ».

Amma, assise sur le siège de bois de la barque, contemplait l'eau. Puisqu'Amma est avec ses enfants et leur tient fermement la main, pourquoi avoir peur ? Personne ne s'inquiétait. Sur l'autre rive, tout le monde grimpa dans le bus. Au cours du voyage, le *brahmacārī* Venu dit à Amma : « Un dévot m'a récemment confié qu'il n'avait aucune confiance dans les *mahātmās*, parce que ceux-ci vivaient dans l'opulence, accumulant même des millions ».

Amma : « Nous ne pouvons pas les juger sur de tels critères. Voyez comment nous ornons les divinités des temples. Nous ne critiquons pas Dieu pour autant. Les gens ne prennent pas en considération les bonnes actions des *mahātmās.* »

Venu : « Il se plaint aussi de toi, Amma. Il pense que tu ne t'occupes pas des femmes. »

Amma (*en riant*) : « Oh, c'est vrai ? »

Venu : « Bien qu'Amma soit une femme, il dit qu'il y a peu de *brahmacārinīs* ici. »

Amma : « Amma, qui a voulu faire une ascèse dans le but de remédier à la faiblesse des femmes, les ignorerait-elle maintenant ? Pour mener la vie de *sannyāsa*, il faut une bonne mesure de *puruṣatvam* (le principe masculin). On ne doit accepter dans les *āśrams* que des filles qui ont des qualités de *puruṣatvam*, telles que l'indépendance et un mental fort. Sinon, elles causeront plus de mal que de bien, même si elles sont venues dans l'espoir d'aider le monde. Si les garçons commettent une faute, le monde ne les critiquera guère. Même s'ils quittent l'*āśram*, ils peuvent trouver du travail et gagner leur vie. Mais (en Inde) il en va autrement des filles. Elles doivent être très prudentes. Si elles découvrent qu'elles ne sont pas faites pour la vie d'*āśram*, il faut qu'elles puissent subvenir à leurs besoins. C'est pourquoi Amma insiste pour que toutes les filles qui vivent ici poursuivent leurs études.

Les filles doivent être autonomes. Leur nature est pleine de compassion et elles s'attachent aisément. En conséquence, elles souffrent et se laissent facilement duper. Mais elles seront sauvées si leur tendance à créer des liens est orientée vers Dieu. Si une femme possède le détachement d'un homme, elle aura le pouvoir de dix. »

Brahmacārī Pai : « Amma, que vaut-il mieux, l'action désintéressée ou la méditation ? »

Amma : « Mes enfants, qu'en pensez-vous ? »

Chacun donna son opinion, ce qui aboutit à un débat fiévreux. Amma écoutait en souriant et paraissait beaucoup apprécier. Tout le monde finit par se taire et la regarder. « Amma, s'il te plaît, dis-le nous toi-même ! »

Comme ils insistaient, Amma répondit : « Les deux sont nécessaires. *Tapas* ne suffit pas ; il faut agir. Le savon seul ne nettoie pas le linge, il faut le frotter ou le battre. Pour vaincre les circonstances, *karma* (l'action) est indispensable. Nous devrions pouvoir penser à Dieu sans cesse, quoi que nous fassions, et pas seulement pendant la méditation. En outre, les actions désintéressées nous aident à acquérir la pureté dont nous avons besoin pour méditer. L'action sert aussi à mettre à l'épreuve nos progrès en méditation. En revanche, l'action désintéressée n'est pas possible sans la méditation. Les actes d'un homme qui pratique *tapas* ont un pouvoir qui leur est propre ; ils profitent à tous. »

Ce soir-là, le Dr. Sudhamsu Chaturvedi, professeur d'Université, arriva à l'*āśram* pour rencontrer Amma. Né dans l'état d'Uttar Pradesh, dans le nord, il vivait depuis longtemps au Kerala et parlait couramment malayālam. En attendant qu'Amma revienne de son voyage, il discuta avec les *brahmacārīs* sur différents sujets. À son avis, l'étude des écritures était l'essentiel. Amma rentra enfin de Kollam. Elle s'installa à l'angle sud-est du *kalari*. Sudhamsu se prosterna et s'assit auprès d'elle. Sans aucun préliminaire, Amma engagea la conversation.

Amma : « Mon fils, tu voyages beaucoup. Quand tu es à la gare, comment te renseignes-tu sur les horaires des trains ou des bus ? »

Sudhamsu : « Je demande au guichet ou je regarde les horaires affichés. »

Amma : « Une fois que tu as lu les renseignements, restes-tu planté là à lire le panneau d'affichage ou bien montes-tu dans le train ou le bus ? »

Sudhamsu : « Une fois que j'ai l'information, bien sûr, je monte dans le bus et je pars. C'est la seule manière d'atteindre ma destination. »

Amma : « Eh bien, les écritures ne sont que des panneaux indicateurs. Si tu te contentes de les lire, tu ne parviendras pas au but. Quand tu es venu ici, tu as cherché le bon bus et tu l'as pris. C'est ainsi que tu as pu arriver. De même, c'est en accomplissant réellement la *sādhana* décrite par les textes que vous progresserez au niveau spirituel. Si vous mangez l'image d'une banane, vous n'aurez ni le goût ni les qualités nutritives du fruit. L'étude des écritures est nécessaire, mais pour être bénéfique, elle doit s'accompagner d'une *sādhana.* »

Le professeur fut stupéfait de constater qu'Amma savait exactement ce dont il avait parlé avec les *brahmacārīs* avant son arrivée. Il se tut un moment, puis il posa une autre question.

Sudhamsu : « Si le Christ était vraiment un *mahātmā*, n'aurait-il pas pu empêcher ses ennemis de le crucifier ? »

Amma : « Le Christ s'est sacrifié pour enseigner aux autres la grandeur du sacrifice et du pardon. Les *mahātmās* peuvent mettre fin à leur souffrance en une seconde s'ils le désirent. Mais leur souhait est de donner un exemple au monde entier, même si cela implique qu'ils doivent souffrir. Personne ne peut rien leur faire. Vous ne pouvez pas même les approcher sans leur consentement. Nul ne peut aller contre eux s'ils s'y opposent. Ils se soumettent volontairement à la souffrance pour enseigner au monde comment affronter les forces hostiles et les circonstances adverses. »

Sudhamsu posa une autre question : « Comment ces *brahmacārīs* sont-ils venus résider ici ? »

Amma : « Quand une fleur s'épanouit, inutile d'envoyer des invitations à venir goûter son nectar. L'abeille arrive d'elle-même. Ces enfants avaient un *saṁskāra* (une disposition) spirituel que leur rencontre avec Amma a réveillé. Si vous entendez le premier vers d'un chant oublié, le chant entier vous revient bien en mémoire. Ces enfants étaient prêts à mener une vie en accord avec le *saṁskāra* qui était déjà en eux. Amma ne fait que les guider, c'est tout. »

Sudhamsu : « Je pratique la méditation et le *japa* depuis longtemps, mais je ne suis pas satisfait de mes progrès. »

Amma : « Il faut aussi éprouver de l'amour pour Dieu. Sans cet amour, tu peux faire autant de *japa* et de méditation que tu veux, tu n'obtiendras aucun résultat. Quand ton amour pour Dieu sera très fort, toutes les mauvaises tendances en toi tomberont d'elles-mêmes. Il est difficile de ramer à contre-courant, mais si l'on hisse la voile, cela devient facile. L'amour de Dieu est comme la voile qui aide le bateau à avancer.

Quand deux amants sont ensemble, ils n'aiment pas que l'on s'approche d'eux. Un vrai *sādhak* a la même attitude. Il n'aime rien qui ne soit pas lié à Dieu. Absorbé dans le souvenir de Dieu, il ne supporte pas les obstacles qui se dressent entre le divin et lui. Rien n'a de valeur à ses yeux, hormis son amour pour Dieu.

Mon fils, il faut être résolu à atteindre le but *(lakṣya bodha)*. C'est à cette condition que notre *sādhana* aura une profondeur suffisante. Si quelqu'un quitte sa maison animée du désir intense d'aller à un certain endroit, aucun obstacle ne pourra l'arrêter. S'il manque le bus, il prendra un taxi. Mais s'il n'est pas très intéressé, il décidera peut-être dans ce cas de rentrer chez lui et d'essayer le lendemain. Mes enfants, sans une *sādhana* fervente, il est difficile d'atteindre le but.

Avant de semer le grain, il faut préparer le terrain, arracher l'herbe et les mauvaises herbes. Sinon les graines germent difficilement. De même, nous ne connaîtrons la béatitude du Soi que si nous purifions le mental de tous les objets extérieurs pour le tourner vers Dieu.

As-tu mangé, fils ? Amma n'y a pas songé, prise par la conversation. »

« Oui, Amma. »

La discussion se porta alors sur les problèmes personnels des dévots. Leur cœur, brûlant dans la fournaise du *samsāra*, se rafraîchit en goûtant le nectar de l'amour d'Amma.

Lundi 12 août 1985

Le *bhava darśan* s'était terminé tard la nuit dernière. Pourtant, Amma avait ensuite continué à parler avec les dévots et à les consoler. Elle donna beaucoup d'amour à une femme qui venait la voir depuis un an, s'efforçant de la réconforter.

Avant sa rencontre avec Amma, sa fille était à l'hôpital avec un cancer. On avait essayé bien des traitements, mais aucun n'avait réussi. Elle se trouvait dans un état de détresse extrême, tant mentale que physique. Cette situation l'avait de plus mise au bord de la ruine. Ayant entendu parler d'Amma par un ami, cette femme vint la voir. Amma lui donna de la cendre sacrée pour sa fille malade et peu après, celle-ci commença à se rétablir. Ses souffrances disparurent et elle se sentit la force d'affronter n'importe quelle situation.

Les médecins qui avaient abandonné, jugeant le cas désespéré, furent stupéfaits. La jeune femme quitta bientôt l'hôpital. Après sa sortie, elle était venue voir Amma plusieurs fois avec sa mère. Lors de leur dernière visite, Amma les avait averties qu'une opération serait bientôt nécessaire. Une semaine plus tard, l'état de la fille empira et elle dut retourner à l'hôpital. Les docteurs recommandèrent une nouvelle intervention, qui devait avoir lieu dans deux jours. Sa mère était venue recevoir la bénédiction d'Amma avant l'opération. Elle rentrait chez elle dans les premières heures de la matinée et Amma trouva une famille de dévots, venue de Trissur, pour l'emmener.

Amma s'apprêta à remonter dans sa chambre. Les corbeaux croassaient déjà, annonçant le début d'un nouveau jour.

Amma ne descendit pas dans la hutte de *darśan* avant trois heures de l'après-midi. Comme c'était un lendemain de Devi *bhava*, le nombre de dévots était peu important. Un *brahmacārī* méditait dans la hutte. En voyant Amma, il se prosterna et saisit l'occasion de lui poser une question, avant l'arrivée des dévots.

« Amma, quelle est la relation entre le *karma* et la réincarnation ? On dit que celle-ci est causée par le *karma.* »

Amma : « Mon fils, notre corps est entouré d'une aura. Comme on enregistre des paroles sur une cassette, nos actions laissent une trace sur cette aura. Si elles sont bonnes, l'aura prend une teinte dorée. Alors, quoi que nous fassions, les obstacles sont éliminés et les choses tournent bien. Mais l'aura de ceux qui font du mal s'obscurcit. Ils rencontrent toujours des obstacles et des problèmes. Après leur mort, leur aura reste sur terre, devient la nourriture des vers et des insectes, et ils se réincarnent. »

Comme les dévots arrivaient pour le *darśan*, le *brahmacārī* se prosterna et partit. Amma s'enquit de la situation des dévots. L'un d'entre eux déposa un cadeau à ses pieds, un paquet enveloppé dans du papier de couleur vive.

Amma : « *Mone* (fils), comment va ton fils ? »

Le dévot : « Par ta grâce, Amma, il a retrouvé son emploi. Une lettre de sa femme est arrivée il y a quelques jours, déclarant qu'il avait cessé de fumer du *gañja* (chanvre). Il se conduit bien et ne parle que de toi. Il m'a même envoyé sa première paye, me demandant de te donner des nouvelles et d'obtenir ta bénédiction. C'est pourquoi je suis venu aujourd'hui. »

Amma : « C'est une joie pour Amma d'apprendre qu'il a arrêté de fumer. Mon fils, dis-lui que le changement dans son comportement réjouit Amma plus que le cadeau qu'il a envoyé. »

Le fils du dévot travaillait à Bhilai. Il avait perdu son travail quand il s'était mis à fumer des quantités excessives de *gañja* ; il avait alors passé un an au Kerala, sans trouver de travail. C'est alors qu'il était venu voir Amma, dont le cœur avait été ému par son désir sincère de se libérer de cette mauvaise habitude. Elle lui avait donné des pilules en les bénissant et en lui disant d'en prendre une chaque fois qu'il ressentirait le besoin de fumer. Il parvint peu à peu à réduire sa consommation de *gañja* et à s'arrêter complètement. Quelques mois auparavant, il avait pu, de manière inattendue, reprendre son ancien emploi.

Le dévot ajouta : « Il a pris toutes les pilules qu'Amma lui avait données avant de partir. Maintenant il en garde toujours dans sa poche. Il dit que l'odeur lui suffit. »

Amma : « C'est grâce à sa foi. Pour qui a la foi, non seulement le musc, mais même des pierres donneront des résultats. »

Amma n'affirme jamais que quoi que ce soit est dû à son pouvoir. Elle qui est établie dans l'absolu nous enseigne par ses actions ce que signifie l'abandon total au divin.

Samedi 24 août 1985

Le vendredi, Amma arriva à Kodungallur pour les *bhajans* du soir au temple de Devi. Ceux qui l'accompagnaient passèrent la nuit dans la maison d'un dévot. Le matin, les *brahmacārīs* récitèrent le Lalitā Sahasranāma et Amma fit l'*ārati* avec du camphre. Après avoir béni de sa présence trois autres maisons de dévots, elle rentra avec le groupe qui l'accompagnait. Ils s'arrêtèrent au bord de la route pour déjeuner. La famille qui les avait accueillis la nuit précédente leur avait préparé à manger. Amma servit la nourriture sur des feuilles de bananier aux voyageurs assis en cercle autour d'elle. Après avoir récité le chapitre quinze de la Bhagavad Gītā, ils chantèrent *brahmār panam* et déjeunèrent. Quelqu'un alla chercher un récipient dans une maison voisine et le remplit d'eau à un robinet pour que tous puissent se laver les mains. Les éventuels spectateurs de la scène se demandèrent peut-être qui étaient ces nomades et d'où ils venaient. Amma voyage sans s'inquiéter de la nourriture ni du sommeil, versant la lumière de la paix éternelle sur le chemin de ses enfants enlisés dans l'ignorance. Elle accourt pour les réconforter, eux qui sont pris dans l'illusion de māyā, et leur donner tout ce qu'elle a. Comment pourraient-ils soupçonner la grandeur de son sacrifice ?

Où Amma clarifie les doutes des brahmacārīs

Le groupe ne fit pas de sieste après le déjeuner et le voyage reprit. Le *brahmacārī* Venu avait très mal aux oreilles depuis la veille au soir, ce qui l'avait empêché de dormir. Amma le fit asseoir près d'elle dans le véhicule et demanda aux autres de se pousser pour qu'il puisse s'allonger. Elle lui mit la tête sur ses genoux et le réconforta. « Tu as retenu trop longtemps ta respiration pendant le *prāṇāyāma*, c'est ce qui a provoqué ce mal d'oreille », dit-elle.

Venu : « Veux-tu dire qu'il est mauvais de faire *prāṇāyāma* ? »

Amma : « Non, ce n'est pas mauvais. Mais, mes enfants, vous n'avez pas la patience de le faire correctement. Dans les temps reculés, les gens étaient en bonne santé et ils étaient patients. Ils étaient capable de pratiquer comme il faut. Les gens d'aujourd'hui n'ont ni santé ni patience. Il est très dangereux de pratiquer le *prāṇāyāma* sans se placer sous la direction d'un maître. »

À cause de l'affluence des dévots qui venaient à l'*āśram*, les *brahmacārīs* avaient rarement la possibilité de parler avec Amma sur des sujets spirituels. Les voyages étaient pour eux l'occasion de s'asseoir près d'elle et d'écouter ses divines paroles.

Un *brahmacārī* : « Amma, qui est plus grand, Dieu ou le *guru* ? »

Amma : « En principe, Dieu et le *guru* sont un. Mais nous pouvons dire que le *guru* est supérieur à Dieu. La grâce du *guru* est unique. S'il le veut, il peut dissiper les effets de la colère de Dieu, alors que Dieu lui-même ne peut effacer le péché qui consiste à manquer de respect au *guru*. Quand vous avez réalisé Dieu, vous pouvez déclarer que vous ne faites qu'un avec lui. Mais il n'est pas possible d'affirmer que vous ne faites qu'un avec le maître. C'est le *guru* qui initie le disciple, lui donnant le *mantra* qui le mènera à la réalisation de Dieu. C'est lui qui montre le chemin menant au but. Le *guru* conservera toujours ce statut spécial. Même après avoir réalisé la vérité, le disciple fera montre envers le *guru* d'une grande humilité. »

Brahmacārī : « Amma, combien de fois faut-il répéter le *mantra* que tu nous donnes pour obtenir *mantra siddhi* ? »

Amma : « Peu importe le nombre de fois. C'est la manière dont vous le répétez qui compte. Même si vous le psalmodiez des millions de fois, comment en retirerez-vous le moindre bénéfice si dans le même temps vous menez une vie insouciante, dépourvue de *śraddhā* ? Le nombre de répétitions dépend de la longueur du *mantra.* Il faut pratiquer le *japa* avec concentration. Quand la concentration est parfaite, peu importe le nombre de répétitions. Un nombre relativement faible suffira pour obtenir *mantra siddhi.*

Concentrez-vous sur la forme ou sur le son du *mantra.* En le répétant, vous pouvez vous concentrer sur chaque lettre du *mantra* en les prenant séparément. Vous ne parviendrez pas toujours à une concentration parfaite. C'est pourquoi on dit qu'il faut répéter le *mantra* des dizaines de millions de fois. Plus vous le répétez, plus votre concentration augmente.

Poser une telle question revient à demander combien d'eau demande une plante pour porter des fruits. Il faut l'arroser, mais la quantité d'eau dépend de l'espèce, du climat, du terrain, etc. L'eau ne suffit pas. La plante a besoin de la lumière du soleil, d'engrais, d'air et de pesticides. Ainsi, sur le chemin de la spiritualité, le *mantra* n'est qu'un aspect. De bonnes actions, de bonnes pensées et la compagnie de gens vertueux *(satsaṅg)* ont une grande importance. Lorsque ces conditions sont réunies, on en retire le bénéfice selon la volonté de Dieu. »

Brahmacārī : « Peut-on obtenir des *siddhis* en répétant un *mantra* ? »

Amma : « Les *siddhis* dépendent de votre concentration. Le *japa* peut induire des *siddhis.* Mais si on les utilise sans discernement, on se détourne de la voie qui mène au but ultime. Ne croyez pas que vous pouvez mener votre vie n'importe comment une fois que vous avez été initiés à un *mantra*. Amma vous observe. Imaginez que vous preniez le bus. Si vous achetez le ticket mais que vous ne l'avez pas quand le contrôleur arrive, on vous fera descendre. Il n'y a pas de clémence.

Une fois parvenu à la réalisation, vous avez tous les *siddhis*. La réalisation est au-delà de tous les pouvoirs. Le monde entier est alors entre vos mains. Si, au lieu de désirer la réalisation, vous demandez à Dieu des *siddhis*, cela revient à faire de grands efforts pour vous introduire à la cour du roi, pour finalement, arrivé devant lui, ne demander que des groseilles à maquereau. »

Brahmacārī : « Combien de temps faut-il pour obtenir la vision de Dieu ? »

Amma : « Nous ne pouvons pas prédire quand nous verrons Dieu. Cela dépend du désir du chercheur et de l'effort qu'il fournit. Si on prend un omnibus on ne peut pas prévoir l'heure d'arrivée, car le bus fait de nombreux arrêts en route. Mais on connaît avec plus ou moins de précision l'heure d'arrivée d'un express, dont les arrêts sont limités. De même, si nous pensons à Dieu sans perdre un moment, avec un détachement total, nous atteindrons le but en peu de temps. Si notre *sādhana* n'est pas très intense, il est difficile de dire quand nous y parviendrons.

Les écritures affirment parfois qu'il faut moins d'une seconde pour atteindre la réalisation. En d'autres endroits, elles déclarent que c'est difficile, même en y consacrant cent vies. L'intensité de la *sādhana* et le *saṁskāra* que nous avons hérité de nos existences antérieures déterminent le temps qu'il faut pour parvenir au but. La *sādhana* ne consiste pas à rester assis quelque part les yeux fermés. Il faut garder le but toujours présent à l'esprit et ne jamais relâcher ses efforts. Par-dessus tout, il faut un cœur pur. Lorsque le cœur est pur, il est facile d'obtenir la grâce de Dieu. »

Brahmacārī : « Amma, une vision de Dieu est-elle la même chose que la réalisation ? »

Amma : « Certaines personnes ont des visions pendant la méditation. Il existe un état de méditation qui n'est ni le sommeil ni l'éveil. Vous pouvez l'appeler l'état de rêve de la méditation. C'est en général dans cet état que l'on obtient la vision de différentes formes divines. On ne peut pas appeler cela la vision de Dieu et il ne faut pas s'y attacher, mais avancer sur la voie. »

Assis au fond du bus, deux *brahmacārīs* n'écoutaient pas Amma. Ils étaient absorbés dans une discussion au sujet du passage des *upaniṣads* qu'ils étudiaient. Ils jetaient de fréquents coups d'œil vers Amma pour voir si elle les écoutait. Elle finit par s'interrompre et se tourner vers eux.

Amma : « Mes enfants, ne perdez pas votre temps à essayer de décider si le fruit qui est dans l'arbre est mûr, s'il paraît mûr ou s'il est infesté de vers. Grimpez pour le cueillir ! Ne gaspillez pas votre temps à débattre de ceci ou de cela. Répétez votre *mantra* sans arrêt. Si vous voulez progresser, ne relâchez pas un instant votre effort. Il n'existe pas de raccourci. »

Une expérience étonnante

Le mal d'oreille de Venu avait disparu, peut-être grâce au contact magique d'Amma, peut-être parce qu'il buvait le nectar de ses paroles. Lorsque le minibus arriva à Ālapuzha (Allepey), il s'arrêta et refusa obstinément de redémarrer. Brahmacārī Rāmakṛṣṇa, qui conduisait, s'inquiéta, car il ne voyait aucune raison pour que le moteur cale. Il regarda Amma, impuissant. Sans rien dire, elle descendit du bus et se mit à marcher. Les *brahmacārīs* la suivirent. Rāmakṛṣṇa fit de même, lui demandant s'il devait appeler un garagiste ou chercher à louer un autre véhicule au cas où la réparation exigerait du temps. Mais Amma ne répondit pas. Śekhar, un de ses dévots, habitait près de l'endroit où le bus avait stoppé. Elle se dirigea tout droit vers sa maison.

En voyant Amma, toute la famille fut submergée de joie. Ils espéraient depuis longtemps qu'elle leur rendrait visite. Sachant qu'elle rentrait ce jour-là de Kodungallur, ils avaient prié pour qu'elle vienne. En fait, ils en parlaient justement, l'un d'entre eux doutant qu'Amma vienne sans avoir été invitée, quand elle entra. Ils pouvaient à peine en croire leurs yeux. Ils la reçurent avec respect et la conduisirent dans la salle de *pujā* où elle fit l'*ārati* avec du camphre. Puis elle appela chacun des membres de la famille, calmant leur peine avec le baume de ses douces paroles.

Amma sortit bientôt de la maison. Rāmakṛṣṇa attendait dehors, réfléchissant en silence. Sans un mot, Amma se remit à marcher en direction du véhicule. Rāmakṛṣṇa lui dit alors doucement : « Amma, le bus n'a pas encore été réparé. » Elle monta en disant : « Essaye de démarrer, mon fils. » Rāmakṛṣṇa mit le contact et le moteur tourna sans problème. Il se retourna pour regarder Amma, radieux ; elle se contenta de sourire.

En route, ils rendirent visite à deux autres dévots ; il était dix-neuf heures trente lorsqu'ils arrivèrent à l'*āśram* et c'était donc l'heure des *bhajans*. Brahmacārī Anish[4], étudiant à la mission Chinmaya de Bombay, attendait le retour d'Amma. C'était sa première visite et sa première rencontre avec Amma. Elle s'assit dans la cour entre l'école de *vedanta* et le kalari pour lui parler un moment. Les *brahmacārīs* qui étaient partis avec Amma se joignirent aux chanteurs dans le temple. Anish finit par y aller, lui aussi. Captivé par les *bhajans*, il oublia tout. Le chant semblait raconter sa propre histoire :

---

[4] Swami Amritagitānanda.

akalattā kovilil

Dans un temple lointain,
Une flamme brûlait, inextinguible.
La mère de compassion était assise là
Pour guider ceux qui errent dans les ténèbres.

Un jour qu'en ces lieux je vagabondais,
Cette radieuse incarnation m'appela.
Ouvrant le sanctuaire intérieur,
Elle passa sur mon front de la pâte de santal.

Chantant les louanges du seigneur,
Elle me fit une place sur son doux bras sacré.
C'est alors qu'un merveilleux rêve divin murmura
À mon oreille cette douce vérité :

« À quoi sert de pleurer ? Ignores-tu
Que tu as approché les pieds sacrés du seigneur ? »
Je m'éveillai alors en poussant un soupir,
Et je vis devant moi son visage de lotus.

Jeudi 5 septembre 1985

La mère infatigable

Un groupe de dévots arriva après minuit. Partis de Kollam dans la soirée, ils avaient eu des ennuis de voiture et la réparation avait demandé beaucoup de temps. Ils pensaient rebrousser chemin, puisqu'il était si tard, mais ils changèrent d'avis devant l'insistance d'un de leurs enfants. Ils ne s'attendaient pas à voir Amma cette nuit-là, mais en arrivant, ils la trouvèrent seule dans la cocoteraie devant l'*āśram*, comme si elle attendait quelqu'un. En la voyant, ils oublièrent aussitôt leurs problèmes. Amma s'assit et leur parla jusqu'à quatre heures du matin.

À cinq heures, elle prit une douche et descendit. Un *brahmacārī* la supplia de se reposer. Elle n'avait pas dormi de la nuit. La nuit prochaine serait consacrée au *bhava darśan*, Elle ne pourrait donc encore pas dormir. Amma répliqua : « Il ne faut pas dormir pendant l'*arcana*. Nous faisons cette pratique avec un *saṅkalpa* divin. Tout le monde devrait être éveillé et y participer. Si nous dormons à cette heure-là, cela provoquera des malheurs. Si Amma dort aujourd'hui pendant l'*arcana*, vous dormirez tous demain. Il n'y aura plus de discipline à l'*āśram*. »

Brahmacārī : « Mais, Amma, cela ne va-t-il pas nuire à ta santé ? »

Amma : « Dieu s'en occupe. Amma n'est pas venue pour prendre soin de ce corps. Si vous respectez les règles de l'*āśram*, rien n'arrivera à la santé d'Amma. »

Sachant qu'il était vain d'insister, le *brahmacārī* se retira. Amma alla dans la salle de méditation et se joignit aux *brahmacārīs* pour l'*arcana*. Puis elle alla s'asseoir dans la cocoteraie. Gāyatri lui apporta une tasse de thé. Elle en but la moitié et la lui rendit.

Amma appela le *brahmacārī* Sarvātma Caitanya qui vivait d'ordinaire en France, où il se consacrait à faire connaître son enseignement. Il était en visite. Sarvātma arriva, se prosterna et s'assit près d'elle.

Sarvātma : « Amma, je sais que tu n'as pas dormi ; c'est pourquoi je ne suis pas venu te voir. Ce soir, c'est *bhava darśan*, tu devrais te reposer un moment. Je viendrai ensuite. »

Amma : « Mon fils, tu dois repartir, n'est-ce pas ? Ne t'inquiète pas du bien-être d'Amma. La plupart du temps, elle ne dort pas la nuit. Quand pourrait-elle dormir les nuits de *bhava darśan* ? Les autres nuits, Amma lit des lettres, et il est très tard quand elle finit.

Amma a l'habitude de rester éveillée la nuit. Ce n'est pas récent. Elle est ainsi depuis l'enfance. La souffrance de ne pas encore avoir obtenu la vision de Dieu la tenait éveillée. Si elle s'endormait, elle s'infligeait des blessures pour ne pas dormir. Tout le jour, elle était prise par les tâches ménagères. Quand elle avait fini de laver la vaisselle le soir, les autres dormaient à poings fermés. C'était le seul moment où elle pouvait prier sans être dérangée. Elle restait éveillée toute la nuit, pleurant pour obtenir la vision de Dieu.

La nuit est le meilleur moment pour prier. La nature est tranquille. Personne ne nous dérange. Si vous allez sur la plage, personne ne s'en apercevra et vous y trouverez la solitude. »

Comme Sarvātma songeait au sacrifice d'Amma et à la sévérité de son ascèse, ses yeux se remplirent de larmes.

Amma changea de sujet et lui demanda : « Mon fils, que voulais-tu demander à Amma ? »

Incapable de parler, Sarvātma, silencieux, plongea son regard dans le sien.

Le travail d'un missionnaire

Amma dit à Gāyatri, qui se trouvait à côté : « Ce fils s'est rendu dans bien des endroits pour donner des conférences. Dans certaines villes, l'audience était nombreuse, mais dans d'autres, très réduite. Il s'inquiète en songeant que si les gens ne viennent pas, c'est que ses discours sont mauvais. *(Se tournant vers Sarvātma)* Mon fils, pourquoi te soucier du nombre des auditeurs ? Tu fais bien ce dont Amma t'a chargé, n'est-ce pas ? Prends garde à une seule chose : sois d'une grande humilité dans tes paroles et dans tes actes. Il faut se mettre au niveau des gens pour les aider à élever leur conscience.

Les enfants aiment jouer. Ils ne rentrent même pas à l'heure pour manger. C'est le rôle de la mère de nourrir son enfant au bon moment mais il ne s'agit pas de lui crier dessus ou de lui donner la fessée. Qu'elle l'appelle avec amour et se mette à son niveau, alors il rentrera manger. Ainsi, les gens ne s'intéressent peut-être pas immédiatement aux idées spirituelles, c'est à nous d'éveiller leur intérêt. Tout le monde apprécie l'humilité. Tout le monde désire être aimé. Chaque personne doit être abordée à son niveau ; on peut ensuite l'aider à progresser. »

Sarvātma : « Certaines personnes demandent s'il est juste de former des associations au nom des *mahātmās.* »

Amma : « Mon fils, on peut éviter d'employer le nom d'une personne mais si l'on constitue un mouvement, il faut bien lui donner un nom. Prenez par exemple un idéal au lieu d'un nom propre. Que ce soit la voie de l'amour, ou la voie de l'*ātman.* De toutes façons, il faut une étiquette. Alors des gens se regrouperont et cela deviendra un groupe ou une organisation qui sera connue pour représenter des valeurs comme par exemple l'amour ou le sacrifice de soi. Puis il y aura la photo de la personne qui a démarré le mouvement. On finira par le nommer d'après cette personne ou quelques autres.

Nous avons besoin d'un outil pour transformer le mental humain, qui est égoïste, et l'ouvrir à l'amour. Il faut attacher le mental à un idéal, comme on enferme un cheval dans un enclos pour le dompter. Certains s'adressent pour cela à un *sadguru.* Le nom du maître symbolise les idéaux qu'il enseigne par l'exemple de sa propre vie. D'autres adoptent une méthode différente. Sans le cadre d'une organisation, il est difficile de faire connaître les enseignements. Pourquoi renoncer aux immenses services qu'elle peut rendre, à cause de quelques petits défauts ?

« Pourquoi mettre une clôture autour du champ ? », demanderas-tu. Mais elle a une fonction, c'est clair. Quoi que tu fasses, il y aura des inconvénients mais ne t'en inquiète pas. Efforce-toi de voir le bien en tout et enseigne aux autres à faire de même. On dit que le cygne, si on lui offre un mélange d'eau et de lait, est capable d'en extraire le lait. Aie l'esprit large. Ne prends que ce qui est bon. Vis en distinguant toujours avec soin l'éternel de l'éphémère.

Dans certaines régions de l'Inde, la première lettre du nom du père précède celui de l'enfant. Le père y gagne-t-il quelque chose ? Une institution bénéficie à d'innombrables personnes. Un *sannyāsi* ne vit pas pour lui-même, mais pour enseigner aux autres le principe suprême. C'est dans ce but que les disciples répandent l'enseignement de leur *guru* et telle est aussi la fonction des *āśrams.*

Ne considérez pas les *mahātmās* comme des individus. Ils représentent un idéal, le principe ultime. C'est lui que nous devons contempler. Bien qu'il nous apparaisse sous la forme d'un individu, le *guru* est le principe du Soi, immanent à tout l'univers. Nous pouvons considérer comme des individus ceux qui vivent pour leur famille ou pour l'accomplissement de leurs désirs. Mais les *mahātmās* sont-ils ainsi ? Non. Leur existence bénéficie au monde entier. Ils apportent la paix à des milliers de gens.

Mon fils, la plupart d'entre nous ont grandi avec l'aide de plusieurs personnes. Peu de gens sont capables d'évoluer en ne s'appuyant que sur les principes intérieurs. Dans l'enfance, nous dépendons de nos parents. Puis nous cherchons le soutien de nos amis ou de notre conjoint. Nous n'apprenons donc à aimer et à servir que des individus, nous sommes incapables de vivre uniquement pour les principes spirituels. Mais les *mahātmās* sont au-delà du nom et de la forme. Même quand vous les voyez agir en tant qu'individus, il n'y a pas d'ego en eux. Ils n'ont aucun sens de l'individualité. Si nous nous appuyons sur eux, nous ferons des progrès rapides et nous nous ouvrirons à une autre dimension. »

Amma se leva lentement, et Sarvātma Caitanya se prosterna devant elle. Amma donna un baiser à ce fils qui partait au loin, puis alla dans la hutte donner le *darśan* aux dévots.

Entre la hutte de *darśan* et l'école de *vedanta*, il y avait quelques plantes. Deux *brahmacārīs* contemplaient justement la beauté des fleurs. Voyant venir Amma, ils lui firent place. Une des plantes dépérissait. Quand Amma passa devant le pot, elle leur dit : « On peut voir quel est votre degré de vigilance aux choses extérieures. Si vous aviez la moindre *śraddhā*, cette plante aurait-elle dépéri ? C'est parce qu'elle n'a pas été arrosée à temps qu'elle s'est desséchée. Il suffit de regarder les plantes qui entourent un *brahmacārī* pour connaître son degré de *śraddhā* envers le monde. Qui aime Dieu aime tous les êtres vivants et en prend soin ».

Amma entra dans la hutte et commença à recevoir les dévots.

Unniyappam

Une dévote avait apporté pour les *brahmacārīs* quelques *unniyappam* (beignets sucrés faits de farine de riz et de sucre brun). Elle les offrit à Amma.

Amma : « Ma fille, à quoi sert qu'ils aient quitté leur foyer si tu leur apportes des friandises ? Ils sont venus s'exercer au renoncement. Que fera Amma si chacun reçoit de la nourriture venant de chez lui ? »

La dévote : « Amma, nous n'apportons cela que de temps en temps. Quel mal cela peut-il leur faire ? »

Amma : « Leur donner ce qu'ils désirent, c'est leur faire du mal, fille. Ce n'est pas de l'amour. L'amour vrai consiste à ne pas leur apporter de nourriture qui flatte le palais, à leur insuffler le désir de contrôler le goût et le mental et à les y encourager. Celui qui contrôle parfaitement son mental jouit en permanence du nectar de la béatitude. Mais la nourriture, une fois descendue dans l'estomac, est transformée en excrément. Il est impossible de contrôler le mental sans maîtriser le goût. Si ces enfants désirent les gâteries de leurs parents et une nourriture savoureuse, pourquoi viennent-ils ici ? Abandonnant leur foyer et leur entourage, ils sont venus dans un but différent. »

Les yeux de la femme se remplirent de larmes. « Amma, j'ignorais que je commettais une si grave erreur. Je les considère tous comme mes enfants. Je ne pense qu'à leur bien-être. »

Amma l'attira à elle et l'embrassa.

Amma : « Ma fille, Amma ne voulait pas te faire de peine. Elle voulait simplement connaître ton état d'esprit. Quelqu'un ici doit avoir une forte envie d'*unniyappam*, c'est pourquoi tu en as apporté aujourd'hui ! »

Amma rit, et tous les dévots se joignirent à elle.

« Malgré ce qu'elle vient de dire, Amma elle-même prépare parfois de bons petits plats pour ses enfants. Elle se dit : « Ces enfants étaient tellement choyés chez eux ! Sont-ils heureux avec la nourriture d'ici ? Qui d'autre qu'Amma va les gâter maintenant ? » Alors en certaines occasions, elle leur prépare des plats spéciaux. Ou bien lorsqu'elle a ce genre de pensées, les dévots apportent des gâteries. Par la grâce de Dieu, les enfants qui sont ici n'ont jamais eu le sentiment de manquer de rien.

D'autres fois, l'attitude d'Amma change et elle ne leur donne que du riz, sans rien pour l'accompagner. Parfois elle crée des circonstances où ils doivent se passer de manger. Après tout, ils doivent s'habituer à cela aussi. Ne soyons pas esclaves de notre palais. Oubliant le goût de la langue, nous pourrons savourer celui du cœur. »

Amma appela Gāyatri et lui confia les *unniyappam* pour qu'elle les distribue aux résidents. Gāyatri n'avait pas entendu la conversation qui s'était déroulée dans la hutte. Elle prit le paquet et chuchota quelque chose à l'oreille d'Amma, qui se mit à rire de bon cœur. Tous se demandaient ce qui se passait.

Amma : « Amma vous avait bien dit que quelqu'un devait avoir envie d'*unniyappam*. Un des fils a raconté à Gāyatri qu'il en mangeait chez lui et combien il aimerait y goûter de nouveau. »

Rire général.

Le *darśan* se prolongea jusqu'à deux heures de l'après-midi. Avant de remonter dans sa chambre, Amma se rendit dans le réfectoire pour s'assurer que tout le monde avait mangé. Comme c'était aujourd'hui jour de *bhava darśan*, dès dix-sept heures elle serait de nouveau en bas pour les *bhajans*.

Vendredi 6 septembre 1985

Le *brahmacārī* Neal Rosner filmait les activités de l'*āśram* avec une caméra apportée des États-Unis la veille par un dévot. Avant l'aube il avait filmé la psalmodie des *mantras* védiques et la récitation des mille Noms de Śrī Lalita (*arcana*). Mais le résultat n'était pas très bon, sans doute parce qu'Amma ne l'avait pas autorisé à recourir à un éclairage supplémentaire.

« Si tu allumes des lumières vives pendant l'*arcana*, tout le monde sera distrait, » avait dit Amma à Nealu. « Le mental doit être totalement concentré sur la divinité d'élection ou sur le *mantra*. Quand nous récitons l'*arcana*, la mère divine est présente. Le but de cette pratique est de parvenir à la concentration. Cela doit être clair. »

Amma ne cesse de nous rappeler de nous concentrer totalement sur ce que nous sommes en train de faire.

Elle dit souvent que les chercheurs spirituels ne doivent pas permettre qu'on les prenne en photo. « La lumière du flash prive le chercheur d'une partie de son *ojas* (énergie subtile). »

Elle avait commencé par refuser toute prise de vue, mais Nealu, la nuit précédente, l'avait suivie partout en disant :

« Amma, nous recevons tous les jours des lettres d'Amérique qui demandent une cassette vidéo sur toi. Un grand nombre de tes enfants ne peuvent pas venir ici. C'est pour eux qu'il faut le faire. Ce sont eux qui ont envoyé cette caméra. Je t'en prie, rien qu'une fois, Amma ». Elle finit par accepter. « D'accord, puisque tu insistes. Mais ne dérange pas la méditation des enfants ou quoi que ce soit. Ne va pas non plus te planter devant moi avec cet objet ! » Nealu dut se plier à ces conditions.

Debout derrière un cocotier, il attendait qu'Amma vienne dans la hutte pour le *darśan*. Le feuillage des arbres ne laissait pas passer assez de lumière et Amma ne permettait pas l'usage de l'éclairage artificiel pour la prise de photos. Elle arriva enfin. Elle marcha vers la hutte, apportant la lumière dans les zones d'ombre, sous les cocotiers. Nealu la suivit, goûtant la scène à travers l'œil de la caméra.

Le renonçant et sa famille

La mère d'un des *brahmacārīs* attendait Amma. Sa fille l'accompagnait. Voyant Amma, elle se prosterna et lui expliqua la raison de sa tristesse :

« Amma, nous allons fêter l'anniversaire de son père. Laisse-le venir passer quelques jours à la maison. »

Amma : « Mais Amma n'a interdit à personne de quitter l'*āśram*. S'il veut venir, tu peux naturellement l'emmener. »

La femme : « Il n'accepte pas et ne veut obéir qu'à toi, Amma. »

Le *brahmacārī*, tête baissée, écoutait sa mère et sa sœur implorer Amma.

Amma se tourna vers lui : « Mon fils, ne veux-tu pas aller avec elles ? » Il acquiesça sans joie, d'un signe de tête. Ils se prosternèrent tous les trois et sortirent de la hutte.

Lorsqu'Amma sortit de la hutte après le *darśan*, elle fut accueillie par le visage malheureux du *brahmacārī*.

Amma : « Tu n'es pas parti ? Où sont ta mère et ta sœur ? »

Brahmacārī : « Elles sont parties. Je me suis débrouillé pour les renvoyer. »

Amma : « Tu n'as pas envie de rentrer pour fêter l'anniversaire de ton père ? »

Brahmacārī : « Non, Amma. Je serai heureux si tu ne me demandes pas d'y aller. Mon seul regret est de ne pas t'avoir obéi. »

Amma, qui se dirigeait vers sa chambre, s'arrêta. Elle ne souriait pas. L'expression de son visage était sérieuse, mais aussi pleine d'amour. Elle s'assit sur les marches, le *brahmacārī* à ses pieds. Elle le regarda droit dans les yeux.

Amma : « Mon fils, un *brahmacārī* ne devrait pas garder de liens avec sa famille. Cela revient à ramer dans un bateau attaché à un arbre. Il ne fera pas de progrès dans sa *sādhana*. Si le mental est rempli de pensées, c'est la même chose. Comment avancer si l'eau est envahie par les algues ? Tu peux donner cent coups de rame et ne bouger que d'un centimètre.

Quand tu parles à ta famille ou que tu lis leurs lettres, tu reçois des nouvelles de chez toi et des gens de ton quartier. À quoi bon déclarer alors que tu as quitté la maison ? Tes pensées tourneront autour de ton foyer et de ton entourage. Comment pourras-tu alors te concentrer, agité par toutes ces pensées ? Les vagues de pensée ne s'apaiseront pas.

Au début, un chercheur spirituel ne devrait même pas lire le journal. Cette lecture laisse sur le mental l'empreinte des événements du monde. Certains enfants lisent le journal et rapportent ensuite les nouvelles à Amma, qui fait mine de tout entendre pour examiner leur mental. Le lendemain, ils reviennent avec d'autres nouvelles ; ce n'est pas ce qu'Amma attend de vous. Un *brahmacārī* devrait avoir une attitude d'abandon total à Dieu. Il devrait avoir la certitude que Dieu prendra soin de sa famille. Si sa foi est ferme, Dieu s'en occupera sans nul doute. Kṛṣṇa n'est-Il pas venu lui-même au secours de Kurūramma[5] ?

Mon fils, si nous arrosons les racines d'un arbre, les branches en profitent. Mais si nous arrosons les branches, l'arbre n'en bénéficie pas et nous perdons notre peine. Si nous aimons Dieu, cela équivaut à aimer toutes les créatures. Elles en bénéficient car le même Dieu demeure en chacun. En l'aimant, nous aimons tous les êtres. Par contre, si nous ne créons des liens qu'avec des individus, nous ne récolterons que du chagrin.

Quand on apprend à conduire, on va dans un endroit désert pour s'exercer. Sinon, on constitue un danger public. Une fois que l'on sait conduire, on peut aller partout, même si la circulation est dense. Un *sādhak* doit de même s'éloigner de sa famille et de ses amis au début, pour pratiquer dans la solitude. Sinon, il lui sera difficile de fixer son mental sur Dieu. En progressant dans la *sādhana*, il sera capable de voir Dieu en chacun, d'aimer et de servir tous les êtres. Il ne perdra pas sa force spirituelle.

Mon fils, si tu gardes des relations avec ta famille, tu perdras tes forces. Il suffit que tu écrives à ta mère. N'aborde que des sujets spirituels. Si tu rentres chez toi, dors dans la salle de *pujā* et si quelqu'un te raconte les histoires de famille, ne l'écoute pas. Ne parle que de spiritualité. »

Les paroles d'Amma réconfortèrent le *brahmacārī*. Il se prosterna, se retira et Amma monta dans sa chambre.

---

[5] Kurūramma était une femme *brahmane* et grande dévote du seigneur Kṛṣṇa, comme cela se manifestait dans le temple de Guruvayur. Il existe de nombreuses histoires dans lesquelles Kṛṣṇa est venu à son aide en cas de besoin.

Sur le rivage

À dix-sept heures trente, Amma descendit de sa chambre et appela tous les *brahmacārīs* à venir sur la plage. Quand ils arrivèrent, elle était déjà en profonde méditation. Ils s'assemblèrent autour d'elle et fermèrent les yeux. La présence d'Amma et le bruit de l'océan firent disparaître toute pensée du monde extérieur.

Au bout de deux heures, Amma ouvrit les yeux, se leva et se mit à marcher lentement le long du rivage. Comme elle s'approchait de l'eau, les vagues de l'océan semblèrent se disputer le privilège de venir lui embrasser les pieds. Celles qui y parvinrent se fondirent de nouveau dans l'océan, pleinement satisfaites. La nuit tombait, de la lumière paraissait émaner des vêtements blancs d'Amma. Continuant à marcher sur la rive, Amma se mit à chanter doucement, les yeux fixés sur l'horizon. Elle semblait en extase. Ceux qui la suivaient chantaient avec elle :

omkara mengum

Le son om résonne partout,
Son écho est dans chaque atome.
L'esprit en paix,
Chantons « om śakti ».

Les larmes de tristesse coulent
Et la mère est maintenant mon seul soutien.
Bénis-moi de tes belles mains,
Car j'ai renoncé à tous les plaisirs de ce monde.

La crainte de la mort a disparu,
Le désir de la beauté physique s'est évanoui,
Sans cesse je me rappelle ta forme
Qu'illumine la lumière de Śiva.

Quand je serai rempli d'une lumière intérieure
Qui débordera pour briller devant moi,
Quand je serai ivre de dévotion,
Je me fondrai dans la beauté de ta forme.

Ta forme
Est ce que j'ai désiré voir le plus.
Tout le charme du monde s'est cristallisé
Pour créer cette beauté inégalée.
Oh, maintenant mes larmes coulent.

Le chant terminé, Amma rentra à l'*āśram*. Tous la suivaient en silence. Elle s'assit sur le sable à l'ouest. Voyant qu'elle désirait être seule, les *brahmacārīs* se retirèrent un à un.

Instructions aux brahmacārīs

Après le *darśan*, Amma sortit de la hutte et se dirigea vers les huttes des *brahmacārīs*. Elle inspectait leur chambre de temps à autre pour voir si elle était rangée, balayée chaque jour, si quelqu'un gardait des objets superflus pour un usage personnel. Elle ne voulait pas voir plus d'un livre de bibliothèque dans la chambre de quiconque, ni un *dhoti* ou une chemise de plus que le strict nécessaire et il était impossible de la tromper.

Un jour, remarquant qu'un *brahmacārī* avait étalé une natte sur un morceau de tapis pour y dormir, Amma remarqua : « Nous dormions sur un sol en ciment ou un sol en bouse de vache. La plupart du temps, nous n'avions ni nattes ni draps. Parfois toute la famille dormait sur des nattes étalées sur le sol et les bébés mouillaient les nattes. C'est ainsi que nous avons grandi. Gāyatri vous dira qu'aujourd'hui encore, Amma dort la plupart du temps à même le sol, bien qu'elle ait un lit et un matelas. Vous avez été habitués au confort pendant votre enfance, mes enfants. Il vous serait difficile de dormir sur un sol en bouse de vache ».

Le *brahmacārī* roula prestement le tapis.

Ce jour-là, Amma entra dans une des huttes et prit un paquet sous un écritoire. Elle semblait savoir exactement où il se trouvait, comme si c'était elle qui l'avait mis là.

« Qu'est-ce que c'est, mon fils ? » demanda-t-elle au *brahmacārī* qui vivait là. Il pâlit. Amma s'assit par terre et ouvrit le paquet. Il contenait des *ariyundas* (boules de farine de riz sucrées).

« Tes parents ont apporté cela pour leur fils chéri, n'est-ce pas ? » Le *brahmacārī* baissa la tête. C'était vrai. Ses parents lui avaient donné cela la veille. Il leur avait demandé de confier le paquet à Gāyatri, pour qu'elle en distribue le contenu à tous les *brahmacārīs*, mais ils avaient refusé. « Nous avons apporté un autre paquet pour Amma et ses enfants. Ceci est pour toi. » Comme ils insistaient, il avait cédé. Quelques *brahmacārīs* avaient suivi Amma dans la hutte. Elle donna à chacun un *ariyunda*.

Amma : « Mon fils, Amma aimerait te voir couper même une banane en cent morceaux pour partager avec tous. Beaucoup de dévots apportent des sucreries et des friandises pour Amma, mais elle ne peut rien manger sans partager. Elle garde tout pour ses enfants. Elle goûte parfois une pincée, juste pour faire plaisir aux dévots. Sais-tu le mal qu'ils se donnent quelquefois pour cuisiner, faire le paquet et l'apporter ici, dépensant de l'argent pour le bus, etc. ? »

Elle s'arrêta et lui demanda : « Mon fils, Amma t'a-t-elle fait de la peine ? »

Elle mit la tête du *brahmacārī* sur ses genoux, prit l'une des boules, en mangea un morceau et mit le reste par petites bouchées dans celle du *brahmacārī*. Tant d'amour le rendit encore plus malheureux. Amma dit : « Ne pleure pas, Mon fils ! Amma dit cela pour que tu ne restes pas attaché à ta famille. Au moins, tu n'as pas tout mangé, tu en as mis de côté ; si cela avait été quelqu'un d'autre, nous n'aurions même pas vu le papier d'emballage, n'est-ce pas ? », dit-elle aux autres en souriant.

Pour changer de sujet, Amma allongea le bras pour prendre un livre. Il était couvert de poussière. Elle l'épousseta. C'était un manuel élémentaire de sanskrit.

Amma : « Ne suis-tu pas le cours de sanskrit ? »

Brahmacārī : « J'ai manqué les deux ou trois dernières leçons, Amma. La grammaire ne rentre pas du tout. »

Amma : « À voir ce livre, il semble que tu ne l'as pas ouvert depuis au moins un mois. Mon fils, il n'est pas bon de négliger ainsi tes livres de cours. L'étude est une forme de Devi Sarasvatī. Tu devrais t'y consacrer avec *śraddhā* et dévotion. Quand tu prends un volume ou que tu le poses, manie-le avec respect et prosterne-toi devant lui. Veille à ce que tes livres soient propres et rangés. C'est l'enseignement qui nous a été transmis.

Si tu refuses d'apprendre le sanskrit, comment vas-tu comprendre nos écritures ? Le sanskrit est notre langue maternelle. Vous ne pouvez pas apprécier pleinement les *upaniṣads* ou la Gītā sans la connaître. Pour comprendre les *mantras*, il faut les apprendre dans cette langue, qui est celle de notre culture. Il est impossible de séparer la culture de l'Inde du sanskrit. On peut, c'est vrai, acheter des traductions de ces textes, mais ce n'est pas la même chose. Pour connaître le goût du miel, il faut le goûter pur. Si vous le mélangez avec autre chose, vous n'en aurez pas la saveur. Le simple fait de prononcer des mots sanskrits contribue à notre bien-être mental.

Cependant, mes enfants, il est important que vous n'appreniez pas le sanskrit pour faire étalage de vos connaissances. Votre but devrait être de gagner en subtilité. Considérez le sanskrit comme le moyen d'y parvenir. Si vous voyez dans le journal une publicité indiquant où vous pouvez trouver des mangues, l'intérêt est d'aller en acheter et d'en manger, et non de fixer bêtement l'image dans le journal. Mais ne t'inquiète pas, mon fils. Essaye de montrer désormais plus de zèle à l'étude du sanskrit.

Il est bon de connaître cette langue, mais inutile de passer sa vie à étudier la grammaire. De nos jours, si tu fais étalage de ta connaissance du sanskrit, les gens n'apprécient guère. Les écritures ont jailli du mental des sages qui menaient une vie de *tapas*. Les austérités nous donnent une vision claire et limpide. Celui qui s'y adonne peut apprendre en une journée ce qui en demanderait dix à un être ordinaire. *Tapas* est donc l'essentiel. Le sanskrit et le *vedanta* ont également leur importance, il faut les étudier, mais dans l'intention de connaître le but de la vie et le chemin qui y mène. Cela fait, il s'agit d'avancer sur la voie.

À la gare, on consulte les horaires, on achète le billet et on monte dans le train. Bien des gens qui se considèrent comme des savants se contentent de rester à la gare et d'apprendre les horaires des trains. Ils n'utilisent pas leur savoir.

Si nous avons un gros sac de sucre, est-il nécessaire de tout manger pour savoir que c'est sucré ? Quand on a faim, il faut prendre juste ce qu'il faut pour apaiser sa faim. Inutile de consommer toutes nos réserves. Les soi-disant érudits ont une autre conception. Il semble qu'ils veuillent tout manger, et ils y gâchent leur vie.

La plupart des savants n'ont que de l'érudition, aucune expérience spirituelle. Quel est le résultat ? Même s'ils étudient jusqu'à l'âge de quatre-vingt-dix ans, ils ne sont pas libérés de la souffrance. La plupart d'entre eux restent chez eux et vivent dans le souvenir de ce qu'ils ont étudié. S'ils avaient appris le nécessaire tout en se livrant à des austérités, leur savoir aurait profité à eux-mêmes et au monde. C'est pourquoi Amma déclare que vous devez posséder une certaine connaissance des écritures, mais aussi pratiquer *tapas*. Cela seul vous donnera accès à l'expérience, vous apportera la paix et vous permettra d'agir pour le bien du monde.

Lorsque vous aurez étudié et acquis de la force grâce à votre discipline spirituelle, servez les autres et sauvez ainsi bien des êtres. Certains restent assis devant le temple à lire la Gītā et les *upaniṣads*, mais reculent devant toute personne qui s'approche en criant : « Ne me touche pas ! Ne me touche pas ! » Quelle dévotion est-ce là ? Un magnétophone diffuse les paroles que d'autres ont prononcées. Ils recrachent ainsi les paroles de sagesse des *ṛṣis*, mais sont incapables de mettre cette connaissance à l'œuvre dans leur vie. Ils sont incapable de faire preuve d'amour, ils ne sont pas libres de la vanité ni de la jalousie. À quoi sert une telle érudition ? Mes enfants, nous devrions aimer nos semblables et montrer de la compassion envers ceux qui souffrent. Sinon, nous ne trouverons jamais Dieu. Sans amour pour les autres, nous ne sommes que des créatures égoïstes. »

Un *brahmacārī* qui écoutait demanda : « Si la méditation nous ouvre l'accès à la connaissance véritable, pourquoi ne pas méditer tout le temps ? À quoi servent les cours ? À quoi sert le *karma yoga* ? »

Amma : « C'est juste. Mais qui peut méditer sans interruption ? Si nous gardons la posture pendant une heure, obtenons-nous cinq minutes de concentration ? C'est pourquoi Amma vous dit de servir le monde après avoir médité. Il ne s'agit pas de s'assoupir au nom de la méditation et de devenir un fardeau pour le monde. Il se trouve que nous sommes nés sur cette terre. Avant de repartir, apportons quelque bienfait au monde.

Si quelqu'un peut méditer vingt-quatre heures sur vingt-quatre, c'est parfait. Amma ne l'enverra nulle part. Elle lui procurera tout ce dont il a besoin. Mais une fois assis, il s'agit de méditer réellement. Si le mental vagabonde en mille autres lieux, ce n'est pas de la méditation. Pour méditer, il faut que le mental soit fixé sur Dieu. Si vous travaillez en vous souvenant de Dieu et en chantant votre *mantra*, c'est aussi de la méditation. La méditation ne consiste pas uniquement à rester assis, immobile. »

Brahmacārī : « Amma, de quelle manière suggères-tu que nous servions le monde ? »

Amma : « De nos jours, les gens errent, ils ont oublié le sens de notre culture. C'est à nous de leur faire comprendre ce que signifie le vrai *saṁskāra*. D'innombrables personnes souffrent de pauvreté, qu'elle soit matérielle ou spirituelle. Efforçons-nous d'y remédier. Si nous n'avons pas de nourriture à distribuer aux affamés, à nous de sortir et d'aller mendier pour eux. C'est cela, la véritable force. Il ne s'agit pas de faire *tapas* en ayant pour but notre seule libération, mais dans l'intention d'obtenir la force nécessaire pour servir le monde. Quand nous aurons assez de compassion pour cela, la réalisation de Dieu sera proche. Nous parviendrons plus vite au but en servant avec compassion qu'en nous consacrant exclusivement aux austérités. (*Riant*) Mais à quoi sert quelqu'un qui au nom de *tapas* reste assis, à moitié endormi, sans servir personne ? »

Brahmacārī : « Amma, permets-nous d'abord de savoir qui nous sommes. Le service du monde ne peut-il attendre jusque-là ? Tant de gens prétendent le servir de nos jours, sans aucun effet. Par contre, un seul individu parvenant à la libération peut changer le monde entier, n'est-ce pas ? »

Amma ferma les yeux, tournant un moment son regard vers l'intérieur. Lentement, elle rouvrit les yeux.

Amma : « Mes enfants, si vous dites que vous ne pouvez servir, que vous ne désirez que la libération, consumez-vous de désir pour elle ! Ceux qui brûlent ainsi de désir n'oublient pas Dieu une seule seconde. Manger et dormir ne signifient rien pour eux. Leur cœur agonise de désir pour Dieu. »

Souvenirs d'enfance d'Amma

Les larmes lui vinrent aux yeux. Elle raconta des souvenirs, quelques scènes émouvantes de son enfance.

Amma : « Du début à la fin de sa quête de Dieu, Amma fut plongée dans une douleur intense. Ses larmes ne cessaient pas de couler ; elle ne dormait jamais. Quand le soleil se couchait, son cœur était en émoi. Un jour encore était passé en vain ! Un jour gâché sans qu'elle connaisse le seigneur ! La douleur était intolérable. Elle restait éveillée toute la nuit, pensant que si elle ne dormait pas, la journée ne serait pas perdue. Cette question ne la quittait pas : « Où es-tu ? Où es-tu ? » Incapable de supporter la souffrance d'être privée de sa vision, elle mordait et déchirait son propre corps. Elle se roulait parfois sur le sol en pleurant et en criant les noms divins. Elle fondait spontanément en larmes. Elle n'avait jamais envie de rire. À quoi bon rire quand on ne connaît pas Dieu ? « Comment puis-je me réjouir sans te connaître ? Pourquoi manger si je ne te connais pas ? Pourquoi me laver ? » Chaque jour s'écoulait ainsi pour Amma. »

Elle fit une pause, puis reprit : « Quand votre détachement est fort, il se peut que vous preniez le monde en grippe. Mais il faut aussi dépasser ce stade, pour voir que tout est Dieu.

Amma éprouvait dans son enfance un grand amour envers les pauvres. Quand ils avaient faim, elle volait de la nourriture chez elle et la leur apportait. Ensuite, dans sa douleur d'être séparée de Dieu, elle se tourna contre le monde entier. En colère contre la nature, elle disait : « Je ne t'aime pas, mère nature, car tu nous fais commettre de mauvaises actions ! » Elle crachait sur mère nature et lui lançait les insultes qui lui venaient à l'esprit. Cela devint une forme de folie.

Quand on plaçait de la nourriture devant elle, elle crachait dessus. C'était une situation très difficile. Elle était en colère contre tout. Elle avait envie de jeter de la boue à toute personne qui l'approchait. Quand elle voyait un être qui souffrait, elle pensait que c'était dû à son égoïsme et qu'il récoltait les fruits de son *karma*. Mais son attitude changea bientôt. Elle pensait : « Les gens commettent des fautes par ignorance ; si nous leur pardonnons et les aimons, ils arrêteront. Si nous nous mettons en colère contre eux, ils recommenceront, n'est-ce pas ? » Son cœur se remplit alors de compassion. Sa colère disparut totalement. »

Amma demeura un moment plongée en méditation. Chacun imaginait les scènes qu'elle venait d'évoquer. Mère nature, qui avait été témoin de ces incomparables moments, était elle aussi calme et silencieuse.

Amma dit d'une voix grave : « Mes enfants, votre cœur devrait sans cesse pleurer pour Dieu et se languir de lui. Pas un seul instant, vous ne devriez l'oublier. Seuls ceux qui ont cette attitude seront sauvés. »

Les conseils d'Amma sur le détachement et la soif de libération émurent les cœurs. Tous demeuraient silencieux, oublieux du monde extérieur.

Chapitre 4

Vendredi 20 septembre 1985

Brahmacārīs et chefs de famille

Quelques dévots attendaient Amma devant la salle de méditation. Après avoir donné des instructions aux *brahmacārīs* sur la manière de méditer, Amma sortit et salua les visiteurs : « D'où venez-vous, mes enfants ? »

Dévot : « De Kollam, Amma. »

Amma : « Es-tu déjà venu, mon fils ? »

Dévot : « J'ai essayé deux ou trois fois, mais il y a eu chaque fois un imprévu et je n'ai pas pu venir. Après tout, n'est-il pas vrai que pour obtenir le *darśan* d'un *mahātmā*, il ne suffit pas de le décider ? Je vais souvent à Kanyākumāri pour mes affaires, mais je n'ai pas encore pu rencontrer Māyiamma. Je ne sais pas pourquoi. Je vais souvent dans les *āśrams.* L'an dernier, toute la famille est allée à Rishikesh. »

Amma : « Tu trouves le temps de le faire malgré toutes tes obligations professionnelles ; c'est en soi une bénédiction divine. »

Dévot : « C'est mon seul soutien. Comment pourrais-je sans cela dormir en paix, avec toutes mes activités professionnelles ? Mes contacts avec les *āśrams* et les *sannyasis* m'aident à faire face aux problèmes que je rencontre dans la vie et m'apportent la paix. Sinon, il y a longtemps que j'aurais sombré dans l'alcoolisme. »

Amma : « Ô Śiva ! Śiva ! »

Dévot : « Amma, bien que j'aie visité de nombreux *āśrams*, je n'ai jamais trouvé une atmosphère aussi chargée d'essence divine qu'ici. Et je n'ai jamais vu non plus autant de jeunes résidents dans un *āśram.* »

Amma : « Les enfants qui sont ici ont rencontré Amma alors qu'ils faisaient leurs études ou étaient employés. Abandonnant tout, ils vinrent vivre auprès d'elle, alors que pour la plupart, ils ignoraient tout de la spiritualité et de la méditation. Après leur rencontre avec Amma, ils semblaient tous atteints de folie. Ils ne pouvaient plus se consacrer à leur travail ou à leurs études. Ils oubliaient de manger ou de laver leur linge. Ils ne se souciaient plus de rien et ne quittaient pas Amma d'un pouce. Elle a essayé de les renvoyer, mais aucun n'est parti. Alors elle a dû s'avouer vaincue et les garder tous. Bien qu'Amma soit tout pour eux, ils ont besoin de suivre une *sādhana.* Aujourd'hui, grâce à leur amour pour elle, ils ne s'intéressent pas au monde extérieur, mais ils ne pourront pas garder cet état d'esprit sans *sādhana.*

Puisqu'ils ont pris refuge en elle, n'est-ce pas le devoir d'Amma de prendre soin d'eux dans tous les domaines ? Au début, elle avait le temps de s'occuper d'eux, mais maintenant, à cause du nombre croissant de dévots, elle ne peut pas leur accorder assez d'attention. C'est pourquoi, dès qu'elle a le temps, elle s'assied et médite avec eux, comme elle vient de le faire. En outre, quand ils ont un problème, elle leur a dit de lui en parler aussitôt. Ils n'ont pas besoin d'attendre un moment où elle est libre. Après tout elle est leur unique mère, père et *guru.* »

Dévot : « Amma, je regrette d'être un chef de famille. Puis-je parvenir à la réalisation du Soi ? »

Amma : « Mon fils, aux yeux de Dieu, il n'y a ni chefs de famille ni *brahmacārīs*. Il ne regarde que ton mental. Tu peux mener une vie authentiquement spirituelle en restant un chef de famille. Tu pourras goûter la béatitude du Soi, mais ton mental doit être fixé sur Dieu à chaque instant. Tu parviendras alors aisément à la béatitude. Une mère oiseau qui cherche à manger ne songe qu'à ses petits restés au nid. Gardez donc ainsi votre mental fixé sur Dieu tout en agissant dans le monde. L'essentiel est d'être entièrement dévoué à Dieu ou au *guru*. Une fois que vous avez ce dévouement, le but est proche.

Un *guru* accompagné de ses disciples vint un jour enseigner dans un village. Un homme d'affaires venait tous les jours avec sa famille écouter ses discours. Quand les *satsaṅgs* prirent fin, il était devenu dévot du *guru*. Ils décidèrent d'aller tous vivre auprès de lui.

Quand le maître arriva à son *āśram*, il vit l'homme d'affaires et sa famille qui l'attendaient. Ils lui firent part de leur décision. Le maître leur expliqua les difficultés de la vie monastique, mais comme cela ne les faisait pas reculer, il finit par accepter. L'homme d'affaires et sa famille devinrent ainsi des résidents de l'*āśram*.

Ils participaient au travail communautaire comme les autres. Cependant, les autres disciples n'appréciaient pas la présence d'une famille à l'*āśram*. Ils se mirent à se plaindre de l'homme d'affaires et de sa famille. Le *guru* décida de montrer aux disciples l'ampleur du dévouement de cet homme. Il le fit appeler et dit : « Tu as laissé ta maison et ta fortune, si bien que tu ne possèdes maintenant plus rien. Mais malheureusement, les ressources de l'*āśram* sont insuffisantes. Nous nous débrouillons parce que les *brahmacārīs* travaillent dur. Si tu étais célibataire, ce serait facile. Mais il est difficile de prendre aussi en charge les dépenses de ta femme et de tes enfants. À partir de demain, va gagner au-dehors de quoi les entretenir. » Le dévot accepta. Le lendemain, il trouva du travail et chaque soir, il apportait son salaire au *guru*. Au bout de quelques jours, les disciples se plaignirent de nouveau. Le maître fit donc encore appeler le père de famille : « L'argent que tu apportes suffit à payer tes dépenses, mais pas celles de ta femme et de tes enfants. Comme c'est l'*āśram* qui a subvenu jusqu'ici à vos besoins, tu dois travailler deux fois plus et rembourser ta dette. Ensuite seulement, toi et ta famille serez autorisés à manger ici. »

Le dévot appela sa femme et ses enfants et leur expliqua : « Jusqu'à ce que nous ayons payé la dette, nous ne devons plus rien manger ici. Ce serait un fardeau pour notre maître, et donc un péché. Je vous apporterai de la nourriture le soir. Patientez jusque-là. » Ils acceptèrent. Dès le lendemain, il travailla de l'aube jusque tard dans la nuit et donna tout ce qu'il gagnait au *guru*, partageant avec sa femme et ses enfants la nourriture qu'il trouvait sur son lieu de travail. Parfois il n'y avait rien, et la famille jeûnait.

Les autres disciples s'étonnèrent de voir que, en dépit de ces difficultés, le dévot et sa famille restaient à l'*āśram*. Ils allèrent de nouveau se plaindre : « L'homme d'affaires ne rentre maintenant que tard dans la nuit. Il gagne de l'argent à l'extérieur pendant que sa femme et ses enfants restent confortablement à l'*āśram*. Comme c'est facile ! »

Cette nuit-là, le *guru* attendit le dévot. Quand il arriva et se prosterna à ses pieds, le maître lui dit : « Tu es un filou ! Ne te prosterne pas devant moi. Tu laisses ta famille ici pendant que tu accumules une fortune personnelle en travaillant à l'extérieur, déclarant que tu donnes tous tes gains à l'*āśram.* » Le dévot ne répondit rien. Il écouta le *guru* les mains jointes puis alla dans sa chambre sans mot dire.

Cette même nuit, le maître appela les disciples et leur dit : « Il y aura demain une fête à l'*āśram* et nous n'avons pas de bois. Il faut que quelqu'un aille immédiatement chercher du bois dans la forêt. Il nous le faut avant le lever du soleil ». Puis il alla se coucher. Qui accepterait d'aller dans les bois au milieu de la nuit ? Les disciples réveillèrent le dévot. Ils lui transmirent l'ordre du *guru* : il fallait immédiatement du bois pour la fête du lendemain. Le dévot partit joyeusement pour la forêt, pendant que les autres allaient se coucher.

Le lendemain à l'aube, le maître, ne le voyant pas, appela les disciples et demanda où il était. Ils répondirent qu'il était allé chercher du bois. Le maître et les disciples partirent tous à sa recherche. Ils battirent toute la forêt, mais en vain. Enfin, ils entendirent une voix qui répondait à leurs appels. Dans l'obscurité, le dévot avait glissé et était tombé dans le puits alors qu'il rapportait du bois. Bien qu'il ne fût pas très profond, il était difficile d'en sortir sans aide. En outre, comme il n'avait rien mangé depuis plusieurs jours, le pauvre homme n'avait pas la force de s'en extraire avec sa charge.

Le maître demanda aux disciples de le sortir du puits. Il y faisait très sombre. Ils tendirent la main et touchèrent du bois. Ils demandèrent au dévot de leur donner la main, mais il répondit : « Si je lâche, le bois tombera à l'eau. Je vous le tends pour qu'il ne soit pas mouillé. Donnez-le à notre *guru* dès que possible. C'est pour la fête de ce matin. Vous pourrez ensuite me sortir de là. »

Devant un tel dévouement, les yeux du maître se remplirent de larmes ; il demanda aux autres de le tirer immédiatement du puits, mais il n'accepta que lorsque quelqu'un eût pris le bois. Le maître serra le disciple sur son cœur ; celui-ci tremblait de froid après être resté si longtemps dans le puits. Son amour désintéressé et son abandon le touchèrent au point qu'il le bénit aussitôt, lui accordant la réalisation.

Mes enfants, le fait d'être *gṛhasthāśramī* n'empêche pas d'atteindre la réalisation. Que l'on soit *brahmacārī* ou chef de famille, ce qui compte, c'est la foi et l'abandon de soi-même au *guru*. »

Quelques moments avec les brahmacārīs

Le *brahmacārī* Rāmakṛṣṇa apportait de l'eau pour Amma. On pouvait voir au mouvement de ses lèvres qu'il répétait constamment son *mantra.*

Amma insiste pour que la personne qui cuisine pour elle et lui sert sa nourriture se concentre ainsi sur son *mantra.* Un jour que Gāyatri lui apportait du thé, Amma lui rendit la tasse en disant : « En préparant le thé, tu n'étais pas concentrée sur ce que tu faisais ni sur ton *mantra.* Tu pensais à l'Australie. Tu peux le boire toi-même. »

Gāyatri retourna sans mot dire à la cuisine, se rappelant qu'en préparant le thé elle avait parlé à une *brahmacārinī* de sa jeunesse en Australie. Elle refit du thé, cette fois avec *śraddhā* et en répétant son *mantra* sans interruption. En le buvant, Amma dit : « Ton cœur y est. Plus que le goût du thé, c'est cela qui m'incite à le boire. »

Rāmakṛṣṇa se prosterna devant Amma et s'assit près d'elle. La veille, tandis qu'il traversait la lagune, un passager du bateau avait dit du mal de l'*āśram.* Rāmakṛṣṇa avait entendu et n'avait pu le supporter. Il avait fortement réagi. Quand il fit part de cet incident à Amma, elle lui dit :

« Mon fils, tu es heureux quand tout le monde chante les louanges d'Amma et vous montre de l'amour. Tu es content quand les gens hochent la tête pour approuver ce que tu dis. Tu bois cela comme du petit lait. Des milliers de gens viennent, il se peut que deux ou trois d'entre eux médisent de nous. C'est le moment de nous examiner. Voyons de quelle patience nous sommes capables dans cette situation. Il ne s'agit pas de nous fâcher contre eux. Si nous nous mettons en colère et leur demandons de ne pas revenir, quel profit retireront-ils de notre vie ?

Chacun de nos actes devrait bénéficier au monde. C'est la réussite des plus mauvais élèves, normalement incapables d'apprendre quoi que ce soit, qui prouve l'habileté de l'enseignant. Notre vie aura été bénéfique si nous parvenons à cultiver et à moissonner sur une terre en friche, couverte de mauvaises herbes et de détritus.

Les gens que tu as rencontrés hier voyagent à la surface de l'océan. Ils ne veulent que du poisson. Nous ne pouvons pas imiter leur comportement car nous cherchons des perles. Si nous plongeons profondément et cherchons avec soin, nous en trouverons peut-être une.

Ils ont parlé par ignorance, mais si nous réagissons avec colère, qui est le plus ignorant ? Si nous faisons du tapage, comme eux, quelle opinion les autres auront-ils de nous ? Nous devons être attentifs à garder notre calme quand les gens s'opposent à nous ou disent du mal de nous. C'est une *sādhana.* C'est l'occasion de mesurer notre patience. Nous devrions accueillir de telles situations avec équanimité ».

Un *brahmacārī* mentionna le cas de trois personnes, résidant dans un *āśram* du nord de l'Inde, qui étaient venues récemment à l'*āśram* et voulaient y vivre.

Amma : « Un visiteur leur avait laissé un exemplaire de la biographie d'Amma. Quand ils l'ont lue, ils ont voulu venir auprès d'Amma. Inventant un prétexte pour quitter leur *āśram*, ils ont fait le voyage jusqu'ici. Amma a dû insister pour les renvoyer. Nous ne pouvons garder ceux qui viennent d'autres *āśrams* sans l'accord des autorités dont ils dépendent. »

Un groupe de dévots s'était entre-temps réuni autour d'Amma ; elle les emmena dans la hutte pour le *darśan.*

La mère qui nourrit ses enfants

Amma souligne souvent l'importance des vœux et des règles dans la vie d'un chercheur spirituel. Les vœux sont un moyen de conquérir le mental ; elle est toutefois opposée à ce que l'on devienne esclave d'un vœu ou d'une règle. Elle accorde une importance particulière au jeûne et au vœu de silence. Elle avait demandé aux résidents de l'*āśram* de jeûner et, si possible, d'observer le silence tous les samedis. Cette pratique était suivie régulièrement. Certains gardaient le silence toute la journée et ne parlaient qu'à Amma, d'autres faisaient silence jusqu'à six heures du soir. Tout le monde devait rester dans la salle de méditation jusqu'au crépuscule. Personne n'était censé en sortir. Un samedi, Amma fit rentrer tout le monde dans la salle de méditation à sept heures du matin, puis elle ferma la porte du dehors. Elle avait auparavant déclaré qu'elle voulait que la journée soit entièrement consacrée au *japa* et à la méditation. Ils s'assirent et se plongèrent bientôt en méditation. Ils ouvrirent les yeux à neuf heures en entendant la voix d'Amma.

« Mes enfants, »

Il y avait devant chacun un verre de café sucré, un peu d'*aval* (flocons de riz) et deux bananes. Amma se tenait devant eux, souriante.

« Mes enfants, reprenez votre méditation après avoir mangé cela. »

Elle ferma la porte et sortit. Ils mangèrent tous le *prasād* d'Amma avec beaucoup de dévotion, et reprirent ensuite leur *japa* et leur méditation.

Une cloche sonna. Les *brahmacārīs* se regardèrent, étonnés, car c'était la cloche du déjeuner. Il était midi et demie. Le moine qui préparait d'ordinaire le déjeuner était dans la salle de méditation, la question était donc : « Qui a préparé à déjeuner aujourd'hui ? Quelle est cette nouvelle *līlā* (jeu divin) d'Amma ? » Pendant que tout le monde s'interrogeait, un dévot vint les informer qu'Amma les appelait pour déjeuner. Elle les attendait dans le réfectoire. Elle avait placé leurs assiettes à la place habituelle, avait servi le riz et les légumes et placé un verre d'eau à côté de chaque assiette. Il ne leur restait plus qu'à manger. Il y avait un plat de légumes supplémentaire, cadeau spécial d'Amma ! Elle les servit elle-même pendant qu'ils mangeaient.

Elle raconta aux dévots présents : « Quand Amma est sortie après avoir enfermé ses enfants dans la salle de méditation, elle s'est mise à songer combien elle était cruelle de les faire ainsi jeûner. À la cuisine, voyant qu'il n'y avait pas de nourriture, Elle a donc préparé un peu de café et d'*aval*, et elle a trouvé des bananes. Elle a disposé cela devant eux, en pensant que s'ils sortaient, leur mental serait distrait. Elle voulait aussi leur montrer que si nous prenons entièrement refuge en Dieu, Il déposera devant nous tout ce dont nous avons besoin.

Puis elle est retournée à la cuisine pour cuire le riz et les légumes. Comme elle leur avait dit que personne ne devait sortir, ils sont tous restés dans la salle de méditation. Il y a longtemps qu'Amma n'avait rien cuisiné pour ses enfants. Elle a enfin pu le faire aujourd'hui. Amma est prête à jeûner indéfiniment, mais elle n'a pas la force de voir ses enfants privés de nourriture. Le nombre des dévots augmentant, elle a moins de temps qu'avant pour s'occuper des résidents. Elle sait que Dieu prend soin qu'ils ne manquent de rien. »

Un *brahmacārī* s'était arrêté sur le chemin de la salle de méditation. Il entendit des pas derrière lui et se retourna. Amma s'avançait vers lui, un sourire aux lèvres. Le *brahmacārī* Rao l'accompagnait.

« À quoi songeais-tu ? » lui demanda-t-elle.

« Je me rappelais la manière dont tu nous as fait jeûner, un samedi, il y a quelques semaines. »

Amma : « Pourquoi cela te revient-il en mémoire aujourd'hui ? »

Brahmacārī : « C'est aujourd'hui samedi, n'est-ce pas ? »

Amma : « Ne perds pas ton temps à rester planté là. C'est l'heure de la méditation. »

Elle entra avec eux dans la salle de méditation.

Amma dit aux *brahmacārīs* qui l'attendaient : « Mes enfants, n'essayez pas de calmer le mental de force quand vous vous asseyez pour méditer. Si vous faites cela, les pensées reviendront dix fois plus puissantes. C'est comme si vous appuyiez sur un ressort. Efforcez-vous de trouver la source des pensées et de les contrôler à partir de cette connaissance. Ne soumettez le mental à aucune tension. Si une partie de votre corps est crispée ou vous fait mal, votre mental s'y attardera. Détendez le corps entier et observez vos pensées avec une vigilance absolue. Alors le mental s'apaisera de lui-même.

Ne suivez pas les pensées. Si vous les suivez, seul votre corps sera présent ; votre mental sera ailleurs. Avez-vous déjà vu des voitures passer sur une route poussiéreuse ? Elles soulèvent d'immenses nuages de poussière, qui les enveloppent complètement. Si vous en suivez une, vous serez submergé de poussière. Même en restant sur le bas-côté, vous en serez couvert. Donc, en voyant arriver une voiture, vous vous tenez à distance. C'est ainsi que vous devriez regarder vos pensées : avec du recul. Si nous nous en approchons, elles nous emportent avec elles sans que nous nous en apercevions. Mais si nous regardons de loin, nous voyons la poussière retomber et la paix revenir ».

Amma et Ottur

Ottur Unni Nambudiripad, grand dévot de Kṛṣṇa et célèbre poète, était venu vivre à l'*āśram*. Il avait quatre-vingt-deux ans et sa santé était très mauvaise. Son seul désir était de mourir dans les bras d'Amma. On lui donna une chambre construite au-dessus de la cellule de méditation, juste derrière le *kalari*.

Il était neuf heures du soir quand Amma se rendit dans la chambre d'Ottur. Quelques *brahmacārīs* s'y trouvaient. Amma eut beau essayer de l'en empêcher, Ottur s'agenouilla au prix de grandes difficultés et se prosterna devant elle. Elle l'aida à se relever et le fit asseoir sur le lit. Elle s'assit près de lui car si elle restait debout, il refusait de s'asseoir.

Ottur : « Amma, je t'en prie, dis quelque chose ! Laisse-moi entendre tes paroles ! »

Amma : « Mais tu sais tout, mon fils. »

Ottur : « Ce fils ne cause-t-il pas beaucoup d'ennuis aux *brahmacārīs* ? »

Un *brahmacārī* : « Non, pas du tout ! C'est une grande chance pour nous d'avoir l'occasion de te servir. Où donc trouverions-nous de si bons *satsaṅgs* ? »

Amma : « Dans vos prières, vous devriez en effet demander avant tout d'avoir la chance de servir les dévots du seigneur. C'est la seule façon pour nous de parvenir à lui. »

Seva et sādhana

Brahmacārī : « Mais, Amma, n'est-il pas vrai que le service, si grand qu'il soit, n'est que du karma yoga ? Śaṅkaracārya a déclaré que même si le karma yoga purifie le mental, on ne parvient à la réalisation du Soi que grâce à *jñāna*. »

Amma : « Le Soi ne se trouve pas seulement à l'intérieur de vous, il est immanent à chaque objet de l'univers. Nous ne parviendrons à réaliser le Soi que si nous voyons l'unité de toute chose. Nous n'entrerons pas dans le monde de Dieu sans la signature de la plus petite fourmi sur nos papiers. En plus du souvenir de Dieu, la première condition est d'aimer tout et tous, l'animé et l'inanimé. Si notre cœur est assez vaste pour cela, la libération n'est pas loin.

Nous allons au temple, faisons trois fois le tour du sanctuaire et nous nous prosternons devant la divinité ; mais en sortant, nous regardons de travers le mendiant qui se tient à la porte ! Tel est notre état d'esprit actuel. Nous mériterons la réalisation quand nous serons capables de voir même dans ce mendiant Celui devant lequel nous venons de nous prosterner. Travaillant dans le monde, il s'agit pour nous servir les gens en voyant Dieu en eux. Nous apprendrons ainsi l'humilité et le respect. Cela ne compte pas si nous agissons avec le sentiment : « Je sers le monde ! » Ce que nous faisons avec cette attitude n'a rien à voir avec le *seva.* Le vrai service implique que vos paroles, votre sourire et vos actes sont empreints d'amour et de l'attitude : « Je ne suis rien ».

Les gens n'ont pas conscience de leur véritable essence. Regardez les petits oiseaux qui vivent près de la mare. Ils ignorent qu'ils ont des ailes. Ils n'ont pas envie de s'envoler et de profiter du nectar des fleurs écloses sur les arbres qui entourent l'eau. Ils se contentent de vivre dans la vase de la mare. S'ils s'envolaient dans les airs et goûtaient ce nectar, ils ne redescendraient plus dans la boue. Les gens vivent ainsi, ignorant la béatitude que procure le pur amour de Dieu. Notre but est de leur en faire prendre conscience et de les guider vers leur véritable nature. C'est notre devoir envers l'*āśram.* »

Brahmacārī : « Comment pouvons-nous servir de manière désintéressée sans connaître la vérité du Soi ? »

Amma : « Mes enfants, servir est aussi une forme de *sādhana.* Si vous proclamez que vous êtes parvenus à la perfection après une *sādhana* accomplie dans un ermitage, Amma ne l'acceptera pas. Aller dans le monde et servir fait obligatoirement partie de la *sādhana.* Si nous voulons nous débarrasser des ennemis tapis au fond de notre cœur, il faut servir le monde. Nous connaîtrons alors l'efficacité de notre méditation. Si quelqu'un se fâche contre nous, nous verrons si nous avons encore de la colère en nous.

Retiré au fond de la forêt, le chacal songe : « Maintenant, je suis fort. Je ne hurlerai pas la prochaine fois que je verrai un chien ». Mais dès qu'il en voit un, oubliant tout, il recommence. Lorsque nous nous mêlons aux autres, il s'agit de ne pas nous laisser gagner par la colère quand ils en sont la proie. Nous mesurons alors nos progrès.

De bonnes notes aux examens scolaires ne suffisent pas toujours à obtenir un emploi. Pour cela, vos réponses au test proposé aux milliers de postulants doivent être parmi les meilleures. Ainsi, une fois parvenus à un certain niveau grâce à la méditation, vous devriez servir la société. Quand vous avez la force de supporter moqueries et insultes quelles qu'elles soient, Amma considère que vous avez atteint la plénitude, mais pas avant.

Même un chauffeur inexpérimenté peut conduire une voiture dans une prairie déserte. Il prouvera son habileté au volant en conduisant sans heurts lorsque la circulation est dense. Il n'est pas possible d'affirmer que quelqu'un est courageux parce qu'il est assis dans la solitude et se livre à des pratiques spirituelles. La personne vraiment courageuse est celle qui, tout en accomplissant des tâches variées, avance sans se laisser émouvoir par l'adversité. Celle-là mérite le nom de sage. Aucune circonstance ne peut ébranler son équanimité.

Le service devrait être considéré comme une *sādhana* et une offrande au seigneur. Alors, si quelqu'un s'oppose à nous, nous éprouverons peut-être une légère hostilité, mais nous pourrons nous en libérer grâce à la contemplation : « Qui, en lui, était l'objet de ma colère ? N'est-ce pas parce que je me suis identifié au corps que je me suis fâché ? Qu'ai-je donc appris des écritures ? Vers quel monde (spirituel ou matériel) suis-je en route ? Comment puis-je éprouver de la rancune envers cette personne en déclarant que je ne suis pas le corps ni le mental, mais l'âme ? » Livrons-nous chaque fois à cet examen de conscience. Nous finirons par ne plus ressentir de colère envers quiconque. Nous éprouverons des remords et cela nous remettra sur le droit chemin. »

Brahmacārī : « Ne pas réagir quand d'autres se montrent hostiles, n'est-ce pas leur donner l'occasion de mal faire et d'employer un langage grossier ? Est-il juste de rester coi, en imaginant que nous sommes l'*ātman* ? Ne prendront-ils pas notre patience pour de la faiblesse ? »

L'advaita au quotidien

Amma : « Nous devrions voir *brahman* en toute chose ; mais il faut aussi utiliser son discernement pour agir de manière adéquate selon la situation. Imaginons que nous marchions au bord de la route et qu'un chien vienne vers nous en courant, suivi d'une foule qui crie : « Ce chien est fou ! » Le chien enragé n'a pas de discernement et si nous nous trouvons sur son chemin, il nous mordra. Il faut donc s'écarter ou peut-être même se munir d'un bâton. Amma ne conseille pas de fermer les yeux devant cette menace. Il ne faut cependant pas frapper le chien sans nécessité, car il ne distingue pas le bien du mal. En nous éloignant, nous lui enlevons l'occasion de nous mordre.

Bref, ne considérons pas uniquement le chien comme étant *brahman*, mais aussi les gens qui nous préviennent. Chacun reçoit son dû. Si nous ignorons les avertissements et refusons de bouger, nous serons certainement mordus. Inutile de le regretter plus tard.

Mes enfants, il s'agit d'utiliser son discernement, quelle que soit la situation. Un chercheur spirituel ne devrait jamais être faible. Songez à un petit garçon, par exemple notre Śivan (le neveu d'Amma). Il fait bien des bêtises et nous lui donnons parfois la fessée, mais nous n'éprouvons envers lui aucune animosité. Nous ne le faisons pas par esprit de rancune. C'est un petit garçon, et nous savons qu'il commet des erreurs par ignorance.

Néanmoins, si nous le punissons aujourd'hui, il fera plus attention demain ; nous faisons donc semblant d'être en colère. Telle devrait être notre attitude. Il s'agit de tenir la bride à ceux qui agissent sans discernement, sans perdre son équanimité. Tout en manifestant extérieurement notre déplaisir, aimons-les et souhaitons qu'ils se corrigent. Cette attitude nous permettra de progresser.

Un *sādhak* doit avoir l'allure d'un lion et le cœur d'une fleur. Son cœur devrait ressembler à une fleur épanouie qui jamais ne se fane. Mais extérieurement, il doit posséder le courage et la force d'un lion. Il aura alors la capacité de guider le monde. Mais pendant sa période de *sādhana*, il doit avoir l'attitude du plus humble des serviteurs, celle d'un mendiant. Quêtant sa nourriture, il partira sans se fâcher s'il ne reçoit que des insultes. C'est ainsi qu'il progressera. Mes enfants, seul un être courageux est capable de patience. Cette attitude de mendiant pendant la *sādhana* développera sa vaillance. La graine du courage ne germera que dans l'humus de la patience. »

Le vieux Unnikaṇṇan (bébé Kṛṣṇa, comme Amma appelait Ottur) était assis sur son lit, penché en avant, le visage rayonnant de joie en écoutant les paroles d'Amma, douces comme l'ambroisie. Quand il vit qu'elle se levait pour partir, il se prosterna de là où il était et lui offrit un paquet contenant du sucre. Ce sucre avait été offert au seigneur dans le temple de Guruvayur. (Ottur avait été proche de ce temple toute sa vie, et il gardait toujours près de lui un peu de *prasād* provenant de ce lieu.) Il fut le premier qu'Amma servit. Elle plaça soigneusement un peu de sucre béni sur sa langue.

Mardi 24 septembre 1985

Une leçon de cuisine

Il était plus de cinq heures du soir. Une *brahmacārinī* coupait des légumes pour le dîner. Elle devait en outre se lever toutes les cinq minutes pour entretenir le feu. Amma entra dans la cuisine et dit en voyant cela : « Ma fille, va t'occuper du feu ; Amma se charge du reste. » Et elle se mit à couper les légumes. Plusieurs personnes vinrent se joindre à elle.

Amma : « Mes enfants, cette fille était toute seule ici et devait se débrouiller pour couper les légumes tout en prenant soin du feu. Personne n'est venu l'aider. Mais dès qu'Amma est arrivée, vous êtes tous accourus. Mes enfants, la *sādhana* ne consiste pas à rester assis tranquillement à ne rien faire. Quand les autres sont en difficulté, vous devriez éprouver de la compassion, l'envie d'aider. Le but de la *sādhana* est de développer un mental rempli de compassion. Une fois que vous avez cela, vous avez tout. Si Amma est présente, tout le monde arrive en courant. Ce n'est pas de la vraie dévotion. La personne qui est capable d'aimer tout le monde de manière égale est celle qui aime Amma. »

Un *brahmacārī* : « Amma, l'autre jour je suis venu à la cuisine pour aider, mais je me suis fait réprimander. »

Amma : « Tu as sans doute fait une bêtise. »

Brahmacārī : « Il semble que j'aie coupé de trop gros morceaux. »

Amma et les autres se mirent à rire. Amma appela la *brahmacārinī*.

Amma (*riant encore*) : « As-tu disputé ce fils l'autre jour, bien qu'il soit venu aider ? »

Brahmacārinī : « Il est venu, c'est vrai, mais le seul résultat, c'est que j'ai eu double travail. Je lui ai dit de faire de petits morceaux ; il en a fait de gros et j'ai dû tout recouper. Cela m'a pris deux fois plus de temps. Je lui ai dit que si c'était pour travailler comme ça, il était inutile qu'il revienne. »

Amma : « Mais il n'a pas l'habitude de ce travail. C'est pour cela qu'il a commis cette bévue. Tu aurais dû lui montrer comment faire. Il ne sait pas couper les légumes car chez lui, il ne travaillait pas. »

Amma expliqua comment couper les légumes. Quand la leçon fut terminée, le travail était fini. Une *brahmacārinī* apporta un peu d'eau, Amma se lava les mains et partit.

Amma bénit une vache

Amma se dirigeait vers l'étable. Ceux qui la suivaient assistèrent à un spectacle étonnant. Elle s'agenouilla près d'une vache et se mit à boire directement au pis ! L'animal laissait généreusement affluer son lait, qui ruisselait sur le visage d'Amma quand elle changeait de pis. Les yeux de la vache, assez heureuse pour nourrir la mère du monde, semblaient dire : « J'ai accompli toutes mes austérités dans ce but. Maintenant ma vie est comblée ».

Amma se releva, s'essuyant le visage avec le bout de son sari. Voyant ses enfants autour d'elle, elle dit : « Il y a longtemps qu'elle avait le désir de nourrir Amma ».

Amma exauce même les désirs muets d'une vache. Quelle âme bénie était cette vache !

Amma reprit : « Il y a longtemps, quand la famille et les voisins d'Amma s'opposaient à elle, les oiseaux et les animaux vinrent à son aide. Par sa propre expérience, Amma peut affirmer que si vous vous abandonnez complètement à Dieu, Il s'assurera que vous ne manquez de rien. Quand il n'y avait personne pour la nourrir, un chien apportait un paquet de riz, le tenant dans sa gueule.

Parfois Amma ne mangeait rien pendant plusieurs jours. Après avoir médité, elle restait allongée quelque part sur le sable, inconsciente. Ouvrant les yeux, elle voyait une des vaches, les mamelles pleines, prête à la laisser boire. Dès qu'Amma était fatiguée, l'animal venait lui offrir du lait. »

Les dévots, qui regrettaient de ne pas avoir assisté à cette *līlā*, eurent au moins la chance de voir la vache nourrir Amma ce jour-là.

L'adoration des divinités et du guru

Comme Amma retournait vers l'*āśram*, un *brahmacārī* demanda : « Amma, les divinités existent-elles vraiment ? »

Amma : « Elles existent sur le plan subtil. Chacune d'elles représente une caractéristique latente en nous. Mais vous devriez considérer votre divinité d'élection comme non-distincte du Soi. Dieu peut prendre la forme qu'il souhaite ; pour répondre aux désirs des dévots, il assume des formes nombreuses et variées. Les marées de l'océan dépendent bien de l'attraction exercée par la lune. »

Brahmacārī : « Amma, au lieu d'adorer des divinités que nous n'avons jamais vues, ne vaut-il pas mieux prendre refuge dans les *mahātmās* qui vivent au milieu de nous ? »

Amma : « Si. Un vrai *tapasvi* a le pouvoir d'assumer le fardeau de notre *prārabdha*. Si nous prenons refuge dans un *mahātmā* avec dévotion, notre *prārabdha* sera bientôt épuisé. Pour obtenir le bénéfice de l'adoration d'une divinité ou de la dévotion pratiquée dans un temple, il faut plus d'efforts.

Si nous adorons notre divinité d'élection en la concevant comme le Soi suprême, nous pouvons atteindre la réalisation. Une forme est comme une échelle. Comme les ombres disparaissent en plein midi, les formes finiront par se fondre dans le sans-forme. Mais si nous prenons refuge dans un *sadguru*, notre chemin sera plus facile. Nous avons besoin de l'aide d'un *guru* pour surmonter les obstacles dans la *sādhana* et pour qu'il nous montre le chemin. Un maître peut nous aider en dissipant nos doutes dans les moments de crise. Le voyage sera ensuite plus facile. Un enfant peut faire tout ce qu'il veut si sa mère lui tient la main. Il ne tombera pas, même si ses deux pieds ne touchent pas terre. L'enfant ne doit pas tenter de se libérer de l'emprise de sa mère. S'il refuse de se laisser guider, il tombera. Le maître vient toujours à l'aide du disciple. »

Un dévot : « Méditer sur un *mahātmā*, est-ce équivalent à la méditation sur le Soi ? »

Amma : « Si nous considérons un *mahātmā* avec le regard adéquat, nous pouvons atteindre *brahman.* En réalité, le *mahātmā* est sans-forme. Si nous sculptons un melon en chocolat, il aura le goût du chocolat. Les *mahātmās*, qui sont parvenus à une connaissance parfaite du Soi, sont comme *brahman* ayant assumé une forme. Toutes les formes et les humeurs qu'ils manifestent sont empreintes de douceur. »

Brahmacārī : « Certains méditent sur Amma, d'autres sur Kāli. Y a-t-il une différence entre les deux ? »

Amma : « Si on considère l'essence réelle, quelle est la différence ? Quelle que soit la forme sur laquelle vous méditez, l'important est votre *saṅkalpa*, les qualités que vous attribuez à cet aspect du divin. Vous obtiendrez le résultat correspondant. Certaines personnes méditent sur une divinité pour obtenir des *siddhis* ; elles font cela en vue de résultats précis. Leur conception de la divinité est très limitée. Il s'agit de voir le principe qui est derrière la divinité. Nous pourrons alors dépasser la forme, les limites. Nous devons comprendre que tout est le Soi omniprésent, et considérer la divinité que nous adorons comme le Soi unique. La différence tient à notre *saṅkalpa.* Les gens rendent parfois un culte à une divinité à l'occasion de certains vœux ou rituels. Cela implique seulement le concept d'une divinité, non celui de Dieu.

Toutes les formes sont limitées. Aucun arbre ne touche les cieux, aucune racine les enfers. Nous nous efforçons d'atteindre le Soi suprême. Quand nous montons dans le bus, nous n'avons pas l'intention d'y passer notre vie, n'est-ce pas ? Notre but est de rentrer chez nous. Le bus nous dépose au portail, et c'est à nous de marcher ensuite jusqu'à la maison. Les divinités nous amènent au seuil du suprême *sat-cit-ānanda* (être-conscience-béatitude) ; de là, il n'y a pas loin jusqu'à l'état de la réalisation. Même ceux qui ont transcendé toutes les limitations n'abandonnent pas le support d'une forme. On dit que même les *jivanmuktas*, ceux qui sont parvenus à la libération dans cette vie, ont soif d'entendre le nom de Dieu. »

Les paroles d'Amma, dévoilant les nuances subtiles de la *sādhana*, éclairèrent d'une lumière neuve l'esprit des auditeurs. Tous se prosternèrent devant elle, heureux, avant de reprendre leur tâche.

Dimanche 13 octobre 1985

> *« Celui qui perçoit tout être comme contenu en lui et*
> *se voit en tout ce qui est, ignore la répulsion. »*
>
> *—Īśāvāsya Upaniṣad*

Amma s'apprêtait à vider et nettoyer la fosse septique des toilettes de la maison des invités, car le réservoir était plein. Elle rentrait juste d'un voyage d'une journée, au cours duquel elle avait chanté des *bhajans* et donné le *darśan*. Dès son retour à l'*āśram*, elle s'était mise à l'ouvrage. Non que ses enfants fussent réticents à faire ce travail, car en réalité, ils l'avaient priée de ne pas y participer, mais elle avait insisté pour donner l'exemple. C'était en général ce qui se passait. Il était rare qu'elle demandât à quelqu'un d'autre de s'en charger.

Amma : « Une mère ne répugne pas à nettoyer les excréments de son bébé, car elle a le sentiment que le bébé est « sien ». Quoi qu'il en soit, nous devrions éprouver cet amour envers tous ; nous ne ressentirions alors ni répulsion ni dégoût. »

Le bonheur de travailler avec Amma est particulier ; ce bonheur enivre. Même à ce moment-là, chacun désirait de tout cœur participer à la tâche, bien que le travail fût rude. Personne ne se préoccupait de savoir s'il s'agissait de transporter du sable, du ciment ou des excréments.

Amma reprit : « Autrefois, il n'y avait pas de toilettes pour les dévots qui venaient au *darśan*. La première tâche des enfants les plus anciens d'Amma consistait donc à nettoyer tous les matins le terrain de l'*āśram*. Il n'y avait pas de clôtures de sépāration avec les terrains adjacents. La plupart du temps, nous finissions donc par nettoyer aussi la propriété des voisins. »

Un *brahmacārī* maniait précautionneusement les seaux remplis du contenu de la fosse septique, attentif à ne pas les cogner et ne rien renverser. La vitesse avec laquelle on passait les seaux augmentant, sa vigilance diminua et un seau tomba par terre ; il fut tout éclaboussé d'excréments.

Amma : « Ne t'inquiète pas, fils. Après tout, nous portons tout cela en nous. Un bon lavage et il n'y paraîtra plus. La vraie saleté, c'est l'attitude « C'est moi qui agis », quelle que soit notre activité, qu'il s'agisse de la *pujā* ou de nettoyer l'égout. Cette attitude-là, il est difficile de nous en décrasser. Mes enfants, considérez tout travail comme une offrande à Dieu ; vous serez alors intérieurement purifiés. C'est pour cette raison qu'Amma vous fait faire ce labeur. Elle ne veut pas que ses enfants chéris se contentent d'ordonner aux autres de faire ces travaux. Un *brahmacārī* doit être capable de faire n'importe quelle tâche. »

Outre les *brahmacārīs*, quelques dévots participaient également à la tâche. L'un d'eux, réveillé par le bruit et la lumière, sortit voir ce qui se passait. Quand il vit ce que faisait Amma, il ne put se contenter de regarder. Il ôta sa chemise, remonta son *dhoti* et entra dans la fosse septique.

Amma : « Non, fils, le travail est presque terminé. Inutile que tu te salisses, toi aussi, il faudrait ensuite que tu prennes une douche. »

Les lèvres du dévot tremblaient d'émotion : « Veux-tu me donner ce seau et sortir de là, Amma ? »

Amma sourit, sensible à l'amour qui lui faisait prendre un ton un peu autoritaire.

Amma : « Mon fils, Amma n'éprouve aucune répulsion à nettoyer les excréments de ses dévots. C'est un plaisir pour elle. »

« Ne recherche pas ce plaisir maintenant, Amma. Veux-tu me donner ce seau ? » répéta-t-il d'une voix tremblante, essayant de le lui prendre des mains.

Nous voyons souvent des dévots prendre avec Amma des libertés que les résidents de l'*āśram* n'osent pas se permettre. Mais elle cède devant leur dévotion pure et immaculée.

À l'heure propice qui précède l'aube, le travail était terminé. Pour ceux qui observent la vie dans cet *āśram*, l'affirmation suivante de la Gītā demanderait à être modifiée : « Pendant ce qui constitue la nuit pour les êtres ordinaires, le yogi reste éveillé ». Ici, la nuit est le jour, même pour ceux qui choisissent de vivre avec la *yoginī*.

Samedi 19 octobre 1985

Observez le principe qui est à la base des rituels

Amma descendit dans le *kalari* en fin d'après-midi, bien qu'il ne fût pas encore l'heure des *bhajans*. Elle était entourée des *brahmacārīs* et de quelques dévots.

Le parent d'Ottur qui vivait à l'*āśram* pour prendre soin du vieil homme, était malade. Quelques *brahmacārīs* s'occupaient donc de lui. En matière de rituels, Ottur était d'ordinaire très exigeant et difficile à satisfaire. Quand on aborda le sujet, Amma dit :

« Amma ne connaît pas les *ācāras* (usages traditionnels). Elle n'a pas été élevée dans les traditions. Mais Damayanti amma était très sévère. Elle ne nous autorisait pas à avoir de relations amicales. Cela nous fut cependant bénéfique : quand vous êtes seul, vous pouvez chanter les louanges de Dieu. Vous pouvez lui parler. Si vous avez de la compagnie, vous perdez votre temps en vaines conversations. Une trace de poussière sur un des ustensiles de cuisine suffisait pour que Damayanti amma batte Amma ; s'il restait un minuscule fragment de détritus dans la cour après le balayage, elle la frappait avec le balai jusqu'à ce qu'il casse. (*Riant*) Peut-être est-ce à cause de cette éducation qu'Amma est si sévère avec ses enfants. C'est une terreur maintenant, n'est-ce pas ?

À l'époque, quand elle avait fini de balayer la cour, Amma restait dans un coin, imaginant que le seigneur marchait devant elle. Elle se représentait alors chacune de ses empreintes dans le sable. Dans tout ce qu'elle faisait, elle ne pensait qu'à Dieu.

Mes enfants, quoi que vous fassiez, vous devriez songer à Dieu. C'est le but des rituels. Ils vous aident à acquérir de bonnes habitudes et mettent de l'ordre dans votre vie. Il faut toutefois dépasser les rituels et de ne pas dépendre d'eux jusqu'au jour de notre mort. »

Un *brahmacārī* : « N'est-il pas vrai que les rituels orientent le mental vers l'extérieur, et non vers Dieu ? »

Amma : « Un rituel, quel qu'il soit, a été créé pour servir de support et nous permettre de garder le souvenir constant de Dieu. Peu à peu, il s'est transformé en simple routine. Connaissez-vous cette histoire ? Il était une fois un prêtre que son chat dérangeait toujours pendant la *pujā*. Cela l'ennuyait, au point qu'il fourra un jour l'animal dans un panier avant le début du rituel et le relâcha quand il fut terminé. Cela devint bientôt une habitude. Son fils l'aidait. Le vieux prêtre mourut un jour et son fils reprit la responsabilité de la *pujā*. Il n'oubliait jamais de mettre le chat dans le panier avant de commencer la cérémonie. Le chat, à son tour, mourut. Le lendemain, quand ce fut l'heure de la *pujā*, le fils s'inquiéta : comment pouvait-il commencer le rituel sans mettre le chat dans le panier ? Il sortit en courant, attrapa celui du voisin, et commença. Comme il n'arrivait pas toujours à mettre la main à temps sur le chat du voisin, il finit par en acheter un autre.

Le fils ignorait pourquoi son père avait pris cette habitude et ne le lui avait jamais demandé. Il s'était contenté d'imiter tout ce qu'il faisait. Les rituels ne devraient jamais être accomplis ainsi. Nous ne devrions exécuter les *ācāras* qu'après en avoir compris le sens. Pour que nous en retirions un bénéfice, cette condition doit être remplie. Sinon, ils se transformeront en simple routine.

Nous devrions pouvoir penser à Dieu dans chacun de nos actes. Avant de nous asseoir, par exemple, touchons notre siège et prosternons-nous, imaginant devant nous notre divinité d'élection. Quand nous nous relevons, faisons de même. Quand nous prenons un objet, quel qu'il soit, nous devrions lui montrer notre respect de cette façon, imaginant la divinité à l'intérieur de l'objet. Si nous gardons cette vigilance, notre mental sera toujours fixé sur Dieu et ne se tournera pas vers les objets du monde.

Avez-vous déjà observé une mère qui, ayant laissé son bébé chez elle, travaille chez le voisin ? Quoi qu'elle fasse, elle pense à son petit. Va-t-il s'approcher du puits ? Les autres enfants ne risquent-ils pas de lui faire du mal ? Ira-t-il dans l'étable se faufiler sous les vaches ? Ou bien s'approcher du feu à la cuisine ?

Elle n'a pas d'autres pensées. Un *sādhak* devrait ainsi ne jamais songer à rien d'autre qu'à Dieu.

Les *brahmacārīs* n'ont pas appris les rituels. En servant des gens comme lui (Ottur), ils apprendront. *(Se tournant vers le brahmacārī)* Mon fils, même s'il te réprimande, ne te laisse pas gagner par la colère, sinon tout ce que tu as fait sera en pure perte. Considère toute occasion de servir un *sādhu* comme une grande bénédiction. »

Comment affronter la louange et le blâme

Un *brahmacārī* vint se plaindre à Amma du caractère d'un dévot. Celui-ci, disait-il, considérait la moindre faute des *brahmacārīs* comme une grave erreur et n'hésitait pas à les critiquer rudement, sans jamais voir leurs bons côtés.

Amma : « Mon fils, il est facile d'aimer ceux qui chantent nos louanges, mais nous devrions aimer encore plus ceux qui mettent le doigt sur nos fautes et nos faiblesses. On pourrait affirmer que ce sont eux qui nous aiment vraiment. Quand nous voyons nos erreurs, nous pouvons les corriger et avancer. Considérons nos admirateurs comme des ennemis et nos critiques comme des amis. Mais gardons cette attitude secrète, sans rien en dire à personne. Il est vrai qu'elle n'est pas facile à cultiver ; quoi qu'il en soit, nous avons entrepris de réaliser le Soi, non le corps, ne l'oubliez pas.

La louange et le blâme se situent sur le plan physique, non sur celui du Soi. Il faut les considérer comme équivalents. Mieux vaut apprendre à garder son équanimité face à l'amour et à la colère, aux compliments et aux réprimandes. C'est la vraie *sādhana*. Nous ne progresserons qu'à cette condition. »

Brahmacārī : « Amma, pourquoi dis-tu que nous devrions considérer comme des ennemis ceux qui nous complimentent ? »

Amma : « Parce qu'ils nous éloignent de notre but. C'est ce que nous devons comprendre, en utilisant notre discernement. Cela ne signifie pas qu'il faille rejeter qui que ce soit.

Tous les êtres vivants recherchent l'amour. Tant que nous le cherchons dans le monde, nous souffrons, comme le moucheron qui périt dans le feu. Toute quête d'amour en ce monde aboutit à la souffrance. Telle est notre expérience actuelle. Il est impossible de trouver le véritable amour ; celui qui existe en ce monde est artificiel, comme la lampe qu'utilise le pêcheur. Il lance son filet, allume de puissants projecteurs et attend. Attiré par leur éclat, le poisson arrive. Le filet est bientôt plein et le pêcheur remplit son panier. Les gens s'aiment d'un amour égoïste.

Quand les autres nous témoignent de l'amour, nous nous rapprochons d'eux en croyant qu'ils nous apporteront la paix. Mais nous ne voyons pas que le miel qu'ils nous offrent est une goutte sur la pointe d'une aiguille. Si nous essayons de savourer le miel, l'aiguille nous percera la langue. Voyez donc la vérité et avancez. Sachez que nous n'avons pas d'autre ami que Dieu ; ainsi, vous ne vous désolerez pas. »

La terre et le ciel baignaient dans l'éclat doré du couchant. L'horizon, à l'ouest, s'empourpra.

« Les pêcheurs partiront joyeux cette nuit, dit Amma, montrant la magnifique couleur rouge, ils disent que ce rouge profond indique une belle prise. »

Quelqu'un se mit à jouer de l'harmonium et Amma s'assit dans le *kalari*. Elle perdit bientôt conscience du monde extérieur, adoptant l'état d'âme du chercheur qui, dans la solitude, se laisse absorber par la pure dévotion.

kumbhodarā varada

Ô toi au gros ventre et au visage d'éléphant,
Toi qui accordes des faveurs,

Fils de Śiva, seigneur des Gaṇas.

Ô toi dont les cinq mains distribuent des grâces,
Toi qui détruis le chagrin,
Fils de Śiva, bénis-nous
En nous accordant le salut.
Que ton regard bienveillant tombe sur moi !

Ô seigneur suprême
Qui nous fait franchir la rivière du samsāra,
Demeure de miséricorde,
Toi qui es propice,
Ô Hari, nectar de béatitude,
Toi qui détruis les obstacles,
Fais preuve de compassion.

L'*āśram* et ses environs vibraient des accords de l'harmonieuse musique dévotionnelle. Tous étaient plongés dans l'extase de la dévotion.

Dimanche 20 octobre 1985

Un accident provoqué par un chien

« Mes enfants, notre but est certes d'aimer toutes les créatures, mais sans que cela nuise à personne. Notre mission est d'aller dans le monde et de servir. La compassion que nous manifestons envers un être vivant ne doit pas déboucher sur la souffrance d'un autre. Si nous vivons dans un lieu isolé, nous pouvons élever des chiens, des chats ou d'autres animaux. Mais de nombreux visiteurs viennent ici. Si nous avons un chien, les petits enfants voudront jouer avec et ils risquent de se faire mordre. Il vaut mieux ne pas garder de chien dans un *āśram*. »

Entendant la voix d'Amma, les gens s'assemblèrent autour d'elle. Elle était descendue ce matin, ayant entendu un bruit inhabituel. Sa grand-mère (*Acamma*, qui signifie « la mère du père ») était allée derrière la hutte pour chercher une longue perche afin de cueillir des fleurs dans les arbres. Une chienne venait de donner naissance à des chiots et les allaitait à cet endroit. Mais Acamma l'ignorait. L'animal, inquiet, mordit Acamma qui se mit à crier. Quand Amma arriva, des dévots et des *brahmacārīs* entouraient la grand-mère.

Amma : « La pauvre, comment va-t-elle cueillir ses fleurs maintenant ? La morsure est profonde. »

Chaque jour, Acamma cueillait des fleurs pour la *pujā* dans le petit temple. Si faible qu'elle fût, elle n'y manquait jamais. L'été, quand il était difficile de trouver des fleurs fraîches, il lui était souvent révélé en rêve où elle en trouverait, et ses songes ne la trompaient jamais : l'endroit foisonnait de fleurs, et les voisins l'empêchaient rarement d'en cueillir sur leur propriété.

Les résidents entamèrent une discussion au sujet de cet incident.

Rao : « C'est Unni qui a attiré cette chienne. Il lui donne du riz tous les jours ; pourquoi partirait-elle ? »

Amma : « Où est Unni ? Appelez-le. » Quand elle le vit derrière elle : « Mon fils, est-ce ton chien ? Es-tu venu ici pour faire de l'élevage ? »

Unni : « Pendant plusieurs jours, quand je me lavais les mains après le repas, je voyais la chienne qui attendait près du robinet. Je l'ai prise en pitié, en la voyant mendier. »

Amma : « Depuis combien de temps la nourris-tu ? »

Unni : « Je lui ai donné à manger de temps en temps. Je ne pensais pas qu'elle mettrait bas ici. »

Amma : « A-t-elle besoin de ta permission pour donner naissance à ses petits ? »

Unni (*pouffant de rire*) : « Amma, son regard affamé m'a fait pitié. »

Amma : « Si tu tiens à la nourrir, emmène-la loin d'ici. Si tu avais agi ainsi, nous n'aurions pas ce problème maintenant. » Elle reprit d'un ton plus sévère : « Tu as eu pitié de la chienne affamée. N'as-tu pas pitié maintenant de cette vieille grand-mère, qu'elle a mordue jusqu'au sang ? Nous devrions voir Dieu en tout et offrir notre service, c'est exact. La *sādhana* nous invite à manifester de la compassion envers tous les êtres vivants. Mais il y a un lieu adéquat pour chaque chose. L'*āśram* n'est pas un endroit pour les chats et les chiens. Ce pauvre animal sait-il qu'il est dans un *āśram* ou qu'Acamma voulait seulement la perche ? Tu mériterais une fessée pour avoir gardé cette chienne et l'avoir nourrie. »

Amma prit les mains d'Unni, les tenant ensemble comme celles d'un prisonnier.

Unni : « Amma, je ne l'ai pas nourrie tous les jours. Juste de temps en temps. »

Amma : « Non, ne dis rien. Aujourd'hui je vais t'attacher ! »

Sans le lâcher, elle se dirigea vers le réfectoire. Arrivée près d'un pilier, elle demanda à un dévot d'aller chercher de la corde. Sachant que c'était une de ses *līlās*, il en apporta un petit bout. En voyant la corde, l'humeur d'Amma changea. Elle dit : « Cette corde ne vaut rien. Si Amma l'utilise, il aura mal. Nous allons donc peut-être le laisser partir pour cette fois. » Et elle libéra le *brahmacārī*.

Dr Līlā lui amena Acamma et demanda : « Amma, je ne sais pas si le chien a la rage ou pas. Ne vaudrait-il pas mieux que je fasse une piqûre à Acamma ? »

Amma : « La chienne n'a ni la rage ni quoi que ce soit. Soigne la plaie, c'est tout. »

Comme c'était un dimanche, de nombreux dévots étaient là. Quand Amma arriva près de la hutte, ils l'entourèrent. Une femme lui murmura à l'oreille : « L'humeur d'Amma m'a fait peur ce matin ».

Amma rit et lui fit un baiser affectueux sur la joue. Ceux qui n'en ont pas l'habitude peuvent être troublés en voyant Amma corriger les *brahmacārīs*. Son visage prend alors une expression très sérieuse. Mais ils sont étonnés de voir l'amour et l'affection qu'elle leur témoigne l'instant d'après. Amma est l'amour même. Elle ne sait pas se mettre en colère. Elle ne sait qu'aimer.

La mère qui accorde des bénédictions invisibles

Amma demanda à une dévote : « Amma t'a cherchée l'autre jour. Pourquoi es-tu partie si vite ? »

Quelques jours plus tôt, comme Amma sortait de sa chambre, Elle avait trouvé à la porte un paquet contenant des racines de tapioca bouillies avec une sauce pour les assaisonner. Elle en avait goûté un morceau et avait demandé à une *brahmacārinī* d'aller chercher la personne qui avait apporté cela. Mais celle-ci était déjà partie, il fut impossible de la trouver. Personne ne savait qui avait déposé ce paquet à la porte d'Amma.

La dévote : « J'étais très inquiète ce jour-là, Amma. La vente d'un terrain que nous voulions acheter devait être conclue. J'avais promis d'être chez le notaire à onze heures avec la somme. Mais même après avoir mis en gage mes bracelets et ma chaîne, nous n'avions pas assez d'argent en espèces. Nous avions demandé à plusieurs personnes de nous aider, mais sans succès. Si l'acte n'était pas signé à onze heures, nous perdions nos arrhes. J'ai décidé d'aller voir Amma dans la matinée, et de lui apporter du tapioca bouilli. Je suis arrivée à neuf heures et demie, et quelqu'un m'a dit qu'Amma ne viendrait que plus tard. Si j'arrivais chez le notaire avant midi, je pouvais demander le remboursement d'au moins la moitié du dépôt, même si la vente était annulée. J'ai donc laissé le paquet à la porte d'Amma et je suis partie. J'ai beaucoup pleuré. J'avais espéré qu'avec la bénédiction d'Amma, je pourrais récupérer au moins la moitié de cette somme.

Arrivée à Ochira, j'ai vu une de mes anciennes amies qui attendait le bus. Son mari travaille en Arabie Saoudite. J'ai profité de cette rencontre pour lui demander son aide, en lui expliquant la situation. « Si je ne trouve pas dix mille roupies avant midi, la vente sera annulée. » Par la grâce d'Amma, elle avait exactement ce montant sur elle ! Quelqu'un venait de lui rembourser un prêt et elle rentrait chez elle après avoir été chercher l'argent. Sans un mot, elle me l'a donné, et j'ai fondu en larmes. Par la grâce d'Amma, la vente a été conclue ! »

Les yeux de la femme étaient brillants de larmes. Amma l'étreignit affectueusement et essuya ses larmes avec son sari.

Le trésor intérieur

Une *pujā* allait se dérouler dans la maison d'un dévot. Avant de partir, le *brahmacārī* qui devait célébrer le rituel vint recevoir la bénédiction d'Amma.

Amma le bénit et dit : « Mon fils, il y a une fourmilière sur leur terrain. On leur a dit de ne pas la détruire et ils suivent ce conseil. Amma ne pense pas que ce soit très important. Même si nous faisons tout ce qu'il faut, si les dévots n'ont pas la foi requise et la capacité de s'abandonner, ils n'en retireront pas le moindre bienfait. Certaines personnes sont attachées à des superstitions dont elles ne démordent pas, quelles que soient les explications que nous leur donnons. Nous devons nous mettre à leur niveau et faire le nécessaire. Dans ce cas-là, ce qui leur met l'esprit en repos est juste.

Cela ne signifie pas qu'il faille les laisser dans l'erreur. Dis-leur : « Cette fourmilière ne vous apportera aucune nuisance, mais il est inutile que vous la gardiez. Mettez-en une parcelle dans votre salle de *pujā*. Vous pouvez détruire le reste. Si elle continue à grandir, vous perdrez plus d'espace encore. » À la fin du rituel, prends un peu de sable de la fourmilière et donne-le leur pour qu'ils le mettent dans leur salle de *pujā* ».

Amma s'adressa aux dévots qui l'entouraient : « Un jour quelqu'un est venu avec une histoire du même style. Il y avait près de sa maison une fourmilière. Un astrologue le persuada qu'un trésor gisait en-dessous et qu'il le trouverait s'il faisait quelques *pujās*. Il demanda l'aide d'innombrables astrologues et autres pour découvrir le magot. Nombre d'entre eux lui promirent de l'aider, lui extorquant beaucoup d'argent, mais il ne trouva rien. Il finit par venir ici. Sa seule question était : « Quand découvrirai-je le trésor ? » et non « Le trésor existe-t-il ? » Que pouvait dire Amma ? Il s'est mis en colère car elle lui a déclaré qu'il n'y avait pas de trésor. « Tous les astrologues que j'ai consultés m'ont dit qu'il y en avait un. Si tu n'arrives pas à le voir, à quoi sert cette rencontre ? » Sur ces mots, il est parti. Son esprit ne rêvait qu'à ce trésor. Que pouvions-nous faire ? Amma lui a dit que ce n'était qu'une chimère, mais pour lui c'était inacceptable. Il est revenu peu après. Il a eu une expérience qui l'a fait revenir ». Amma rit. « Maintenant, il s'intéresse au trésor intérieur, non au trésor extérieur. Si Amma l'avait rejeté au début, son avenir aurait été sombre. C'est pourquoi, quand de telles personnes viennent, il faut découvrir quel est leur niveau de compréhension et nous placer là pour commencer. Peu à peu, nous pourrons leur présenter des idées et des points de vues spirituels.

Tous recherchent le trésor extérieur. Ils sont prêts à endurer le pire pour le trouver. Personne ne veut le trésor intérieur. Nous avons une richesse à l'intérieur que nous ne perdrons jamais et que personne ne peut voler. Mais nous ne la découvrirons pas en cherchant au-dehors. Il faut regarder à l'intérieur et offrir la fleur de son cœur à Dieu. »

En montant l'escalier qui mène à sa chambre, Amma leur fit un doux sourire dont la douceur réchauffait le cœur. Certains se demandaient peut-être à quoi ressemblerait la fleur du cœur digne de lui être offerte. Chérissant son tendre sourire, quelques-uns se rappelaient un *bhajan* qu'elle chante souvent et qui décrit la fleur offerte à la mère divine.

pakalonte karavalli thazhukatha puṣpam

La fleur que les rayons du soleil ne caressent pas,
La fleur que le vent ne dérobe pas furtivement,
Le mental est cette fleur pleinement épanouie.

Le mental qu'aucun désir n'entache,
Le mental qui ne lance pas de flammes de colère,
La fleur qui n'est pas offerte en gage d'amour à une fille,
C'est le mental dans lequel demeure l'impératrice divine.

Le mental qui donne son plein sens à votre vie,
Le mental qui désire le bien-être d'autrui,
Le mental rempli d'amour pur,
La mère divine *le porte en guirlande !*

La force que tu cherches est en toi.
Cesse cette quête chancelante, Ô mental !
Avance sans crainte vers le but de la vie,
Quand l'égoïsme s'efface, la mère brille de sa lumière.

Quand tout est abandonné à Dieu, l'âme,
Libre de fausse vanité, est remplie de paix.
C'est une lumière indicible

Où la mère divine danse éternellement !

Mercredi 23 octobre 1985

La déesse du savoir initie les enfants

Ce jour-là, jour de Vijaya Daśami, les dévots arrivèrent tôt le matin. Ils étaient accompagnés de leurs bambins, qui devaient recevoir leur première leçon de la déesse du savoir elle-même. C'étaient pour la plupart des mères habitant cette région côtière. Ceux qui venaient de plus loin étaient arrivés deux jours plus tôt et dormaient à l'*āśram*. Amma vint dans la salle de méditation avec quelques enfants qui avaient déjà empilé leurs livres à l'endroit où devait être célébrée la *pujā* pour Sarasvatī, la déesse du savoir. Beaucoup de dévots étaient déjà installés. Une atmosphère de fête régnait à l'*āśram*.

La salle était trop petite pour contenir tout le monde. « Les petits enfants d'abord », appela Amma.

Les enfants se rassemblèrent autour de la pile de livres, tenant des feuilles de *tulasi*.

Om mūṣikavāhana modakahasta
cāmarakarṇa vilambitasūtra .
vāmanarūpa mahesvaraputra
vighnavināyaka pāda namaste

Ô seigneur Gaṇeśa, toi qui montes une souris,
Qui tiens un modaka sucré,
Dont les oreilles sont comme un éventail,
Toi qui détruis tous les obstacles,
Toi qui as la taille d'un nain, fils de Śiva
Je t'en prie, protège-moi,
Je me prosterne devant toi.

sarasvatī namastubhyaṃ
varade kāmarūpiṇi
vidyārambhaṃ kariṣyāmi
siddhirbhavatu me sadā

Ô Sarasvatī,
Au commencement de mes études,
Je me prosterne devant toi,
Qui accordes des faveurs,
Dont la forme est enchanteresse.
Puissé-je toujours réussir.

padmapatra viśālākṣi
padyakesaravarṇinī.
nityaṃ padmālayā devī
sā māṃ pātu sarasvatī

Salutation à Sarasvatī,
Dont les yeux sont vastes
Comme les feuilles du lotus,
Dont le teint est safran
Comme les étamines du lotus,
Et qui demeure constamment dans le lotus.

Les petites voix d'enfants répétaient les mantras que récitait Amma verset par verset en l'honneur de Gaṇeśa et de Devi Sarasvatī.

Amma : « Maintenant mes enfants, imaginez que vous voyez devant vous votre divinité préférée. Embrassez ses pieds divins et prosternez-vous. »

Amma se prosterna la première ; les enfants suivirent son exemple. Beaucoup d'autres attendaient dehors.

Les *brahmacārīs* s'assirent au sud pour commencer les *bhajans*. Amma s'assit au nord avec une assiette pleine de grains de riz, dans laquelle les enfants allaient, du bout de leurs doigts, faire fleurir les lettres de l'alphabet. L'un après l'autre, les parents amenaient leur enfant à Amma, pour qu'elle puisse guider ses premiers pas dans le monde du savoir. Elle prenait les petits un par un sur ses genoux, et les calmait en leur donnant un bonbon. Tous regardaient, fascinés, Amma guider les petits doigts pour leur faire écrire quelques lettres dans le riz.

« Hari ! » dit Amma. Le jeune enfant assis sur ses genoux, drapé dans son *dhoti* neuf aux bordures dorées, de la pâte de santal sur le front, la dévisagea, comme s'il se demandait ce qui se passait. Elle le pressa : « Hari ! Dis-le : Hari ! » L'enfant répéta fidèlement « Hari ! Dis-le : Hari ! » Tout le monde éclata de rire, y compris Amma. La plupart des enfants pleuraient en venant à elle, mais elle n'en laissait repartir aucun sans l'avoir fait écrire dans le riz. Pendant ce temps, les *bhajans* en l'honneur de Sarasvatī exprimaient les sentiments présents dans le cœur des parents.

Ô Sarasvatī, déesse de tout savoir,
Accorde-nous ta bénédiction !
Nous ne sommes pas des érudits,
Notre esprit est obtus,
Nous ne sommes que des marionnettes entre tes mains !

Amma n'aime pas que ses enfants lui donnent une *dakshina* (offrande traditionnelle faite à celui qui dirige un rituel). Néanmoins, les parents tenaient à ce que leur enfant lui offrent quelque chose. Beaucoup d'entre eux, venus de la zone côtière, étaient très pauvres et n'auraient pu faire qu'une offrande très modeste. Pour être sûre que personne ne se sente blessé, Amma avait décidé que, pour se conformer à la tradition, chacun des enfants déposerait une roupie devant l'image de Sarasvatī. Elle ne voulait pas que certaines mères déplorent de ne pouvoir offrir une *dakshina* équivalente à celle des autres. Il était onze heures quand Amma eut fini d'initier tous les petits enfants à l'écriture de l'alphabet.

Elle sortit dans la cour. Les dévots et les *brahmacārīs* étaient assis en rangs. Amma s'assit auprès d'eux et prononça le « Om ». Chacun répéta le son primordial et l'écrivit dans le sable.

« Om ».

La leçon continua : « Hari Śrī Ganapataye namah ! » Enfin, pour ajouter encore à la douceur de l'apprentissage, Amma distribua du *prasād* à tous les dévots.

Vers midi, de nombreux visiteurs rentrèrent chez eux, heureux d'avoir reçu l'initiation de la mère de toutes les sciences. Les *brahmacārīs* étaient assis ici et là, revoyant leur leçon ou récitant des *mantras* vediques. N'ayant pu déposer leur fardeau de souffrance dans le giron d'Amma à cause de la fête de Sarasvatī, bien des dévots attendaient, le regard anxieux. Infatigable, elle les rassembla et se dirigea vers la hutte pour le *darśan.*

Donnez à ceux qui sont dans le besoin

Janaki, de la ville de Pandalam, s'entretenait avec Amma. Institutrice en retraite, elle venait souvent la voir. Le comportement de son fils aîné l'inquiétait.

Amma : « Comment va ton fils, maintenant ? »

Janaki : « Il faut que tu le corriges, Amma. Je ne le peux pas. Que puis-je faire si quelqu'un de son âge n'est pas capable de mener sa vie ? »

Amma : « Voilà ce qui arrive quand on montre trop d'affection aux enfants. »

Janaki : « Il a beaucoup de temps pour ses amis et ses voisins. Si quelqu'un lui parle de problèmes d'argent, il est prêt à l'aider, même si cela implique qu'il nous vole. Je suis en retraite maintenant. S'il ne peut pas se prendre en charge désormais, c'est triste. Que gagne-t-il à distribuer ainsi de l'argent ? Si nous frappons demain à leur porte en demandant de l'aide, ces gens ne nous reconnaîtront même pas. »

Amma : « Quand nous donnons, nous devons savoir à qui. Il s'agit de donner à ceux qui en ont besoin, et de le faire sans rien attendre en retour. Si nous attendons quoi que ce soit, n'est-ce pas une forme de marché ?

À nous de discerner ceux qui sont dans la misère et de les aider : ceux qui, souffrants, ne peuvent plus travailler, les handicapés, les enfants abandonnés, les malades qui n'ont pas les moyens de se soigner, les vieillards sans famille pour s'occuper d'eux. C'est notre *dharma* et nous ne devons rien attendre en échange. Mais réfléchissons à deux fois avant de donner à des gens en bonne santé, capables de travailler. Si nous leur donnons de l'argent, ils deviendront encore plus paresseux. Et si de nombreuses personnes se montrent charitables, ils auront beaucoup d'argent, n'est-ce pas ? Ils le gaspilleront en drogues et en alcool. Si cela arrive, nous sommes responsables de leur péché, car sans nos dons, ils n'auraient pas commis ces fautes.

Nous pouvons donner une part de notre nourriture aux affamés, des médicaments aux malades, des vêtements à ceux qui souffrent du froid. Nous pouvons procurer un peu de travail à un chômeur et le payer pour cela. Mais si nous nous appauvrissons en distribuant de l'argent sans réfléchir, inutile de blâmer Dieu.

Les dons aux *āśrams* et aux institutions charitables ne posent pas de problème. Ils veilleront à ne pas gaspiller cet argent. Des organisations comme les *āśrams* l'investissent dans des projets sociaux. Même dans ce cas, il ne s'agit pas de donner pour acquérir une réputation, mais de considérer cela comme une occasion de servir Dieu. Le mérite nous en reviendra de toutes façons. Quand nous donnons, personne d'autre ne devrait le savoir. N'y a-t-il pas un proverbe qui dit que la main gauche doit ignorer ce que fait la main droite ? »

Essuyant les larmes de la femme, Amma l'étreignit et la réconforta en disant : « Cesse de t'inquiéter, ma fille. Amma est là pour toi ! »

Janaki : « Amma, qu'il distribue tout à qui il veut. Je ne me plains pas. Mais je n'ai pas la force de le voir un jour mendier quelques rupies. Il faut que tu me fasses disparaître avant, Amma. »

Amma : « Ne pleure pas, ma fille. Tu ne verras jamais cela. Tu ne manqueras de rien. Amma n'est-elle pas toujours avec toi ? » Elle l'embrassa encore une fois et lui donna un baiser.

Le vrai dévot ignore la pauvreté

La dévote se retira avec un sourire paisible, qui s'était épanoui après le baiser d'Amma. Aussitôt, le dévot suivant, un homme appelé Divākaran, se trouvait dans les bras d'Amma.

Amma : « Quand es-tu arrivé, fils ? Amma ne t'a pas vu lorsqu'elle a distribué le *prasād.* »

Divākaran : « Je voulais venir ce matin, Amma, mais le bus avait du retard et je viens d'arriver. »

Amma : « La dernière fois, tu es venu accompagné d'un autre fils. »

Divākaran : « Oui, c'était Bhāskaran. Il est toujours en difficulté, Amma. Cela fait dix-sept ans qu'il se rend régulièrement au temple de Sabarimala. Il y a peu de temples qu'il ne fréquente pas. Pourtant, il est toujours confronté à la pauvreté et à de nombreux problèmes. Quand je pense à lui, je me demande même à quoi sert de songer à Dieu. »

Amma : « Mon fils, si nous prenons totalement refuge en Dieu, il ne nous arrivera que de bonnes choses, tant au niveau matériel que spirituel. Aucun *mahātmā* n'est jamais mort de faim. Le monde entier est à genoux devant eux. Celui qui prend vraiment refuge en Dieu ne souffrira pas de la pauvreté. La cause principale de nos souffrances actuelles est que nous ne nous abandonnons pas complètement à lui. Notre dévotion n'est pas pour l'amour de Dieu ; nous voulons satisfaire nos désirs. Mais le désir engendre la souffrance. »

Un autre dévot : « La dévotion de Kucela envers Kṛṣṇa était ferme. Il a pourtant souffert de la pauvreté. »

Amma : « Il n'est pas juste de dire que Kucela a souffert d'être pauvre. Comment aurait-il trouvé le temps de souffrir, alors qu'il était sans cesse plongé dans le souvenir de Dieu ? La pureté de sa dévotion lui permit de rester dans la béatitude malgré sa misère. Grâce à son abandon à Dieu, même le dénuement, qui faisait partie de son *prārabdha*, disparut. Kucela ne s'effondra pas sous le poids de la pauvreté ; il n'oublia pas non plus Dieu dans un excès de joie quand les richesses affluèrent.

Si nous prenons refuge en Dieu sans autre désir, Il nous donnera ce dont nous avons besoin, au moment voulu. Si nous nous abandonnons à lui avec la confiance qu'il prendra soin de tout, nous n'avons rien à craindre. Nous ne connaîtrons que la prospérité et la joie. La déesse de la prospérité se fera la servante de celui dont la dévotion est pure. Mais quel type de dévotion est le nôtre aujourd'hui ? Nous déclarons que nous allons au temple, mais personne n'y va pour le seigneur. Même en sa présence sacrée, nous parlons de choses profanes. Quel besoin d'aller au temple si nous ne faisons que discuter de notre famille et de nos voisins ? Au moins dans ce lieu sacré, nous devrions méditer uniquement sur Dieu et lui abandonner tous nos fardeaux, sachant qu'il est au courant de nos problèmes sans que nous lui en parlions. Il ne s'agit pas d'aller au temple uniquement pour nous plaindre, mais pour adorer Dieu et trouver la force de nous souvenir de lui. »

D'autres dévots, qui avaient jusqu'alors gardé le silence, se mirent à poser des questions.

Mettez votre foi en pratique

Un dévot : « Mais, Amma, tu as dit toi-même que nous devrions ouvrir notre cœur et tout confier à Dieu. »

Amma : « Confier nos problèmes aux êtres qui nous sont chers nous soulage, n'est-ce pas ? Nous devrions éprouver envers Dieu le même amour, le même sentiment d'intimité, le sentiment qu'il est nôtre. Inutile de lui cacher quoi que ce soit. Il est bon d'alléger le fardeau de notre cœur en confiant nos chagrins à Dieu. C'est à lui seul que nous devrions nous fier quand nous avons des difficultés. Le vrai dévot ne confie jamais ses ennuis à personne. Dieu est sa seule véritable famille. Mais il ne sert à rien d'aller vers Dieu le cœur rempli de désirs et de problèmes familiaux.

Il faut expliquer notre cas en détail à l'avocat pour qu'il puisse plaider en notre faveur. Le docteur ne peut nous soigner que si nous lui décrivons nos symptômes. Mais inutile d'entrer dans les détails pour mettre Dieu au courant de nos problèmes. Il sait tout. Il demeure en nous, observant chacun de nos mouvements. Sa puissance nous permet de voir, d'entendre et d'agir. Grâce à ce même pouvoir, nous pouvons le connaître. Sa lumière nous permet de voir le soleil. Il ne nous reste donc qu'à tout lui abandonner et à nous souvenir constamment de lui.

Notre relation la plus forte devrait être celle avec Dieu. Si nous décidons de lui confier nos chagrins, ce doit être dans l'intention de nous rapprocher de lui. Notre foi, notre abandon à Dieu ou au *guru* nous délivrent de la souffrance. Le simple fait de décrire nos difficultés ne suffit pas. »

Un *brahmacārī* posa la question suivante : « Amma, est-il possible de réaliser le Soi uniquement grâce à la foi en Dieu ? »

Amma : « La foi totale, c'est en soi la réalisation ; mais tu ne l'as pas. Il faut donc que tu t'efforces d'y parvenir et que tu accomplisses une *sādhana.* Il ne suffit pas d'avoir confiance en son médecin, il faut prendre les médicaments si l'on veut guérir. La foi et l'effort sont tous deux nécessaires.

Si tu plantes une graine, elle germera, mais pour qu'elle croisse correctement, elle a besoin d'eau et d'engrais. La foi nous fait prendre conscience de notre vraie nature, mais pour en avoir l'expérience directe, il faut faire des efforts.

Écoutez l'histoire de ce père et de son enfant. Le fils était malade et le médecin avait prescrit comme remède l'extrait d'une certaine plante. Ils la cherchèrent partout, mais en vain. Ils marchèrent longtemps et finirent par se fatiguer et avoir soif. C'est alors qu'ils virent un puits et en s'approchant, ils trouvèrent un seau et une corde. Beaucoup d'herbes sauvages croissaient aux alentours. Quand il mit le seau dans le puits pour tirer de l'eau, le père aperçut au fond la plante médicinale qu'ils avaient cherchée partout. Il essaya de descendre dans le puits, mais il n'y réussit pas. Il n'y avait pas de marches et le puits était très profond.

Le père comprit alors ce qui lui restait à faire. Il attacha la corde autour de la taille de son fils et le fit descendre avec précaution dans le puits. « Cueille les herbes quand elles seront à ta portée, » dit-il au garçon. Au même moment, des voyageurs passèrent par là. Ils s'étonnèrent. « Quel homme êtes-vous pour faire ainsi descendre votre enfant au bout d'une corde ? », lui demandèrent-ils. Le père ne répondit pas. Le garçon, arrivé au fond, cueillit soigneusement les simples. Le père le remonta doucement et quand l'enfant sortit du puits, les autres lui demandèrent : « Comment as-tu eu le courage de descendre attaché à une corde ? » Le fils répondit sans hésiter : « C'est mon père qui tenait la corde ».

Le fils avait une grande confiance en son père, mais c'est en la rendant agissante et en descendant dans le puits pour en extraire la plante qu'il retira les bienfaits. Mes enfants, c'est ainsi que nous devons avoir foi en Dieu, en pensant : « Dieu me protégera, pourquoi m'affliger ? Je ne désire même pas la réalisation ». Cette confiance est indispensable. La dévotion de celui qui est sans cesse rongé par le doute n'est pas authentique, sa foi n'est pas réelle. »

La foi en Dieu, la foi en soi

Un jeune homme : « Mais pourquoi dépendre de Dieu ? Ne suffit-il pas de faire des efforts ? Après tout, tous les pouvoirs sont en nous. Les dieux n'ont-ils pas été créés par l'homme ? »

Amma : « Mon fils, nous vivons aujourd'hui avec le sentiment du « moi » et du « mien ». Tant que cette attitude persistera, nous ne percevrons pas ces pouvoirs en nous. Quand le rideau est tiré, il est impossible de voir le ciel. Ouvrez le rideau, et le ciel devient visible. De la même manière, si nous éliminons de notre mental le sens du « moi », nous pourrons voir la lumière qui est en nous. Mais cette destruction requiert humilité et dévouement.

Pour construire une barque, on fait chauffer le bois afin de le courber selon la forme désirée. On peut dire que cette opération donne au bois sa vraie forme. Ainsi, l'humilité révèle notre vraie forme. Si le fil est épais ou échevelé, il ne passe pas par le trou de l'aiguille. Il doit se faire mince. Cet abandon de la part du fil lui permet d'assembler d'innombrables morceaux de tissu. L'abandon de soi est également le principe qui mène le soi individuel *(jivātman)* au Soi suprême *(paramātman)*. Tout cela est en nous, mais pour le trouver, il est nécessaire de fournir un effort constant.

Même si nous sommes doués pour la musique, seule une pratique régulière nous permet de chanter d'une manière qui plaise à l'auditoire. Ce qui est latent à l'intérieur de nous doit devenir une expérience. Il est inutile de déclarer : « Tout est en moi. » Nous sommes fiers de notre statut, de notre position sociale et de nos capacités ; mais quand surviennent des circonstances hostiles, nous chancelons. Nous perdons foi en nous-mêmes. Changer cela requiert des efforts constants.

Nous croyons que tout fonctionne grâce à notre pouvoir. Mais sans la puissance divine, nous ne sommes que des corps inertes. Nous nous vantons de pouvoir détruire le monde en appuyant sur un bouton. Cependant, ne nous faut-il pas faire un geste pour appuyer sur le bouton ? D'où nous vient la capacité de bouger le doigt ?

Il existe des panneaux de signalisation dont la peinture est fluorescente. Quand les phares d'un véhicule se posent sur eux, ils réfléchissent la lumière. Cela permet aux conducteurs d'obtenir des informations concernant la route et l'état de la chaussée. Mais imaginez un panneau routier qui penserait : « Ces voitures roulent grâce à ma lumière. Trouveraient-elles leur chemin sans moi ? » La situation est comparable quand nous parlons de « mon pouvoir », de « mes facultés ». Le panneau ne brille que quand il est éclairé par des phares. De même, nous ne sommes capables de bouger et d'agir que par la grâce et le pouvoir du tout-puissant. C'est lui qui toujours nous protège. Si nous nous abandonnons à lui, il nous guidera sans faillir. Si nous cultivons cette foi, nous ne tomberons jamais. »

Il était déjà midi, et Amma n'avait encore rien mangé de la journée. Elle était restée avec ses enfants depuis le début de la matinée. Il en va chaque jour ainsi.

Innombrables prosternations devant l’incarnation de l’abnégation,
Qui perçoit tous les êtres en ce monde comme ses enfants,
Et ne cesse de répandre son affection sur eux.

Chapitre 5

Vendredi 25 octobre 1985

Amma répand ses bénédictions

Sethuraman, qui travaillait en Assam, s'avança près d'Amma avec sa famille et se prosterna. Après avoir terminé ses études, il était resté sans emploi pendant plusieurs années. Son désespoir grandissant, il était finalement venu voir Amma. Elle lui avait donné un *mantra* en lui recommandant de le répéter cent huit fois par jour et de réciter l'*arcana* (Śrī Lalitā Sahasranāma, les mille noms de la mère divine). Il avait suivi ses instructions à la lettre. Trois semaines plus tard, son oncle, qui travaillait en Assam, rentra pour les vacances. Il promit de trouver un emploi pour son neveu. Sethu partit peu après pour l'Assam et il était maintenant en vacances dans sa famille. Sa femme l'accompagnait. C'était une collègue qu'il avait épousée avec la bénédiction de sa famille et d'Amma, qui avait elle-même dirigé la cérémonie de baptême de leur fille aînée, Saumya. Amma prit dans ses bras la femme de Sethu et le bébé. Son visage rayonnait de joie, comme celui d'une matrone accueillant sa jeune bru dans la famille. Sethu regardait la scène, des larmes de bonheur dans les yeux.

Amma : « Ne restez-vous pas jusqu'à demain, mes enfants ? »

Sethu : « Nous pensions partir juste après le *darśan*, Amma, mais nous avons décidé de rester cette nuit. »

Amma (à un *brahmacārī* assis près d'elle) : « Donne-leur ta chambre, mon fils. » S'adressant à Sethu, elle dit : « Amma te verra après les *bhajans.* »

Les *brahmacārīs* étaient déjà installés, les *bhajans* commencèrent.

prapañcam engum

Apparence illusoire qui baigne tout l'univers,
Ô splendeur, ne te lèveras-tu pas dans mon mental
En y répandant à jamais ta lumière ?

Ma soif sera étanchée si je bois ton amour
Et ton affection maternelle.
Le désespoir de mon mental disparaîtra
Si je viens près de toi et me plonge dans ta lumière divine.

Pendant combien de jours ai-je erré en te cherchant,
Toi qui es le cœur caché de toute chose.
Ô ma mère, ne viendras-tu pas
M'accorder la béatitude du Soi,
Ô mère, ne viendras-tu pas ?

Les étoiles brillaient, magnifiques. Amma se mit à creuser sous des plantes *cembu* (sorte de plante comme le tapioca) à la recherche de tubercules, mais elle ne trouva pas de bulbes. Plusieurs fois, elle avait déterré des tubercules, comestibles. Les accords des chants dévotionnels venant du *kalari* flottaient dans l'air. Amma avait participé aux chants, mais à la fin d'un *bhajan*, elle était sortie, se dirigeant vers le nord de l'*āśram*. Cela arrivait de temps en temps. Si le chant l'absorbait trop intensément, elle ne pouvait pas rester sur ce plan de conscience et elle s'efforçait de faire redescendre son mental en le concentrant sur un travail. Elle dit souvent : « Amma ne peut pas chanter une seule phrase avec une concentration totale, car elle perdrait le contrôle ! Quand elle chante un vers, elle tente consciemment de se rappeler le suivant. Elle se demande comment ses enfants peuvent chanter les *bhajans* sans pleurer ! »

Après avoir creusé sous de nombreuses plantes *cembu*, Amma trouva une poignée de tubercules comestibles. Elle les lava, les mit dans une marmite avec de l'eau, alluma un feu et les fit cuire. La cuisson n'était qu'à moitié achevée quand elle en goûta un morceau encore chaud. Elle distribua le reste à ses enfants et monta dans sa chambre.

Le *prasād* d'Amma arriva sous la forme de morceaux de *cembu* à moitié cuits, sans sel ni assaisonnement ; cela ressemblait à de petits œufs de moineau ! Tenant dans leurs mains ce *prasād*, ils arrivèrent au temple juste pour la fin des *bhajans*, marquée par l'*ārati*. Comme une fleur qui s'épanouit la nuit, les paroles d'Amma en une occasion semblable leur revenaient en mémoire : « Mes enfants, savez-vous les efforts que doit faire Amma pour rester dans votre monde ? »

À une heure du matin, Amma sortit de sa chambre. Un *brahmacārī* faisait son *japa* dans le *kalari*. Voyant Amma entrer de manière inattendue, il se prosterna à ses pieds. Elle lui demanda d'appeler tout le monde. La nouvelle suffit à réveiller les résidents, qui se précipitèrent vers elle sans connaître le motif de cet appel. Elle leur demanda de prendre un *āsana* et se dirigea vers la plage.

Ils comprirent alors que c'était l'heure de méditer. Amma emmenait parfois les *brahmacārīs* sur la plage pour méditer. Il n'y avait pas d'heure fixe ; cela pouvait arriver à n'importe quel moment. Ils s'assirent sur la rive autour d'Amma. Le silence était parfait, excepté le son grave du « Om » émanant de la mer et le bruit incessant des vagues venant se briser sur le rivage. Amma chanta trois fois le « Om » , que tous reprirent en chœur. Elle dit : « Si le sommeil vous gagne, levez-vous et chantez votre *mantra*. Si cela ne va pas mieux, courez un peu le long de la plage avant de vous rasseoir. C'est le moment le plus propice à la méditation ; la nature entière est calme ».

Deux heures passèrent rapidement. Pour terminer, Amma chanta encore le « Om » et tous le répétèrent. Suivant ses instructions, ils imaginèrent leur divinité bien-aimée devant eux et se prosternèrent. Amma chanta un hymne à la gloire de la mère divine : *śrī cakram ennoru*.

Le clair de lune jouait sur la surface de la mer. L'horizon était en partie recouvert d'un voile de brume. Quelques étoiles isolées brillaient au firmament. Même les vagues paraissaient s'apaiser. Sur la plage, les chanteurs habillés de blanc ressemblaient à un vol de cygnes venu se poser un moment sur la rive du temps, au crépuscule d'une époque reculée. La forme d'Amma brillait dans leur pensée, telle une montagne blanche se reflétant sur les eaux tranquilles du lac du mental.

Mardi 29 octobre 1985

Amma boit du lait empoisonné

Dans l'après-midi, Amma appela les *brahmacārīs* dans sa chambre. Elle était assise au milieu de la pièce et avait devant elle de nombreux paquets, contenant différentes sortes de bonbons.

Amma : « Il y a un moment qu'Amma voulait vous distribuer cela, mais elle n'a pas encore eu le temps de le faire. »

Et elle donna quelques bonbons à chacun. Remarquant que quelques-uns des résidents n'étaient pas encore arrivés, elle demanda : « Où sont les autres ? »

Un *brahmacārī* : « Deux personnes ont une infection oculaire et se reposent, Amma. »

Amma : « Ils sont allongés ? N'ont-ils pas la force de marcher ? »

Brahmacārī : « Ils n'ont pas de problème pour marcher, mais ils ont peur de te donner l'infection. »

Amma : « Ils n'ont pas besoin de s'inquiéter pour cela. Quelle que soit la maladie dont vous souffrez, mes enfants, vous pouvez toujours venir auprès d'Amma. Mon fils, des gens viennent au *darśan* avec toutes sortes de maladies infectieuses. Combien de personnes sont passées dans les bras d'Amma avec une infection oculaire, la varicelle et des maladies de peau ? Elle n'a jamais été obligée d'interrompre le *darśan*. Dieu l'a toujours protégée et elle est convaincue qu'il continuera à le faire.

Une dévote apporta un jour un verre de lait. Amma le but. Peu après, elle se mit à vomir. Son corps s'affaiblit beaucoup par déshydratation. Mais elle songeait à la foule de dévots qui attendaient son *darśan*. Il y avait parmi eux des gens très pauvres, obligés de travailler comme manœuvres pendant bien longtemps, mettant chaque jour quelques sous de côté, afin de pouvoir rassembler l'argent nécessaire pour payer le bus et venir voir Amma. S'ils étaient obligés de partir sans l'avoir vue, quand en auraient-ils de nouveau l'occasion ? En pensant à eux, Amma était désolée. Elle pria et s'assit sur le *pīṭham*. Elle appela les dévots, les réconforta et leur donna les conseils dont ils avaient besoin. Puis elle dut rendre de nouveau. Elle fit fermer la porte, s'assit par terre et vomit. Un peu plus tard, elle changea de vêtements et reprit le *darśan*. Mais elle avait vu dix personnes quand les vomissements reprirent. Quand elle était trop faible pour se relever, elle s'imaginait en train de chanter un bhajan et de danser ; cela lui donnait un peu d'énergie. Mais peu après, elle était contrainte de vomir à nouveau, puis reprenait le *darśan*.

Cela continua ainsi jusqu'au matin. Elle était très faible à la fin, mais elle tint bon jusqu'à ce que le dernier dévot fût venu dans ses bras. Dès que la dernière personne fut sortie, elle s'effondra. On la porta dans sa chambre. Tous étaient très inquiets, craignant pour sa vie. Si Amma n'avait pensé qu'à son confort, elle n'aurait pas eu besoin de faire cela. Il lui aurait suffi d'aller s'allonger dans sa chambre pour se reposer ; elle aurait alors sans doute rapidement retrouvé ses forces. Mais en songeant au chagrin de ses dévots, il lui fut impossible d'agir ainsi. Elle était prête à mourir s'il le fallait.

Le lait qui avait été donné à Amma contenait du poison. Une famille hostile à Amma l'avait donné à une dévote. La femme, innocente, ignorait que le lait était empoisonné ou même que cette famille était opposée à Amma. »

Peu après, Amma finit de distribuer les bonbons et descendit. Elle s'assit près du réservoir d'eau, au sud de la salle de méditation. Quelques plants de canne à sucre avaient poussé à cet endroit sur la rive de la lagune. Une des cannes était cassée ; un *brahmacārī* la coupa et l'apporta à Amma. Elle la coupa en petits morceaux qu'elle donna aux *brahmacārīs*. Comme la canne à sucre avait poussé près de l'eau salée, elle avait un léger goût de sel. Amma en goûta aussi quelques petits morceaux.

En jetant le résidu, elle dit : « Mes enfants, quand vous étudiez les écritures, rappelez-vous cela : une fois que nous avons sucé le jus de la canne à sucre, nous recrachons les fibres. Prenons donc l'essence des écritures et rejetons le reste. Il serait stupide de nous accrocher aux écritures jusqu'au jour de notre mort. Agissons de même avec les paroles des *mahātmās*, acceptant ce que nous pouvons assimiler et mettre en pratique dans notre vie. Leurs conseils ne sont pas également valables pour tous. Ils prennent toujours en compte la situation de la personne et son niveau de compréhension ».

Amma se dirigea vers le petit temple. Les dévots qui attendaient se précipitèrent vers elle. Elle les fit entrer et s'assit.

La véritable forme d'Amma

Une dévote se prosterna, et se mit à sangloter dès qu'elle eût posé la tête sur les genoux d'Amma. Son chagrin avait été provoqué par les sarcasmes que lui avaient lancés quelques passagers de la barque en traversant la lagune. Amma essuya ses larmes et la consola. Puis elle dit aux dévots :

« Si vous pincez le tronc d'un arbre, il ne sentira rien. Mais un tendre bourgeon souffre. Amma peut supporter n'importe quelles insultes. Mais si l'on fait souffrir les dévots, si l'on raconte des choses terribles sur ses enfants, cela lui est intolérable. Bien que nous soyons tous le même et unique *ātman*, Amma ne peut pas rester indifférente à la souffrance de ses enfants. Kṛṣṇa ne broncha pas quand Bhīṣma lui lança une centaine de flèches. Mais quand il visa Arjuna et que la vie de son dévot fut en danger, Kṛṣṇa se précipita sur Bhīṣma en brandissant son *cakra*. Pour le seigneur, il est plus important de protéger les dévots que de tenir sa parole. C'est ce qu'a démontré Śrī Kṛṣṇa. »

Un dévot : « Amma, est-il impossible de se débarrasser de ceux qui calomnient Dieu et critiquent la voie spirituelle ? »

Amma : « Mon fils, si nous éprouvons de tels sentiments, nous faisons plus de mal qu'eux. Un être spirituel ne devrait jamais songer à nuire aux autres. Qu'il prie Dieu de changer leur cœur, de les rendre meilleurs. Le but des pratiques dévotionnelles et de la prière est de nous permettre d'aimer tous les êtres. Si quelqu'un dit du mal de vous, n'en soyez pas affecté. Songez que cela aussi est pour le mieux. Existe-t-il un monde sans dualité ? C'est grâce aux ténèbres que nous apprécions la valeur de la lumière. »

Dévot : « Comme nous avons de la chance d'être venus à toi, Amma ! Lorsque nous sommes avec toi, c'est la béatitude ! »

Amma (*en riant*) : « N'y croyez pas trop, mes enfants ! À l'heure actuelle, vous êtes tous malades, affligés de blessures infectées. Amma va faire sortir le pus de la plaie en appuyant. Elle fera paraître énormes vos plus petites erreurs. Vous aurez un peu mal.

Amma déclare à ses enfants : « Amma préfère le dieu de la mort au dieu Śiva. C'est bien par peur de la mort que les gens invoquent Śiva, n'est-ce pas ? Qui prendrait sinon refuge en lui ? Quand vous avez peur d'Amma, au moins vous appelez Dieu ! » Amma rit. « Auparavant, les enfants *brahmacārīs* chantaient : *« Amme, snehamayi ! »* (Amma pleine d'amour). Maintenant, ils chantent : *« Amme, kruramayi ! »* (Amma pleine de cruauté) ».

Amma rit et chanta *« Amme, kruramayi ! »*, lentement, sur l'air qu'ils connaissaient. Tous étaient pliés de rire.

Elle reprit : « Amma affirme parfois que ses enfants ont tort, même s'ils ont raison. Pourquoi ? Parce qu'ils doivent développer *śraddhā*. Ils seront ainsi vigilants à chaque pas. Si Amma les frappait, cela n'aurait aucun effet. Ils se contenteraient de sourire. Ils disent souvent : « Nous aimons qu'Amma nous dispute un peu. Pendant ce temps, nous pouvons au moins être auprès d'elle et la regarder. Si elle nous bat un peu, c'est encore mieux ». Quel que soit le châtiment qu'elle leur inflige, ils savent qu'elle ne peut s'empêcher de sourire l'instant d'après. Alors il ne lui reste plus qu'un seul moyen de sévir, c'est d'entamer une grève de la faim. Ils ne supportent pas qu'Amma se passe de nourriture ».

Le silence régnait. Chacun s'émerveillait du soin et de l'affection qu'Amma accorde à ses enfants. Il est rare de trouver l'équivalent chez la mère qui nous met au monde.

S'abandonner à Dieu

Une dévote demanda : « Amma, tu nous dis de voir Dieu en tout, mais comment est-ce possible ? »

Amma : « Mes enfants, il s'agit de vous libérer de vos *vāsanas*. Dieu doit devenir votre unique refuge. Prenez l'habitude de penser à Dieu quoi que vous fassiez. Alors, peu à peu, vous percevrez l'unité dans la diversité. »

Une jeune fille mit la tête sur l'épaule d'Amma et se mit à sangloter. Son père, conducteur de camion, n'était jamais à la maison, et sa belle-mère la poussait vers une vie immorale. Elle venait juste de sortir du lycée, mais personne ne voulait qu'elle étudie.

La jeune fille : « Amma, je n'ai personne ! Je vais rester ici et travailler. »

Les yeux d'Amma se remplirent de compassion. Elle dit : « Ma fille, Dieu est toujours là pour s'occuper de nous. Il est la source de la compassion. Il est notre vrai père et notre vraie mère. Ceux que nous appelons nos parents n'ont fait que nous élever. S'ils étaient réellement nos parents, ne nous sauveraient-ils pas de la mort ? Mais ils en sont incapables. Nous existions avant de devenir leurs enfants. Dieu est notre véritable père, mère et protecteur ».

Amma la consola et lui redonna confiance. « Rentre chez toi, ma fille et déclare fermement à ton père que tu veux étudier. Il acceptera, Amma te le promet. Ne t'inquiète pas, ma fille, ne t'inquiète pas ! »

Une dévote : « Je veux venir te voir tous les jours, Amma, mais je suis seule chez moi. Comment puis-je venir en laissant la maison vide ? Aujourd'hui, j'ai fermé à clé et avant de partir, j'ai confié la clé au voisin. »

Amma : « Il est bon de demander à quelqu'un de veiller sur la maison quand nous venons ici. Il nous faut certes être attentifs aux choses extérieures. Néanmoins, des vols se produisent en dépit des verrous les plus solides et des veilleurs que nous employons. Quelle en est la raison ? En vérité, ce ne sont pas nos véritables gardiens. Le vrai vigile, c'est Dieu. Si nous lui confions nos biens, il restera éveillé et les protégera. D'autres que lui s'assoupiront et les voleurs saisiront l'occasion de nous dérober nos possessions. Mais si Dieu monte la garde, nous n'avons rien à craindre !

Imagine que nous montions dans une barque. Nous portons un sac très lourd et au lieu de le poser, nous continuons à le tenir. Voyant nos difficultés, le batelier nous dit : « Tu es dans le bateau, maintenant. Tu ne veux pas poser ton sac ? » Nous ne sommes pas prêts à le poser, nous pleurons et gémissons que le poids est trop lourd. Est-ce nécessaire ? De même, nous portons notre charge de soucis. Déposez votre fardeau aux pieds du seigneur ! Il en prendra soin. »

Pas de temps pour la sādhana

Soman, un instituteur, posa la question suivante : « Amma, après l'école, il y a des quantités de choses à faire à la maison. Comment trouver le temps de faire le *japa* ? »

Amma : « Mon fils, si tu le désires vraiment, tu trouveras le temps. Tu dois être convaincu que rien n'est plus noble que le souvenir de Dieu. Alors, en dépit de tout ton travail, tu trouveras le temps. Un homme riche alla un jour voir un *guru* et se plaignit : « Maître, je n'ai aucune paix. Je suis la proie d'une inquiétude constante. Que faire ? »

Le *guru* dit : « Je vais te donner un *mantra*. Répète-le régulièrement ».

Le riche répondit : « Mais j'ai tant de responsabilités à assumer. Où trouverai-je le temps de chanter un *mantra* ? »

Le maître demanda : « Où prends-tu ton bain ? »

« Dans la rivière. »

« Combien de temps mets-tu pour y aller ? »

« Trois minutes. »

Le *guru* dit : « Alors répète ton *mantra* entre le moment où tu quittes la maison et celui où tu arrives à la rivière. Essaye ».

Au bout de quelques mois l'homme revint, tout à fait enthousiaste. Il se prosterna et dit : « Mon agitation a disparu. Mon esprit est en paix. Je répète régulièrement le *mantra* que tu m'as donné. Je ne peux plus m'en passer ! J'ai commencé par le répéter en allant à la rivière ; puis sur le chemin du retour et pendant le bain. Ensuite je l'ai répété en allant au travail, puis au bureau dès que j'y pensais ; je psalmodie mon *mantra* en me couchant et je m'endors le *mantra* sur les lèvres. Mon souhait est désormais de le dire chaque jour un peu plus. Je suis malheureux quand je l'oublie. »

Amma reprit : « Sa pratique ininterrompue est devenue une habitude. Lève-toi tôt le matin. Dès que tu es éveillé, médite pendant dix minutes. Après ta douche, médite encore une demi-heure. Au début, il suffit de méditer pendant un court laps de temps. Tu peux ensuite vaquer à tes obligations. Avant d'aller à l'école, médite encore une demi-heure. S'il te reste du temps après la méditation, emploie-le à faire *japa*. Tu peux faire *japa* en marchant ou assis, en faisant n'importe quoi. Amma te propose cette discipline parce que tu aimes la vie spirituelle. Les débutants peuvent se contenter de méditer une demi-heure, et pratiquer le *japa* et le chant dévotionnel ».

Soman : « Amma, comment puis-je me concentrer sur Dieu ? Je suis marié depuis un an. Je dois encore rembourser l'argent que j'ai emprunté pour construire notre maison. Ma femme n'est pas en bonne santé. Quand tous ces problèmes me préoccupent, comment puis-je pratiquer le *japa* et méditer ? »

Amma : « C'est vrai. Mais à quoi sert de t'inquiéter, fils ? Cela t'aidera-t-il à rembourser le prêt ? Applique-toi à ton travail. Ne perds pas de temps. Essaye de répéter ton *mantra* sans arrêt. Si tu l'oublies parfois, reprends-le dès que tu y penses. Si tu arroses les racines d'un arbre, cela nourrira les branches et les feuilles. Si tu verses de l'eau au sommet de l'arbre, cela n'aura aucun effet. Tu ne gagnes rien à t'inquiéter. Offre ton mental à Dieu ; prends refuge en lui et tu ne manqueras de rien dans la vie. Il te donnera ce dont tu as besoin. Tes problèmes se résoudront d'une manière ou d'une autre et tu trouveras la paix. Quiconque prie Dieu et médite sincèrement sur lui ne manquera jamais de l'essentiel. Dieu en a décidé ainsi. Amma en a fait l'expérience. Si tu ne peux rien faire d'autre, récite le Lalitā Sahasranāma avec amour et dévotion. Alors tu ne manqueras de rien. Mes chers enfants, quelle que soit votre fortune, vous ne trouverez pas la paix sans *sādhana*. Si riche que vous soyez, si vous voulez dormir en paix, il vous faut prendre refuge en Dieu. Même si vous oubliez de manger, n'oubliez pas de penser à lui. »

L'abandon total à Dieu est l'essence de l'enseignement d'Amma. Quel que soit notre fardeau, si nous le lui abandonnons, son poids ne nous écrasera pas. C'est à la lumière de sa propre expérience qu'Amma nous assure que Dieu prendra entièrement soin de nous. Chacune de ses réponses à une question profane nous élève sur le plan de la dévotion et de la spiritualité. Quand la béatitude de sa présence s'accompagne de la douceur de ses paroles pleines d'amour, l'expérience est inoubliable. Amma se leva, les dévots se prosternèrent avant de se lever eux aussi.

Samedi 2 novembre 1985

Amma à Ernakulam

Amma et les *brahmacārīs* passèrent la nuit dans la maison d'un dévot, Gangadharan Vaidyar, près d'Ernakulam. Le lendemain matin, ils partirent pour la maison d'un autre dévot, à Elur. En route, ils s'arrêtèrent dans trois autres foyers.

Beaucoup de gens s'étaient rassemblés pour rencontrer Amma à Elur. Pour nombre d'entre eux, c'était la première fois. Il y avait des parents avec des enfants retardés, des estropiés, des gens sans emploi depuis des années, des chercheurs spirituels ayant besoin de conseils pour leur *sādhana*, et d'autres qui voulaient mener une vie de *sannyāsa* (renoncement) à l'*āśram* auprès Amma.

Un dévot s'approcha avec son fils, qui paraissait âgé d'environ douze ans. Il se prosterna devant Amma, tirant l'enfant par le bras, et lui dit : « Amma, ce garçon est très vilain. Il fréquente la meilleure école, mais il excelle plutôt à jouer des tours que dans ses études. Ce n'est qu'un enfant et pourtant il est allé demander à une fille de sa classe de l'épouser. Et en plus, il a battu le camarade qui est allé rapporter cela au professeur. Amma, je t'en prie, bénis-le et corrige-le ».

Amma embrassa le garçon et dit : « Qu'y a-t-il, fils ? Ton père dit-il la vérité ? » Elle avait un doigt levé devant le nez (en Inde, cela indique la honte). Le garçon avait honte et voulait échapper à l'étreinte d'Amma. Mais elle ne le laissa pas partir. Elle le fit asseoir sur ses genoux, lui donna une pomme et l'embrassa sur la joue. Elle ne put pas parler longtemps à son père, car elle ne passa que peu de temps dans cette maison. Elle lui donna la permission de venir la voir plus tard. Il se prosterna de nouveau et partit.

Amma était déjà en retard : Elle devait mener les *bhajans* dans un temple voisin dédié à Kṛṣṇa. Cependant, elle ne se leva pas avant que tout le monde eût reçu le *darśan.*

Après les *bhajans*, Amma avait encore promis de se rendre dans quelques maisons. Il était très tard quand elle rentra à Ernakulam, dans la maison de Vaidyar. Elle avait prévu de retourner à l'*āśram*, mais céda devant l'insistance des dévots et resta pour la nuit.

Celui qui était venu la voir auparavant avec son fils l'attendait chez Vaidyar ; il avait perdu espoir de la revoir cette nuit-là, car il était déjà très tard. Il vit soudain un *brahmacārī* qui lui faisait signe : Amma l'appelait. Il approcha donc et se prosterna.

Dévot : « Je n'espérais plus voir Amma ce soir. »

Amma : « Amma avait prévu de partir, mais elle est restée parce que ses enfants ont insisté. D'autres l'attendent à Haripad. Nous les verrons demain, sur le chemin du retour. Quand Amma est arrivée, elle a senti que tu étais malheureux. Mon fils, ne t'inquiète pas au sujet de ton garçon ; son espièglerie disparaîtra avec l'âge. »

Un dévot : « Mais, Amma, les enfants d'aujourd'hui font des choses dont je n'aurais jamais rêvé quand j'étais enfant. J'ai beau y réfléchir, je n'en comprends pas la raison. »

Enseigner le dharma dès l'enfance

Amma : « Mon fils, dans les temps védiques, les enfants grandissaient dans des *gurukulas* sous la surveillance directe d'un *guru*. Ils vivaient avec le maître et on leur enseignait à le respecter ; ils apprenaient comment se comporter envers leurs parents et vivre dans le monde. On leur parlait de l'essence de Dieu. L'enseignement n'était pas de la pure théorie, ils le pratiquaient. Le service du *guru*, *tapas* et l'étude des écritures étaient les bases de leur éducation. Cette époque engendrait des êtres tels qu'Haricandra.

Qui était Haricandra ? Il démontra que sa parole avait pour lui plus de prix que sa fortune, sa femme et son enfant. C'est l'idéal que nos ancêtres nous ont transmis. C'était le résultat de leur éducation. Quand les enfants rentraient de la *gurukulas*, leur éducation achevée, et entraient dans l'état de *gṛhasthāśrama*, leurs parents leur confiaient la responsabilité de la maisonnée et adoptaient l'état de *vānaprastha* (c'est-à-dire qu'ils se retiraient dans la forêt). Même un roi se drapait d'une pièce de tissu et partait dans la forêt pour se livrer à des austérités. Il ne gardait aucun des attributs-pièges de la royauté. Ils avaient toujours à l'esprit l'idéal de *sannyāsa*. À l'époque, la plupart des gens avaient le désir de tout abandonner pour mener une vie de *sannyāsa*. Grâce à cette culture, les enfants étaient fermement ancrés dans le *dharma* et adultes, ils étaient remplis de courage. Quelles que soient les circonstances, ils avançaient sans trébucher. »

Le dévot : « Mais Amma, c'est le contraire maintenant. La décadence de notre culture s'accentue de jour en jour. »

Amma : « Comment les enfants d'aujourd'hui pourraient-ils développer des qualités ? Très peu de chefs de famille respectent les principes de leur état. Comment seraient-ils capables d'insuffler de la vertu à leurs enfants. Autrefois, les chefs de famille menaient la vie de vrais *gṛhasthāśramīs*. Malgré le travail, ils trouvaient le temps de pratiquer des austérités. Ils ne croyaient pas que la vie consistait à manger et à boire. Ils mangeaient pour vivre. Ils prodiguaient de bons conseils à leurs enfants et donnaient l'exemple en s'y conformant. Mais qui donc, aujourd'hui, vit de cette manière ? Où sont les *gurukulas* ? Dès la maternelle, les enfant crient des slogans politiques. Il y a de la politique et même des grèves dans les écoles. On voit des enfants prêts à tuer les membres de partis adverses. Ils sont élevés d'une manière très destructrice.

Le fils, dont le devoir serait de soigner son père vieux et malade, de le réconforter, demande au contraire sa part des biens familiaux. Quand on effectue le partage de la propriété, l'héritage de son frère contient quelques cocotiers de plus que le sien, alors il tire un couteau pour poignarder son père. Le fils est prêt à tuer son père pour quelques cocotiers !

Mais quel exemple nous ont donné Śrī Rāma et tant d'autres ? Pour honorer la parole de son père, Śrī Rāma était prêt à abandonner le royaume. Et son père, Dāśaratha, n'a pas failli à sa parole. Il a tenu la promesse faite à sa femme, Kaikeyi, dont le grand sacrifice l'avait impressionné : sur le champ de bataille, elle avait risqué sa vie pour le sauver. Ni sa beauté, ni l'amour qu'elle lui témoignait n'étaient à l'origine de cette promesse. Il ne revint pas sur ce serment pour un motif égoïste, et Rāma accepta la parole de son père de manière inconditionnelle.

Que dire de Sītā ? Fit-Elle un scandale quand Rāma décida de partir pour la forêt ? Elle ne lui déclara pas : « Ne vas pas dans la forêt. Tu es l'héritier de droit de ce royaume. Tu dois t'en emparer par n'importe quel moyen. » Quand son mari partit, Elle le suivit tranquillement. Son frère Lakṣmaṇa les accompagna également. Et quel exemple nous laissa Bhārata ? Il ne dit pas : « Ils sont partis. Maintenant je peux régner sur le royaume. » Il partit à la recherche de son frère. Il obtint les sandales de Rāma, les ramena et les mit sur le trône pour indiquer qu'il ne régnait qu'au nom de Rāma.

Voilà ce qui se produisait autrefois. Ce sont-là les modèles que nous devrions imiter. Mais qui se soucie aujourd'hui de ces valeurs ou les met en pratique ? Les anciens nous ont enseigné les principes de la spiritualité, mais nous les négligeons. Nous voyons maintenant le résultat. Quelle sorte de culture les enfants reçoivent-ils aujourd'hui ? Partout on ne voit que la télé et les films. Il n'est question que d'idylle, de sexe, de mariage et de violence. Les magazines et les livres ne traitent pour la plupart que de sujets profanes. C'est ce que les enfants voient et lisent. C'est la culture dont ils s'imprègnent aujourd'hui. Cela ne produira que des êtres semblables au tyran Kamsa. À l'avenir, nous ne verrons que rarement des émules d'Haricandra.

Si nous voulons changer cette tendance, nous devons accorder beaucoup d'attention à nos enfants. Il s'agit de choisir leurs lectures avec soin ; donnons-leur ce qui les aidera dans leurs études ou ce qui traite de sujets spirituels. À nous d'insister pour qu'ils se cultivent dans ce domaine. Cette culture (fondée sur des principes spirituels) les accompagnera dans leur vie adulte. Même s'ils agissent mal, ils le sauront au fond d'eux-mêmes et finiront par le regretter ; cela les aidera à changer.

Beaucoup d'enfants regardent la télé, les films commerciaux. Ils rêvent ensuite d'un mariage tel qu'il est dépeint dans les films. Combien de gens peuvent mener la vie heureuse, luxueuse, des héros de ces histoires ? Les enfants grandissent, se marient et découvrent qu'ils ne peuvent réaliser leur rêve. Ils sont déçus, et cela crée un fossé entre les époux. Une jeune femme est venue un jour voir Amma. Elle s'était mariée jeune et était déjà divorcée. Quand Amma lui en a demandé la raison, elle a raconté son histoire. Elle avait vu un film dont les personnages étaient des gens riches, possédant une grande maison, une voiture et des vêtements de luxe. Dans le film, ce couple allait à la plage tous les soirs et leur vie s'écoulait dans la joie. La jeune fille s'était mise à rêver à tout cela.

Elle fut bientôt mariée, mais le salaire de son mari était modeste. Il n'avait pas assez d'argent pour mener le style de vie que sa femme désirait. Elle voulait une voiture, et de plus en plus de saris, aller tous les jours au cinéma etc. Elle était toujours déçue. Que pouvait faire le pauvre mari ? Ils finirent par se disputer et en vinrent même aux coups. Ils étaient malheureux tous les deux. Le mariage fut donc dissout, et cela les plongea dans un désespoir encore plus grand. Ils regrettaient ce qui était arrivé. Mais que pouvaient-ils faire ?

Songez aux époques révolues. Autrefois, le mari et la femme étaient prêts à mourir l'un pour l'autre. Ils s'aimaient vraiment. Bien que les deux corps fussent distincts, les cœurs ne faisaient qu'un. Mes enfants, l'amour et l'altruisme sont les ailes de la vie conjugale. Grâce à eux, il nous est possible de prendre notre essor pour planer haut dans le ciel de la joie et du contentement. »

Amma est attentive à ce que d'autres pourraient considérer comme sans importance. Sans souci de son confort ou de son bien-être, elle accorde à ses enfants toute son attention, suggérant des solutions à leurs problèmes.

Le dévot, qui avait écouté attentivement ses paroles, déclara : « Dès que je serai rentré, je veux mettre en pratique tout ce que tu as dit. Donne-moi ta bénédiction, Amma ! »

Amma : « Mon fils, aucune parole, aucune action n'est vaine si elle est accompagnée de *śraddhā*. Le bénéfice t'en reviendra demain, sinon aujourd'hui.

Amma sème les graines et avance. Quelques-unes germeront demain, d'autres après-demain. Pour certaines, cela demandera des années. Même si personne ne nous entend, Mère nature enregistre chacune de nos prières, pourvu qu'elle soit sincère. Faites l'effort, mes enfants. Amma est avec vous ! »

Dimanche 3 novembre 1985

Les enfants handicapés — d'où vient leur karma ?

Amma et les *brahmacārīs* quittèrent la maison de Gangadharan Vaidyar à six heures trente du matin. En route, les *brahmacārīs* se mirent à parler des handicapés mentaux qui étaient venus voir Amma la veille.

« La condition de ces enfants est déplorable ! Leurs corps grandissent, mais leur esprit ne se développe pas. Quelle vie ! »

« Le sort de leurs parents est encore plus lamentable. Ont-ils la moindre liberté ? Comment pourraient-ils laisser leur enfant pour aller quelque part sans s'inquiéter ? »

« Est-ce le *prārabdha* de l'enfant ou celui des parents ? »

Ils décidèrent finalement de poser la question à Amma. Elle avait écouté leur conversation d'une oreille attentive.

Amma : « Ces enfants vivent plus ou moins dans un rêve. Ils n'ont pas conscience de la souffrance que nous percevons en eux. S'ils en étaient conscients, ils déploreraient leur sort en songeant : « Hélas ! Pourquoi suis-je venu au monde dans cet état ? » Mais ils n'ont pas cette perception. Ce sont les familles qui souffrent ; ce sont elles qui sont confrontées aux difficultés. Il nous faut donc considérer qu'il s'agit essentiellement du *prārabdha* des parents. »

Brahmacārī : « Pauvres parents ! Que peuvent-ils espérer dans cette vie ? Que pouvons-nous faire pour eux ? »

Conseils aux brahmacārīs

Amma : « Mes enfants, la compassion que vous éprouvez à leur égard suffira à leur apporter la paix et contribuera à ouvrir votre cœur. Éprouvons de la sympathie pour ceux qui souffrent. Plus le puits est profond, plus il peut contenir d'eau. Seule la compassion permettra à la source, le *paramātman*, de jaillir. C'est grâce à la compassion que ce principe suprême s'éveille en nous.

Il y a des gens qui vont s'asseoir pour méditer en songeant aux moyens de se venger. Mes enfants, pour construire une maison, il ne suffit pas d'empiler des briques. Il faut du ciment pour les assembler. Ce ciment est l'amour. Il est impossible d'émailler un récipient sale ; il faut d'abord le nettoyer. Ainsi, la dévotion ne peut germer que dans un mental pur ; on peut alors goûter la présence de Dieu. Voyez l'exemple de Kucela. Ses enfants étaient affamés et il sortit pour aller mendier de la nourriture. Comme il revenait, quelqu'un d'autre tendit la main, se lamentant sur la famine dont souffrait sa famille. Kucela donna la nourriture qu'il avait reçue.

Connaissez-vous l'histoire du sage Durvāsas et du roi Ambarīṣa ? Le sage alla trouver Ambarīṣa dans le but de lui faire rompre son vœu. S'il y parvenait, il avait l'intention de maudire le roi. Mais Ambarīṣa était un dévot sincère. Bien que Durvāsas se mît très en colère contre lui, Ambarīṣa ne réagit pas et conserva l'attitude d'un humble serviteur du sage. Il était conscient de ses pouvoirs, mais il ne s'opposa pas au sage. Les mains jointes, il le pria : « Je t'en prie, pardonne-moi si j'ai commis une faute. J'essayais seulement de rester fidèle à mon vœu. Pardonne mon ignorance. » Durvāsas ne lui pardonna pas. Il décida au contraire de le tuer ; mais avant qu'il puisse mettre son projet à exécution, le *sudarśana cakra* du dieu Viṣṇu vint au secours d'Ambarīṣa. Terrifié par cette arme divine, Durvāsas partit en courant implorer l'aide des dieux. Quand il fut parti, Ambarīṣa ne songea pas : « Bon, il est parti, je vais pouvoir manger tranquillement. » Durvāsas ne put obtenir aucun secours des devas (êtres célestes). Il ne lui restait rien d'autre à faire qu'à prendre refuge en Ambarīṣa lui-même. Quand le sage vint lui demander pardon, le roi était encore prêt à lui laver les pieds et à boire cette eau. Dieu est tout entier avec de tels êtres. Il aide quiconque manifeste une telle humilité. Les gens qui pensent : « Je veux être heureux ; je veux être riche ; je veux la libération ! », ne trouveront pas Dieu à leurs côtés. »

Amma marqua une pause, regardant silencieusement par la petite fenêtre à droite du véhicule qui filait, laissant derrière lui arbres et maisons ; un camion les dépassa en klaxonnant. Les regards étaient fixés sur Amma. Un *brahmacārī* rompit le silence en appelant : « Amma ! »

« Oui, que veux-tu ? », répondit Amma d'un ton détaché.

Le *brahmacārī*, d'une voix encore plus basse, dit : « Je suis désolé de t'avoir mise en colère l'autre jour. »

Amma : « C'est du passé, pourquoi t'en inquiéter maintenant ? Amma a tout de suite oublié. N'est-ce pas l'amour seul qui lui a fait prendre un ton sévère ? »

Il se mit à pleurer. Amma essuya ses larmes avec son sari et lui dit : « Ne t'inquiète pas, mon enfant chéri ».

Quelques jours plus tôt, Amma lui avait demandé de nettoyer la véranda devant le *kalari*. Mais dans sa hâte de voyager avec elle, il avait oublié de le faire. En partant, Amma remarqua que l'endroit était toujours sale. Elle fit appeler le *brahmacārī* et le réprimanda sévèrement. Puis elle se mit à nettoyer elle-même. Voyant cela, d'autres vinrent l'aider, pendant que le *brahmacārī* gardait la tête baissée, honteux. Amma n'avait quitté l'*āśram* qu'après avoir tout nettoyé.

Amma reprit : « Quand Amma se montre sévère, elle n'est pas vraiment en colère ; son intention est de vous empêcher de devenir égocentriques. Amma aimerait accomplir elle-même toutes ces besognes, elle aimerait le faire tant qu'elle est en bonne santé, mais son mental est souvent au-delà de ce plan de conscience, elle a donc tendance à oublier. C'est pour cette raison qu'elle vous demande de faire attention à certaines choses. Amma aimerait laver ses vêtements elle-même. Aujourd'hui encore, elle essaye, mais Gāyatri ne la laisse pas faire. Amma ne veut donner du travail à personne.

Elle aime servir et non être servie. Elle n'a besoin d'aucun service, mais il lui faut cependant parfois accepter, pour le bonheur des dévots. Même alors, elle ne songe qu'à votre bien.

Mes enfants, vous avez plus de chance que la plupart des gens. Vous n'avez aucun souci à vous faire ; Amma est là pour s'occuper de vos problèmes. Elle est là pour écouter et pour vous consoler quand vous lui confiez vos souffrances. On dit qu'un chercheur ne doit pas aller dans le monde avant d'avoir réalisé le Soi. Mais cela ne vaut pas pour ceux qui ont trouvé un *sadguru*. Un disciple envoyé par un *sadguru* n'a rien à craindre. Il le protégera. »

Un *brahmacārī* qui écoutait demanda : « Tu as souvent déclaré qu'il était possible de réaliser le Soi en trois ans. Quel genre de *sādhana* conseilles-tu pour cela ? »

Qui est prêt pour la réalisation ?

Amma : « Qui est animé d'un désir ardent n'a pas besoin de trois ans. Il atteint son but en moins de temps qu'il n'en faut pour percer une feuille de lotus avec une aiguille. Mais l'intensité de son désir doit être extrême. À chaque respiration, il s'écrie : « Où es-tu ? » Il est dans un état où il ne peut plus vivre sans Dieu.

Certaines personnes ne parviennent à aucun résultat au bout de cinquante à soixante années d'austérités. Si vous suivez les indications d'Amma, vous parviendrez sans aucun doute à la réalisation en trois ans. Mais pour cela, *śraddhā*, une véritable *lakṣya bodha* et une concentration parfaite sur le but sont nécessaires. Amma envisage le cas de chercheurs munis de ces qualités. Si vous montez dans un omnibus, vous ignorez quand vous parviendrez à destination, car il effectue de nombreux arrêts. Mais s'il s'agit d'un express, vous pouvez prédire l'heure d'arrivée, car il ne multiplie pas les arrêts en route. Nous ne pouvons jamais être certains de ceux dont le détachement ne dure que deux jours.

Mon fils, quand l'idée que tu es né meurt, c'est la réalisation du Soi. Quand tu es conscient d'être pure existence, sans naissance, croissance ni mort, c'est la réalisation. Tu ne trouves cette conscience nulle part ailleurs. Pour y parvenir, il est nécessaire de contrôler le mental.

Savez-vous à quoi ressemblait la vie d'Amma ? Quand elle balayait la cour, elle n'y laissait même pas ses empreintes. Si elle les voyait, elle les effaçait avec le balai. Car quand tout est propre, les empreintes de Dieu doivent apparaître les premières ! Elle avait la certitude que Dieu marchait dans la cour. S'il lui arrivait d'inspirer sans penser à Dieu, elle se bouchait le nez pour arrêter de respirer, se rappelait Dieu et recommençait ensuite à respirer. En marchant, elle ne faisait pas un pas sans d'abord se souvenir de Dieu. Si elle y manquait, elle faisait un pas en arrière, pensait à Dieu, puis avançait.

Connaissez-vous l'histoire de l'homme des bois qui partit à la recherche du lion de son *tambran*[6] ? Nous devrions être possédés de la même ardeur et chercher sans arrêt : « Où es-tu ? Où es-tu ? » L'intensité de notre quête engendrera une chaleur telle que Dieu ne pourra pas rester indifférent ; il lui faudra apparaître devant nous.

Avant de commencer à méditer, Amma décidait combien d'heures elle resterait assise. Elle ne se levait pas avant. Si cela lui était impossible, elle s'en prenait à mère nature, grondant contre cette mère, prête à la battre. La nuit, elle ne dormait pas. Si elle avait sommeil, elle restait assise à pleurer. En général, elle n'avait pas envie de dormir. Quand arrivait l'heure de se coucher, elle s'affligeait en songeant qu'une journée de plus était passée en vain. Amma ne peut même pas en supporter le souvenir. C'était si difficile. »

Brahmacārī : « Mais si une personne normale ne dormait pas, cela ne perturberait-il pas sa méditation ? »

---

[6] Voir glossaire

Amma : « Qui a soif de connaître Dieu ne peut cesser un instant de songer à lui. Il n'a pas envie de dormir, ni même de s'allonger. Et s'il le fait, la souffrance le gardera éveillé. Amma pense à de telles personnes. Pour ceux qui sont détachés et dont l'unique désir est de connaître Dieu, *tapas* est le vrai repos, que rien ne surpasse. De tels êtres n'ont pas vraiment besoin de sommeil. Notre but est d'atteindre cet état. »

Brahmacārī : « La Gītā n'affirme-t-elle pas que quiconque dort trop ou pas assez ne parviendra pas à l'état de *yoga* (union avec le divin) ? »

Amma : « Amma ne vous conseille pas de renoncer totalement au sommeil. Dormez le temps nécessaire, mais pas plus. Un *sādhak* qui se rappelle son but ne peut pas dormir. Il ne s'allonge pas. Il continue son *japa* et s'endort sans s'en apercevoir. Un étudiant qui prépare un examen n'a pas envie de dormir. Il veille pour étudier. L'étude devient sa seconde nature. C'est l'attitude naturelle du *sādhak*.

Les enfants qui aiment vraiment Amma devraient assimiler les principes qu'elle enseigne. Ils devraient être prêts à tout sacrifier pour vivre en accord avec eux. Ceux-là aiment réellement Amma. Leur but est de rester fidèles à ces principes sans faillir, fût-ce au prix de leur vie. Mais ceux qui se contentent de répéter « Amma, je t'aime » ne l'aiment pas vraiment.

Un roi avait deux serviteurs. L'un d'entre eux ne le quittait pas, sans jamais s'acquitter de ses devoirs. L'autre passait ses journées à effectuer le travail que lui donnait le roi. Il trimait sans manger ni dormir, sans s'inquiéter si le roi le voyait ou était au courant. Lequel des deux était le meilleur serviteur ? Lequel était le plus apprécié du roi ? »

La véritable nature d'Amma

Amma reprit, expliquant sa nature : « La rivière coule spontanément. Elle purifie tout ce qui s'y jette. Elle n'a pas besoin de l'eau d'une mare. Vous n'avez pas besoin d'aimer Amma pour elle-même. Elle aime chacun de vous. Mais pour votre bien, il arrive qu'elle ne montre pas son amour. Extérieurement, Amma ne manifeste aucun amour envers Gāyatri. Cependant, quand celle-ci n'est pas là, la seule pensée de Gāyatri, de son dur labeur et de sa souffrance fait monter les larmes aux yeux d'Amma. Ce qu'Amma aime, c'est le mental de Gāyatri, ce sont ses actions. Cet amour est spontané, Amma ne le crée pas consciemment. Mais elle ne le manifeste pas une seule seconde. Elle critique sans merci tout ce que Gāyatri touche ou fait. La plupart du temps, elle ne l'appelle même pas *mol* (fille).

Amma pense souvent : « Suis-je vraiment si cruelle ? Ne puis-Je montrer aucune compassion envers Gāyatri ? Je ne cesse de la faire souffrir ! Même si Amma décide un soir d'exprimer son amour envers sa fille, le lendemain, elle finit par la réprimander pour une raison ou une autre. Il lui est arrivé de la réveiller, de la faire lever, de la mettre dehors et de fermer la porte. Elle l'a punie de bien des manières, mais cela ne signifie pas qu'elle ne l'aime pas. Amma observe son mental. Mais Gāyatri n'a jamais vacillé. C'est cela, *prema.* »

Servir dans le monde : les règles à observer

Le Brahmacārī Pai posa alors une question : « Amma, tu as souvent dit qu'un *sādhak* ne devrait pas avoir de liens étroits avec des laïcs, que nous ne devrions pas porter leurs vêtements, utiliser leurs affaires ou entrer dans leur chambre. Comment servir en respectant ces règles ? »

Amma : « Il n'y a aucun mal à servir, mais il s'agit de rester vigilant. Il est vrai que tout est le Soi, que tout est Dieu et qu'il est présent en tous et en tout. Mais il faut agir avec discernement, selon les circonstances. Quand un *sādhak* se rend dans une maison, il doit éviter d'entrer dans les chambres. Si vous allez dans un endroit où l'on manipule du charbon, même si vous n'y touchez pas, vous serez couvert de poussière noire. On dit que sur le site de Kurukṣetra, on peut encore entendre l'écho de la bataille qui s'y est déroulée il y a plusieurs millénaires. Les chambres des laïcs vibrent de leurs pensées. Si vous y demeurez, ces vibrations entreront dans votre subconscient et tôt ou tard, vous en subirez les effets. Si vous vous rendez chez un dévot, passez le plus de temps possible dans la salle de *pujā*. Que ce soit l'endroit où vous vous entretenez avec les membres de la famille. Dans la conversation, évitez les sujets profanes et ce qui n'est pas bénéfique d'un point de vue spirituel. Les discussions inutiles sont comme un tourbillon : elles tireront votre mental vers un niveau de conscience inférieur sans même que vous vous en aperceviez. Les vêtements contiennent les vibrations des pensées de ceux qui les portent. Les *sādhaks* ne doivent donc pas mettre les vêtements des laïcs. Il n'est pas bon non plus d'utiliser leur savon. Si vous prêtez le vôtre, mieux vaut ne pas le reprendre. Emportez toujours avec vous les vêtements nécessaires et votre *āsana*.

Un *sādhak* ne devrait pas garder de liens indissolubles avec quiconque, surtout pas avec des chefs de famille. Mais veillons à ne blesser personne par notre conduite. S'ils insistent, expliquez vos motifs en quelques mots, en souriant. Arrivé à un certain niveau de *sādhana*, le chercheur ne sera plus guère affecté par tout cela, pas plus que la pluie ne dérange la feuille de lotus. Mais nous devons cependant toujours rester vigilants. »

Amma arriva à Haripad vers midi, après s'être arrêtée chez quelques dévots et à l'*āśram* d'Ernakulam. Le professeur N.M.C. Warrier et sa famille l'avaient attendue toute la nuit, car elle avait annoncé qu'elle viendrait dans la nuit. Comme ils avaient décidé de ne rien manger avant son arrivée, ils étaient tous à jeun. Amma leur avait fourni ainsi l'occasion d'une bonne méditation. Dieu est prêt à tout pour fixer le mental de ses dévots sur lui. Pour souhaiter la bienvenue à Amma, le fils de la famille avait dessiné sur le sol quelques *kalams* (dessins traditionnels tracés avec de la farine de riz et de la poudre de curcuma) et allumé une lampe à huile au centre. Amma regarda attentivement les motifs et dit : « Il y a une petite erreur ici. Il faut éviter cela lorsqu'on dessine un *kalam*. On dit qu'une faute dans le *kalam* annonce un conflit au sein de la famille. Nous devons tracer ces motifs avec un certain *saṅkalpa*. Mon fils, exerce-toi d'abord avec du sable. Prends les mesures et vérifie que le dessin est correct. Quand tu te seras assez entraîné, alors dessine le *kalam*. Il n'y a rien de mal dans ce *kalam*, parce que ton cœur était pur, rempli d'amour et de dévotion pour Amma. Mais la prochaine fois, fais attention. »

Amma se rendit encore dans cinq autres maisons de Haripad. Où qu'elle aille, les voisins l'invitent aussi. Quel que soit son état de fatigue ou l'insistance d'autres personnes pour qu'elle se repose, elle accepte. Les dévots, ravis que la poussière des pieds d'Amma vienne sanctifier leur maison, ont tendance à oublier ses difficultés.

Arrivée à l'*āśram*, elle découvrit que de nombreux visiteurs l'attendaient depuis le matin. Bien qu'elle fût physiquement très fatiguée, elle ne changea pas les horaires habituels du *bhava darśan*.

Lundi 4 novembre 1985

À trois heures de l'après-midi, Amma était dans la chambre de Śrī Kumār, assise près de lui sur son lit. Il avait la fièvre depuis deux jours. Un *brahmacārī* apporta un récipient rempli d'eau chaude, afin qu'il puisse prendre une inhalation. Une feuille de bananier était attachée sur l'ouverture du pot.

Amma : « Assieds-toi par terre, fils. Respire un peu de vapeur et tu iras mieux ensuite. »

On étala une natte sur le sol et Amma aida Śrī Kumār à s'asseoir. Lui tenant la main, elle le fit asseoir sur la natte. Il était couvert d'un drap épais.

Amma : « Mon fils, maintenant déchire la feuille de bananier. Prends de la vapeur jusqu'à ce que tu sois bien en sueur et la fièvre partira. »

Quelques dévots, venus pour le *darśan* d'Amma, entrèrent dans la hutte en apprenant qu'elle y était.

Amma : « Mon fils Śrī a la fièvre depuis deux jours. Amma a pensé à lui faire faire une inhalation. Quand êtes-vous arrivés, mes enfants ? »

Une femme : « Il y a un moment. Mais nous venons juste d'apprendre que tu étais là. »

Amma ôta le drap qui couvrait Śrī Kumār. Il avait suffisamment transpiré. Elle l'aida à remonter sur le lit et à s'allonger. Amma s'entretint avec les dévots. Après quelques propos préliminaires, la conversation prit un tour plus sérieux.

Vedanta — le vrai et le faux

Un dévot : « Amma, un de mes amis est venu me voir l'autre jour. Il est amoureux de la femme d'un ami. Comme nous en discutions, il a déclaré : « Kabirdās a bien donné sa femme à qui la lui demandait. Qu'y a-t-il donc de mal à cela ? »

Amma : « Mais Kabirdās abandonna joyeusement son épouse à celui qui la désirait. Il n'a pas trahi un ami en lui volant sa femme. Que notre amateur de *vedanta* essaye donc de demander à son ami s'il est prêt à lui céder sa femme. S'il le fait, nous pourrions bien ne plus jamais le revoir. » Amma rit.

Kabir était un juste. À ses yeux, le *dharma* était plus important que sa femme ou que lui-même. Il n'hésita pas. Il avait l'habitude de donner tout ce qu'on lui demandait. Il ne s'écarta pas de son *dharma*, même quand on lui demanda sa femme. Mais une épouse a son propre *dharma*. Une femme qui est vraiment dévouée à son mari ne regardera même pas un autre homme. Après avoir enlevé Sītā, Rāvaṇa essaya de la tenter de bien des manières, mais rien ne put ébranler sa fidélité. Elle ne pensait qu'à Rāma. Elle avait décidé de ne pas céder à un autre homme, fût-ce au prix de sa vie. Tel est le *dharma* d'une épouse.

L'action de Kabir est le signe d'une âme libérée. Il avait renoncé à toute notion de « moi » et de « mien ». « Tout est le Soi, tout est Dieu », telle doit être l'attitude d'un être spirituel. Il devrait considérer que tout est Dieu ou que tout est son propre Soi. S'il adopte le premier point de vue, tout est Dieu ; il n'est donc pas question de haïr quiconque ou de se mettre en colère : on ne peut qu'adorer. S'il adopte le second, rien n'est distinct de son propre Soi, il n'y a pas d'autre. Ôtez les bornes qui séparent deux champs, et ils ne font qu'un. Nous nous voyons en tout. Comme la main droite va soigner la main gauche blessée, nous considérons la souffrance d'un autre homme comme la nôtre et nous venons à son aide. »

Un *brahmacārī* partait quelques jours à Ernakulam pour faire des achats. Il prit un parapluie dans la hutte. Comme il n'avait pas de poignée et que la couleur de l'étoffe était un peu passée, le *brahmacārī* le reposa. Derrière la porte était accroché un parapluie neuf. Il choisit donc celui-là. Il se prosterna devant Amma et sortit, prêt à partir.

Amma le rappela. Elle lui enleva le parapluie neuf et lui demanda de reprendre le vieux. Sans hésiter, le *brahmacārī* s'exécuta et partit. Tout le monde restait perplexe devant ce comportement, mais quand on lui en demanda la raison, Amma répondit : « Il ne voulait pas du vieux parapluie, il voulait le neuf. Le mental d'un *brahmacārī* ne doit pas se laisser séduire par les apparences. C'est pour vous détacher du luxe que vous vivez à l'*āśram.* »

Peu après, Amma demanda à quelqu'un de rappeler le *brahmacārī*. Elle reprit le vieux parapluie et lui rendit le neuf. Il se prosterna, puis se releva.

Amma : « Mon fils, un chercheur spirituel ne doit pas rechercher la beauté extérieure, qui est périssable et risque de l'entraîner à sa perte. Il devrait considérer la beauté intérieure, qui est éternelle. Cela lui permettra de grandir intérieurement. Il ne peut progresser que s'il ne se laisse pas prendre aux pièges extérieurs. Amma te rend le parapluie neuf, parce qu'elle a pu observer chez toi une attitude d'abandon qui te permet d'accepter le bon comme le mauvais avec équanimité. Tu as choisi le beau parapluie pour obtenir l'approbation d'autrui, n'est-ce pas ? Ne te laisse pas séduire par les louanges. Si tu attends un certificat d'approbation des autres, tu n'obtiendras pas celui de Dieu. Or c'est celui-là qu'il nous faut. Pour cela, il est nécessaire de retirer le mental des objets extérieurs pour le tourner vers l'intérieur. Il s'agit de chercher et de découvrir ce qui est à l'intérieur.

Je ne néglige aucun aspect de la vie de mes enfants. J'examine même les détails. Qui d'autre qu'Amma est là pour corriger vos plus petites fautes ? Mais votre attention ne devrait pas se porter sur le vernis extérieur. Votre mental doit être concentré sur Dieu.

Si Amma est là pour prendre soin de tout, y compris de ce qui semble insignifiant dans la vie de ses enfants, pourquoi accorderaient-ils de l'attention aux objets extérieurs ? Tel est le point de vue d'Amma. »

Bhakti bhava

Amma : « Après ces deux ou trois jours de voyage, Amma n'a plus de voix. Nous n'avons pas eu le temps de nous reposer. Il est maintenant difficile pour Amma de chanter des *bhajans*. Elle n'a jamais eu autant de mal, depuis toutes ces années. À quoi sert d'avoir une langue, si on ne peut chanter les *bhajans* ? »

Brahmacārī : « Tu as pris sur toi le *prārabdha (karma)* de ceux qui sont venus au *darśan* à Elur, Amma. Il y avait beaucoup de malades, et ils sont repartis soulagés, avec le sourire. »

Amma : « Si ma souffrance est le résultat de leur *prārabdha*, si j'endure la douleur à leur place, alors je ne suis pas triste. Après tout, quelqu'un d'autre est guéri. Malgré tout, je ne peux pas rester une journée sans prononcer le nom de Dieu. »

Amma se mit soudain à pleurer. Les larmes roulaient sur ses joues ; incarnation de la dévotion, elle se lamentait, le cœur déchiré de ne pas pouvoir chanter le nom de Dieu. Baignant dans la pourpre du crépuscule, l'atmosphère semblait refléter son chagrin. Sous l'effet de cette suprême dévotion, son visage paraissait rayonner d'un éclat encore plus lumineux. Ses sanglots se calmèrent peu à peu. Amma glissa dans un état de *samādhi* qui dura une heure.

Quelle leçon sur la manière d'appeler Dieu et de pleurer pour lui ! Un moment après son extase, Amma alla au *kalari* et se joignit aux *bhajans*.

kaṇṇante kāloca

On entendit les pas de Kaṇṇa (Kṛṣṇa)

Lors d'une nuit de lune argentée.
En entendant les notes de la flûte,
Mon mental se perdit dans un rêve doré.

Devant ce clair de lune pur et lumineux,
Ô fragrance de l'hiver,
En voyant ce sourire de miel,
Mon mental rayonne de félicité,
Ô Kaṇṇa.

J'ai d'innombrables histoires à te raconter.
Kaṇṇa, je t'en prie, ne pars pas !
Viens te baigner dans le lac de béatitude
Qu'est devenu mon mental.

Quand Amma rentra dans sa chambre, un *brahmacārī* l'attendait. Il avait les yeux gonflés, son visage était méconnaissable.

Amma : « Que t'arrive-t-il, fils ? »

Brahmacārī : « Cela a commencé ce matin. Mon visage est enflé. »

Amma : « Il n'y a rien à craindre. Un peu de poussière est entrée dans tes yeux. C'est la cause du problème. »

Amma demanda à une *brahmacārinī* de lui apporter un peu d'eau de rose. Puis elle dit au *brahmacārī* de s'allonger et lui donna son oreiller pour qu'il y pose la tête. Mais il était réticent.

Amma : « Le vrai respect pour Amma ne consiste pas à s'abstenir d'utiliser ces objets parce qu'ils lui appartiennent. Amma ne voit pas les choses ainsi. Le signe de votre respect pour elle, c'est votre obéissance. »

Elle lui mit la tête sur l'oreiller et lui versa de l'eau de rose dans les yeux. Puis elle lui ordonna de rester un moment allongé, sans bouger.

Vendredi 8 novembre 1985

Brahma muhūrta

L'étoile du matin se levait. Les *brahmacārīs* aussi et la lumière filtrait par les interstices dans les murs en feuilles de cocotier tressées des huttes. Amma passa devant chaque hutte, une lampe de poche à la main, pour vérifier que ses enfants étaient levés. La plupart des *brahmacārīs* avaient pris leur douche. On pouvait entendre résonner les *mantras* védiques.

Dans l'une des huttes, il n'y avait pas de lumière. Amma regarda à l'intérieur avec la lampe électrique. Le *brahmacārī* dormait à poings fermés. Amma tira d'un coup sec un coin du drap qui l'enveloppait. Il se tourna de l'autre côté, attrapa le drap et se recouvrit. Amma s'amusait beaucoup. De nouveau, elle tira le drap. Il repoussa la main qui tenait le drap et se recroquevilla. Amma sortit chercher un verre d'eau et lui en aspergea le visage.

Il se leva d'un bond et chercha du regard, furieux, qui avait osé le tirer de son sommeil matinal. Il vit devant lui deux yeux perçants. Bien qu'à moitié endormi, il ne lui fallut pas longtemps pour reconnaître la forme vêtue de blanc. Il se mit à trembler. Quand Amma le vit debout, son sourire s'évanouit. Elle arborait maintenant une expression sévère.

Amma : « Pendant l'*arcana*, toutes les divinités viennent. Veux-tu qu'elles te maudissent ? Si tu ne peux même pas te lever le matin, pourquoi rester à l'*āśram* ? Tu pourrais aussi bien partir, te marier et vivre heureux. Quand les enfants pleureront nuit et jour, tu devras leur chanter une berceuse et les prendre dans tes bras pour les endormir. Les gens comme toi ne peuvent pas apprendre autrement. »

Amma, partie dans une tirade, n'était pas prête à s'arrêter. « Cela fait combien de jours que tu n'es pas allé à l'*arcana* ? »

Le *brahmacārī* répondit en chancelant : « Deux jours ». Il ne pouvait pas lever la tête et regarder Amma. « Tu devrais avoir honte. Même Acamma, qui a plus de soixante-dix ans, se lève à quatre heures et demie. »

Les *brahmacārīs*, qui revenaient de l'*arcana*, eurent un aperçu du Kāli *bhava* d'Amma. Ils se prosternèrent devant elle. Quand elle sortit de la hutte, son humeur changea totalement. L'expression de son visage devint aimable, souriante, engageante. Elle s'assit près de la hutte de *darśan*, entourée de ses enfants. Où était la férocité qu'elle arborait quelques secondes auparavant ? En un instant, son visage de lotus s'était épanoui en un tendre sourire, plein d'amour.

Amma : « Je lui ai demandé pourquoi il reste ici s'il est incapable de respecter les règles de l'*āśram* et de faire sa *sādhana.* J'ai dû lui faire de la peine. Il est douloureux pour Amma de vous gronder, mais ce sont ses réprimandes, plus que son amour, qui éliminent les impuretés en vous. Si Amma ne manifeste que de l'amour, vous ne chercherez pas à l'intérieur. Si Amma vous dispute, c'est uniquement par amour, par compassion. C'est le véritable amour. Si Amma vous punit, vous serez peut-être contrariés, mais elle le fait pour affaiblir vos *vāsanas* et éveiller le Soi. Il est impossible de détruire les *vāsanas* sans provoquer un peu de souffrance.

Le sculpteur entame la pierre au ciseau, non parce qu'il est en colère contre elle, mais pour qu'émerge sa véritable forme, cachée à l'intérieur. Le forgeron chauffe le métal et le frappe pour lui donner la forme désirée. Ainsi, pour qu'un abcès guérisse, il faut appuyer pour en faire sortir le pus et le médecin doit parfois l'ouvrir. Un témoin de la scène pourrait croire que le docteur est cruel. Mais si, par affection pour le patient, il se contente de mettre du désinfectant sans ouvrir l'abcès, celui-ci ne guérira pas. De même, les réprimandes et la discipline du *guru* seront peut-être un peu douloureuses pour le disciple, mais son seul but est de détruire les *vāsanas*.

Mes enfants, si une vache mange un jeune plant de cocotier, il est inutile de lui dire gentiment : « Ne le mange pas, chère vache ». Par contre, si vous lui criez : « Ouste, va-t'en ! » elle arrête et s'en va. Les paroles d'Amma doivent avoir l'effet nécessaire et vous transformer. C'est pourquoi elle prend parfois un ton aussi sévère. »

Qui d'autre qu'Amma est là pour aimer et disputer les résidents de l'*āśram*, et même pour brandir le bâton et leur en faire tâter si nécessaire ? Tel était leur sentiment.

Elle garda un moment le silence, puis reprit : « Mes enfants, si vous êtes contrariés, Amma ne vous grondera plus. Elle aime vous voir heureux et ne veut pas vous faire de peine. »

À ces mots, le cœur des *brahmacārīs* palpita. Chaque fois qu'Amma les réprimandait, leur amour pour elle devenait plus profond, leur lien avec elle plus fort.

Amma se leva et se dirigea vers le réfectoire, tout en continuant à parler aux *brahmacārīs* qui la suivaient comme son ombre.

Amma : « Ce n'est pas pour vous blesser qu'Amma prend un ton sévère. C'est pour que vous voyiez vous-mêmes la force de votre lien avec elle. Seuls ceux qui sont prêts à accepter de se faire battre et même tuer progresseront. Un *brahmacārī* est destiné à porter le monde entier sur ses épaules et ne doit pas faiblir pour de petites choses. Je vais réellement secouer mes enfants. Ceux qui ne désirent rien d'autre que réaliser le Soi resteront, les autres partiront. »

Histoires anciennes

C'était l'heure des *bhajans* dans le *kalari*. Depuis plusieurs jours, Ottur espérait passer un moment avec Amma. Il marcha lentement vers la chambre d'Amma et fut très heureux de la voir. Elle lui prit la main pour le faire asseoir à côté d'elle. Il se prosterna et mit la tête sur ses genoux, comme un petit bébé. Amma lui caressa affectueusement le dos. Le neveu d'Ottur, Nārāyaṇan, et un autre *brahmacārī*, étaient également présents.

Relevant la tête, le vieil homme dit : « Les *brahmacārīs* me racontent des histoires d'autrefois. Je regrette de ne pas avoir eu la chance d'être témoin de ces scènes. Mais je serais satisfait si tu me les racontais. Ils m'ont dit que ta famille t'attachait pour te battre. En entendant cela, j'ai tout de suite songé au petit Ambadi Kaṇṇa[7]. Pourquoi te battaient-ils ? »

Amma rit et se mit à raconter : « À l'époque, Amma apportait de quoi manger aux pauvres du voisinage, même s'il lui fallait voler de la nourriture chez elle. C'est pourquoi on la battait. Amma allait de maison en maison et recueillait les épluchures de tapioca et l'eau de riz pour nourrir les vaches. Dans la plupart de ces maisons, les gens souffraient de la faim et Amma éprouvait beaucoup de compassion envers eux. Chez elle, quand personne ne la voyait, elle mettait dans un récipient un peu de riz bouilli. Puis elle faisait semblant d'aller chercher de l'eau de riz et apportait le riz aux affamés. Dans certaines familles, on laissait les grand-mères sans savon ou autres produits nécessaires. Amma leur apportait du savon de chez elle. Elle lavait aussi leur linge. »

Ottur : « Oh ! Ces gens devaient avoir accumulé bien des mérites dans leurs vies précédentes pour pouvoir ainsi participer aux *līlās* d'Amma ! »

Amma : « Amma faisait tout cela, enfant, mais ensuite elle a ressenti un détachement absolu, universel. Elle n'aimait pas que quiconque approche et dérange sa méditation. Elle éprouvait de l'aversion envers tout. Elle ne supportait pas même mère nature.

---

[7] Le petit Kṛṣṇa d'Ambadi. « Ambadi » (littéralement village de vachers en malayalam) est le village où Kṛṣṇa a grandi.

Elle haïssait jusqu'à son propre corps, le mordait et le blessait, allant jusqu'à s'arracher les cheveux. Elle ne se rappelait que plus tard qu'elle avait agi ainsi. »

Ottur *(surpris)* : « Tes parents le voyaient-ils ? »

Amma : « Quand le père d'Amma la voyait pleurer très fort, il venait et la prenait sur son épaule. Il n'avait pas la moindre idée de ce qui la faisait agir ou pleurer ainsi. Un jour, Amma lui dit : « Emmène-moi dans un endroit isolé, emmène-moi dans les Himālayas ! » Et elle s'est mise à pleurer. Amma était alors très jeune. Son père l'a prise sur son épaule pour qu'elle arrête de pleurer et lui a dit : « Je t'y emmènerai bientôt. Viens dormir, maintenant, mon enfant ! »

Amma partit soudain dans une profonde extase. Ses mains, immobiles, formaient un *mudra* mystique. Seuls le rythme et l'harmonie des *bhajans* venaient rompre le silence.

amba māta jaganmāta

Ô mère divine, mère de l'univers,
Ô mère si courageuse,
Toi qui accordes la vérité et l'amour divin !
Ô toi qui es l'univers même,
Incarnation du courage,
De la vérité et de l'amour divin.

Le *bhajan* atteignit son apogée et les *brahmacārīs* étaient entièrement plongés dans le chant, oubliant tout. Amma restait en extase. Lentement, le chant se termina. Il y eut un silence, puis l'harmonium préluda au *kīrtan* suivant. Amma sortit peu à peu de *samādhi* et retrouva son état habituel. La conversation reprit.

Ottur : « Quel âge avais-tu alors ? »

Amma : « Sept ou huit ans. Le père d'Amma la tenait sur son épaule et marchait. N'avait-il pas promis de l'emmener dans les Himālayas ? Elle y croyait absolument, comme n'importe quel enfant, et elle a fini par s'endormir sur son épaule. Quand elle s'est réveillée, elle s'est remise à pleurer, car il n'avait pas tenu sa promesse. À l'époque, ce n'était pas facile pour Accan. Je méditais la nuit dans la cour, assise, sans dormir. Il veillait aussi et me surveillait. Il avait peur de laisser sa fille seule dehors la nuit.

Amma allait chercher des branches pour nourrir la chèvre. Il y avait un grand arbre qui surplombait l'eau. Elle y grimpait et s'y asseyait. Tout à coup, elle avait le sentiment d'être Kṛṣṇa, assise dans l'arbre et balançant les jambes. Tout naturellement, elle émettait le son de la flûte. Comme elle cassait des branches et les jetait à terre, d'autres filles venaient les ramasser et Amma imaginait que c'étaient des *gopis*. Ces pensées lui venaient spontanément. Elle se demandait si elle était devenue folle.

Sa famille n'aimait pas qu'elle se mêle aux autres filles ; Amma allait donc d'ordinaire seule chercher de l'eau. Un jour, elle a grimpé dans le banian et s'est allongée sur une branche, comme le dieu Viṣṇu sur le serpent Ananta. La branche était très fine, mais elle n'a pas cassé. Cet arbre est toujours là, sur la plage. »

Ottur : « Tu grimpais et t'allongeais sur une mince branche ? »

Amma : « Oui. Comme le seigneur se repose sur Ananta. Ceux qui l'ont vu disent qu'il y avait différentes couleurs sur le corps d'Amma. Elle n'en sait rien. C'était sans doute l'effet de leur foi. Aujourd'hui, Amma ne peut pas même songer à ce monde. »

Ottur : « J'aimerais entendre l'histoire du *pancāmṛtam*. »

Amma : « Amma a laissé faire les sceptiques. Elle n'a touché à rien. À l'époque beaucoup de gens doutaient d'elle. Le *bhava darśan* venait juste de commencer. Amma a demandé à quelques-uns des opposants d'apporter de l'eau, et ils en ont apporté une cruche. Elle leur a demandé d'imaginer que l'eau se transformait. Et au même moment, dans leurs mains, l'eau s'est changée en *pancāmṛtam*. »

C'était la fin des *bhajans* dans le *kalari*. L'écho du *mantra* invoquant la paix retentissait.

oṃ pūrṇamadaḥ pūrṇamidam
pūrṇāt pūrṇamudacyate .
pūrṇasya pūrṇamādāya
pūrṇamevāvaśiṣyate .
oṃ śāntiḥ śāntiḥ śāntiḥ
om śrī gurubhyo namah !
hariḥ om !

Cela est le tout, ceci est le tout ;
c'est du tout que le tout émerge ;
si l'on ôte le tout du tout,
le tout demeure.
Paix, paix, paix !
Salutations aux gurus !
Hari om !

Le silence régna quelques instants. Puis, la cloche de l'*ārati* se fit entendre. Nārāyaṇan aida Ottur à se lever et ils sortirent pour assister à l'*ārati* Le *brahmacārī* regagna sa chambre, rempli de respect sacré et de gratitude. Il avait été témoin de cette scène, où la dévotion d'une part et une profonde affection maternelle pour le dévot de l'autre se mariaient dans une belle harmonie.

Amma écoute la lecture du Bhāgavatam

Devant le *kalari*, Kavyakaustubham[8] Ottur commentait le Śrīmad Bhāgavatam.

---

[8] « *kaustubha* parmi les poètes » titre décerné à Ottūr Unni Nambūdiripad pour son œuvre de poète (la pierre *kaustubbha* est une pierre précieuse que le dieu Viṣṇu porte sur la poitrine) ; Ottūr était un poète célèbre, un

Un fleuve ambrosiaque de dévotion jaillissait, si puissant qu'il semblait près de déborder. Tous étaient captivés. Amma se trouvait dans l'auditoire, écoutant le récit des jeux de Kṛṣṇa enfant. Ottūr, qui avait plus de quatre-vingts ans mais dont l'esprit était toujours fixé sur Kṛṣṇa, racontait l'histoire comme si elle se déroulait juste sous ses yeux, à ce moment précis.

« ... À quelle frasque va-t-il maintenant se livrer ? Qui le sait ? Il a cassé le pot et le yaourt s'est répandu partout, comme un déluge. Lui aussi en a été aspergé. Il est donc facile de découvrir par où il s'en est allé... Il y a quelques taches de yaourt. Mais ensuite, au bout de quelques pas, plus rien... ! »

Eh bien nous sommes devant le même problème. Nous pouvons faire trois ou quatre pas vers Dieu, en suivant quelques panneaux indicateurs, en nous servant de toutes les *upaniṣads* et de tous les *purāṇas*. Mais c'est tout. Il nous faut ensuite le découvrir par nous-mêmes.

« Yaśodā le cherche. Elle sait parfaitement où dénicher Kṛṣṇa. Il suffit de regarder partout où l'on stocke du beurre ou du lait ! Impossible de le manquer ! »

Quelle bénédiction ce serait si nous pouvions voir le seigneur aussi facilement ! Mais c'était ainsi : quand vous vouliez le voir, il vous suffisait de le chercher pour le trouver.

« Yaśodā continue donc ses recherches et finit par Le découvrir juché sur un mortier qu'il a retourné. Il y a autour de lui une véritable armée : l'armée de Śrī Rāma[9] ! »

Tous tendent la main et dévorent les friandises. Kṛṣṇa se lamente d'avoir laissé deux de ses quatre bras dans la prison, mais mille bras ne suffiraient pas à nourrir tous ces singes.

érudit en sanskrit ; il est l'auteur des cent huit noms d'Amma. Il passa les dernières années de sa vie à l'*āśram*.

[9] Ottūr désigne ainsi les *gopas*, les pâtres qui furent les compagnons de Kṛṣṇa, comme « l'armée de Śrī Rāma », c'est-à-dire une armée de singes.

« Vite, vite, » dit-il, « il faut tout liquider avant que maman arrive ! » Et ce témoin universel jette de temps à autre des regards furtifs à la ronde. C'est alors qu'il l'aperçoit ! On dit qu'un corbeau, comme le vent, n'entre quelque part que si l'entrée et la sortie sont libres. Kṛṣṇa, lui aussi, y a veillé. Il s'est gardé une porte de sortie et au moment où sa mère est sur le point de l'attraper, il s'échappe.

Pourquoi court-il ? Yaśodā a un bâton à la main et Kṛṣṇa sait qu'elle n'a pas encore l'âge de s'appuyer sur une canne. Il sait que le bâton est pour lui, alors il s'enfuit. »

« ... et sa mère le suivit, lui que même le mental d'un *yogi*, entraîné par les pratiques et les austérités, ne peut atteindre sans sa grâce. » (Bhāgavatam 10 : 9)

Le *satsaṅg* se poursuivit, mais Amma se leva et se dirigea du côté ouest de l'*āśram*. Elle s'arrêta entre le *kalari* et l'école de *vedanta*, devant quelques plantes en pot accrochées aux poutres de l'école. Elle caressa doucement chacune des plantes vertes, puis Elle prit une par une les branches qui tombaient en cascade et les embrassa. Elle touchait les plantes avec autant d'amour qu'une mère pour son enfant nouveau-né.

Une résidente de l'*āśram* s'approcha pour poser une question, mais Amma lui fit signe de se taire. Comme elle allait toucher une plante, Amma l'arrêta, comme si elle avait craint que le contact de cette fille puisse nuire à la plante. Amma continua un moment à communier avec les plantes. Peut-être avaient-elles besoin, comme ses enfants humains, de lui confier leurs chagrins. Qui, sinon Amma, pourrait les consoler ?

Entre-temps, le *satsaṅg* était terminé. Amma retourna au *kalari maṇḍapam* (l'espace ouvert devant le temple) et s'assit.

Tyāga

Un dévot chef de famille : « Amma, tu insistes toujours sur l'importance de *tyāga* (renoncement, détachement). Qu'est-ce que *tyāga* ?

Amma : « Fils, toute action accomplie sans considération pour son propre confort ou son intérêt est *tyāga*. Amma appelle *tyāga* toute action effectuée comme une offrande à Dieu, pour le bien du monde, sans aucun sens du « moi » et du « mien » et sans souci de son propre confort. Les difficultés qu'une personne endure dans son propre intérêt ne peuvent être qualifiées de *tyāga*. »

Dévot : « Pourrais-tu expliquer cela, Amma ? »

Amma : « Si notre enfant est malade, nous l'emmenons à l'hôpital. S'il le faut, nous allons à pied jusqu'à l'hôpital, même si la route est très longue. Nous sommes prêts à nous mettre à genoux devant de nombreuses personnes pour que notre enfant soit admis, et si les chambres sont pleines, nous acceptons de dormir sur le sol malgré la saleté. Nous prenons plusieurs jours de congé pour ne pas le laisser seul. Mais comme tous ces sacrifices sont accomplis pour notre propre enfant, cela ne peut être qualifié de *tyāga*.

Pour un minuscule bout de terrain, les gens sont prêts à se battre, à monter et à descendre les marches du palais de justice un nombre incalculable de fois. Mais c'est uniquement dans leur propre intérêt. Ils travaillent tard et sacrifient leur sommeil pour faire des heures supplémentaires bien payées. Ce n'est pas *tyāga*. Mais si vous renoncez à votre bien être pour venir en aide à une autre personne, cela, nous pouvons l'appeler *tyāga*. Si vous aidez un de vos frères humains en lui donnant de l'argent que vous avez durement gagné, vous faites preuve de *tyāga*. Si l'enfant de votre voisin est malade et que personne ne peut lui tenir compagnie à l'hôpital, si vous le faites sans rien attendre en échange, pas même un sourire, cela mérite le nom de *tyāga*.

C'est par des sacrifices de ce genre que vous frappez à la porte du royaume du Soi. De tels actes vous permettent d'obtenir votre visa d'entrée dans cet autre monde. C'est ce que l'on appelle *karma yoga*. Toutes les autres actions ne mènent qu'à la mort. Les actes accomplis avec le sentiment du « moi » et du « mien » ne vous apportent jamais aucun bienfait réel.

Si vous rendez visite à une amie que vous n'avez pas vue depuis longtemps, vous lui apporterez peut-être un bouquet de fleurs, mais vous serez assurément la première personne à savourer la beauté et le parfum des fleurs ; vous éprouverez aussi le bonheur de donner. De même, lorsque vous agissez de manière désintéressée, d'une façon qui mérite le nom de *tyāga*, vous en retirez automatiquement du bonheur et de la satisfaction.

Mes enfants, celui qui se consacre à des actes de *tyāga*, même s'il ne trouve pas le temps de faire *japa* (répéter un *mantra*) parvient à l'état d'immortalité. Sa vie profitera aux autres comme un nectar. Une vie remplie de *tyāga* est la forme suprême du *satsaṅg* parce que les autres peuvent la voir et l'imiter.

Conseils à propos du japa

Un *brahmacārī* : « Amma, est-il bon de sacrifier le sommeil et de rester éveillé la nuit à faire du *japa* ? »

Amma : « Pendant des années, tu as eu l'habitude de dormir. Si tu arrêtes brutalement, cela te créera des problèmes. Dors au moins quatre ou cinq heures, pas moins de quatre heures. Ne réduis pas ton sommeil brutalement, fais-le progressivement. »

Brahmacārī : « Je me déconcentre souvent lorsque je répète mon *mantra*. »

Amma : « Il faut réciter le *mantra* avec beaucoup d'attention. Concentrez-vous soit sur les sonorités du *mantra*, soit sur sa signification ; vous pouvez aussi visualiser chaque syllabe du *mantra* en le répétant ou bien encore visualiser la forme de votre divinité d'élection. Décidez de le réciter quotidiennement un certain nombre de fois. Cela vous aidera à faire *japa* avec détermination. Mais ne le faites pas de manière inattentive, juste pour atteindre un nombre défini à l'avance. L'essentiel est la concentration du mental. L'usage du *māla* (rosaire) vous aidera à compter et à rester concentré.

Au début, il n'est pas facile de se concentrer, alors récitez le *mantra* en remuant les lèvres. Peu à peu, vous deviendrez capable de le répéter mentalement, sans remuer les lèvres ni la langue. Ne faites jamais *japa* mécaniquement, restez toujours vigilant. Chaque fois que vous répétez le *mantra*, vous devriez avoir la sensation d'un bonbon qui vous fond dans la bouche. Vous finirez par atteindre un stade où même si vous abandonnez le *mantra*, il ne vous abandonnera pas.

Yaśodā a bien attaché Kṛṣṇa à un mortier, n'est-ce pas ? Imaginez de même que vous liez votre Divinité bien-aimée avec la corde de votre amour, puis que vous la libérez. Imaginez, comme si vous étiez plongés dans un film, que vous jouez avec elle, que vous lui parlez et que vous la poursuivez en courant pour l'attraper. Lorsque votre cœur sera rempli d'amour, cette pratique sera inutile, car toutes les pensées qui surgiront spontanément dans votre mental concerneront votre bien-aimé(e).

Mes enfants, efforcez-vous de développer l'amour qui est en vous et de cultiver l'attitude : « Dieu est tout pour moi ».

Chapitre 6

Vendredi 15 novembre 1985

En début de soirée, Amma et ses disciples arrivèrent chez un dévot de Kayamkulam. Il avait invité Amma plusieurs fois auparavant, mais c'était la première fois qu'elle consentait à accepter son invitation.

Un petit baldaquin provisoire avait été érigé devant la maison pour abriter les *bhajans* (chants dévotionnels). La foule était nombreuse et la majorité de l'auditoire était composée de personnes sans éducation, dont la compréhension de la spiritualité était très réduite. Une forte odeur d'alcool régnait, et les membres de la famille faisaient peu d'efforts pour contrôler la foule. Dans une telle atmosphère, les *brahmacārīs* trouvèrent difficile de chanter les *kīrtans* (hymnes). C'était peut-être parce qu'Amma avait prévu cela qu'elle n'avait pas répondu aux invitations précédentes. Elle a souvent déclaré : « Amma est prête à se rendre n'importe où ; elle est prête à chanter dans un bazar et à accepter les insultes, quelles qu'elles soient. Après tout, Amma chante le nom de Dieu, quelle honte pourrait-il donc y avoir à cela ? Mais les enfants d'Amma ne peuvent tolérer que l'on dise quoi que ce soit de négatif à son propos. Il y a aussi quelques femmes parmi nous. Il faut les protéger. Elles ne peuvent pas aller chanter n'importe où. C'est pourquoi Amma ne peut pas accepter sans discernement n'importe quelle invitation ».

Le secret du karma

Le voyage de retour dans le bus fut l'occasion d'un *satsaṅg*. Un *brahmacārī* demanda : « Amma, est-il inévitable que nous souffrions pour chaque erreur que nous avons commise ? ».

Amma : « Il nous faut accepter d'être punis pour les plus petites fautes. Même Bhīṣma a dû subir les conséquences de sa faiblesse ».

Brahmacārī : « Qu'a-t-il fait de mal ? Quelle fut sa punition ? »

Amma : « Lorsque Draupadi appelait au secours alors qu'on lui enlevait son sari, il s'est contenté d'assister à la scène sans intervenir, n'est-ce pas ? Il savait que Duryodhana et ses frères n'entendraient pas raison, mais il aurait dû au moins leur rappeler leur *dharma*. Néanmoins, il ne le fit pas. Il garda le silence. Le devoir de Bhīṣma était de parler de leur *dharma* à ces vilains, sans se soucier de savoir s'ils suivraient ses conseils. C'est pour cela qu'il lui fallut ensuite souffrir et mourir sur un lit de flèches.

Si vous assistez en spectateur, sans ouvrir la bouche, à une injustice que vous savez contraire au *dharma*, vous commettez la plus grande des iniquités. C'est le comportement d'un lâche, non d'un être courageux. Celui qui commet un tel péché ne doit pas croire qu'il n'en subira pas les conséquences. L'enfer est fait pour ces gens-là ».

Brahmacārī : « Où est l'enfer ? »

Amma : « Sur cette terre. »

Brahmacārī : « Mais n'est-ce pas Dieu qui nous fait bien ou mal agir ? »

Amma : « Fils, c'est vrai pour quelqu'un qui est convaincu que tout est l'œuvre de Dieu. Dans ce cas, voyons que tout nous est envoyé par Dieu, que ce soient les fruits de nos bonnes actions ou bien les souffrances endurées en punition des fautes commises.

Dieu n'est pas responsable de nos fautes, c'est nous qui le sommes. Supposons qu'un médecin nous prescrive un tonique. Il nous indique la dose à prendre, et sa fréquence. Si nous négligeons ses instructions et buvons en une seule fois toute la bouteille, ruinant ainsi notre santé, à quoi bon accuser le docteur ? De même, si nous conduisons sans prudence et qu'il nous arrive un accident, pouvons-nous mettre en cause le carburant ? Comment pouvons-nous donc incriminer Dieu pour les problèmes engendrés par notre ignorance ? Dieu nous a clairement indiqué la manière dont nous devions vivre sur cette terre. Si nous ne suivons pas ses conseils, il est inutile de le blâmer ensuite pour les conséquences de notre désobéissance ».

Brahmacārī : « La Bhagavad Gītā nous enseigne qu'il faut agir sans désirer le fruit de ses actes. Amma, comment y parvenir ? ».

Amma : « C'est le remède prescrit par le seigneur pour nous libérer de la souffrance. Il s'agit d'accomplir nos actions avec *śraddhā*, sans penser au résultat, sans nous en inquiéter.

Nous obtiendrons alors sans aucun doute le résultat que nos actions méritent. Par exemple, si vous êtes étudiant, apprenez vos leçons avec application, sans vous angoisser pour savoir si oui ou non vous réussirez à l'examen. Et si vous construisez un bâtiment, faites-le avec soin, en suivant les plans, sans vous inquiéter de savoir si l'édifice va tenir ou bien s'écrouler.

De bonnes actions engendrent de bons résultats. Si un fermier vend du riz de bonne qualité, les gens l'achèteront et il obtiendra le bénéfice de son travail. Mais s'il vend un produit trafiqué, espérant en retirer un profit supplémentaire, il en sera puni aujourd'hui ou demain, et il perdra la paix intérieure. Accomplissez donc toute action avec vigilance et dans une attitude d'abandon à Dieu. Chaque action portera ses fruits dans une pleine mesure, que vous vous en inquiétiez ou non. Pourquoi donc perdre du temps à vous faire du souci ? Ne vaut-il pas mieux employer ce temps à penser à Dieu ? »

Brahmacārī : « Si le Soi est omniprésent, ne devrait-il pas demeurer dans un corps mort ? Dans ce cas, comment la mort pourrait-elle se produire ? »

Amma : « Quand une ampoule électrique grille ou que le ventilateur casse, cela ne veut pas dire qu'il n'y a pas d'électricité. Lorsque nous arrêtons d'agiter un éventail, le petit courant d'air frais cesse, mais cela ne signifie pas qu'il n'y a plus d'air. Ou bien quand un ballon éclate, l'air qui se trouvait à l'intérieur ne disparaît pas pour autant. Il existe toujours. De même, le Soi est partout. Dieu est partout. La mort se produit, non pas parce que le Soi est absent, mais à cause de la destruction du corps, instrument du Soi. Au moment de la mort, celui-ci cesse de manifester la conscience du Soi. La mort marque donc la fin de l'instrument et non quelque imperfection dans le Soi. »

Amma se mit alors à enseigner un *bhajan* à deux *brahmacārīs*. Elle chantait vers par vers, et ils reprenaient chacun d'eux.

bhagavane, bhagavane

Ô seigneur, Ô seigneur !
Ô seigneur, toi qui es plein d'amour envers les dévots,
Toi qui es pur et qui détruis le péché,
Il n'y a semble-t-il que des pécheurs en ce monde.

Qui nous montrera le droit chemin ?
Ô Nārāyaṇa, la vertu a disparu.
L' humanité a perdu le sens de la vérité et de la vertu.
Les vérités spirituelles n'existent plus
Que dans les pages des livres.
Tout ce que l'on voit porte le vêtement de l'hypocrisie
Ô Kṛṣṇa, protège et restaure le dharma.

Puis Amma chanta un autre chant.

amme kannu turakkule

Ô Mère, ne vas-tu pas ouvrir les yeux ?
Viens dissiper les ténèbres.
Sans cesse je chanterai tes noms innombrables,
Avec une immense vénération.

Dans ce monde tissé d'ignorance
Qui d'autre que toi
Peut soulever le voile de l'ignorance ?
Tu es l'essence de la connaissance,
La puissance sous-jacente à l'univers.

Tu es chère aux dévots
Tu es la vie de leur vie ;
Nous nous prosternons sans cesse à tes pieds
Ne nous feras-tu pas la grâce d'un regard ?

Les sept sages ne cessent de chanter tes louanges.
Et maintenant, pauvres malheureux que nous sommes,
Nous t'appelons.
Ne viendras-tu pas ?

Le minibus s'arrêta devant la jetée de Vallickavu. Le temps avait passé si vite, tous furent étonnés de constater qu'ils étaient presque arrivés à l'*āśram*.

À l'entrée de l'*āśram*, ils trouvèrent un dévot qui attendait Amma avec impatience. Un jeune homme l'accompagnait. Le dévot se prosterna de tout son long devant Amma dès qu'il la vit, tandis que le jeune homme, un peu désinvolte, se contentait de regarder. Amma les conduisit tous deux vers le *kalari* et s'assit avec eux devant le petit temple.

Amma : « Mes enfants, quand êtes-vous arrivés ? »

Le dévot : « Il y a quelques heures. Nous étions dans le bus à Ochira, en route pour l'*āśram*, lorsque nous avons vu ton minibus qui partait dans la direction opposée. Nous avons craint de ne pas te voir aujourd'hui, mais à notre arrivée, nous avons appris à notre grand soulagement que tu rentrais ce soir. »

Amma : « Amma est allée voir un de ses enfants qui habite Kayamkulam. Ce sont des gens très pauvres et cela faisait déjà quelque temps qu'ils avaient invité Amma. Voyant leur tristesse, Amma leur a finalement promis de venir aujourd'hui. Comment va ta *sādhana* (discipline spirituelle), fils ? »

Le dévot : « Par la grâce d'Amma, tout se passe sans difficulté. Amma, puis-je te poser une question ? »

Amma : « Bien sûr, fils. »

L'initiation à un mantra

Le dévot : « Amma, un de mes amis a reçu un *mantra* d'un *sannyāsī*. Récemment, il a tenté de me convaincre d'accepter moi aussi un *mantra* de ce maître. J'ai eu beau lui dire que j'en avais déjà reçu un de toi, il a insisté. J'ai finalement réussi à m'en aller. Amma, lorsqu'on a reçu un *mantra* d'un *guru*, est-il juste d'en accepter un de quelqu'un d'autre ? »

Amma : « Une fois que vous avez choisi un maître, si vous considérez ensuite quelqu'un d'autre comme votre *guru*, c'est comme si vous commettiez une infidélité conjugale. Mais si aucun maître ne vous a donné de *mantra*, il n'y a pas de problème.

Une fois qu'un *sadguru* (un maître réalisé) vous a donné un *mantra*, il est inutile de chercher ailleurs. Il prendra entièrement soin de vous. Vous pouvez bien entendu respecter et honorer d'autres sages, cela ne pose pas de problème ; mais si vous ne vous engagez pas, vous n'en retirerez aucun bénéfice. Si vous allez voir un autre maître alors que celui qui vous a initié est encore en vie, vous vous comportez comme une femme qui trompe son mari et accepte un autre homme. Si tu as accepté un *mantra* de ton *guru* c'est que tu avais en lui une foi totale. Si tu choisis une autre personne comme maître, c'est que tu as perdu cette foi. »

Le dévot : « Que faire si nous perdons foi en celui qui nous a donné un *mantra* ? »

Amma : « Il faut s'efforcer dans toute la mesure du possible de garder la foi. Mais si cela s'avère impossible, alors il est inutile de rester auprès du *guru*. La foi perdue ne se laisse pas plus ranimer que les cheveux ne repoussent sur la tête d'un chauve. Une fois que vous avez perdu la foi, il est très difficile de la retrouver. Il faut donc bien observer une personne avant de l'accepter comme maître. Le mieux est de recevoir un *mantra* d'un *sadguru.* »

Le dévot : « Quel avantage cela présente-t-il ? »

Amma : « Grâce à son *saṅkalpa* (sa résolution divine), le *sadguru* peut éveiller la puissance spirituelle qui demeure en vous. Si vous ajoutez du lait à du lait, vous n'obtiendrez jamais de yaourt. Mais si vous ajoutez une petite quantité de yaourt à un bol de lait, tout le lait se transformera en yaourt. Quand un *mahātma* (littéralement : une grande âme ; un être éveillé) vous donne un *mantra*, son *saṅkalpa* est à l'œuvre. Sa puissance divine entre dans le disciple. »

Le dévot : « De nombreuses personnes jouent le rôle de *gurus* en distribuant des *mantras* à tort et à travers. Retire-t-on le moindre bienfait des *mantras* qu'elles donnent ? »

Amma : « Certains font des discours à partir d'une connaissance purement livresque, ou bien font des lectures publiques du Bhāgavatam ou du Rāmāyāna pour gagner leur vie. Ces gens ne peuvent pas assurer leur propre salut, comment pourraient-ils en sauver d'autres ? Si vous avez reçu un *mantra* d'une telle personne et que vous rencontrez un *sadguru*, demandez sans hésiter à ce qu'il vous initie de nouveau.

Seuls ceux qui, grâce à des pratiques spirituelles, ont réalisé le Soi, sont qualifiés pour donner des *mantras*. Ceux qui se posent en maîtres sont comme des bateaux en éponge : ils ne peuvent emmener personne sur l'autre rive. Si quelqu'un monte dans l'embarcation, elle sombre et le passager avec. Le *sadguru*, par contre, est comme un grand navire : en montant à bord, un nombre immense de personnes peuvent atteindre l'autre rive. Celui qui accepte des disciples et initie des gens sans avoir acquis le pouvoir nécessaire grâce à une *sādhana* est comme un petit serpent qui s'efforce d'avaler un gros crapaud. Le serpent est incapable d'avaler le crapaud, mais le crapaud ne peut s'échapper. »

Le jeune homme : « Les écritures conseillent de rechercher la compagnie des sages. Quel bienfait retirons-nous du *satsaṅg* d'un *mahātma* ? »

Amma : « Fils, si nous traversons une fabrique d'encens, nous serons ensuite imprégnés de son parfum. Même si nous n'y travaillons pas, même si nous n'achetons pas d'encens et ne touchons à rien, il nous suffit d'entrer dans ce lieu pour que la fragrance nous suive, sans effort de notre part. De la même manière, quand nous sommes en présence d'un *mahātma*, une transformation se produit, même si nous n'en avons pas conscience. Le temps que nous passons en présence d'un *mahātma* a une valeur inestimable. La présence d'une grande âme crée en nous des *vāsanās*, des qualités et des *saṁskāras* bénéfiques. Par contre, si nous vivons en compagnie de personnes dont l'esprit est enveloppé de ténèbres, c'est comme si nous entrions dans une mine de charbon ; nous aurons beau ne pas y toucher, nous ressortirons noirs de la tête aux pieds.

Trouver le moyen de pratiquer *tapas* (des austérités) pendant de nombreuses années n'est pas difficile ; mais la chance d'être auprès d'un *mahātma* est extrêmement rare et difficile à obtenir. Une telle occasion ne devrait jamais être gaspillée. À nous de montrer une patience inépuisable et de faire le meilleur usage possible de cette expérience. Le regard ou le toucher d'un *mahātma* peut nous apporter plus que dix années de *tapas*. Mais pour recevoir ce bienfait, il faut se libérer de l'ego et avoir la foi. »

L'importance de la solitude

Amma : « Qu'y a-t-il à voir, fils ? »

Le jeune homme : « Je ne comprends pas la nécessité de la cave qui se trouve derrière le *kalari*. »

Amma : « Au début, la solitude est essentielle pour un chercheur spirituel. Ainsi, le mental n'est pas distrait et il se tourne vers l'intérieur. Si vous suivez les instructions du *guru*, vous pourrez voir Dieu en toute chose.

Dans cette région, il n'y a pas de montagnes et il y a des maisons partout. Il est impossible de trouver un endroit solitaire. Il est même impossible de creuser profond dans le sol pour créer une grotte de méditation, parce qu'il y a de l'eau partout. La cave n'est donc qu'à un mètre de profondeur. On ne peut pas vraiment l'appeler une grotte.

Avant de semer les graines, nous préparons le champ et enlevons les mauvaises herbes, nous labourons la terre pour la rendre meuble et égale ; ensuite, nous pouvons semer. Quand la récolte commence à pousser, il faut encore désherber. Plus tard, lorsque les plantes sont adultes, les mauvaises herbes ne posent plus de problème, car les plantes sont assez fortes pour leur résister et ne seront pas étouffées. Mais tant qu'elles sont jeunes et fragiles, les mauvaises herbes peuvent facilement les détruire. Au commencement, il faut pratiquer les exercices spirituels dans la solitude et se plonger dans le *japa* et la méditation sans trop se mêler aux autres. Nous devons nettoyer notre champ et en ôter les mauvaises herbes. Plus tard, lorsque nous aurons consacré un certain temps à la *sādhana*, nous posséderons la force nécessaire pour surmonter les obstacles extérieurs.

Si vous essayez de pomper de l'eau et que le système fuit à la base, vos tentatives échoueront. De même, il faut juguler les fuites de l'énergie mentale accumulée par nos pratiques en renonçant à nos centres d'intérêt extérieurs. Nous avons besoin de passer du temps dans la solitude et de purifier le mental en nous libérant des mauvaises tendances (*vāsanās*) développées par le passé. Pour ce faire, il est nécessaire d'éviter de multiplier les contacts avec les autres.

Un écolier ne peut pas étudier dans une gare bruyante et grouillante de monde, n'est-ce pas ? Il a besoin d'un environnement approprié à l'étude. De même, la solitude est au début nécessaire au *sādhak* (aspirant spirituel). Lorsque vous aurez assez de pratique, vous serez capable de méditer dans n'importe quelles conditions. Mais pour le moment, des conditions spéciales sont nécessaires.

Outre la solitude, les caves présentent un avantage supplémentaire. Les vibrations dans le sous-sol, comme dans les montagnes, ont une qualité particulière qui apporte une puissance spéciale à notre *sādhana*. Les *mahātma*s disent que les grottes souterraines conviennent particulièrement aux pratiques spirituelles. Leurs paroles sont l'équivalent des *vedas*. Lorsqu'on est malade, on consulte un médecin et on accepte ce qu'il nous dit. De même, les paroles d'un *mahātma* sont l'autorité reconnue sur la voie spirituelle.

Dans les temps védiques, les forêts et les grottes où les chercheurs pouvaient se livrer aux austérités abondaient. Ils vivaient de fruits et de racines et s'adonnaient à *tapas* ; mais aujourd'hui, les circonstances ont changé. Si nous avons besoin d'une grotte, il faut en créer une. Pourtant, bien que celle-ci soit l'œuvre des hommes, elle suffit pour pratiquer la méditation solitaire. »

Le jeune homme : « Mais un chercheur a-t-il besoin d'une grotte pour se livrer aux austérités (*tapas*) ? »

Amma : « Même si des vagues se forment à la surface d'une retenue d'eau, il n'y a pas de perte d'eau. Mais si le barrage se rompt, toute l'eau s'échappe. De même, le *sādhak* perd son énergie subtile lorsqu'il parle et socialise avec autrui. Pour éviter cela, il est bon au début de s'isoler. C'est la période où le *sādhak* pratique. Si vous voulez apprendre à faire de la bicyclette, vous cherchez un espace libre et désert où vous pouvez pratiquer sans déranger personne. Personne ne considère cela comme une faiblesse. Les enfants qui vivent ici (Amma parle toujours de ses disciples et de ses dévots comme de ses enfants.) ont besoin de cette cave et de la solitude qu'elle leur procure. Plus tard, ils iront servir le monde. »

Le jeune homme : « Mais pourquoi ne vont-ils pas à Mūkambikā ou dans les Himālayas pour se livrer aux austérités ? Ils se trouveraient alors dans un milieu approprié. »

Amma : « Fils, la présence du *guru* remplace Mūkambikā ou les Himālayas. Les écritures disent que les pieds du maître sont la confluence de toutes les eaux sacrées. En outre, ces enfants sont des *sādhaks*, et ils doivent donc rester auprès de leur *guru* afin de recevoir les instructions qui leur sont nécessaires. Un disciple ne devrait jamais s'éloigner du maître sans la permission de celui-ci.

Lorsqu'un patient est très malade, le docteur ne se contente pas de lui administrer un médicament et de le renvoyer chez lui. Il le garde à l'hôpital. Il l'examine fréquemment et change la dose du remède qu'il lui administre selon l'évolution de la maladie. C'est la même chose pour un disciple qui pratique une *sādhana*. Il lui faut demeurer sous l'œil vigilant du *guru*. Le maître doit être proche pour clarifier les doutes qui peuvent se lever chez le disciple et pour guider celui-ci en lui donnant les conseils nécessaires à chaque pas de sa *sādhana*. Il faut que le *guru* connaisse la voie pour l'avoir lui-même suivie.

Si le *sādhak* n'est pas guidé correctement, il peut perdre son équilibre mental. Si vous méditez beaucoup, le corps s'échauffe. Dans ce cas, le chercheur a besoin de savoir comment rafraîchir son corps. À ce moment-là, il doit changer de régime alimentaire, il a besoin de solitude et ne pas méditer trop. Celui qui n'a pas la force de soulever plus de quarante kilos ne peut pas tout d'un coup en soulever cent sans vaciller et s'effondrer. De même, si vous méditez plus que le corps n'est capable de le supporter, cela peut engendrer de nombreux problèmes.

Si quelque chose va de travers dans votre méditation, vous ne pouvez en rejeter la faute ni sur Dieu ni sur la méditation. C'est la technique de méditation utilisée qui est défectueuse. À ce stade, les enfants qui sont ici ont besoin d'avoir Amma auprès d'eux pour pratiquer la méditation correctement et progresser. L'heure n'est pas encore venue pour eux de pratiquer leur *sādhana* seuls, ils ne doivent donc pas s'éloigner d'ici. Plus tard, ils pourront le faire sans problème. »

Le jeune homme : « Que gagne-t-on à pratiquer *tapas* ? »

Amma : « Une personne ordinaire est comparable à une chandelle, tandis qu'un *tapasvi* (une personne qui pratique une ascèse) est comme un transformateur qui peut fournir de l'électricité à un vaste secteur. Les austérités donnent au *sādhak* une immense force intérieure. Lorsqu'il est confronté à des obstacles, il ne faiblit pas. Quoi qu'il fasse, il est extrêmement efficace. *Tapas* éveille en lui le détachement, si bien que le *sādhak* agit sans attendre le fruit de ses actes. Grâce à l'ascèse, le *sādhak* considère tous les êtres de manière égale. Il n'éprouve ni attachement ni hostilité envers quiconque. Ces qualités bénéficient aussi bien au monde qu'au *sādhak*.

Il est facile de déclarer « Je suis *brahman* » alors même que le mental est rempli de jalousie et d'hostilité. *Tapas* est l'entraînement qui permet de transformer le mental impur et de le rendre divin.

Avant de passer un examen, il est indispensable d'étudier. Comment pourrait-on réussir si l'on a rien appris ? Et avant de conduire une voiture, il faut bien apprendre. On peut comparer cela à la pratique de *tapas*. Une fois que vous êtes capable de contrôler le mental, vous pouvez continuer sans faiblir quelles que soient les circonstances. Pour cela, la connaissance livresque seule ne suffit pas ; l'ascèse est nécessaire. Ce qu'elle apporte au *sādhak* est comme un parfum merveilleux qu'acquerrait le soleil. Ceux qui pratiquent *tapas* évoluent vers un état de plénitude. Leurs paroles vibrent de vie. Les gens éprouvent en leur présence une grande béatitude. Les *tapasvis* sont bénéfiques au monde parce que, grâce à leurs austérités, ils obtiennent le pouvoir d'élever autrui. »

Le jeune homme : « Que signifie réaliser Dieu, atteindre l'état suprême d'éveil ? »

Amma : « Voir Dieu en toute chose, percevoir tout comme l'un unique, savoir que tous les êtres sont votre propre Soi, c'est réaliser le Soi. Lorsque toutes les pensées se sont évanouies et qu'il n'y a plus de désirs, quand le mental est parfaitement calme, alors vous faites l'expérience du *samādhi*. C'est un état où le sentiment du « moi » et du « mien » n'existe plus. Vous êtes dès lors le serviteur de tous, vous n'êtes plus une charge pour autrui. Une personne ordinaire est comme une petite mare d'eau stagnante, alors qu'un être réalisé est comme une rivière ou un arbre : il réconforte et rafraîchit tous ceux qui viennent à lui. »

Il était très tard. Amma se leva pour partir. Elle dit au jeune homme : « Pourquoi ne restes-tu pas ici demain ? Si Amma ne se lève pas maintenant, ces enfants ne partiront pas non plus et ils manqueront leur pratique spirituelle demain matin. Amma te verra demain. »

Samedi 16 novembre 1985

Le lendemain, plusieurs des *brahmacārīs* manquèrent l'*arcana* parce qu'ils étaient restés très tard avec Amma la nuit précédente. Plus tard, au moment où la méditation allait commencer, Amma arriva et leur demanda pourquoi ils n'étaient pas allés à l'*arcana*. Elle leur dit : « Ceux qui sont détachés (qui possèdent *vairāgya*) ne manqueront jamais leurs exercices journaliers, quelle que soit leur fatigue. Mes enfants, ne manquez pas l'*arcana* quotidien. Si cela vous arrive, ne commencez à méditer qu'après avoir fait l'*arcana* tout seul. »

Tout le monde s'arrêta de méditer et se mit à réciter le Lalitā Sahasranāma ; Amma resta avec eux. Lorsque la récitation des litanies fut terminée, Amma se leva pour aller vers la cour, au nord de l'*āśram*. Quelques *brahmacārīs* l'accompagnaient, ainsi que le jeune homme arrivé la veille.

Brahmacārya

Le jeune homme : « La chasteté est-elle obligatoire ici ? »

Amma : « Amma a dit à ceux de ses enfants qui résident ici de transformer leur énergie sexuelle en *ojas* (énergie subtile) car alors ils connaîtront leur vraie nature, et c'est en cela que réside le bonheur réel. C'est leur mode de vie. Seuls doivent vivre ici ceux qui en sont capables. Les autres peuvent partir et choisir l'état de *gṛhasthāśrama* (une vie de famille orientée vers la spiritualité). Aux enfants qui viennent ici, il est demandé de pratiquer la chasteté. Ceux qui n'y parviennent pas sont libres de partir à tout moment.

Le service de la police a son règlement, l'armée a le sien. De même, les *brahmacārīs* et les *brahmacāriṇīs* de l'*aśram* doivent suivre les règles du *brahmacārya*. La continence est essentielle pour ceux qui ont choisi de vivre ici et elle n'est pas limitée à la sexualité. Il faut contrôler tous les sens : les yeux, le nez, la langue et les oreilles. Amma ne les y oblige pas. Elle leur dit seulement que c'est la voie à suivre.

En fait, Amma leur a conseillé de se marier, mais ils ne veulent pas en entendre parler. Amma leur a donc dit qu'ici, ils devaient vivre d'une certaine manière et observer des règles précises. S'ils en sont incapables, ils sont libres de partir. Personne n'est contraint de vivre de cette manière. Tous n'ont pas la force de rester sur le chemin. Amma leur dit : « Ne refoulez rien. Essayez ce mode de vie, et s'il ne vous convient pas, mariez-vous. Si vous vous costumez pour jouer un rôle, jouez-le comme il faut. Sinon, ne vous y lancez pas. Si vous voulez parvenir au but suprême, *brahmacārya* est une condition essentielle. Qu'ont dit nos *mahātmas* à ce sujet ? »

Le jeune homme : « À qui fais-tu référence ? »

Amma : « Buddha, Rāmakṛṣṇa, Vivekānanda, Rāmana, Rāmatirtha, Cattampi Svāmi, Nārāyaṇa Guru. Qu'ont-ils tous affirmé ? Pourquoi Buddha, Rāmatirtha, Tulsidas et d'autres *mahātmas* ont-ils quitté leur foyer ? Pourquoi Śrī Śaṅkaracārya est-il devenu *sannyasi* alors qu'il était si jeune ?

Leurs actions ne démontrent-elles pas la nécessité de *brahmacārya* ? Et Śrī Rāmakṛṣṇa, bien qu'il fût marié, n'a-t-il pas pratiqué *brahmacārya* afin de donner un exemple à suivre ?

Brahmacārya n'est pas une règle extérieure, il ne s'agit pas seulement de renoncer au mariage, mais de faire chaque pas en accord avec le principe suprême, sans jamais le violer, même en pensée. Cela inclut aussi le fait de ne pas nuire à autrui de quelque manière que ce soit, de ne pas regarder ou écouter quoi que ce soit sans nécessité, de ne parler que lorsque c'est nécessaire. Alors seulement, cela mérite le nom de *brahmacārya.* Sur la voie spirituelle, *brahmacārya* est absolument essentiel.

Comme il vous sera peut-être difficile au début de contrôler vos pensées, vous pouvez commencer par pratiquer *brahmacārya* extérieurement. Si vous ne l'observez pas, vous perdrez toute la force que vous avez accumulée grâce à votre *sādhana*. Amma ne veut pas dire que vous devez refouler vos désirs en vous contraignant. Pour celui qui est vraiment concentré sur le but de la vie spirituelle (qui possède *lakṣya bōdha*), le contrôle de soi n'est pas si difficile. Les gens qui vont travailler dans le Golfe Persique[10] ne reviennent souvent qu'au bout de plusieurs années.

Pendant cette période, ils sont séparés de leur femme, de leurs enfants. Lorsqu'il s'agit de trouver du travail, vous ne laissez pas votre attachement à votre famille et à votre pays constituer un obstacle. De même, si votre but est de réaliser le Soi, vous ne pensez plus à rien d'autre. Les autres pensées s'évanouissent d'elles-mêmes, sans qu'il soit besoin de les contrôler par la force de la volonté.

Les gens croient que le bonheur se trouve dans les objets extérieurs, ils travaillent donc dur pour les obtenir, gaspillant toute leur énergie. Il nous faut réfléchir et comprendre la vérité. Grâce à notre amour pour Dieu et à la pratique d'austérités centrées sur le but, nous acquerrons de la force. Cela n'est pas difficile pour ceux qui comprennent qu'ils perdent leur énergie en recherchant le bonheur à l'extérieur.

Certaines plantes, si elles ont trop de feuilles, ne donnent pas de fruits. Il faut les tailler pour qu'elles fassent des fleurs et portent des fruits. De même, si nous nous laissons emporter par les plaisirs extérieurs, nous ne trouverons jamais la vérité

---

[10] Depuis les années 70 un grand nombre d'Indiens, surtout originaires du Kerala, sont partis travailler dans les pays du Golfe.

intérieure. Si nous voulons cueillir le fruit de la réalisation, nous devons nous libérer de l'attirance pour les plaisirs du monde. »

Le jeune homme : « La culture spirituelle de l'Inde rejette-t-elle complètement la vie dans le monde ? »

Amma : « Non, pas vraiment. Elle affirme simplement que le vrai bonheur ne se trouve pas là. »

Le jeune homme : « Pourquoi ne pouvons-nous pas atteindre le but tout en profitant des plaisirs du monde ? »

Amma : « Celui qui aspire vraiment à réaliser Dieu n'a pas même une pensée pour la vie dans le monde ou les plaisirs des sens. Ceux qui mènent une vie de famille peuvent aussi atteindre le but, à condition qu'ils perçoivent clairement les limites d'une vie séculière et soient parfaitement détachés, consacrant leur vie au *japa*, à la méditation et au renoncement. »

Le jeune homme : « Est-il donc très difficile de parvenir à la réalisation du Soi tout en vivant dans le monde ? »

Amma : « Quels que soient les efforts fournis, il est impossible de goûter la béatitude du Soi tout en recherchant les plaisirs profanes. Si nous mangeons du *pāyasam* (riz au lait sucré) dans un récipient qui a contenu du tamarin, comment pouvons-nous savourer le véritable goût du *pāyasam* ? »

Le jeune homme : « Peux-tu donner quelques explications supplémentaires ? »

Amma : « Quand nous apprécions les plaisirs des sens, nous éprouvons une certaine joie, n'est-ce pas ? Il est impossible de s'élever jusqu'au plan de la béatitude spirituelle sans contrôler cela. Tu peux te marier et vivre avec ta femme et tes enfants, cela ne pose aucun problème tant que tu peux en même temps garder ton esprit centré sur le Soi. Comment celui qui recherche le bonheur dans les objets du monde pourrait-il atteindre la joie qui n'est pas de ce monde ? »

Le jeune homme : « Mais les plaisirs ne font-ils pas partie de la vie ? Par exemple, le fait même que nous soyons assis ici maintenant est le résultat de rapports physiques entre d'autres personnes. Si les relations entre hommes et femmes cessaient, que deviendrait le monde ? Comment nier cela ? Un rapport physique empêchera-t-il celui qui le vit de goûter à la béatitude ultime ? »

Amma : « Amma ne dit pas qu'il faut complètement rejeter les plaisirs du monde, mais comprenez qu'ils ne vous apporteront jamais le bonheur réel. Ce n'est pas la peau d'un fruit qui lui donne sa saveur, mais la pulpe. Comme vous le savez, vous n'accordez pas à la peau plus d'importance qu'elle ne le mérite. Quand vous comprenez que les plaisirs des sens ne sont pas le but réel de la vie, vous n'êtes plus attaché qu'au *paramātman* (le Soi suprême). Oui, il est possible d'atteindre le but tout en menant une vie de famille, à condition de rester complètement détaché, comme un poisson dans la vase.

Autrefois les gens suivaient les règles prescrites aux différents membres de la société. Ils vivaient selon les principes des écritures et ne désiraient pas uniquement les plaisirs des sens ; Dieu était le but de leur vie. Une fois qu'un enfant était né, le mari considérait sa femme comme sa propre mère ; n'avait-elle pas donné naissance à son image sous la forme de l'enfant ? Lorsque le fils était adulte, ils lui confiaient toutes les responsabilités et partaient vivre en forêt, dans la solitude. Arrivé à ce stade, le couple avait déjà acquis une certaine maturité, grâce à la vie de famille. Leur travail, le fait d'élever des enfants et les luttes pour surmonter les divers obstacles rencontrés dans la vie avaient mûri leur caractère. Pendant l'étape de *vānaprastha* (retraite dans la forêt) la femme restait auprès de son mari. Mais à la fin, ce lien lui-même était brisé, ils devenaient des *sannyāsīs*, ayant renoncé à tout. Et enfin ils atteignaient le but. Telles étaient les pratiques observées autrefois. Mais aujourd'hui, c'est différent. À cause de l'attachement que les gens éprouvent pour leurs biens et leur famille, à cause de leur égoïsme, plus personne ne vit de cette manière. Cela doit changer. Il nous faut prendre conscience du véritable but de la vie et vivre en conséquence. »

Le jeune homme : « Certaines personnes n'affirment-elles pas que l'union d'un homme et d'une femme est le bonheur ultime ? Et que même l'amour d'une mère pour ses enfants est d'origine sexuelle ? »

Amma : « Cela montre à quel point leur savoir est limité. C'est tout ce qu'ils sont capables de voir. Même dans la vie matrimoniale, le désir ne devrait pas être la force dominante. L'amour authentique devrait être le seul fondement de la relation entre mari et femme. L'amour est le support universel ; il est le fondement de l'univers. Sans amour, la création serait impossible. La source réelle de cet amour est Dieu, non le désir sexuel.

Certains couples disent à Amma : « Notre désir mutuel affaiblit le mental. Nous ne parvenons pas à vivre comme frère et sœur. Nous ne savons pas quoi faire ».

Quelle est la cause de cette situation ? De nos jours, l'être humain est l'esclave de ses pulsions sexuelles. Si on continue à l'encourager dans cette voie, que deviendra le monde ? Amma conseille aux gens de regarder à l'intérieur, de chercher la source de la véritable béatitude. Que faut-il faire ? Encourager les gens à continuer dans l'erreur, dans la voie de l'impulsion irraisonnée, ou bien les guider vers la voie du discernement, les aidant ainsi à sortir de leur égarement ?

Certains ont commis dans le passé d'innombrables fautes, mais en faisant une *sādhana* ils sont parvenus à contrôler leur mental et sont en définitive devenus des bienfaiteurs de l'humanité. Ceux qui ne pouvaient pas même regarder leur sœur sans éprouver du désir ont appris à considérer toutes les femmes comme des sœurs.

Imagine une famille où vivent cinq frères. L'un est alcoolique, le second recherche le luxe, le troisième se dispute avec tout le monde, et le quatrième vole tout ce qui lui tombe sous la main. Mais le cinquième frère est différent des autres. Il mène une vie simple. Son naturel est bon, plein de compassion, et il donne avec joie. C'est un véritable *karma yogi.* Ce frère à lui seul maintient l'harmonie au sein de la famille. Lequel des cinq devrions-nous donc prendre pour modèle ?

Amma ne peut pas adopter un point de vue différent. Cela ne signifie pas qu'elle rejette les autres personnes. Amma prie pour qu'elles aussi empruntent le bon chemin, car c'est à cette condition que la paix et le bonheur régneront dans le monde. »

Le jeune homme : « Amma, peux-tu nous parler un peu de la béatitude du Soi, à laquelle tu as fait allusion ? »

Amma : « On ne peut la connaître que par l'expérience. Peux-tu expliquer la beauté d'une fleur ou décrire la douceur du miel ? Si quelqu'un te frappe, tu peux dire que c'est douloureux, mais peux-tu exprimer avec des mots l'intensité exacte de la douleur que tu éprouves ? Alors comment serait-il possible de décrire la beauté de l'infini ?

La béatitude spirituelle ne peut être ressentie au moyen de l'intellect. Pour cela, nous avons besoin du cœur. L'intellect dissèque les objets comme une paire de ciseaux, mais le cœur est comme une aiguille qui permet d'assembler les morceaux séparés. Amma ne veut pas dire que l'intellect est inutile : les deux, le cœur comme l'intellect, sont nécessaires. Ils sont comme les deux ailes d'un oiseau : chacune joue son rôle. Si la digue qui barre un cours d'eau est prête à se rompre, submergeant tout un village, que faire ? Il faut très rapidement trouver une solution. Dans une telle situation, l'intellect est indispensable et il faut être fort. Certains s'effondrent et pleurent face au moindre petit problème. Nous devrions être capables d'affronter les obstacles sans faiblir mentalement. Il nous appartient de découvrir notre force intérieure. Nous y parviendrons grâce aux pratiques spirituelles. »

Comme une douce brise, les paroles d'Amma dissipaient les nuages de l'ignorance enveloppant le mental du petit cercle de chercheurs spirituels qui l'entouraient, leur permettant ainsi de baigner dans la lumière de sa sagesse.

Mardi 7 janvier 1986

À 9 heures 45 Amma rejoignit les *brahmacārīs* dans la salle de méditation.

Amma : « Mes enfants, si vous vous attachez à Amma sous la forme de cette personne, vous ne progresserez pas. C'est la mère de l'univers qu'il faut aimer, non ce corps. Vous devez être capables de percevoir le principe réel qu'Amma manifeste, capables de voir Amma en vous-mêmes, en tout être vivant et en chaque objet. Lorsque vous voyagez en bus, vous ne vous attachez pas au bus, n'est-ce pas ? Il ne représente pour vous qu'un moyen de transport, que vous empruntez pour atteindre votre destination. »

Un jeune homme du nom de Jayachandra Babu vint se prosterner devant Amma. Il habitait Thiruvanantapuram (Trivandrum) et avait reçu la veille pour la première fois le *darśan* d'Amma. Il était revenu aujourd'hui après avoir laissé un mot à sa famille expliquant qu'il avait décidé de venir résider à l'*āśram*.

Amma lui dit : « Mon fils, si tu restes ici maintenant, ta famille va faire un scandale et blâmer Amma en disant qu'elle te garde ici sans leur consentement. Il vaut donc mieux pour le moment que tu rentres chez toi. »

Babu refusa tout d'abord de partir, mais comme Amma insistait, il finit par accepter de rentrer. Il se prosterna de nouveau devant Amma et se leva.

« Fils, as-tu assez d'argent pour le bus ? »

« Non, je n'en ai pas apporté assez, car je n'avais pas l'intention de repartir. »

Amma demanda au Brahmacārī Kunjumon de lui donner un peu d'argent pour payer le billet. Alors Babu partit avec Kunjumon, et Amma continua à parler avec les *brahmacārīs*[11].

Adorer une forme

Amma : « Certaines personnes disent : « Ne méditez pas sur une forme. *Brahman* n'a pas de forme, il faut donc méditer sur le sans-forme ». Quelle logique est-ce là ? Normalement, nous imaginons l'objet de notre méditation, n'est-ce pas ? Même si nous méditons sur une flamme ou sur un son, il s'agit toujours d'une représentation imaginaire. Quelle est la différence entre cette sorte de méditation et la méditation sur une forme ? Ceux qui méditent sur le sans-forme recourent eux aussi à l'imagination. Certains conçoivent *brahman* comme pur amour, comme l'infini ou comme l'omniprésent. D'autres répètent « Je suis *brahman* » ou bien interrogent : « Qui suis-je ? ». Mais ce ne sont là que des concepts mentaux. Il ne s'agit donc pas réellement d'une méditation sur *brahman*. Quelle est donc la différence entre ces pratiques et la méditation sur une forme ? Pour apporter de l'eau à un homme assoiffé, il faut un récipient. Pour réaliser le *brahman* sans-forme, un instrument, un outil est nécessaire. D'autre part, si nous choisissons de méditer sur le sans-forme, comment ferons-nous si nous n'avons pas auparavant développé de l'amour pour *brahman* ? Ce n'est rien d'autre que de la

[11] Peu de temps après, Babu revint à l'*āśram* et devint *brahmacārī*.

dévotion (*bhakti*). Le Dieu personnel n'est rien d'autre qu'une personnification de *brahman.* »

Brahmacārī Rao[12] : « C'est ce Dieu que nous voyons sous la forme d'Amma. »

Amma (*en riant*) : « Représenter *brahman* avec une tête, deux yeux, un nez et quatre membres ! À quoi ressemble-t-il ? »

Un *brahmacārī* : « Lorsque nous imaginons un tel être, quel bienfait en retirons-nous ? »

Amma : « Il est facile d'adorer *brahman* lorsque nous lui attribuons une forme. Ensuite, grâce à notre amour suprême (*prema*), nous pouvons aisément réaliser le principe éternel. Un seul robinet permet d'accéder à toute l'eau contenue dans le réservoir et il est ainsi plus facile d'étancher sa soif. »

Le Brahmacārī Venu[13] posa une autre question : « Amma, on raconte que Jarasandha, au cours d'une bataille, mit en fuite le seigneur Kṛṣṇa. Comment cela est-il possible ? »

Amma : « Un *avatar* comme Kṛṣṇa n'a pu prendre la fuite que pour nous enseigner quelque chose, et non parce qu'il avait peur. »

Venu : « Le destin de Jarasandha n'était pas de mourir de la main du seigneur, une telle bénédiction n'était pas pour lui. Est-ce la vérité, Amma ? »

Amma : « Oui, c'est vrai. Et Kṛṣṇa ne brisait l'orgueil d'une personne qu'après l'avoir fait jaillir dans toute sa mesure. Lorsqu'un enfant s'amuse à prendre une mine terrifiante, le père entre dans le jeu et feint d'être effrayé. Mais bien sûr, il n'a pas vraiment peur de l'enfant. »

---

[12] Quelques années plus tard, lors de son initiation à *sannyāsa*, le Brahmacārī Rao reçut le nom de Swāmi Amritātmānanda Puri.

[13] Swāmi Prāṇavamritānanda Puri.

Un autre *brahmacārī* posa une question : « Amma, ces temps-ci je lutte contre le sommeil pendant la méditation. Que dois-je faire ? »

Amma : « Fais un peu de course à pied le matin ou bien un travail physique. Que *rajas* (l'activité) chasse *tamas* (l'inertie). Le manque d'exercice physique engendre un déséquilibre entre les éléments *vata*, *pitta* et *kapha* et tu as ensuite trop sommeil pour méditer. » En riant, Amma ajouta : « Pour finir, Dieu crée toujours de gros ennuis à ceux qui sont trop paresseux pour travailler. »

Amma et l'érudit

En sortant de la salle de méditation, Amma trouva un *śāstri* (un érudit en matière des écritures) qui l'attendait. En voyant Amma, l'homme, âgé, attacha son châle de coton autour de sa taille en signe de respect, se prosterna de tout son long et déposa quelques fruits en offrande aux pieds d'Amma. Il avait aussi un exemplaire des Brahma Sutras, qu'il emportait partout avec lui depuis quarante ans et étudiait quotidiennement. Amma s'assit avec lui devant la salle de méditation.

Amma : « Quand es-tu arrivé, fils ? »

Śāstri : « Il n'y a pas longtemps. Je reviens de Tiruvananthapuram. Mon fils est venu ici le mois dernier et il m'a parlé d'Amma. J'ai donc décidé de m'arrêter en route pour venir te voir. »

Amma ferma les yeux et resta un moment en méditation. Quand elle rouvrit les yeux, le *śāstri* reprit : « Amma, il y a quarante ans que j'étudie le *vedanta* et que je donne des conférences à ce sujet, mais je n'ai toujours pas trouvé la paix. »

Amma : « Fils, le *vedanta* n'a pas grand-chose à voir avec la lecture ou avec le fait de prononcer des discours. Le *vedanta* est un principe que nous devons adopter dans notre vie. Si tu dessines sur une feuille de papier le beau plan en couleurs d'une maison, tu ne peux pas vivre dans ce plan, n'est-ce pas ? Même si tu ne désires qu'un petit abri contre la pluie et le soleil, il te faut transporter des briques et du bois de charpente jusqu'à l'endroit choisi et y construire ce que tu désires. De même, il est impossible de parvenir à l'expérience du Divin sans faire une *sādhana*. Si tu n'as pas le contrôle de ton mental, il est vain de répéter les Brahma Sutras. Un perroquet ou un magnétophone peuvent en faire autant. »

Le savant n'avait pas dit à Amma qu'il récitait chaque jour les Brahma Sutras et le Pañcadaśī. Il fut donc surpris qu'elle y fît allusion. Il lui confia ensuite tous ses ennuis. Amma le réconforta en lui prodiguant caresses et paroles consolantes. Elle le fit asseoir auprès d'elle, puis commença à donner le *darśan* à ceux qui attendaient. Le vieil homme regardait Amma avec une intense concentration. Tout à coup, ses yeux se remplirent de larmes et il se mit à pleurer. Amma se tourna vers lui et le cajola de nouveau.

Śāstri : « Amma, j'éprouve une paix que je n'ai jamais ressentie en quarante années ! Je n'ai plus besoin de mon savoir, de mon érudition. Mon seul désir est que tu me bénisses afin que je ne perde plus cette paix. »

Amma : « *namaḥ śivāya* ! Il ne suffit pas de lire le *vedanta* et d'en imprégner le mental. Il faut l'amener dans le cœur. Nous ne pouvons faire l'expérience des principes du *vedanta* qu'à cette condition. Si l'on nous dit que le miel est sucré, nous pouvons nous en mettre sur le doigt, mais tant que nous ne l'aurons pas goûté avec la langue, nous n'en connaîtrons pas le goût. La connaissance accumulée par l'intellect doit parvenir jusqu'au cœur, car c'est là que se trouve l'expérience. Un jour viendra où ton cœur et ton intellect ne feront plus qu'un. Cet état est indescriptible. C'est une expérience directe, une perception directe que les mots ne sauraient rendre. Quand bien même tu aurais lu tous les livres du monde, cela ne te donnerait pas cette expérience. Tu dois être convaincu que Dieu seul est réel et te souvenir constamment de lui. Purifie ton cœur. Vois Dieu en toute chose et aime tous les êtres. Rien d'autre n'est nécessaire. Tout ce dont tu as besoin te sera donné. »

Śāstri : « Amma, j'ai rencontré de nombreux *mahātmas* et visité beaucoup d'*āśrams*, mais c'est aujourd'hui seulement que mon cœur s'est ouvert. Je le sais. »

Avec beaucoup de tendresse, Amma essuya ses larmes, puis il ajouta : « C'est ta grâce qui m'a enfin conduit vers toi. Si Amma est d'accord, j'aimerais rester ici quelques jours. »

« Comme tu veux, mon fils. »

Abhyāsa yoga[14]

A trois heures de l'après-midi, Amma avait fini de donner le *darśan*. Elle alla s'asseoir près de l'étable, au nord de l'*āśram*, avec le *śāstri* et quelques *brahmacārīs*.

Un *brahmacārī* : « Amma, comment pouvons-nous fixer notre esprit constamment sur Dieu ? »

Amma : « Une pratique constante est nécessaire. Il n'est pas naturel pour vous de penser sans cesse à Dieu, il faut donc cultiver consciemment cette habitude. *Japa* est indispensable. N'arrêtez pas sa pratique une seule minute, pas même lorsque vous mangez ou dormez.

Les petits enfants qui s'efforcent d'apprendre l'arithmétique récitent : « Un et un deux, un et deux trois » etc., qu'ils soient assis, qu'ils marchent ou qu'ils aillent aux toilettes. Ils ont peur d'être punis par le maître s'ils n'apprennent pas leurs tables. Pratiquez de cette manière.

Sachez que rien n'existe en ce monde hormis Dieu, que rien n'a le pouvoir de fonctionner sans lui. Voyez Dieu dans tout ce

[14] Le yoga des pratiques spirituelles régulières

que vous touchez. Quand vous prenez les vêtements que vous allez porter, imaginez que c'est Dieu. Et quand vous saisissez votre peigne, considérez-le comme Dieu.

Pensez à Dieu en accomplissant chacune de vos actions. Et priez : « Tu es mon seul refuge. Rien d'autre n'est éternel. Aucun autre amour ne dure. L'amour humain me rendra peut-être heureux un moment, mais en définitive il me fera souffrir. C'est comme si quelqu'un me caressait avec des mains empoisonnées, parce qu'un tel amour n'apporte que de la souffrance, jamais le salut. Toi seul, Ô Dieu, peut combler mon désir ». Nous devrions sans cesse prier ainsi. Sans ce genre de détachement, on ne peut ni croître spirituellement, ni aider les autres. Il faut être fermement convaincu que Dieu seul est éternel.

Il est indispensable que nous nous libérions des *vāsanās* que nous avons accumulées. Mais il est difficile de le faire tout d'un coup. Il faut pratiquer sans interruption, réciter le *mantra* sans cesse, que l'on soit assis, debout ou allongé. Si nous répétons le *mantra* et visualisons la forme de Dieu, les autres pensées s'évanouiront et notre mental sera purifié. Pour se laver du sentiment du « je », le savon du « toi » est nécessaire. Quand on perçoit Dieu en tout, le « je », c'est-à-dire l'ego, disparaît, et c'est le « je » divin qui brille en nous. »

Brahmacārī : « N'est-il pas difficile de visualiser sa divinité d'élection tout en récitant le *mantra* ? »

Amma : « Fils, en ce moment tu parles avec Amma. Éprouves-tu des difficultés à lui parler parce que tu la vois ? Tu peux parler à Amma tout en la voyant, n'est-ce pas ? De même, il est possible de visualiser la forme de sa divinité d'élection en faisant *japa*. Mais cela même n'est pas nécessaire si nous prions, appelant dans un cri du cœur : « Ô Mère, donne-moi de la force ! Détruis mon ignorance ! Élève-moi, prends-moi sur tes genoux ! Ton giron est mon seul refuge, nulle part ailleurs je ne trouverai la paix. Mère, pourquoi me pousses-tu dans ce monde ? Je ne veux pas rester un seul instant sans toi. N'es-tu pas celle qui donne refuge à tous ? Je t'en prie, sois mienne ! Fais que mon mental t'appartienne ! » Appelez la mère divine à l'aide de cette façon. »

Brahmacārī: « Mais je n'éprouve aucune dévotion. Pour prier ainsi, il faut que je ressente de la dévotion, n'est-ce pas ? Amma, Tu nous dis de pleurer et d'appeler Dieu, mais encore faut-il que j'aie envie de pleurer ! »

Amma : « Si tu ne peux pas pleurer au début, répète ces paroles jusqu'à ce que les larmes viennent. Un enfant harcèle sa mère jusqu'à ce qu'elle lui achète ce qu'il désire. Il la suit partout et n'arrête pas de pleurer jusqu'à ce qu'il tienne l'objet convoité. À nous de harceler ainsi la mère divine. Asseyons-nous et pleurons. Ne lui laissons pas une minute de répit ! Appelons-la : « Montre-toi ! Laisse-moi te voir ! ». Fils, si tu dis que tu ne peux pas pleurer, cela signifie que tu n'aspires pas réellement à réaliser Dieu. Lorsque la soif de Dieu s'éveille, nous pleurons. Si tu n'y arrives pas, provoque les pleurs, même si cela exige un effort.

Suppose que la faim te tenaille, mais que tu n'aies pas d'argent. Tu iras quelque part ou tu feras quelque chose pour obtenir de la nourriture, n'est-ce pas ? Implore la mère divine en disant : « Pourquoi ne m'accordes-tu pas de larmes ? » Demande-lui : « Pourquoi ne me fais-tu pas pleurer ? Cela signifie-t-il que tu ne m'aimes pas ? Comment puis-je vivre si tu ne m'aimes pas ? » Alors elle te donnera la force nécessaire pour pleurer. Mes enfants, c'est ce que faisait Amma. Vous pouvez faire de même.

Ces larmes ne sont pas des larmes de chagrin, elles sont une forme de béatitude intérieure. Elles couleront quand le *jivātman* (l'âme individuelle) se fondra dans le *paramātman* (l'âme universelle). Nos larmes marquent un moment d'union avec le divin. Ceux qui nous regardent pensent peut-être que nous sommes dans la peine. Pour nous, c'est la béatitude. Cependant, pour atteindre ce stade, tu dois au départ utiliser ton imagination créatrice. Essaye, fils ! »

Brahmacārī : « J'avais l'habitude de méditer sur la forme de Bhagavan Kṛṣṇa. Mais après avoir rencontré Amma, cela m'est devenu impossible, parce que c'est sa forme qui venait dans ma méditation. Maintenant, cela aussi m'est devenu impossible. Amma, quand je pense à toi, c'est la forme de Kṛṣṇa que je vois mentalement ; et quand je pense à Kṛṣṇa, c'est ta forme qui apparaît. Je suis malheureux parce que je ne parviens pas à décider sur quelle forme je dois méditer. Si bien que maintenant, je ne médite plus sur aucune forme. Je médite sur le son du *mantra.* »

Amma : « Concentre ton mental sur ce qui t'attire. Comprends que tout est contenu en cela et n'est pas séparé de toi. Qui ou quoi que tu rencontres, sache que ce sont des aspects variés de cette forme unique. »

L'amour est essentiel

Śāstri : « Amma, que faut-il faire pour que la forme de notre divinité bien-aimée apparaisse clairement pendant la méditation ? »

Amma : « Quand l'amour que vous éprouvez pour votre divinité sera pur, vous verrez sa forme nettement. Tant que vous ne voyez pas Dieu, vous devriez être comme sur des charbons ardents.

Un *sādhak* devrait avoir envers Dieu l'attitude d'un amant envers sa bien-aimée. Son amour devrait être si intense qu'il ne puisse pas supporter d'être séparé de Dieu, pas même un instant. Si un amant a vu son aimée vêtue de bleu lors de leur dernière rencontre, la moindre trace de bleu lui rappelle sa bien-aimée, lui fait voir son image. Qu'il mange ou qu'il dorme, son esprit n'est préoccupé que d'elle. Quand il se lève le matin, en se brossant les dents ou en buvant sa tasse de café, il se demande ce qu'elle est en train de faire. C'est ainsi que nous devrions aimer notre divinité d'élection : au point d'être incapables de penser à autre chose qu'à l'objet de notre adoration. Même un melon amer perd son amertume et devient sucré si on le fait mariner assez longtemps dans le sucre. De même, un mental négatif sera purifié s'il est offert à Dieu et pense constamment à lui.

Un jour en marchant dans Vṛndāvana, une *gopi* vit sous un arbre un petit creux dans le sol. Elle imagina aussitôt : « Kṛṣṇa a dû passer par ici ! La *gopi* qui l'accompagnait a dû lui demander de cueillir une fleur de cet arbre. S'appuyant sur son épaule, il a sauté dans l'arbre. Ce trou dans le sol est sans doute la trace de son pied lorsqu'il a sauté ». Elle appela les autres *gopis* et leur montra l'empreinte du seigneur Kṛṣṇa. Songeant à lui, elles oublièrent tout.

Aux yeux de cette *gopi*, tout était Kṛṣṇa. Si quelqu'un lui touchait l'épaule, elle imaginait que c'était Kṛṣṇa, et la dévotion lui faisait perdre conscience du monde extérieur. Quand les autres *gopis* songeaient à Kṛṣṇa, elles aussi perdaient conscience de leur entourage et versaient des larmes de béatitude. Efforçons-nous d'atteindre cet état, en associant tout ce que nous voyons à Dieu. Pour nous, aucun monde autre que celui de Dieu ne devrait exister. Aucun effort particulier ne sera alors nécessaire pour voir sans cesse sa forme dans notre méditation, Il ne sera pas absent une seule seconde de notre mental.

À nous d'implorer mentalement tout ce que nous voyons : « Chers arbres, chères plantes, où est ma mère ? Ô vous les oiseaux, les animaux, l'avez-vous vue ? Cher océan, où est la mère toute-puissante qui te donne la force de te mouvoir ? » Nous pouvons user ainsi de notre imagination. Si nous persistons, notre mental surmontera tous les obstacles ; nous parviendrons aux pieds de l'être suprême et nous nous y accrocherons. Si tu te sers ainsi de ton imagination, alors, sans aucun doute, la forme apparaîtra clairement dans ton mental. »

Brahmacārī : « J'ai parfois le sentiment que les autres commettent des erreurs et cela détruit ma paix intérieure. Comment puis-je apprendre à pardonner aux autres ? »

Amma : « Imagine que par accident, tu te mettes le doigt dans l'œil. Tu ne vas pas frapper le doigt qui a provoqué la douleur. Il n'est pas question de le punir. Tu pardonnes à ton doigt. Si tu te fais mal au pied en trébuchant malencontreusement sur un objet, ou si tu te fais une coupure au doigt, tu le supportes. Si tu montres tant de patience envers tes yeux, tes mains et tes pieds, c'est qu'ils font partie de ton corps et que tu en es conscient. Même si parfois ils te font mal, tu le tolères. Considérons de même que les autres font partie de nous-mêmes, comprenons que nous sommes la cause de tout, que nous sommes tout, que personne n'est séparé de nous. Alors nous ne regarderons pas les défauts d'autrui et même si nous les voyons, nous traiterons ces erreurs comme les nôtres et nous pardonnerons.

Nous pouvons avoir la même attitude d'abandon de nous-mêmes que Kucela : tout ce qui arrive est la volonté de Dieu. Considérons-nous comme les serviteurs de Dieu. Il ne nous sera alors plus possible de nous mettre en colère contre qui que ce soit et nous deviendrons humbles.

Une voie consiste à voir son propre Soi en tous. L'autre est de considérer chaque personne comme Dieu et de la servir.

Vivez chaque instant avec *śraddhā*. Ne mangez qu'après avoir récité votre *mantra* et prié : « Ô Dieu, est-ce que tout le monde a mangé ? Chacun a-t-il ce qu'il lui faut ? Je t'en prie, bénis tous les êtres afin qu'ils obtiennent ce dont ils ont besoin ». Nous devrions éprouver de la compassion pour ceux qui ont une vie difficile. Alors notre mental sera purifié. La compassion nous rapprochera de Dieu. »

Après avoir ainsi loué l'amour universel, Amma conclut en insistant sur la pratique de la dévotion. En écoutant ses conseils, véritable nectar, le *śāstri* et les *brahmacārīs* sentirent leur cœur s'épanouir.

Mercredi 15 janvier 1986

Amma avec les dévots

Il était un peu plus de huit heures du matin. Amma était avec les *brahmacārīs* dans la salle de méditation.

Amma : « Mes enfants, si vous vous contentez de vous asseoir en pensant : « Bon, maintenant, je vais commencer à méditer », la forme n'apparaîtra pas dans votre mental. Vous resterez simplement assis là les yeux fermés et au bout d'un moment, vous vous rappellerez : « Oh ! Je suis supposé méditer ! » Quand vous vous asseyez pour la méditation, commencez par appeler Dieu : « Ô Dieu, ne viendras-tu pas dans mon cœur ? Sans ton aide, je ne peux pas te voir. Toi seul es mon refuge ! ». Imaginez que votre divinité d'élection se tient devant vous. Au bout d'un moment, sa forme brillera clairement dans votre mental. »

Amma sortit de la salle de méditation vers neuf heures trente. Une femme vint à sa rencontre. Cette dévote, mariée, avait passé quelques jours à l'*āśram* et refusait de rentrer chez elle. Amma tenta de la convaincre, mais la femme répondit qu'elle ne voulait pas la quitter. Amma se tourna vers les autres personnes présentes et dit : « Amma lui a dit qu'elle pouvait rester si elle apportait une lettre de son mari. Il ne serait pas correct de lui permettre de rester s'il n'y consent pas. S'il venait ici pour se plaindre, que pourrait répondre Amma ? En outre, d'autres pourraient tenter de suivre son exemple. Depuis plusieurs jours elle affirme que son mari va venir d'ici un jour ou deux, mais il n'est pas venu. Et elle a aussi une fille à la maison ».

S'adressant à la femme, Amma dit : « Amma ne peut pas attendre plus longtemps. Tu dois partir demain ».

La dévote était en pleurs. « Amma, s'il ne vient pas dimanche, je promets de partir lundi. »

A la vue de la femme éplorée, le cœur d'Amma s'attendrit et elle lui permit de rester.

Amma se dirigea vers la hutte où elle donnait le *darśan*. En passant, elle jeta un regard à la classe de *vedanta*. Voyant qu'un *brahmacārī* s'était adossé au mur pendant qu'il écoutait le cours, Elle lui dit : « Mon fils, un être spirituel ne devrait pas s'appuyer ainsi au mur dans un lieu consacré à l'étude. Reste assis bien droit, attentif, sans t'adosser à quoi que ce soit ni bouger les bras ou les jambes. Sinon, cela augmente le *tamas* en toi. Un *sādhak* doit reposer en lui-même et ne dépendre d'aucun support extérieur. La vie spirituelle ne consiste pas à rester assis sans rien faire à développer des qualités *tamasiques*. Aussi difficile que cela puisse être, tu dois garder la colonne vertébrale droite lorsque tu es assis. »

Amma continua son chemin vers la hutte. Elle entra et s'assit sur un simple petit divan de bois recouvert d'écorce d'arbre. Les gens qui l'attendaient s'avancèrent un par un et se prosternèrent. L'un d'eux avait une blessure à la nuque. C'était la seconde fois qu'il venait voir Amma. Lors de sa première visite, il ne parvenait pas à tenir la tête droite et son épaule était paralysée. Il avait auparavant subi une opération qui n'avait apporté aucune amélioration. Amma lui avait donné de la cendre sacrée (*bhasma*) et lui avait demandé d'apporter un peu de cendre d'un bûcher funéraire.

Amma : « Comment vas-tu maintenant, mon fils ? »

Le dévot : « Beaucoup mieux. Je peux tenir la tête droite et voyager sans difficultés. Cela m'était impossible avant. J'étais obligé de rester tout le temps allongé. La première fois que je suis venu te voir, le voyage a été très difficile. Mais aujourd'hui, je n'ai eu aucun problème. J'ai apporté la cendre que tu m'avais demandée. » Il donna le paquet à Amma, qui l'ouvrit et prit un peu de cendre dans la main.

Amma : « Fils, il y a beaucoup de terre dans cette cendre. Il faut que tu apportes de la cendre pure, qui ne soit pas mêlée de terre. Fais attention la prochaine fois. Pour aujourd'hui, Amma va te donner un peu de cendre ordinaire (*bhasma*) que nous avons ici. »

Amma en prit un peu sur une assiette et l'appliqua sur la nuque du dévot. Elle demanda à un *brahmacārī* d'apporter un morceau de papier pour y mettre de la cendre. Il donna à Amma un bout de papier qu'il avait déchiré d'une feuille blanche.

Amma : « Fils, comment as-tu pu déchirer un si beau papier ? Un morceau de journal aurait fait l'affaire. Ce papier blanc aurait pu servir à écrire. Amma pense à l'utilité de chaque chose. Ne gâchez jamais rien. Ne rien gaspiller, c'est *śraddhā*. Et vous ne pouvez progresser que grâce à *śraddhā*. »

Une femme venue de Suisse était assise auprès d'Amma. Elle venait juste d'arriver à l'*āśram* et c'était la première fois qu'elle rencontrait Amma. Elle avait apporté quelques présents pour Amma et les ouvrit pour les lui montrer.

La dévote : « J'ai passé beaucoup de temps à choisir ces objets, car j'ignorais ce qui pourrait plaire à Amma. »

Amma : « Amma sait à quel point tu pensais à elle lorsque tu as acheté ces cadeaux. Mais Amma n'en a pas besoin. C'est ton mental qu'elle veut. Tu as apporté ces offrandes par amour, mais cela ne sera pas toujours possible. S'il arrive que tu ne puisses plus rien apporter, ne sois pas triste et ne t'abstiens pas de venir parce que tu n'as rien à offrir à Amma. Ces objets sont périssables. Mais si tu offres ton mental, le bienfait sera éternel : il te sera rendu purifié. »

La dévote : « Ne dit-on pas qu'il ne faut pas venir au *guru* les mains vides, mais toujours apporter quelque chose ? »

Amma : « Oui, mais le *guru* n'a pas besoin de quoi que ce soit. L'offrande des dévots symbolise l'abandon du mental. Ils déposent ainsi leur *prārabdha* (les fruits de leurs actes passés) aux pieds du *guru*. Si tu n'as rien d'autre, un citron suffit. Si tu ne peux pas apporter cela, les écritures disent qu'un morceau de bois pour alimenter le feu suffit. »

Pendant qu'Amma parlait, une femme s'approcha, posa la tête sur les genoux d'Amma et fondit en larmes. Entre deux sanglots, elle l'implorait : « Amma, donne-moi de la dévotion ! Tu m'as bernée jusqu'à présent, mais cela ne marchera plus ! ». Avec beaucoup d'affection, Amma s'efforça de la consoler, mais la femme continua : « Ce tour-là ne marchera plus ! Amma, qui est omnisciente, ne me pose toutes ces questions polies que pour me duper. Amma, ne me pose pas de pareilles questions ! Que puis-je te dire ? Tu me connais mieux que moi-même ! »

Cette femme désirait faire don de sa maison à l'*āśram*, mais Amma refusait. La femme pleurait parce qu'elle voulait qu'Amma accepte. Mais elle ne cédait pas.

Amma ne rentra dans sa chambre pour déjeuner qu'à trois heures et demie. Deux *brahmacārīs* l'attendaient. Elle leur parla tout en mangeant.

« Mes enfants, saluez les gens qui viennent ici et aidez-les s'ils en ont besoin, mais ne perdez pas trop de temps à leur parler. Il est inutile d'essayer de renforcer leur foi par des paroles. Quand vous plantez un arbuste, il a peut-être quelques feuilles, mais vous ne pouvez juger de sa croissance que par les feuilles nouvelles qui apparaissent quand l'arbre a pris racine. Seule la foi qui vient de notre propre expérience est permanente, comme les feuilles qui croissent après que l'arbre soit enraciné. Ne parlez longuement qu'à ceux qui désirent vraiment savoir. »

La veille, un des *brahmacārīs* avait eu une longue conversation avec un dévot venu pour le *darśan*. En entendant ces paroles, il comprit que cela n'avait pas échappé à Amma, qui demeure en chacun de nous et qui est omnisciente.

Brahmacārī : « Amma, que faire si les gens nous suivent et nous posent toutes sortes de questions ? »

Amma : « Répondez-leur juste ce qu'il faut pour éclaircir leurs doutes. »

Les soucis de la mère pleine de compassion

Il était cinq heures de l'après-midi. Un adolescent venait de passer quelques jours à l'*āśram*. Sa famille était venue pour le ramener chez lui. Devant la maison située au nord de l'*āśram*, ils passèrent un long moment à lui parler. Mais il ne voulait pas partir. Sa mère en était bouleversée. Finalement, Amma arriva et alla s'asseoir avec cette femme devant le bâtiment pour lui parler un moment. La femme pleurait et lui demanda de renvoyer son fils à la maison. Amma accepta. Le garçon obéit aux paroles d'Amma et partit avec sa famille. Amma s'assit ensuite sur le seuil avec quelques *brahmacārīs*.

Amma : « Que peut faire Amma ? Combien de mères verra-t-elle ainsi verser des larmes amères ? Amma voit que de nombreux *brahmacārīs* viendront vivre ici. Des signes indiquent qu'ils arriveront bientôt. Un fils est arrivé l'autre jour de Nagercoil, mais il a dû rentrer pour obtenir la permission de son père. La dernière fois que ce fils adolescent est venu, Amma lui a dit de ne revenir qu'avec le consentement de ses parents. Mais il n'a pas écouté.

Où vont-ils vivre, tous ? Amma songe à établir des règles concernant l'admission des *brahmacārīs*. »

La conversation changea de sujet.

Amma : « Une fille est venue de Pandalam pour le *bhava darśan*. Elle n'a pas pris le *tīrtham* (l'eau sacrée) qu'Amma lui a offert. Elle a beaucoup souffert, mais ses tourments ne sont pas terminés. Amma lui a offert le *tīrtham* avec une compassion absolue, mais que peut-elle faire s'il n'est pas accepté ? Cette jeune fille n'a pas foi en Amma, mais le fils qu'elle va épouser est un dévot. Il l'a amenée ici en espérant que sa future épouse éprouverait quelque dévotion pour Amma.

Amma a eu pitié d'eux. Cette jeune fille ne va-t-elle pas épouser un fils d'Amma ? Le mental d'Amma et toute sa compassion s'écoulaient vers eux à travers le *tīrtham* et le *prasād* qu'elle leur donnait. Après leur départ, Amma a appelé le frère de ce fils, qui était à l'*āśram* et lui a dit : « Amma voit beaucoup de souffrance dans leur avenir. Un terrible danger les menace. Demande-leur de prier avec dévotion. » Elle a ajouté : « Lorsque cette fille a refusé le *tīrtham*, Amma ne l'a pas repris, elle l'a versé sur le sol. Grâce à cela, il lui faudra endurer moins de souffrance.

Cette fille reviendra. Elle va devenir l'épouse d'un des fils d'Amma. Amma ne la laissera pas s'éloigner. Mais elle ne pourra échapper à son *prārabdha* qu'au prix de durs efforts. Si elle avait accepté le *tīrtham* qu'Amma lui donnait, elle n'aurait pas eu à souffrir autant. »

Heureux en vérité sont ceux qui parviennent à recevoir et à retenir la grâce d'Amma, car elle est l'incarnation de la compassion. Mais comment pouvons-nous recevoir les rayons de sa grâce si nous négligeons d'ouvrir notre cœur ? Voilà pourquoi Amma nous demande de suivre ses conseils à la lettre ; ce n'est pas pour elle, mais pour notre bien.

Vendredi 17 janvier 1986

Amma, rivière de compassion

Le matin, Amma et les *brahmacārīs* partirent pour Ampalappara, dans le nord du Kerala. Lorsqu'ils atteignirent la rive de la rivière Bharata, Amma décida de s'arrêter pour nager. Le niveau de l'eau était très bas et la plus grande partie du lit sablonneux de la rivière était à sec. L'eau ne coulait que sur une étroite bande de terrain, proche de l'autre rive. Le véhicule venait juste de s'engager sur le pont pour traverser, quand Amma demanda tout à coup au chauffeur de s'arrêter. Elle lui dit de faire demi-tour et de tourner dans une rue étroite avant le pont. Cette petite rue menait au porche d'entrée d'une grande propriété. Amma dit au conducteur de s'arrêter non loin de la maison. Tout le monde se demandait pourquoi elle avait choisi de venir à cet endroit, car la rivière n'y était pas facilement accessible.

Dès que le véhicule s'arrêta, Amma réclama un peu d'eau de riz chaude (*kāñjīvellam*). Mais il n'y avait dans le petit bus que de l'eau froide. Un *brahmacārī* demanda à Amma la permission d'aller lui chercher quelque chose à boire dans la maison toute proche. Elle accepta volontiers. C'était surprenant, parce que lors de ces voyages, Amma n'acceptait d'ordinaire rien venant des maisons devant lesquelles le véhicule passait. Elle et le groupe qui l'accompagnait ne buvaient que l'eau qu'ils avaient emportée.

Le *brahmacārī* s'élança vers la maison. Quelques minutes plus tard une vieille dame, suivie d'un petit garçon, sortit en courant de la maison et vint vers le minibus. Le *brahmacārī* suivait, portant un verre d'eau de riz (*kāñjīvellam*). Quand la femme approcha du véhicule, Amma tendit les bras par la fenêtre ouverte et lui prit les mains. La vieille dame pleurait et psalmodiait sans arrêt : « Nārāyaṇa, Nārāyaṇa ». Mais elle était si essoufflée par sa course qu'elle ne parvenait pas à prononcer le nom divin correctement. Sa dévotion était extraordinaire.

Lorsqu'elle réussit enfin à parler, elle dit en balbutiant : « Ottūr Unni Nambūdiripad m'a parlé d'Amma. Depuis, j'ai toujours eu le désir de te voir. Mais je suis très âgée et il m'est difficile de voyager. J'étais terriblement triste de ne pas pouvoir aller à l'*āśram*. Il ne se passe pas un jour sans que je pense à toi. J'ai appris que tu avais rendu visite au *kovilakam*[15] de Tripūnittura.

Je fais partie de cette famille. J'espérais que, par ta grâce, il me serait possible de te voir dans cette vie. Voilà qu'aujourd'hui, mon désir est exaucé ! Je n'aurais jamais cru qu'il me serait accordé aussi vite ! Tout vient de ta grâce. Un jeune homme est venu demander du *kāñjī*. Il a dit que c'était pour Amma. « Quelle Amma ? » ai-je demandé. Lorsqu'il a dit ton nom, j'ai su que c'était la mère que je désirais si intensément voir. Je lui ai donné du *kāñjī* et des mangues marinées (dans du sel et de la poudre de piment) (pickles), puis j'ai couru ici avec mon petit-fils. » La voix lui manqua.

« Hélas ! en-dehors de ce *kāñjī*, je n'ai rien à t'offrir ! Pardonne-moi, Amma ! » Les larmes roulaient sur les joues de la vieille dame.

Amma essuya ses pleurs de ses mains sacrées et dit doucement : « Ma fille, Amma n'a besoin de rien. Elle ne veut que ton cœur. » Amma but presque toute l'eau de *kāñjī* et mangea quelques mangues marinées. La vieille dame expliqua à Amma comment accéder à la rivière et comme elle s'engageait sur le chemin, suivie des personnes qui l'accompagnaient, la femme dit : « Amma, quand tu auras fini de nager, je t'en prie, bénis-moi, entre chez moi ! »

Lorsqu'Amma revint de la rivière, elle exauça ce désir et pénétra dans la maison où la vieille dame et son mari l'attendaient. La dévote fit asseoir Amma sur une chaise dans la véranda. La joie la submergea au point qu'elle oublia tout. Son mari alla chercher un peu d'eau. Ensemble, ils lavèrent les pieds d'Amma. Leur dévotion sans tache fit entrer Amma en *samādhi*. Pour ne pas perdre de temps à chercher un beau tissu dans la maison, la femme essuya les pieds d'Amma avec le bout du sari

[15] Résidence de membres de la famille royale.

qu'elle portait. Comme elle se penchait pour le faire, ses larmes tombaient sur les pieds d'Amma.

Amma et ses enfants restèrent un moment avec eux, puis ils reprirent la route. Comme ils traversaient le pont, ils rencontrèrent Shashi, un père de famille dévot d'Amma, qui l'attendait avec sa voiture. Il insista pour qu'elle fasse le reste du voyage dans sa voiture et Amma céda à ses prières.

Vers quatorze heures trente, Amma et ses enfants arrivèrent chez Nārāyaṇan Nair à Ampalappara, un petit village situé à environ 250 kilomètres au nord-est de l'*āśram*. La beauté naturelle des villages du Kerala, qui a disparu dans beaucoup d'endroits, y était encore intacte. Entouré de collines boisées, le village de huttes en palmes de cocotier était niché dans un luxuriant jardin tropical de cocotiers, d'arbres et de buissons en fleurs. De nombreuses personnes attendaient l'arrivée d'Amma.

Lorsqu'Amma entra, ses hôtes la firent asseoir avec dévotion sur un siège sacré (*pīṭham*). Ils lui lavèrent les pieds et les décorèrent de *kuṅkuma* rouge et de pâte de santal. Ils firent ensuite l'*ārati* avec du camphre. La pièce retentissait du son des *mantra*s védiques que les *brahmacārīs* psalmodiaient. Tous étaient très émus et leurs yeux festoyaient en regardant la forme divine d'Amma. Après la *pada pujā*, Amma passa dans la pièce adjacente où elle reçut les dévots pour le *darśan*.

La famille avait préparé pour les *brahmacārīs* du jappy. Tout le monde apprécia la boisson de lait chaud et sucré. Amma observa qu'une dévote aidait un *brahmacārī* à se laver les mains en versant de l'eau. Elle remarqua ensuite : « En tant que *sādhaks*, vous ne devriez pas vous faire aider, car vous perdez ainsi le pouvoir acquis par votre ascèse (*tapas*). Ne laissez personne ramasser fût-ce une feuille pour vous. C'est en revanche à nous qu'il appartient de servir autrui dans toute la mesure du possible. »

Un *brahmacārī* préparait les lampes à huile et quelques autres objets nécessaires pour les *bhajans*. Comme il allait allumer les lampes, Amma l'arrêta et dit : « Fils, mets-toi face au nord pour faire cela. » Le *brahmacārī* ne comprit pas ce qu'elle voulait dire, alors Amma prit la petite lampe qu'il utilisait pour allumer les autres lampes. Elle les disposa avec soin et posa une feuille sur le *kindi* déjà rempli d'eau.

Elle plaça ensuite le *kindi* devant les lampes, déposa des pétales de fleurs sur la feuille et alluma les lampes. Elle dit au *brahmacārī* : « Ne te tourne pas vers le sud pour allumer les lampes. Quand tu allumes les mèches d'une lampe, procède dans le sens des aiguilles d'une montre, de la même manière que tu fais *pradakṣiṇam* (pratique qui consiste à faire le tour du sanctuaire) dans le temple. »

Amma accorde une grande attention ces détails, surtout lorsqu'elle donne des instructions aux *brahmacārīs*. Elle dit : « Demain ils devront partir servir le monde. Ils doivent se montrer vigilants dans tout ce qu'ils font ».

Les *bhajans* commencèrent. Bien vite, un petit enfant, marchant à quatre pattes, s'approcha d'Amma. Elle prit le bambin sur ses genoux et lui donna les petites cymbales. Tout en continuant à chanter, elle aidait les menottes de l'enfant à jouer au rythme de la musique.

gopivallabha gopala kṛṣṇa

Ô Gopala Kṛṣṇa
Bien-aimé des gopis,
Toi qui as soulevé la montagne Govardhana
Toi aux yeux de lotus,
Qui demeures dans le cœur de Rādha,
Tu as la couleur du lotus bleu.

Ô Kṛṣṇa, tu t'ébats à Vṛndāvana,
Toi dont les yeux sont comme
Les pétales du lotus rouge,
Ô fils de Nanda,
Délivre-moi de tous les liens.
Ô bel enfant,Ô Kṛṣṇa,
Toi qui accordes la libération.

Mercredi 22 janvier 1986

Deux occidentales méditaient dans la salle de méditation. La petite fille de l'une d'elles était assise à côté, en train de faire du coloriage. Sa mère lui avait donné cette occupation pour qu'elle ne trouble pas la méditation. Amma entra, suivie de quelques disciples et regarda la petite qui coloriait tranquillement une image.

Lorsque la séance fut terminée, Amma montra l'enfant et déclara : « Dès le plus jeune âge, il est bon de faire faire aux enfants des activités bénéfiques comme le dessin et le chant. Cette enfant pourrait-elle colorier si elle ne possédait pas une grande patience ? La peinture et le dessin lui enseignent la patience et l'aident à développer sa concentration. En outre, si les enfants sont livrés à eux-mêmes, ils courent partout, perdent leur temps et font des bêtises. Il est ensuite difficile de les discipliner. »

Les visiteurs étaient très peu nombreux ce jour-là à l'*āśram*, mis à part un groupe d'occidentaux arrivé quelques jours plus tôt. Ils passaient leur temps à aider aux travaux de l'*āśram* et à lire des ouvrages puisés dans la bibliothèque. Leur aspiration à la vérité était forte. Ces dévots connaissaient le confort matériel et les plaisirs de la vie ; ils étaient las du monde hostile, animé par l'esprit de compétition, où ils vivaient. Ils voyaient en Amma une fontaine d'amour pur et désintéressé ; ils avaient traversé les océans pour boire à cette fontaine d'Amour.

Un *brahmacārī* annonça à Amma qu'un jeune homme attendait pour la voir. Elle lui demanda de l'appeler. Elle s'assit à l'ouest de la salle de méditation et fit signe au jeune homme de s'asseoir à côté d'elle.

Amma : « Y a-t-il longtemps que tu es ici, fils ? »

Jeune homme : « Non, je viens d'arriver. »

Amma : « Comment as-tu entendu parler de l'*āśram* ? »

Jeune homme : « Il y a un moment que je fréquente différents *āśrams*. Le mois dernier, un de mes amis est venu ici. Il m'a vivement recommandé d'aller voir Amma. »

Amma : « As-tu terminé tes études ? »

Jeune homme : « J'ai une maîtrise et j'ai essayé d'obtenir une situation. En attendant, j'ai trouvé un emploi temporaire dans un collège privé, je gagne donc un peu d'argent. Mais j'ai décidé de ne pas chercher d'autre travail. J'ai une sœur. Dès qu'elle sera mariée, je voudrais aller vivre dans un *āśram*.[16] »

Amma : « Est-ce que ta famille ne fera pas d'objection ? »

Jeune homme : « Pourquoi en ferait-elle ? »

Amma : « Tes parents ne souffriront-ils pas ? »

Jeune homme : « Ils ont leur retraite et elle leur suffit pour vivre. Ils possèdent aussi des terres. »

Amma : « Qui s'occupera d'eux lorsqu'ils seront vieux ? N'est-ce pas ton devoir ? »

Jeune homme : « Qui peut garantir que je serai près d'eux quand ils seront âgés ? Si j'ai un travail à l'étranger, je ne pourrai pas accourir à leur aide, n'est-ce pas ? Et si je meurs avant eux ? »

Amma rit et dit : « Voilà un garçon intelligent ! ».

Jeune homme : « Mon ami voulait que je te demande de me trouver un emploi, mais je lui ai dit que si je rencontrais

[16] En Inde, la tradition donne aux parents et aux frères aînés de la famille la responsabilité de marier les filles et d'assurer ainsi leur avenir.

Amma, je lui demanderais seulement de m'aider à progresser spirituellement. »

Le sādhak et le scientifique

Le jeune homme : « Amma, en quoi la vie d'un *sādhak* est-elle supérieure à celle d'un scientifique ? Pour que le *sādhak* parvienne au but et pour que le scientifique réussisse dans sa recherche, ils ont tous deux besoin d'une concentration totale. La vie du scientifique n'est-elle pas aussi un genre de *sādhana* ? »

Amma : « Oui, c'est une *sādhana*. Mais un chercheur songe à un objet. Si par exemple il étudie un ordinateur, l'objet de sa méditation est uniquement l'ordinateur. Il y songe beaucoup et apprend à le connaître. Mais son esprit est concentré aussi longtemps qu'il est occupé par sa recherche. Le reste du temps, son mental court dans toutes les directions et se préoccupe de choses ordinaires. C'est pourquoi la puissance divine infinie ne s'éveille pas en lui. Un *tapasvi*, par contre, est bien différent. À mesure qu'il poursuit ses pratiques spirituelles, il commence à percevoir que tout est un. Un *sādhak* s'efforce de prendre conscience de l'omniprésent. Une fois qu'il est parvenu à la réalisation, il a acquis tous les pouvoirs. Il ne lui reste plus rien à connaître.

Imagine un bassin d'eau saumâtre. Si tu verses un peu d'eau d'un côté du bassin, tu réduis un moment la quantité de sel contenue dans cette zone. Par contre, s'il pleut, cela modifie la nature de l'eau dans tout le bassin. De même, lorsque le *sādhak* se livre à des austérités et ouvre son cœur, un pouvoir infini s'éveille en lui et il réalise le tout. Cela ne se produit pas chez le scientifique, parce que son approche est toute différente. »

Le jeune homme : « Les écritures affirment que tout est le Soi. Dans ce cas, si quelqu'un atteint l'état de réalisation, tout le monde ne devrait-il pas l'obtenir au même instant ? »

Amma : « Fils, si tu appuies sur le commutateur principal, tu mets en route l'électricité dans toute la maison. Mais pour l'avoir dans ta chambre, il faut encore que tu allumes, n'est-ce pas ? Le fait d'allumer dans une pièce n'implique pas que toutes les autres sont éclairées. Tout est le Soi, mais seule une personne qui a purifié son mental grâce à une *sādhana* réalise ce Soi.

Imagine un lac recouvert d'algues. Si tu nettoies une partie du lac, ce côté-là sera propre et tu verras la surface de l'eau. Mais le reste du lac n'est pas pour autant nettoyé. »

Questions au sujet de la sādhana

Le jeune homme : « De nombreuses personnes affirment qu'un chercheur spirituel doit respecter strictement les *yāmas* et les *niyāmas* (les obligations et les interdictions en vigueur sur le chemin du *yoga*). Est-ce vraiment important ? Ne suffit-il pas de connaître les principes ? Après tout, l'essentiel est d'obtenir la connaissance, non ? »

Amma : « Fils, la terre attire tout à elle, n'est-ce pas ? Si tu dors sur le sable noir[17] de la plage, tu te réveilleras épuisé, car le sable absorbe ton énergie.

À ce stade, tu es sous l'emprise de la nature et tu dois respecter certaines règles et limitations. Pour le moment, elles sont essentielles. Une fois que tu seras parvenu au niveau où tu n'es plus sous l'empire de la nature, il n'y aura plus de problème. Tu ne perdras pas tes forces, car tu domineras la nature. Mais d'ici là, il est nécessaire de s'en tenir à certaines règles.

Quand tu plantes une graine, il faut construire une clôture pour la préserver des poules. Quand la graine sera devenue arbre, elle pourra abriter des oiseaux, des êtres humains et d'autres

---

[17] Dans certaines parties du Kerala, incluant la zone où l'*āśram* est situé, le sable des plages est noir car il contient un fort pourcentage de rejets métalliques.

créatures. Néanmoins, au début, il faut la protéger même des poules. Ainsi, comme notre mental au départ est faible, nous avons besoin de limites et de règles jusqu'à ce qu'il ait acquis une force suffisante. »

Le jeune homme : « Pour développer cette force, ne faut-il pas apprécier la discipline qu'exige une *sādhana* sérieuse ? »

Amma : « Si, aimez votre discipline autant que vous aimez Dieu. Ceux qui aiment Dieu aiment aussi la discipline. Nous devrions l'aimer plus que tout.

Qui est habitué à boire du thé à une certaine heure a mal à la tête ou bien éprouve d'autres désagréments s'il en est privé. Ceux qui fument régulièrement du chanvre (*gañja*) sont très agités s'ils n'en prennent pas à l'heure dite. L'habitude contractée hier se manifeste aujourd'hui à son heure. De même, si nous établissons un emploi du temps et que nous le respectons strictement, nous développerons des habitudes qui, au moment voulu, nous rappelleront notre devoir. Notre *sādhana* bénéficiera grandement de cet emploi du temps régulier. »

Un dévot, qui venait d'écouter Amma, lui confia : « Amma, je médite tous les jours, mais je ne semble pas progresser. »

Amma : « Fils, ton mental est lié par tant de choses variées. La vie spirituelle exige beaucoup de discipline et de contrôle de soi, sans lesquels il est difficile de bénéficier autant que l'on voudrait de la *sādhana*. Tu fais une *sādhana*, c'est vrai, mais sais-tu à quoi on peut la comparer ? Si tu prends trente grammes d'huile et que tu les répartis dans cent récipients, il ne restera dans chacun d'eux qu'une mince pellicule d'huile adhérant à la paroi. Fils, tu accomplis tes pratiques spirituelles, mais ensuite tu te préoccupes d'une foule de choses différentes. La puissance que tu as gagnée par ta concentration, tu la perds en te dispersant. Si seulement tu pouvais voir l'unité dans la diversité, tu ne dissiperais pas beaucoup d'énergie. Si tu parviens à percevoir chaque chose comme l'essence de Dieu, tu ne dilapideras pas ta force spirituelle. »

Le dévot : « À la maison, tout le monde a peur de moi. Je me mets en colère si les autres ne se soumettent pas à ma loi. »

Amma : « Fils, tu ne retireras aucun véritable bienfait de ta *sādhana* si tu accomplis tes pratiques spirituelles tout en nourrissant de la colère et de l'orgueil. C'est comme si tu mettais d'un côté du sucre et de l'autre des fourmis : les fourmis mangeront tout le sucre. Et tu ne remarques même pas ce qui se passe ! Tout ce que tu obtiens grâce à la *sādhana*, tu le perds par la colère. Une lampe de poche ne fonctionne plus lorsque les piles sont usées, n'est-ce pas ? De même, chaque fois que tu te mets en colère, ton énergie s'échappe par les yeux, le nez, la bouche, les oreilles et tous les pores de ta peau. Seul le contrôle du mental te permettra de conserver l'énergie que tu accumules grâce à la *sādhana*. »

Le dévot : « Veux-tu dire que celui qui se met en colère ne peut pas connaître la béatitude que procure la *sādhana* ? »

Amma : « Suppose que tu plonges un seau dans un puits pour en tirer de l'eau, mais que ce seau soit plein de trous. Tu peines pour le remonter, mais quand il arrive en haut, il est vide. Toute l'eau s'est échappée par les trous. Fils, c'est à cela que ressemble ta *sādhana*. Ton mental est pris dans les rets de la colère et du désir. Tout ce que tu as obtenu par les grands efforts fournis dans ta *sādhana* s'échappe donc de temps à autre. Bien que tu fasses des pratiques spirituelles, tu n'en goûtes pas les bienfaits et tu ne les estimes pas non plus à leur juste valeur. Retire-toi parfois dans la solitude, calme ton mental et essaye de suivre une *sādhana*. Évite les situations qui éveillent chez toi la colère ou le désir. La source de tout pouvoir ne manquera pas de se révéler à toi. »

Dévot : « Amma, je suis parfois incapable de maîtriser mes désirs. Si je tente de les contrôler, cela ne fait que les renforcer. »

Amma : « Il est très difficile de dominer les désirs. Il faut toutefois observer certaines règles, car il est sinon impossible de dompter le mental. Des aliments comme la viande, les œufs, le poisson accroissent la sécrétion de semence, ce qui augmente le désir sexuel. Les sens agissent alors de manière à satisfaire ces désirs et perdent leur énergie. Si tu manges de la nourriture *sattvique* en quantité modérée, cela ne te nuira pas. Pour ceux qui suivent une *sādhana*, il est essentiel de contrôler le régime alimentaire, surtout si leur mental n'est pas fort, car ils sont aisément affectés. Mais pour celui qui possède une grande force mentale, des changements dans la diète seront sans conséquences significatives. »

Le jeune homme : « Le caractère d'une personne se modifie-t-il selon la manière dont il se nourrit ? »

Amma : « Oui, sans aucun doute. Tout aliment a sa nature propre et toute saveur, épicée, aigre ou sucrée, a sa propre influence. Même la nourriture *sattvique* doit être consommée avec modération. Par exemple le lait et le *ghee* (beurre clarifié) sont *sattviques*, mais il ne faut pas en faire une consommation excessive. Les différentes sortes de nourritures n'ont pas sur nous le même effet. Manger de la viande rend le mental instable. Pour ceux qui effectuent une *sādhana* avec le désir intense de conserver leur énergie pour réaliser le Soi, il est absolument essentiel au début de maîtriser leur alimentation.

Lorsque tu plantes une graine, il faut la protéger du soleil. Mais une fois qu'elle est devenue un arbre, elle résiste à l'ardeur du soleil. Un convalescent a besoin d'un régime alimentaire approprié et sain. De même, un *sādhak* doit faire attention à ce qu'il mange. Plus tard, lorsque vous aurez fait quelque progrès dans votre *sādhana*, les restrictions alimentaires ne seront plus d'une importance cruciale. »

Le jeune homme : « On dit souvent qu'un chercheur spirituel doit se montrer modeste et humble, mais à mes yeux, c'est plutôt un signe de faiblesse. »

Amma : « Fils, si tu souhaites développer un bon *saṁskāra* (une bonne disposition), tu dois te montrer humble dans tes relations avec les autres. L'humilité n'est pas une faiblesse. Si par orgueil tu te mets en colère ou prends une attitude supérieure envers autrui, tu perds ton énergie et ta perception de Dieu.

Personne ou presque ne souhaite cultiver l'humilité. Les gens en sont dépourvus car ils tirent vanité de ce qui est irréel. Le corps est une forme remplie uniquement d'ego, du sens du « moi »[18]. Il est pollué par l'ego, la colère et les désirs. Pour le purifier, il est nécessaire de développer des qualités telles que l'humilité et la modestie. En laissant l'ego se perpétuer, tu ne fais qu'accroître la vanité que tu tires du corps. Pour éliminer l'ego, tu dois être prêt à faire preuve d'humilité et à t'incliner devant autrui.

Il est inutile de verser de l'eau dans un seau malpropre, car toute l'eau sera souillée. Si tu mélanges un aliment aigre avec ton *pāyasam*, tu n'en savoureras pas le goût. De même, si tu conserves l'ego pendant ta *sādhana*, tu ne peux pas prendre totalement refuge en Dieu ni goûter et savourer les bienfaits de tes pratiques. Si, grâce à ton humilité, tu détruis le sens de l'ego, tes vertus brilleront au grand jour et le *jivātman* atteindra le *paramātman*.

Tu n'es aujourd'hui qu'une petite lampe de chevet dont la lueur permet tout juste de lire. Mais si tu te livres à des austérités en éliminant l'ego, tu resplendiras comme le soleil. »

---

[18] Lorsqu'Amma fait ici référence au corps, il s'agit de l'ensemble corps-mental.

Le jeune homme : « Amma, de nos jours bien des gens considèrent l'obéissance au *guru* comme une faiblesse. Ils pensent qu'il est contraire à leur dignité de se prosterner devant une grande âme. »

Amma : « Dans l'ancien temps, la porte d'entrée des maisons était très basse. Un des buts de ce mode de construction était de cultiver l'humilité. Pour éviter de se cogner la tête au montant de la porte, les gens étaient contraints de baisser la tête en entrant. En courbant la tête devant le *guru*, nous évitons les pièges de l'ego et permettons ainsi au Soi de s'éveiller.

Aujourd'hui nous sommes tous à l'image des huit formes de vanité, du sens du « moi ». Si nous désirons changer pour révéler notre vraie nature, il nous faut jouer le rôle d'un disciple et obéir aux paroles du *guru* avec humilité. Si nous suivons aujourd'hui les instructions du *guru*, nous pourrons demain être un refuge pour le monde entier. Grâce à la proximité du maître, la śakti (l'énergie divine en nous) s'éveillera et notre *sādhana* la fera s'épanouir. »

Le jeune homme : « Amma, les écritures ne disent-elle pas que Dieu est en nous, qu'il n'est pas séparé de nous ? Alors pourquoi avons-nous besoin d'un *guru* ? »

Amma : « Fils, Dieu est en toi, c'est certain. Un coffre rempli de diamants est caché en toi ; mais comme tu n'en as pas conscience, tu les cherches à l'extérieur de toi. Tu possèdes la clé du coffre, mais elle n'a pas servi depuis longtemps et elle est rouillée. Il faut la nettoyer, enlever la rouille et ouvrir le coffre. C'est dans ce but que tu viens auprès du *guru*. Si tu souhaites connaître Dieu, tu dois éliminer l'ego en prenant refuge auprès d'un maître et en lui obéissant avec humilité et soumission.

Un arbre procure des fruits à d'innombrables personnes. Mais tu en es encore au stade de la graine ; tu n'es pas encore devenu un arbre. Grâce à ses austérités (*tapas*), le *guru* est devenu *pūrṇam* (plénitude). Il te faut donc trouver un maître et faire une *sādhana* en suivant ses instructions.

Si tu creuses un puits en haut d'une montagne, tu ne trouveras peut-être pas d'eau, même à une grande profondeur. Mais près d'une rivière, il suffit de creuser un petit trou pour que l'eau jaillisse aussitôt. De même, si tu es auprès d'un *sadguru*, tes vertus brilleront rapidement et tes pratiques spirituelles porteront bientôt leurs fruits. Pour le moment, tu es l'esclave de tes sens, mais si tu vis en accord avec la volonté du *guru*, les sens deviendront tes esclaves.

Ceux qui vivent avec le maître n'ont qu'une chose à faire : s'efforcer d'obtenir sa grâce. À travers elle, ils recevront la puissance des *tapas* du *guru*. Si tu touches un fil électrique, l'électricité pénètre en toi, n'est-ce pas ? Si tu prends refuge auprès du *guru*, son pouvoir se répandra en toi.

Le maître est pur de tout ego. Il est une fontaine de vertus telles que l'honnêteté, le *dharma* (la justice), l'amour et la compassion. Des mots tels qu'honnêteté et *dharma* n'ont pas de vie propre, mais le *sadguru* en est l'incarnation vivante. Le monde ne reçoit de tels êtres que des bienfaits. Si nous nous lions d'amitié avec quelqu'un qui a de grands défauts, cette personne exerce sur nous une mauvaise influence. Si par contre nous avons un ami vertueux, notre nature évolue dans le bon sens. Ainsi, ceux qui sont proches du *guru* deviennent des champs fertiles dans lesquels poussent les vertus divines.

Si vous ne désherbez pas, les mauvaises herbes étoufferont les graines que vous avez semées. Si vous faites une *sādhana* sans éliminer l'ego, elle ne portera aucun fruit. Pour faire du ciment, il faut d'abord laver les cailloux que l'on veut employer. Ainsi, la pensée de Dieu ne s'établira fermement que dans un mental pur. En accomplissant votre *sādhana* de manière désintéressée, sans aucun sens de l'ego, la vérité se révélera à vous : vous saurez que vous êtes Dieu. »

Les paroles d'Amma, nectar de sagesse, restèrent un instant en suspens. S'adressant à des visiteurs, elle dit : « Les alentours de la cuisine sont sales. Amma est descendue pour nettoyer, mais en chemin elle a vu cette petite fille qui dessinait et elle s'est arrêtée pour la regarder. Puis ce fils est arrivé et Amma s'est assise pour parler avec lui. Mes enfants, vous ne partez pas avant la fin du *darśan* de demain, n'est-ce pas ? Amma vous verra plus tard. » Sur ces mots, elle partit en direction de la cuisine.

Chapitre 7

Vendredi 7 février 1986

Après la *pujā* du matin suivie de l'*ārati* (adoration rituelle) dans le *kalari*, le Brahmacārī Unnikṛṣṇan (Svami Turyamritānanda) apporta le camphre enflammé à l'extérieur, où les dévots attendaient. Ils approchèrent les mains de la flamme, puis se touchèrent le front. Certains prirent un peu de cendres (*bhasma*) sur l'assiette où brûlait le camphre et s'en enduisirent le front. Quelques minutes plus tard, Amma arriva au *kalari* et tout le monde se prosterna. Leur méditation terminée, Rao et Kunjumon vinrent eux aussi. Ils se prosternèrent devant Amma et s'assirent près d'elle.

Celle qui dissipe les doutes

Rao : « Amma, tu dis que nous devrions nous affliger et languir de la vision de Dieu. Mais tu es là avec nous, comment pouvons-nous donc être tristes lorsque nous méditons sur ta forme ? »

Amma : « Vous devriez ressentir la souffrance d'être séparés de Dieu. Voilà la douleur que vous devriez éprouver ! »

Rao : « Si nous avons pour *guru* un vrai maître, ne nous donnera-t-il pas cette douleur ? »

Amma : « *namaḥ śivāya* ! Il ne suffit pas d'avoir un maître muni des meilleures références ; il faut que le disciple, lui aussi, soit qualifié. »

Kunjumon : « Nous sommes arrivés auprès d'Amma, nous n'avons donc plus de souci à nous faire ! Nous sommes sauvés ! »

Amma : « Cette foi est bonne, mes enfants. Mais ne vous limitez pas à la forme extérieure d'Amma, à ce corps, sinon vous perdrez votre force et chuterez. Essayez de voir la véritable Amma, le principe réel. Essayez de voir cette Amma en chacun. Amma est venue pour vous aider à y parvenir, mes enfants. »

Kunjumon : « Hier, quelqu'un a demandé dans quelle intention Amma avait créé cet *āśram.* »

Amma : « Accroître la foi des gens en Dieu, les inspirer afin qu'ils accomplissent de bonnes actions et suivent le chemin de la vérité et de la justice. Tel est notre but. »

Une dévote : « Amma, ceux qui appellent Dieu semblent connaître beaucoup de souffrances. »

Amma : « Mes enfants, les larmes que nous versons lorsque nous prions Dieu avec amour ne sont pas des larmes de douleur, mais de béatitude. De nos jours, le gens ne prient Dieu que dans les moments de détresse. Si vous priez dans le bonheur comme dans la peine, vous ne connaîtrez plus la souffrance. Même si elle vient à vous, vous ne l'éprouverez pas comme telle. Dieu veillera sur vous. Si vous pouvez prier d'un cœur ouvert et verser quelques larmes d'amour pour lui, alors vous êtes sauvé. »

Comme elle parlait de l'amour de Dieu, Amma entra dans un état sublime de dévotion. Elle se mit à décrire l'époque où elle était plongée dans *prema bhakti* (l'amour et la dévotion suprêmes).

« Oh ! Quelles luttes Amma a dû soutenir ! Elle ne pouvait faire un pas dans la rue sans que les gens se moquent d'elle. Elle était la risée de tous. Personne ne lui offrait un seul repas. Elle aurait voulu avoir au moins un livre spirituel à lire, mais il n'y en avait pas. Elle n'avait pas non plus de *guru*. Mes enfants, la vie spirituelle sans maître est la vie d'un enfant sans mère. Amma a grandi comme une orpheline. Les gens qui l'entouraient ignoraient tout de la spiritualité. Lorsqu'elle méditait, elle recevait une douche d'eau froide ou bien des gifles. Elle a été mise à la porte de chez ses parents. C'est ainsi qu'on la traitait ! Mais elle ne percevait pas cela comme une souffrance car elle était certaine que Dieu ne l'abandonnerait jamais. Malgré tout ce qu'il lui fallait endurer, elle oubliait tout dès qu'elle prononçait le nom de Devi. Quand elle était triste, elle ne confiait sa tristesse qu'à Devi. À travers ses larmes, elle communiquait avec Devi. »

Amma resta un moment silencieuse. Puis elle chanta d'une voix vibrante :

oru tulli sneham

Ô mère, verse une goutte de ton amour
Sur mon cœur brûlant,
Afin que ma vie connaisse la plénitude.
Pourquoi envoies-tu ce feu dévorant
Fertiliser une plante déjà desséchée ?

Je ne cesse de fondre en larmes.
Combien de pleurs brûlants
Dois-je donc encore t'offrir ?
N'entends-tu pas les battements de mon cœur
Et toute la douleur qui s'exprime
Dans les soupirs que je retiens ?

Ne laisse pas le feu pénétrer et danser
Dans la forêt de santal.
Ne laisse pas la fournaise de la tristesse
Révéler son intensité
Et exploser comme des tuiles qui se fracassent.

Ô Devi,
A force de chanter « Durga, Durga »
Mon esprit a oublié tous les autres chemins.

Je ne veux ni le ciel, ni la libération,
Je ne veux que la pure dévotion pour toi.
Je ne veux ni le ciel ni la libération,
Je ne veux que la pure dévotion pour toi.

Amma répétait sans se lasser les deux derniers vers. Les larmes lui vinrent aux yeux. Elle dit : « En ce temps-là, lorsque le chagrin s'emparait d'elle, Amma chantait ces paroles spontanément en pleurant. Parfois, lorsqu'elle prononçait le nom de Dieu, elle était prise d'éclats de rire qui ne s'arrêtaient pas. Sugunaccan (le père d'Amma) pensait alors : « C'est fini ! Cette enfant est devenue folle ! ». Il arrivait en courant et lui tapait sur la tête. Les gens croyaient qu'en faisant cela, ils l'aidaient à retrouver son état normal. Comme il n'y avait aucun signe de changement, il appelait sa mère : « Damayantī, cette fille est devenue folle ! Va chercher de l'eau et verse-la lui sur la tête. Vite ! » Alors le *dhara* commençait et ils versaient un pot d'eau après l'autre sur la tête d'Amma. Quand elle pleurait pour Dieu, ils lui apportaient des médicaments en pensant qu'elle était malade.

Les jeunes frères et sœurs venaient demander : « Pourquoi pleures-tu, *ceci* (sœur aînée) ? As-tu mal à la tête ? Ils s'asseyaient auprès d'elle et se mettaient à pleurer aussi. Au bout d'un moment, ils découvraient pour quelle raison *ceci* pleurait : parce qu'elle ne pouvait pas voir « Mère Devi ». Alors les petites filles revêtaient des saris et venaient la trouver en prétendant qu'elles étaient Devi. Amma les embrassait lorsqu'elle les voyait habillées ainsi. Elle ne voyait pas en elles des enfants, mais la Déesse elle-même.

Parfois, quand Amma ne pouvait pas s'arrêter de pleurer, son père la prenait sur son épaule et la consolait en disant : « Ne pleure pas, mon enfant chérie. Je te montrerai Devi dans un moment ». Elle était si innocente qu'elle le croyait et s'arrêtait de pleurer.

À l'époque, Amma ne voulait parler à personne. Si quelqu'un lui adressait la parole, elle dessinait mentalement un triangle sur le sol et imaginait Devi assise à l'intérieur. La personne se rendait bientôt compte qu'elle était dans un autre monde et se levait pour partir. Amma imaginait que chacun était Devi, c'est pourquoi, quand les filles du village passaient, elle essayait parfois de les embrasser. »

Rao : « Pourquoi n'éprouvons-nous pas cette dévotion innocente ? »

Amma : « N'est-ce pas par dévotion que tu as quitté ton foyer et ta famille pour venir vivre ici ? »

Rao : « Amma, puisque tu es là, devant nous, qui devrions-nous appeler, pour qui devrions-nous pleurer ? »

Amma rit et changea de sujet : « N'est-ce pas l'heure de votre cours ? Ne gaspillez pas votre temps à rester assis auprès d'Amma. Allez, partez ! »

Amma prit un bébé assis à côté d'elle et se leva. Tenant l'enfant dans ses bras, elle marcha vers la hutte réservée au *darśan* en appelant : « Venez, mes enfants ! ».

Les dévots la suivirent à l'intérieur.

L'incarnation des écritures

Amma se trouvait devant la chambre d'Ottūr. Elle écouta un petit moment, cachée derrière la porte, sans bouger. Le nom de Kṛṣṇa, psalmodié d'une voix tremblotante, sortait de la chambre obscure.

« Nārāyaṇa, Nārāyaṇa, Nārāyaṇa »

Amma finit par entrer dans la chambre d'Ottūr. Voyant la forme resplendissante d'Amma, le vieil homme se leva aussitôt et se prosterna, malgré les protestations d'Amma. Avant même qu'elle ne s'assît sur le lit, il s'agenouilla et mit la tête sur ses genoux, comme un petit enfant.

Amma : « Mon fils, Amma n'a pu s'empêcher d'écouter à la porte lorsqu'elle t'a entendu répéter le nom du seigneur avec tant de dévotion ! »

Ottūr : « Je ne pense pas que j'aie réellement la moindre dévotion pour le seigneur. Kaṇṇa, dans sa compassion infinie, ne m'aurait-Il pas sinon accordé son *darśan* ? »

Un *brahmacārī* qui écoutait dit : « Mais ne vois-tu pas Amma, maintenant ? »

Ottūr : « Il paraît que Sarada Devi dit un jour à Rāmakṛṣṇa Deva : « Vois-tu, je n'ai pas la patience d'attendre aussi longtemps que toi. Je ne supporte pas de voir mes enfants souffrir. » Je crois que c'est la même personne qui m'accorde aujourd'hui son *darśan*. Amma parle toujours de la dévotion, comme le faisait Śārada Devi. »

Amma : « Savez-vous pourquoi Amma parle de la dévotion ? Parce qu'il s'agit de sa propre expérience. De nos jours, les érudits et les *sannyāsīs* abondent. Ils parlent d'*advaita* (de la non-dualité), mais ils ne le vivent pas. Leur mental est rempli de colère et de désir. L'*advaita* n'est pas un sujet de discours ; c'est une expérience.

Une des *upaniṣads* raconte cette histoire : un père envoya son fils étudier les écritures. À son retour, il remarqua que le garçon était devenu fier, qu'il n'avait donc pas assimilé l'essence de ce qu'il avait appris. Il décida de lui enseigner le véritable principe. Il lui demanda d'apporter un peu de lait et de sucre, puis de faire fondre le sucre dans le lait. Ensuite il fit goûter à son fils le lait, qu'il puisait dans différents endroits du récipient, en lui demandant d'en décrire le goût. Le garçon répondit que c'était sucré. « Sucré comment ? » demanda le père. Mais le fils fut incapable de décrire le goût du lait sucré. Il demeura silencieux. Soudain, il comprit la vérité. Le jeune homme qui avait fait tant de tumulte autour du Soi se rendit compte que le Soi est une expérience et que les mots ne sauraient la communiquer.

Personne ne peut dépeindre *brahman*. L'intellect ne peut pas le connaître. C'est une expérience. N'importe qui peut dire : « Je suis *brahman* » sans avoir d'autre expérience que les souffrances et les plaisirs de la vie. Ceux qui ont l'expérience de *brahman* sont différents. Ni le feu ni l'eau ne les font souffrir. Lorsque Sītā sauta dans le feu, subit-elle la moindre brûlure ? Rien, elle en sortit indemne. Certaines personnes disent qu'elles sont *brahman*, mais si on maintenait ce « *brahman* » sous l'eau, elles lutteraient pour respirer, craignant désespérément pour leur vie. Et si on les jetait dans le feu, elles brûleraient. Elles n'ont aucune expérience de *brahman*, elles ne connaissent que les plaisirs de ce monde et la souffrance. Il est impossible d'obtenir l'expérience de *brahman* sans une *sādhana* rigoureuse. »

Montrant une vache qui paissait non loin de là, Amma ajouta : « Vois-tu cette vache ? Obtiens-tu du lait en lui appuyant sur les oreilles ? Toutes les parties de son corps en contiennent-elles ? Seul son pis renferme du lait, et nous ne pouvons le boire qu'en la trayant.

Il est vrai que Dieu est partout, mais nous ne ferons l'expérience de sa présence que si nous accomplissons une *sādhana* sous la direction d'un *guru*, avec concentration et en ayant conscience du but (*lakṣya bōdha*).

Brahmacārī : « Amma déclare qu'elle n'a pas appris les écritures et pourtant, tout ce qu'elle dit vient tout droit des écritures ! »

Amma : « Fils, les écritures ont été écrites par des gens qui avaient l'expérience de *brahman*, n'est-ce pas ? Amma parle de ce qu'elle a vu, entendu, de son expérience. Cela se trouve donc forcément dans les écritures. »

Brahmacārī : « Amma, Rāmarājya (le royaume de Rāma) reviendra-t-il jamais ? »

Amma : « Rāmarājya reviendra, mais il y aura aussi au moins un Rāvaṇa. Dvaraka reviendra, aussi, mais Kamsa et Jarasandha y seront également.

Brahmacārī : « Amma, les gens disent que la réincarnation existe. Est-ce vrai ? »

Amma : « Le mois dernier nous avons travaillé un chant ensemble. Si nous l'avons oublié, pouvons-nous nier que nous l'avons appris ? Il y avait de nombreux témoins. Vous ne vous rappelez sans doute pas vos vies antérieures, mais un *tapasvi* les connaît. C'est possible lorsque le mental, grâce à la *sādhana*, devient plus subtil. »

Dans l'après-midi, Puthumana Damodaran Nambūdiri, un célèbre prêtre tantrique du Kerala, arriva pour recevoir le *darśan* d'Amma. Un petit groupe l'accompagnait. C'était la première visite de Puthumana. Amma parla peu. Elle resta la plupart du temps les yeux fermés, absorbée dans son monde intérieur. Elle semblait méditer.

Puthumana lut à haute voix un poème en sanskrit qu'il avait écrit au sujet d'Amma et lui avait dédié :

« Soupirer après la richesse est une erreur, je le sais, le mental pourtant y aspire. Désirer le fruit de ses actes est une erreur, je le sais, mais si nous ne parvenons pas à agir sans désir, que faire ? »

Amma ne répondit pas. Elle se contenta de le regarder et de sourire. Son silence en dit souvent plus long que ses paroles.

Puthumana (désignant Amma et Ottūr, qui était assis près d'Elle) : « Je suis si heureux de vous voir ensemble tels Kṛṣṇa et Kucela ! »

Ottūr : « Comme c'est vrai ! D'un autre côté, on n'a sans doute jamais rien vu de pareil. Les ténèbres s'évanouissent à l'apparition du soleil, mais ici tu peux voir de tes propres yeux les ténèbres (se désignant du doigt) sous une forme solide ! »

Tous se mirent à rire. Heureux le dévot qui en présence de la mère de l'univers, océan de compassion, l'appelle au secours de tout son être, convaincu de sa propre impuissance ! Quel obstacle pourrait alors empêcher sa grâce de se répandre sur lui ?

Dimanche 16 février 1986

Son saṅkalpa est la vérité même

Amma était rentrée le matin d'Alleppey. Elle venait d'y passer deux jours avec ses enfants. Les *brahmacārīs* avaient assisté à un Rāmāyāna yagna (un discours sur le Rāmāyāna durant plusieurs jours). La plupart d'entre eux ne rentreraient que dans la soirée, après avoir participé à la procession de lumières qui clôturait le yagna.

Sur le chemin du retour, Amma avait dit à une *brahmacāriṇī* : « Ma fille, dès que nous serons de retour à l'*āśram*, fais cuire du riz ». Mais à leur arrivée, le riz et les légumes étaient déjà préparés. La *brahmacāriṇī* ne savait que faire. Elle dit aux autres : « Pourquoi Amma m'a-t-elle demandé de cuisiner ? Tout est déjà prêt. Si je fais cuire plus de nourriture, nous serons obligés de la jeter, n'est-ce pas ? Il n'y a même pas la foule habituelle aujourd'hui. Mais si je ne prépare rien, je désobéis à Amma ». Les autres lui conseillèrent de ne pas cuisiner, pour ne rien gaspiller. Elle décida toutefois d'ignorer leur avis et d'obéir aux injonctions d'Amma. Elle fit donc cuire du riz en pensant que les restes pourraient être servis pour le dîner.

À l'heure du déjeuner, il s'avéra que tout le monde s'était trompé dans ses prévisions, sauf Amma. La foule des dévots avait considérablement augmenté et quand le déjeuner fut terminé, il n'y avait pas de restes. La quantité de nourriture avait été juste suffisante. Si la jeune femme n'avait pas suivi les instructions d'Amma, les résidents auraient été désolés de ne rien avoir à donner aux dévots. Chacune des paroles d'Amma a une signification, même si, au premier abord, certaines nous semblent parfois insensées ou futiles. Cela n'est dû qu'à notre manque de compréhension : nous sommes incapables de les appréhender à un niveau plus profond.

Le soir, Amma se dirigeait vers le *kalari* pour les *bhajans* et le *bhava darśan* quand un *brahmacārī* lui demanda : « Comme l'*āśram* n'a pas les fonds nécessaires pour poursuivre la construction du nouveau bâtiment, pourquoi ne pas lancer un appel à l'aide dans Matruvani (la revue mensuelle de l'*āśram*) ? ».

D'un ton très sérieux, Amma répondit : « Est-ce vraiment toi qui parles ainsi, fils ? Il semble que l'expérience ne t'ait rien appris. Ceux qui se sont voués à Dieu n'ont à s'inquiéter de rien. Nous ne devrions jamais aller vers quiconque avec un désir en tête, car cela ne nous apportera que de la souffrance. Prenons refuge en Dieu seul. Il nous donnera tout ce dont nous avons besoin. Les *tapasvis* ne manquent jamais de rien. Le nécessaire arrive automatiquement au moment voulu.

Lorsque nous avons commencé à construire le bâtiment, avions-nous le moindre argent ? Avions-nous en tête une source d'où nous pourrions recevoir de l'aide ? Pas vraiment. Jusqu'à ce jour, nous n'avons pris refuge qu'en Dieu seul, c'est pourquoi Il n'a pas permis que le moindre obstacle entrave le travail de construction. Et Il continuera à veiller sur nous. »

Lorsque la première pierre du bâtiment en cours de construction avait été posée, tout le monde s'en était étonné. L'*āśram* n'avait pour ainsi dire pas d'argent. Il possédait cependant deux maisons à Tiruvannamalai près de Rāmanāshram, et l'idée avait surgi de les vendre. Mais lorsqu'Amma s'y était rendue, tant de dévots étaient venus au *darśan* que l'idée de se défaire des maisons avait déplu à certains. Une fois rentrée à Amritapuri, Amma, mise au courant, déclara : « Si nous nous installons aussi près d'un autre *āśram*, il y aura probablement de la concurrence. N'établissons donc pas d'institution près de Rāmanāshram. Vendons les maisons et créons quelque chose ici. Un *āśram* doit toujours se trouver dans un lieu où il peut être utile, servir les gens. Dans la mesure où l'*āśram* de Rāmana Bhagavan existe déjà là-bas, le nôtre y serait superflu ».

Les deux maisons de Tiruvannamalai furent vendues et on fixa une date pour la pose de la première pierre d'un *āśram* à Amritapuri. Au même moment, un terrain adjacent fut mis en vente. L'*āśram* acheta la propriété avec l'argent destiné à la construction du nouveau bâtiment. Un *brahmacārī* remarqua qu'il était inutile de poser la première pierre d'un édifice qu'ils n'avaient aucun moyen de financer. Amma avait alors répliqué : « Poursuivons néanmoins notre projet. Dieu s'occupera de tout. Il réalisera ce plan ».

La cérémonie s'était déroulée à la date prévue et les travaux avaient commencé. La construction s'était poursuivie depuis sans aucun obstacle. D'une manière ou d'une autre, les fonds et les matériaux requis étaient toujours apparus au moment voulu. Et lorsqu'il fallait quelque chose, Amma était intransigeante : ils ne devaient demander l'aide de personne.

Tandis qu'elle se dirigeait vers le *kalari*, Amma tint les propos suivants : « Lorsque nous acceptons tout comme étant la volonté de Dieu, notre fardeau nous est ôté et nous ne rencontrons plus aucune difficulté. Il y a une petite fille qui a beaucoup d'amour pour Amma. Elle appelle Amma 'Mātājī'. Un jour, elle est tombée d'une balançoire. Elle s'est relevée sans une égratignure en disant : « Par la grâce de Mātājī, j'étais sur la balançoire ; puis Mātājī m'a poussée et je suis tombée ; Mātājī a veillé sur moi et je ne me suis pas fait mal. » Nous devrions avoir la même attitude.

Les autres considèrent leurs joies et leurs peines comme leur *prārabdha*, mais nous devrions les accepter comme la volonté de Dieu. »

Amma s'adressa à un jeune homme qui avait exprimé le désir de venir vivre à l'*āśram* et lui dit : « Rester debout au milieu des flammes sans brûler, voilà à quoi ressemble la vie spirituelle. » Arrivée au *kalari*, Amma s'assit pour chanter les *bhajans*. La musique sacrée se mit à résonner, chargée de dévotion.

gajanana he gajanana

Ô toi au visage d'éléphant
Ô fils de Pārvatī
Demeure de compassion
Cause suprême.

Mardi 25 février 1986

Celle qui tire d'invisibles ficelles

Une femme d'âge moyen, habitant Bombay, et une jeune femme qui arrivait tout juste d'Allemagne vinrent ensemble se prosterner devant Amma et déposer à ses pieds un plateau de fruits. Amma les étreignit. C'était la première fois que la jeune femme venait à l'*āśram*. Elle pleurait à chaudes larmes.

Amma : « D'où viens-tu, ma fille ? »

Mais les larmes l'empêchaient de répondre. Amma la garda dans ses bras et lui caressa le dos. Sa compagne finit par raconter quelles circonstances avaient amené cette jeune femme à l'*āśram*.

Elle venait d'Allemagne et était une fidèle de Śārada Devi. Elle avait lu nombre de livres sur Śārada Devi et sa dévotion n'avait cessé de croître. Elle souffrait beaucoup de ne pas voir la déesse qui était l'objet de son adoration. Un matin, alors qu'elle méditait, elle eut la vision très nette d'une femme souriante, vêtue de blanc, la tête recouverte de son sari. La jeune femme se demanda qui cela pouvait bien être, car elle ne l'avait jamais vue auparavant, pas même en photo. Elle eut la conviction qu'il s'agissait d'une autre forme de Śārada Devi, qu'elle aimait tant. Elle avait le sentiment de la voir en personne. Elle débordait de béatitude.

Trois jours plus tard, elle reçut une lettre d'un ami. Quelle ne fut pas sa joie en trouvant dans l'enveloppe la photo de cette même femme qu'elle avait vue en méditation. Elle écrivit à son ami pour en savoir plus à son propos, mais il ne savait rien d'elle. Un de ses amis était allé en Inde et lui avait envoyé cette photo de là-bas. Comme la spiritualité ne l'intéressait pas, il la lui avait expédiée. Le seul indice pour retrouver cette femme était une adresse au dos de la photo.

Sans perdre une minute, la jeune femme prépara son départ et s'envola pour Bombay. Là, elle prit l'avion pour Cochin, tenant la photo à la main. Assise dans l'avion, elle la contemplait encore. Une dame indienne plus âgée qui se trouvait près d'elle le remarqua et lui demanda d'où elle tenait cette photo. La jeune femme lui montra l'adresse inscrite au dos et lui confia qu'elle venait tout juste d'arriver en Inde pour la première fois et ignorait comment s'y rendre. À sa grande surprise, l'Indienne lui dit qu'elle se rendait dans cet *āśram* et pouvait l'y conduire ! C'était une dévote d'Amma ! La jeune femme arriva donc à l'*āśram* sans difficulté.

Il est bon ici de remarquer qu'un *mahātma* aide les chercheurs spirituels en les attirant à lui d'une façon qui correspond au *saṁskāra* de chacun et en les guidant sur le chemin. De nombreuses personnes croient qu'Amma est Kṛṣṇa, Śiva, Rāmakṛṣṇa Paramahamsa, Kāli, Durga, Mūkambikā ou Rāmana Mahāṛṣi. Amma a même accordé son *darśan* sous ces différentes formes. Mais il est impossible de deviner quelle a pu être son incarnation précédente.

Amma ordonna à une *brahmacāriṇī* de faire le nécessaire pour que ces deux femmes puissent loger à l'*āśram*. Puis elle alla derrière les huttes des *brahmacārīs*, où il y avait un tas de détritus, et elle se mit à nettoyer. Les *brahmacārīs*, gênés, accoururent pour l'aider. Quelques dévots vinrent donner un coup de main. Tout en travaillant, elle leur parlait, suggérant des solutions à leurs problèmes.

L'éducation des enfants

Une famille était arrivée la veille du nord du Kerala et travaillait non loin d'Amma. Le père saisit l'occasion pour lui parler de la scolarité de sa fille : « Amma, elle n'apprend rien. Je t'en prie, raisonne-la. Ma femme ne fait que la gâter ».

Sa femme : « Mais Amma, c'est encore une enfant ! Je ne la frappe pas parce que mon mari la corrige et cela suffit. Je ne veux pas que nous soyons deux à la punir ! »

Un dévot : « De nos jours, c'est en général la mère qui gâte les enfants. »

Amma : « Pourquoi rejeter le blâme sur les mères ? Les pères ont un rôle à jouer dans l'éducation des enfants. Aujourd'hui, les parents ne songent qu'à envoyer les enfants à l'école dès le plus jeune âge ; ils les poussent à étudier et leur trouvent ensuite un emploi. Ils n'accordent aucune attention à leur développement spirituel, ni à la pureté de leur caractère. La première chose dont les parents devraient s'occuper, c'est du caractère de leurs enfants. Ils devraient leur enseigner à bien se comporter, ce qui implique une éducation spirituelle. Les parents devraient raconter aux enfants des histoires pleines d'enseignements moraux et les entraîner à pratiquer le *japa* et la méditation. Les pratiques spirituelles aiguisent grandement l'intelligence et la mémoire d'un enfant. Il leur suffit ensuite de regarder un peu leur manuel scolaire pour se rappeler tout ce qu'ils ont étudié pendant l'année. Si on leur pose une question, la réponse leur viendra clairement à l'esprit, comme si on appuyait sur les touches d'un ordinateur. Et ils se conduiront bien. Ils feront des progrès spirituels et connaîtront aussi la prospérité matérielle. »

Le travail terminé, Amma s'assit non loin de là sous un cocotier. Les dévots l'entourèrent. L'un d'entre eux lui présenta un jeune homme qui venait pour la première fois.

Le dévot : « Il est de Malappuram. Il se consacre à la protection de la nature. Avec quelques-uns de ses amis, il s'efforce de préserver les temples et les bassins destinés aux ablutions. »

Le jeune homme sourit timidement et se prosterna devant Amma les mains jointes.

Amma : « Tout le terrain de l'*āśram* a été récupéré sur la lagune. Les enfants ont planté des cocotiers, des bananiers et des buissons de fleurs partout où c'était possible. »

Amma se lava les mains et partit vers le *kalari*. Les dévots la suivirent.

Où chercher le bonheur

Amma s'assit sous l'auvent, devant le petit temple. Les dévots se prosternèrent et s'installèrent près d'elle. Le nouveau venu demanda : « Bien qu'ils jouissent d'une grande prospérité matérielle, les gens ne sont pas heureux. Pourquoi donc, Amma ? ».

Amma : « C'est vrai, de nos jours, les gens ne connaissent ni la paix, ni le contentement. Ils se font construire de vrais palais et finissent par se suicider à l'intérieur ! Si palais, richesses, plaisirs physiques et alcool procuraient le bonheur, mourraient-ils ainsi de dépression ? Le vrai bonheur ne se trouve donc pas là. La paix et le contentement dépendent entièrement du mental.

Qu'est-ce que le mental ? D'où surgit-il ? Et quel est le but de la vie ? Comment sommes-nous censés vivre ? Nous ne faisons pas d'effort pour comprendre. Si nous en avions l'entendement et menions notre vie en accord avec ces principes, nous ne chercherions plus nulle part la paix intérieure. Mais bien au contraire, chacun recherche la paix à l'extérieur de lui-même.

Une histoire vient à l'esprit d'Amma. Une vieille femme cherchait quelque chose devant sa maison, très absorbée dans sa recherche. Un passant s'arrêta et lui demanda : « Que cherchez-vous, grand-mère ? » « J'ai perdu une de mes boucles d'oreilles, et je la cherche. » L'homme se mit à regarder lui aussi, mais ils eurent beau scruter l'endroit, ils ne la trouvèrent pas. L'homme finit par dire à la vieille femme : « Essayez de vous rappeler exactement à quel endroit elle est tombée ». Elle répondit : « En fait, je l'ai perdue quelque part dans la maison ». L'homme se fâcha et dit : « Mais alors, au nom du ciel, pourquoi la cherchez-vous dehors, puisque vous savez très bien que vous l'avez perdue à l'intérieur ? ».

La vieille femme répondit : « C'est qu'il fait si noir à l'intérieur. Je pensais qu'il valait mieux chercher ici parce que le réverbère apporte un peu de lumière. »

Mes enfants, nous sommes pareils à cette vieille femme. Si nous désirons goûter la paix, découvrons sa véritable source et allons y puiser.

Le monde extérieur ne nous apportera jamais aucun bonheur réel, aucune paix authentique. »

Les bienfaits des yāgas

Le jeune homme : « Un *yāga* (un rituel *vedique* élaboré) a eu lieu récemment. Beaucoup de gens y étaient opposés. Ils trouvaient que c'était de l'argent dépensé inutilement. »

Amma : « Oui, les gens se demandent pourquoi nous devrions dépenser de l'argent pour Dieu. Fils, Dieu n'a absolument aucun besoin de *yāgas* ; ce sont les êtres humains qui en bénéficient. Les *yāgas* purifient l'atmosphère. Nous nettoyons le corps du flegme grâce au *nāsyam* (un traitement ayurvédique). La fumée qui s'élève du *homa* (feu sacrificiel) joue le même rôle. Amma ne conseille pas de dépenser une fortune pour les *homas*, les *yāgas* etc. Il est inutile d'offrir de l'or ou de l'argent au feu. Mais un principe de base préside à ces cérémonies. Lorsque nous offrons quelque chose à quoi nous sommes attachés, cela revient à briser cet attachement. Le suprême *yāga* consiste à sacrifier notre ego par amour pour Dieu. C'est tout le secret de la sagesse suprême (*jñāna*). Il s'agit de renoncer au sentiment du « moi » et du « mien » et de considérer toute chose comme la vérité unique, comme Dieu. Comprenons que rien n'est séparé de nous. C'est en offrant notre ego au feu sacrificiel que nous trouvons la plénitude.

Les *homas* ne bénéficient pas uniquement à ceux qui les accomplissent, mais à toutes les personnes alentours. Si nous ne pouvons pas exécuter ces rituels, plantons alors en abondance des arbres et des plantes médicinales, car eux aussi nettoient l'atmosphère. L'air qui a été en contact avec des simples a un effet préventif contre de nombreuses maladies.

L'être humain est devenu très matérialiste. Il est pressé de couper les arbres et d'en tirer de l'argent. Il supprime les forêts pour y établir des fermes. Ces actions ont modifié l'équilibre de la nature. La pluie ne vient plus au bon moment, le soleil ne brille plus quand il faut et l'atmosphère est très polluée. L'être humain vit sans se connaître lui-même, uniquement pour son corps, oubliant l'*ātman* qui lui donne vie.

Les gens demandent : « Pourquoi gaspiller de l'argent en *yāgas* et en *homas* ? Dieu n'a certainement pas besoin de cela ».

Mais ces mêmes personnes ne sont pas choquées par les milliards dépensés pour ramener une poignée de poussière lunaire. Les êtres humains sont les véritables bénéficiaires de cérémonies comme les *homas* et les *yāgas*.

Les gens se moquent aujourd'hui de la pratique qui consiste à allumer une lampe à huile. Mais la fumée de celle-ci purifie l'atmosphère. Au crépuscule, l'atmosphère est saturée de vibrations impures. C'est pourquoi nous récitons les noms de Dieu ou chantons des *bhajans* à ce moment de la journée. Si nous ne faisons pas notre *japa* à cette heure-là, nos tendances profanes se renforceront. En outre, il ne faut pas manger au coucher du soleil, car à cette heure-là, l'air est empoisonné et cela engendre des maladies. On dit que le démon-roi Hiraṇyakaśipu a été tué au moment de *sandhya*, le crépuscule. À ce moment de la journée, la domination de l'ego est à son apogée. Nous ne pouvons éliminer l'ego qu'en prenant refuge en Dieu. Mais aujourd'hui, à cette heure-là, les gens regardent la télévision ou écoutent des musiques de films.

Combien de foyers possèdent une salle de *pujā* ? Autrefois, lorsque l'on construisait une maison, la salle de *pujā* venait en premier. De nos jours, Dieu est relégué sous l'escalier. À Dieu, qui demeure dans notre cœur, nous devrions donner le cœur de la maison. C'est ainsi que nous exprimons notre relation avec lui. Dieu n'a pas besoin de nous. Le soleil a-t-il besoin de la lueur d'une chandelle ? C'est nous qui vivons dans les ténèbres et avons besoin de lumière. Faut-il donner de l'eau à la rivière pour étancher sa soif ? Lorsque nous prenons refuge en Dieu, c'est notre cœur qui est purifié. Et quand notre cœur est pur, nous atteignons la béatitude éternelle. En nous abandonnant à Dieu, c'est nous qui trouvons la paix. Nous avons pourtant tendance à adorer Dieu d'une manière qui suggère que Dieu aurait besoin de quelque chose !

Bien que la puissance de Dieu soit infinie et qu'il soit omniprésent, seuls peuvent le voir ceux dont le cœur est pur. Il est difficile de voir le reflet du soleil dans une eau boueuse, c'est par contre facile dans une eau claire.

Si nous faisons une place à Dieu dans notre vie, elle sera sanctifiée, ainsi que celle de notre entourage. Nous trouverons alors enfin la paix et le contentement. Songez à une rivière d'eau pure et abondante. C'est nous qui en profitons. Nous l'utilisons pour nettoyer nos égouts et nos canaux boueux. Une mare stagnante et putride devient limpide si on la relie à une rivière. Dieu est pareil à une rivière cristalline. En entretenant une relation avec Dieu, notre cœur s'ouvre, accueille le monde entier. Ainsi, nous nous rapprochons du Soi et aidons également les autres. »

Autres questions

Une dévote : « Amma, les résidents de l'*āśram* sont-ils venus vivre ici à ta demande ? »

Amma : « Amma n'a demandé à personne de demeurer ici. Un chef de famille ne s'occupe que d'une seule famille, mais un *sannyāsī* doit porter le fardeau du monde entier. Il faut envisager tous les problèmes qui risquent de surgir plus tard si tous ceux qui viennent avec le désir de devenir *sannyāsīs* sont autorisés à rester. La plupart d'entre eux seront incapables de persévérer dans leur détachement initial. En fait, Amma a déclaré à tous les enfants qu'elle ne voulait pas les garder ici, mais ils ont refusé de partir. Amma a fini par leur permettre de rester, à condition qu'ils apportent une lettre de consentement de leurs parents. Plusieurs d'entre eux sont revenus avec la permission de leur famille. C'est ainsi que la plupart sont devenus résidents. Ils sont animés d'un réel détachement.

Toutefois, certains n'ont pas obtenu la permission de leur famille. Ils sont restés parce que leur désir de Dieu, leur détachement, étaient trop forts. Il y a eu de gros problèmes chez eux. Leurs parents ont essayé de les empêcher de rester en ayant recours à la justice. Ils sont venus avec la police et ont emmené les enfants de force ; ils voulaient les mettre à l'asile psychiatrique ! (En riant) Sais-tu pourquoi ? Parce que certains des enfants qui buvaient de l'alcool avant de rencontrer Amma avaient cessé de boire ! Les parents refusaient de laisser leurs enfants devenir *sannyāsīs* et servir le monde, même si cela signifiait les envoyer à la tombe ![19] »

Le jeune homme : « Certains ont-ils plus tard regretté d'avoir choisi l'*āśram* ? »

Amma : « Aucun de ceux qui ont vraiment conscience de leur but n'a regretté son choix. Leur voyage est béatitude. Ils ne craignent pas même la mort. Si une ampoule grille, cela ne signifie pas qu'il n'y a pas d'électricité. Même si le corps meurt, l'*ātman* ne périt pas. Ils le savent. Ils ont donné leur vie à Dieu. Ils ne songent ni au passé, ni à l'avenir et ne s'inquiètent de rien. Ils ne ressemblent pas à ceux qui se rendent à une entrevue pour décrocher un emploi, mais plutôt à ceux qui ont déjà une situation. Celui qui va passer un entretien est inquiet du résultat : obtiendra-t-il ou non le poste ? Mais celui qui l'a est en paix. La plupart des enfants ici ont une foi absolue en leur *guru* ; ils sont certains d'être conduits au but. »

Le jeune homme : « Amma, quelle devrait être la prière d'un être spirituel ? »

Amma : « Il devrait prier « Ô seigneur, innombrables sont ceux qui souffrent. Donne-moi la force de les aimer ! Permets-moi de les aimer de manière désintéressée ! ». Tel devrait être le but d'un être spirituel. Il devrait se livrer à des austérités (*tapas*) pour obtenir le pouvoir de sauver les autres. Un vrai *tapasvi* est comme

[19] Par la grâce d'Amma et par la force de leur détermination, ces jeunes ont réussi à demeurer à l'*āśram*.

un bâton d'encens qui brûle, offrant son parfum aux autres. Une personne spirituelle trouve la joie en répandant l'amour et la compassion sur tous les êtres, même sur ceux qui s'opposent à elle. Elle est pareille à un arbre qui procure de l'ombre à ceux-là mêmes qui sont en train de le couper.

Un véritable *tapasvi* désire servir les autres en se sacrifiant, comme une bougie répand sa lumière et brûle en se consumant. Son but est d'apporter le bonheur aux autres, oubliant ses propres difficultés. C'est ce qu'il demande dans ses prières. Cette attitude éveille en lui l'amour de Dieu. Amma attend la venue de tels êtres. La libération ira les chercher pour se faire leur humble servante, elle viendra à eux à tire-d'aile, comme les feuilles dans le sillage du vent tourbillonnant. D'autres, dont le cœur n'est pas aussi ouvert, n'atteindront pas la libération, quelles que soient les austérités (*tapas*) auxquelles ils se livrent. Ce lieu n'est pas fait pour ceux qui recherchent uniquement leur propre libération.

Mes enfants, la *sādhana* ne consiste pas uniquement à prier et à faire son *japa*. La véritable prière, c'est aussi l'humilité et la compassion envers autrui, c'est offrir un sourire, un mot gentil. Nous devons apprendre à pardonner les fautes de nos semblables et développer une profonde compassion envers eux, comme une main frotte automatiquement l'autre si elle est blessée. Si nous développons l'amour, la bienveillance, la tolérance, nous pouvons soulager la souffrance de nombreuses personnes. L'absence d'ego dans notre attitude nous permettra de goûter la paix et la béatitude qui demeurent en nous.

Quand Amma était jeune, elle priait ainsi : « Ô seigneur, c'est Ton cœur que je désire ! Permets-moi d'aimer le monde entier de manière aussi désintéressée que toi ! » Amma conseille à ses enfants de prier ainsi, d'aspirer à Dieu de cette manière. »

Amma se tut et resta un moment les yeux fermés. Quand elle les rouvrit, elle demanda à un *brahmacārī* de chanter un *kīrtan*. Il obéit et tout le monde reprit en chœur chaque vers, à la manière traditionnelle.

vannalum ambike, taye manohari

Ô Mère, enchanteresse du mental, viens !
Ô Ambika, laisse-moi te voir !
Que ta forme magnifique brille
Dans le lotus de mon cœur.
Quand viendra donc le jour béni
Où mon cœur sera plein de dévotion pour toi ?

Amma leva les bras, en extase, et continua le chant.

namam japichu samruptanayennu

Quand baignerai-je dans des larmes de joie,
Versées en répétant le nom divin ?
Quand donc viendra le jour
Où mon mental et mon cœur seront purs ?
Viendra-t-il enfin, le jour où j'abandonnerai l'orgueil et la honte,

Les rituels et les efforts ?
Quand donc connaîtrai-je l'ivresse de la dévotion,
Quand mon mental sera-t-il plongé dans l'amour ?
Quand fondrai-je en larmes,
Secoué d'un rire de béatitude ?

Amma répéta les derniers vers plusieurs fois. Le chant terminé, elle resta en extase. Les larmes roulaient sur ses joues. Chacun se prosterna silencieusement devant elle en son cœur.

kezhunnen mānasam, amma

Ô mère, mon mental pleure.
Ô mère, ma mère, m'entends-tu ?
Le cœur déchiré, j'ai parcouru tout le pays à ta recherche,
Que faire maintenant, Ô mère ?

Quel péché a donc commis cette malheureuse,
Pour que Tu te montres si indifférente ?
Ô Amma, de mes larmes encore chaudes,
Je laverai Tes pieds de lotus.
Ô Mère, je faiblis sous le poids écrasant
de mes actes passés.
Ô Mère, ne tarde pas à donner refuge
à Ton humble servante,
Qui est totalement épuisée.

Amma, qui peu auparavant louait le service désintéressé comme étant l'égal de la dévotion, pleurait maintenant d'amour pour la mère de l'univers. Quel témoin ne s'émerveillerait au spectacle de ces *bhavas* (états intérieurs) d'Amma, se succédant de manière si incompréhensible et si rapide ?

Mercredi 26 février 1986

Amma discipline « à la baguette »

Manju, une jeune fille qui vivait à l'*āśram*, avait peu vu Amma depuis plusieurs jours. Elle avait décidé de faire aujourd'hui l'école buissonnière, espérant pouvoir passer un peu de temps auprès d'elle. Quand Amma découvrit pourquoi elle avait « séché » les cours, elle menaça Manju d'une baguette et l'accompagna à la barque. Revenue à la hutte pour donner le *darśan*, Amma fut accueillie par un petit garçon accompagné de son père.

Le père : « Amma, mon fils a insisté pour venir te voir. Je l'ai donc amené ici et j'ai même accepté qu'il manque l'école. J'ai eu beau lui dire d'attendre dimanche, quand il n'y aura pas classe, il n'a rien voulu savoir. »

Amma (en riant) : « Amma vient juste d'envoyer une fille à l'école en maniant la baguette ! Tu ne veux pas aller à l'école, fils ? »

Le garçon : « Non, je veux rester avec toi, Amma ! »

Amma (en riant) : « Si tu restes ici, l'attitude d'Amma changera. Tu vois le petit arbre dehors, plein de petites branches ? Nous le faisons pousser rien que pour donner la fessée aux enfants ! Alors ne manque pas la classe pour venir ici, fils ! Tu es l'enfant d'Amma, n'est-ce pas ? Va à l'école et passe tes examens. Ensuite, bien sûr, Amma te laissera venir vivre ici. »

Le garçon fut tout attendri par l'affection que lui montrait Amma, surtout quand elle déposa un baiser, sceau d'amour, sur sa joue.

Sannyāsa est pour les courageux

Un dévot vint se prosterner devant Amma. Il lui confia qu'un de ses amis, marié et père de deux enfants, venait de quitter sa famille. Il avait mené une vie de luxe, sans avoir de revenu assuré, et il s'était énormément endetté. Les créanciers le harcelaient chez lui et il ne voyait pas de solution à ses ennuis. Il avait fini par partir en déclarant qu'il voulait se faire *sannyāsī*. Le dévot demanda : « La vie d'*āśram* n'est-elle pas, pour beaucoup de gens, une échappatoire ? Lorsqu'ils sont confrontés à des difficultés intolérables, ils se font *sannyāsīs*. »

Amma : « Ils ne le resteront pas longtemps, incapables de persévérer sur la voie spirituelle. La vie spirituelle est pour les forts et les courageux. Certains revêtent la robe ocre sur l'inspiration d'un moment, sans y réfléchir sérieusement. Leur vie ne sera qu'une succession de déceptions.

Un chef de famille ne s'occupe que de sa femme et de ses enfants ; il ne s'inquiète que de leurs problèmes. Mais un être spirituel doit porter le fardeau du monde entier. Fermement établi dans sa foi et dans sa sagesse spirituelle, aucune situation n'a le pouvoir de l'ébranler. Il ne peut se permettre aucune faiblesse. Même si quelqu'un le frappe ou si une femme tente de le toucher, il ne bouge pas d'un centimètre. Il ne faut pas que les paroles et les actes d'autrui aient la moindre influence sur lui.

Mais aujourd'hui, les gens sont loin d'avoir un tel comportement. Si quelqu'un se met en colère et profère quelques paroles insultantes, ils sont prêts à le tuer sur-le-champ. S'ils ne peuvent pas le punir immédiatement, ils ruminent sans cesse leur vengeance. L'équilibre de leur vie repose sur quelques paroles lâchées par d'autres. Un être spirituel authentique est différent. Il s'entraîne à demeurer fermement établi en son centre intérieur. Il découvre ce qu'est réellement la vie. Il est impossible de se consacrer à la vie spirituelle sans un discernement et un détachement authentiques.

Il était une fois une femme toujours insatisfaite des revenus de son mari. Elle ne cessait pas de vitupérer et son époux n'entendait jamais que des récriminations ; c'étaient des pleurs constants pour obtenir toujours plus. Il finit par se lasser de la vie elle-même. Il songea à se suicider, mais ne put s'y résoudre et décida alors de quitter le foyer pour se faire *sannyāsī*. Il se mit en route, en quête d'un *guru*. Il en trouva un, qui lui demanda, avant de l'accepter comme disciple : « As-tu quitté ta maison à cause d'une dispute familiale ou bien parce que tu es vraiment détaché ? ».

L'homme répondit : « Je suis parti dans l'espoir de devenir *sannyāsī*. »

« N'as-tu aucun désir ? »

« Non, je ne désire rien. »

« Tu n'aspires donc pas à la richesse ou au pouvoir ? »

« Non, je ne veux rien. Rien ne m'intéresse. »

Le *guru* lui posa quelques autres questions avant de l'accepter comme disciple et de lui donner un *kamaṇḍalu* et un bâton.

Quelques jours plus tard, le *guru* et le disciple partirent en pèlerinage. En chemin, ils firent halte au bord d'une rivière pour se reposer. Le disciple posa son *kamaṇḍalu* et son bâton et partit se baigner dans la rivière. Au retour, son récipient avait disparu. Il le chercha partout, et fut très contrarié de ne pas le retrouver.

Le *guru* lui dit : « Tu m'as dit que tu n'étais attaché à rien. Pourquoi donc faire tant de tapage au sujet d'un *kamaṇḍalu* ? N'y songe plus. Et continuons notre route. »

Le disciple répliqua : « Mais sans cela, je ne peux rien boire ! Je n'ai pas de récipient pour l'eau ! ».

Le *guru* dit : « Toi qui es censé n'avoir aucun désir, tu t'attaches à un désir aussi dérisoire ? Considère que tout est la volonté de Dieu ».

Mais le disciple restait néanmoins abattu. Voyant cela, le *guru* lui rendit son *kamaṇḍalu*, qu'il avait caché pour le mettre à l'épreuve.

Ils continuèrent leur voyage. Au moment du déjeuner, le disciple eut grand faim, mais le *guru* ne lui donna rien à manger. Quand il se plaignit, le *guru* répondit : « Une personne spirituelle doit faire preuve de patience et d'endurance. Même si elle ne mange rien pendant une journée, elle est capable de continuer sans faiblir. Il n'est que midi ! Comment se peut-il que tu sois déjà affaibli par la faim ? Les plaisirs de la nourriture sont une des premières choses auxquelles un *sādhak* renonce. C'est l'estomac qui rétrécit le premier chez un chercheur spirituel ».

Le *guru* donna au disciple une poudre à base de plantes à dissoudre dans l'eau, pour couper la faim. Le disciple ne put en supporter le goût amer et vomit. Il décida ensuite qu'il en avait assez et préférait encore les tirades de sa femme à la vie de *sannyāsī*. Il demanda donc au *guru* la permission de rentrer chez lui.

Celui-ci lui demanda : « Mais à quoi pensais-tu quand tu es parti pour devenir *sannyāsī* ? ».

Le disciple répondit : « Jamais je n'aurais imaginé que c'était ainsi. Je pensais qu'il me suffirait de prendre chaque jour un bain, d'appliquer de la cendre sacrée et de rester assis les yeux fermés. Je croyais que les gens viendraient se prosterner devant moi et me donner des aumônes de nourriture (*bhikṣā*), si bien que j'aurais des repas réguliers et abondants sans avoir à travailler ».

Sur ces mots, il rentra retrouver sa femme.

Voilà ce qui arrive si l'on choisit cet état à la suite d'une querelle ou bien par dépit, si l'on cherche à fuir la vie sans être animé d'un détachement authentique (*vairāgya*).

N'adoptons pas une vie de renoncement sans avoir au préalable appris à discerner entre l'éternel et l'éphémère, sans avoir acquis le détachement nécessaire. Notre but sur la voie spirituelle devrait être de ressentir comme nôtre la souffrance des malades et des pauvres, ou toute autre misère, et de mener une vie désintéressée, vouée au bien-être d'autrui. Un *sannyāsī* ne devrait pas même respirer pour lui-même, mais par sympathie pour ceux qui souffrent en ce monde. Il devrait en même temps cultiver la force intérieure en priant sans cesse : « Ô Dieu, où es-tu ? Où es-tu ? ».

Si une personne ordinaire est comparable à une bougie, un *sannyāsī* est comme le soleil et apporte la lumière à des milliers de personnes. Il ne se préoccupe même pas de sa propre libération. Renoncer signifie être prêt à offrir au monde tout le pouvoir que vous avez gagné grâce à votre *sādhana*. C'est le seul but du *sannyāsī*. Un être spirituel est celui qui n'a d'autre désir que de mener une vie de renoncement authentique.

Amma n'a autorisé les enfants qui sont ici à rester qu'après les avoir mis à l'épreuve de différentes manières. Elle ne leur donnait à manger qu'une fois par jour, des aliments fades, sans sauce ni épices. Mais ils acceptèrent avec joie. Ils avaient la maîtrise d'eux-mêmes. Amma les a observés pour voir s'ils essayeraient de se procurer de la nourriture savoureuse après s'être consacrés au service. Elle a aussi examiné s'ils se contentaient de rester assis à méditer, en évitant de travailler. Quel que soit le temps qu'ils consacrent aux austérités, ils doivent aussi contribuer aux tâches quotidiennes de l'*āśram*. S'ils ne sont pas prêts à le faire, ils deviendront paresseux et ne feront que nuire à la société.

Amma leur a dit que s'ils n'avaient aucun travail particulier à faire, ils pouvaient au moins bêcher le sol autour de quelques cocotiers. Ils ont fait toutes sortes de travaux. Et ils ont tenu bon, malgré toutes les épreuves qu'ils ont dû subir.

Jusqu'à présent, Amma a pu observer le même empressement chez tous les enfants qui sont venus. Ceux qui en sont dépourvus ne pourront pas rester et devront retourner dans le monde. »

Il était trois heures quand Amma regagna sa chambre.

Vendredi 28 février 1986

Le principe d'ahimsa

Il fallait poster le magazine Matruvani le lendemain et il restait encore beaucoup, beaucoup de travail. Il était déjà tard dans l'après-midi. Amma et les *brahmacārīs* étaient assis devant la salle de méditation, collant les bandes autour des magazines et les timbres. Peter, venu de Hollande, s'approcha et demanda avec colère au Brahmacārī Nealu (Swāmi Paramātmānanda) : « Qui a décidé de répandre cet insecticide sur les rosiers ? Pourquoi tuer ainsi ces pauvres insectes sans défense ! »

Nealu traduisit ces paroles à Amma, mais elle continua à travailler sans faire aucun commentaire. Elle se contenta de regarder brièvement Peter.

L'air triste, Peter resta à quelque distance du groupe.

Un peu plus tard, Amma l'appela : « Peter, mon fils, va demander un peu d'eau à Gāyatri pour Amma. »

Peter avait encore l'air triste quand il apporta l'eau à Amma. Elle prit le verre et dit : « C'est de l'eau bouillie, n'est-ce pas ? De l'eau fraîche aurait suffi pour Amma ».

Peter : « Je vais apporter de l'eau filtrée, Amma. Ou bien veux-tu le jus d'une noix de coco ? »

Amma : « Amma veut de l'eau non bouillie. »

Peter : « Il vaut mieux ne pas en boire, Amma, tu pourrais tomber malade. »

Amma : « Mais tant d'êtres vivants meurent quand nous faisons bouillir de l'eau. N'est-ce pas un péché, fils ? »

Peter ne sut que répondre.

Amma : « Songe combien d'êtres vivants périssent écrasés sous nos pas. Combien de micro-organismes meurent à chacune de nos respirations ! Comment éviter cela ? »

Peter : « J'avoue que nous n'en avons pas le contrôle. Mais nous pourrions au moins éviter les insecticides. »

Amma : « D'accord. Imagine que ton enfant ou bien qu'Amma soit malade. Ne souhaiterais-tu pas alors qu'il ou elle prenne un remède ? »

Peter : « Bien sûr, l'essentiel est que la personne guérisse. »

Amma : « Mais songe aux millions de microbes qui périront si nous prenons le médicament ? »

De nouveau, Peter resta coi.

Amma : « Il ne suffit donc pas d'éprouver de la compassion pour les virus, n'est-ce pas ? À qui la plante contera-t-elle ses malheurs si elle est attaquée par les vers ? N'est-ce pas notre devoir de la protéger, nous qui en sommes les gardiens ? »

Le voile de tristesse quitta le visage de Peter.

Les signes du souvenir

Un groupe de jeunes gens vint voir Amma. Ils restèrent un moment à une certaine distance, l'observant, avant de s'approcher et de participer au travail. On aurait dit qu'ils souhaitaient poser des questions à Amma, mais que quelque chose les retenait. L'un d'entre eux s'était couvert le front de cendre (*bhasma*) et juste un peu au-dessus du point situé entre les sourcils, il avait appliqué de la pâte de santal avec un point de *kuṅkuma* au milieu. Il poussa du coude la personne assise à côté de lui et dit : « Tu vois, Amma aussi porte de *bhasma* ».

« De quoi parlez-vous, les enfants ? », demanda Amma.

Le jeune homme : « Amma, mes amis pensent qu'il est stupide de ma part de porter ces symboles. Ils se moquent de moi en disant que je suis bariolé comme un tigre. »

Ses compagnons étaient quelque peu embarrassés. L'un d'entre eux demanda : « Pourquoi les gens portent-ils de la cendre et de la pâte de santal sur le front ? Pour quelle raison ? ».

Amma : « Mes enfants, nous portons de la pâte de santal et de la cendre sacrée, mais réfléchissons-nous à leur signification ? Quand nous prenons un peu de cendres, songeons à la nature périssable de cette vie. Aujourd'hui ou demain, nous ne serons plus qu'une poignée de cendres. C'est pour en prendre mieux conscience que nous portons des cendres. Quand l'amant aperçoit le bout du sari de sa bien-aimée, il pense aussitôt à elle. Ainsi, le rôle de la cendre sacrée, de la pâte de santal et des graines de *rudrākṣa* est de nous rappeler Dieu, d'éveiller en nous le souvenir du Soi. Que nous soyons des personnages importants ou ordinaires, nous pouvons mourir à tout instant. Il faut donc vivre sans nous attacher à personne, sinon à Dieu. Les êtres auxquels nous sommes attachés ne viendront pas avec nous lorsque nous quitterons le corps. »

Un jeune : « Et la pâte de santal ? »

Amma : « Elle possède d'importantes propriétés médicinales. Appliquer de la pâte de santal sur certaines parties du corps rafraîchit les nerfs et le corps et améliore notre état de santé. Cette pratique a aussi un aspect symbolique. La pâte de santal est parfumée. Ce parfum provient du bois, de rien d'autre. Comprenons que la béatitude infinie se trouve à l'intérieur de nous et vivons en accord avec cette vérité.

Si un morceau de bois de santal gît un certain temps dans la boue, la partie extérieure pourrit et sent mauvais. Mais si nous le lavons et le réduisons en poudre, quel parfum merveilleux nous obtenons ! Ainsi, tant que nous sommes préoccupés par les objets du monde, nous ne pouvons pas apprécier le parfum du Soi intérieur.

Nous détruisons la conscience qui est en nous en courant après les plaisirs ordinaires des sens. Sans nous en rendre compte, nous gaspillons le corps et les sens en les tournant vers des plaisirs qui ne durent que quelques instants. Voilà ce que nous rappelle la pâte de santal. Si nous utilisons le corps de manière à obtenir la connaissance du Soi, nous vivrons dans la béatitude éternelle. »

Le jeune : « Pourquoi les gens portent-ils des graines de *rudrākṣa* ? »

Amma : « Le *rudrākṣa* est le symbole de l'abandon total de soi. Les graines sont enfilées sur un fil pour former un *māla* (rosaire) et ne tiennent que par ce fil. Chacun d'entre nous est une perle enfilée sur le fil du Soi. Un rosaire en *rudrākṣa* nous rappelle cette vérité et nous apprend à nous abandonner complètement à Dieu. »

Le rôle des temples

Un jeune : « Amma, si nous disons que nous allons à l'*āśram*, les autres vont se moquer de nous. Ils disent que les temples et les *āśrams* sont pour les vieux. »

Amma : « De nos jours, on dénigre les temples ; mais leur fonction est d'aider les gens à cultiver des pensées spirituelles et à développer leurs qualités.

Nous voyons les politiciens défiler derrière un drapeau. Si quelqu'un ose le déchirer, le brûler ou bien encore cracher dessus, ils le battent à mort ! Pourtant, qu'est-ce qu'un drapeau ? Ce n'est qu'un morceau de tissu. Si tu le perds, tu peux en racheter autant que tu veux. Mais un drapeau est plus qu'un bout de tissu. Il symbolise un idéal et c'est pourquoi les gens ne tolèrent pas qu'on lui manque de respect. Un temple est de même un symbole de Dieu. Nous voyons Dieu dans les statues du sanctuaire. Lorsque nous entrons dans le temple et que nous avons le *darśan* de la divinité, de bonnes pensées s'épanouissent dans notre mental et nous nous rappelons quel est le véritable idéal. L'atmosphère d'un temple diffère beaucoup de celle d'une boucherie ou d'un bar. Elle a été purifiée par les saintes pensées d'innombrables adorateurs. Un lieu de dévotion est un réconfort pour ceux qui souffrent, comme l'ombre rafraîchissante d'un arbre sous un soleil ardent ou bien une couverture chaude lorsqu'il fait froid. On peut progresser spirituellement en adorant Dieu dans le temple et en s'imprégnant des bons *saṁskāras* d'un tel lieu.

Il devrait y avoir au moins un temple dans chaque village. De nos jours, chacun est préoccupé de lui-même. Le temple peut remédier aux mauvaises vibrations que créent ces pensées égoïstes. Deux secondes de la concentration que nous obtenons en adorant l'idole dans le temple suffiront à purifier l'atmosphère.

Les gens doutent : « Comment Dieu peut-il vivre dans une idole ? N'est-ce pas plutôt le sculpteur qu'il faudrait adorer ? ». Mais si vous regardez un portrait de votre père, est-ce votre père ou le peintre que vous voyez ? Dieu est partout. Vous ne pouvez pas le voir avec vos yeux de chair, mais en regardant l'idole dans le temple, vous pensez à lui. Le fait de songer à lui vous apportera sa bénédiction et purifiera votre mental. »

Un jeune homme : « Amma, tu as clarifié nos doutes. J'ai l'habitude de porter de la pâte de santal, mais je n'avais aucune idée de la signification de cette tradition. Je ne faisais qu'imiter mes parents. Quand mes amis me posaient des questions, je ne savais pas quoi leur répondre. Beaucoup de ceux qui croyaient en Dieu dans leur enfance ont perdu la foi. Ils sont devenus esclaves de l'alcool et du tabac. Si quelqu'un avait pu leur expliquer les choses logiquement, ils n'auraient pas couru à leur perte. J'aurais pu mal tourner, moi aussi, mais la peur m'a empêché de m'éloigner de Dieu. Je reviendrai ici avec quelques-uns de mes amis, Amma. Toi seule peut les ramener sur le droit chemin. »

Amma (en riant) : « *namaḥ śivāya* ! Fils, celui qui croit en Dieu et prend pour idéal les qualités divines ne peut pas devenir l'esclave de mauvaises habitudes. Il reste centré en lui-même, il recherche le bonheur à l'intérieur et non à l'extérieur. Il trouve la béatitude en Dieu, qui demeure en lui. Rien d'extérieur ne peut le lier. Amma n'insiste pas pour que chacun accepte Dieu dans sa vie, mais pourquoi devenir l'esclave de mauvaises habitudes ? Pourquoi devenir un fardeau pour sa famille et pour la société ? Il est aujourd'hui à la mode de boire, de fumer et de dilapider l'argent. Quel dommage que les politiciens et les gens influents ne fassent aucun effort pour détourner les jeunes gens de ces mœurs. S'ils ne donnent pas l'exemple, comment les autres pourront-ils jamais connaître et assimiler les idéaux spirituels ? »

Amma ouvrit un exemplaire de Matruvani. Voyant qu'une page avait été mal imprimée parce qu'elle avait un pli au milieu, elle dit : « Mes enfants, avant de poster le magazine, vous devriez vérifier chaque exemplaire en le feuilletant. Ne croyez-vous pas que les résidents de l'*āśram* devraient être vigilants et attentifs au moindre détail ? »

Un *brahmacārī* apporta des paquets de cendre et des bonbons sur une assiette. Amma fit signe aux jeunes visiteurs d'approcher. « Venez, mes enfants ! » dit-elle. Les jeunes gens, qui la rencontraient pour la première fois, reçurent le *prasād* de ses mains sacrées, puis la quittèrent, heureux que certains doutes qui les tourmentaient aient enfin été éclaircis.

Lundi 10 mars 1986

Sādhana avec le guru

La conduite qui amenait l'eau à l'*āśram* était cassée. La réparation exigeait plusieurs jours. Depuis quelques nuits, les résidents allaient chercher l'eau de l'autre côté de la lagune, où se trouvait l'unique robinet public du village. Les villageois l'utilisaient dans la journée, les résidents de l'*āśram* allaient donc s'approvisionner en eau la nuit. Ils traversaient la lagune en bateau, remplissaient les récipients, puis retournaient vers la rive de l'*āśram*, où Amma et les autres *brahmacārīs* les aidaient à transporter l'eau du bateau à l'*āśram*. Le travail durait en général jusqu'à quatre ou cinq heures du matin.

Il était minuit. Un transport d'eau venait juste de se terminer. Les *brahmacārīs* repartirent en bateau pour chercher la cargaison suivante. Amma était allongée sur le sable au bord de la lagune. Quelqu'un avait étendu un drap pour elle, mais elle avait roulé sur le sable. Non loin de là brûlait un feu, alimenté par des feuilles et des détritus, dont la fumée éloignait les moustiques.

En attendant le prochain chargement d'eau, les *brahmacārīs* s'assirent autour d'Amma et méditèrent. Le robinet, de l'autre côté du canal, était si lent que le bateau ne serait pas de retour avant au moins deux heures. Au bout d'un moment, Amma se leva et jeta quelques feuilles dans le feu, qui se mit à flamboyer et étinceler en grondant.

Amma : « Mes enfants, imaginez dans ce feu la forme de votre divinité d'élection. Méditez sur elle. »

Un *brahmacārī* entretenait le feu. Le paysage et la lagune brillaient au clair de lune, le pays semblait recouvert d'un voile d'argent scintillant. Une paix profonde emplissait la nuit. Seuls les gémissements de quelques chiens, sur l'autre rive, brisaient parfois le silence. Puis la douce voix d'Amma s'éleva :

ambike devi jagannayike namaskāram

Ô mère, déesse de l'univers,
Je me prosterne devant toi.
Toi qui donnes la joie,
Je me prosterne devant toi.

Ô mère dont la nature est paix,
Toi qui es toute-puissante,
Tu crées cette grande illusion,
Sans commencement ni fin.

Ô Mère, toi qui es le soi le plus intime,
Je me prosterne devant toi.
La connaissance, le langage et l'intelligence,
Toi seule, tu es tout cela.

Ô Devi, c'est toi qui contrôles mon mental.
Puisqu'il en est ainsi, Ô toi qui es favorable,

Comment pourrais-je jamais décrire ta grandeur ?
Je ne connais pas les mantra bIjas
nécessaires pour t'adorer
Je ne peux que me prosterner devant toi.

Ô mère, tu répands ta compassion infinie
Sur le dévot dont l'esprit est toujours fixé sur toi.
Ta gloire est bien au-delà
de ce que nous pouvons imaginer.

Le *kīrtan* terminé, Amma chanta trois fois « Aum ». Tous reprirent en chœur la syllabe divine.

Amma : « Mes enfants, visualisez dans votre cœur un feu tranquille et lumineux comme celui-là. La nuit est le moment idéal pour méditer. »

Le bateau revint, chargé d'eau, et le travail recommença. Quand la barque repartit avec des récipients vides, Amma demanda à chacun de reprendre sa méditation. La nuit s'écoula ainsi jusqu'à cinq heures du matin, partagée entre le travail et la contemplation. Comme c'était un jour de *bhava darśan*, les visiteurs allaient bientôt affluer. Quand Amma goûterait-elle un peu de repos ? Pour elle, cela ne semblait pas exister.

Chapitre 8

Mercredi 12 mars 1986

Le travail accompli avec śraddhā est une méditation

Tout le travail, à l'*āśram*, était effectué par les résidents, et leurs attributions changeaient fréquemment. Amma le disait souvent : « Les *brahmacārīs* doivent être formés à tout et pouvoir effectuer n'importe quel travail. »

Ce matin, Amma fit un tour d'inspection de l'*āśram* vers 7 heures du matin, ramassant les morceaux de papier et les papiers de bonbon qui jonchaient le sol. Quand elle arriva à l'étable, au nord de l'*āśram*, les vaches levèrent la tête pour la regarder. Elle leur caressa le front avec autant d'affection qu'une mère pour ses enfants. Devant une des vaches, le sol était recouvert de *pinnak*[20] renversé, mélangé à de l'eau.

En buvant, la vache avait fait culbuter le seau. Amma le nettoya, puis alla chercher de l'eau pour laver par terre. Le *brahmacārī* qui l'accompagnait voulut l'aider, mais elle ne le lui permit pas. L'expression de son visage montrait clairement qu'elle était peinée de voir que la vache n'avait pas reçu les soins et l'attention requis au moment où on lui donnait à boire. Dès

[20] Le résidu qui provient de l'extraction d'huile de noix de coco ou d'autres graines.

qu'Amma eut fini de laver le sol, elle se dirigea tout droit vers la hutte où habitait le *brahmacārī* chargé de s'occuper des vaches.

« Mon fils », lui dit-elle « n'est-ce pas toi qui donnes à boire aux vaches le matin ? »

Le *brahmacārī* comprit qu'il avait dû commettre une faute, mais il ne voyait pas laquelle ; il resta muet.

Amma reprit : « Mon fils, la première qualité d'un *sādhak* devrait être *śraddhā*. Est-ce de cette manière que tu donnes à boire aux vaches ? L'une d'elles a tout renversé. Ton manque de soin n'en est-il pas la cause ? On t'a dit de rester avec les vaches jusqu'à ce qu'elles aient fini de boire. La vache a répandu le *pinnak* parce que tu n'as pas obéi, n'est-ce pas ? Si tu ne peux pas rester jusqu'à ce que ton travail soit terminé, Amma le fera elle-même. Tu devrais considérer la vache comme une mère. S'occuper des vaches est une manière d'adorer Dieu. Fils, cette vache a eu faim à cause de ta négligence. Et une grande quantité de *pinnak* a été perdue. »

Le *brahmacārī* comprit son erreur. Il tenta d'expliquer pour quelle raison il avait quitté l'étable : « Je suis parti plus tôt parce que c'était l'heure de la méditation ».

Sa réponse ne satisfit pas Amma. « Si tu aimais vraiment méditer, tu aurais nourri les vaches un peu plus tôt afin d'être prêt à temps. C'est un péché de laisser ces pauvres animaux avoir faim au nom de la *sādhana*. Qu'est-ce que la méditation ? Cela consiste-t-il simplement à rester assis les yeux fermés sans rien faire d'autre ? Tout travail que vous effectuez en faisant votre *japa* et en pensant à Dieu est aussi *dhyāna*. »

Brahmacārī : « Amma, l'autre jour tu as jeûné, sans même boire, parce que deux *brahmacārīs* étaient arrivés en retard pour la méditation. Je ne voulais pas que cela se reproduise par ma faute. » Les larmes lui vinrent aux yeux en prononçant ces paroles.

Amma essuya ses larmes et dit pour l'apaiser : « Qu'a donc dit Amma pour que tu sois bouleversé ainsi, fils ? Elle veut simplement que tu fasses désormais plus attention. Amma était très sérieuse l'autre jour parce que ces deux fils souhaitaient délibérément éviter la méditation. Ils auraient pu lire et écrire plus tard. Mais ton cas est différent. Tu faisais un travail dont Amma t'avait chargé. Cela ne diffère pas de la méditation parce que le dévouement à ton travail est une forme de méditation. Le zèle avec lequel tu accomplis la tâche qui t'a été confiée reflète le degré de ton abandon à Dieu et l'intensité de ta quête du but. Il faut éviter aussi bien de travailler pour échapper à la méditation que de méditer pour échapper au travail ».

Amma n'acceptait pas que l'on enfreigne les règles de l'*āśram*. Tout devait se dérouler ponctuellement. Il n'était pas question de manquer la méditation, les cours de *vedanta* ou de sanskrit, ni d'arriver en retard. Elle réprimandait les *brahmacārīs* plusieurs fois. Si cela restait sans effet, elle prenait la punition sur elle en jeûnant, parfois sans même boire. La plus dure des pénitences pour eux était de savoir qu'Amma ne mangeait pas par leur faute.

Amma et le *brahmacārī* se rendirent au *kalari maṇḍapam* où tout le monde méditait. Amma s'assit en lotus près du mur, face à l'est. Le *brahmacārī* qui l'avait accompagnée s'installa près d'elle. La méditation terminée, tous vinrent se prosterner devant Amma et l'entourèrent.

La concentration

Un *brahmacārī* saisit l'occasion de lui confier un problème : « Amma, je ne parviens pas à me concentrer quand je médite. Cela me tourmente. »

Amma sourit et répondit : « Mes enfants, on n'atteint pas la concentration parfaite (*ekāgratā*) en un clin d'œil. Cela exige un effort soutenu. Ne rompez pas la discipline de la *sādhana* sous prétexte que votre mental n'est pas concentré. Vous devez pratiquer votre *sādhana* avec une stricte régularité et votre enthousiasme ne doit pas vaciller. N'oubliez pas une seconde que vous êtes un aspirant spirituel.

Il était une fois un homme qui partit à la pêche dans la lagune. Il repéra un banc de gros poissons près de la rive et décida de construire une digue en terre tout autour de cet endroit, puis de vider l'eau pour attraper le poisson. Il construisit la digue, puis, comme il n'avait pas de récipient, il écopa avec les mains. La digue se brisait de temps en temps, mais il refusa d'abandonner. Il continua sa tâche avec beaucoup de patience et une confiance absolue, sans penser à rien d'autre. Le soir venu, il avait vidé l'eau retenue par la digue et attrapé une grande quantité de poisson. Il rentra chez lui heureux, amplement récompensé de son dur labeur, accompli avec tant de confiance, de patience et un zèle constant.

Mes enfants, ne vous découragez pas si vous ne voyez pas de résultat en dépit de tous vos efforts. Chaque fois que vous dites votre *mantra*, cela a un effet, même si vous ne le percevez pas. Et même si vous n'obtenez pas une concentration parfaite, il est bénéfique de méditer à une heure régulière. Sans que vous en ayez conscience, la pratique constante du *japa* éliminera les impuretés de votre mental et votre concentration augmentera pendant la méditation.

Il ne vous est pas difficile de penser à vos parents, à votre famille, à vos amis ou à vos plats préférés. Vous pouvez les voir mentalement dès que vous y pensez et garder leur image à l'esprit tant que vous le souhaitez. C'est possible parce qu'ils vous sont familiers depuis longtemps. Il n'est pas nécessaire d'entraîner le mental à penser aux objets de ce monde, parce qu'il y est habitué. Il faut développer le même genre de lien avec Dieu. Tel est le but du *japa*, de la méditation et du *satsaṅg*. Cela exige toutefois un effort constant ; c'est ainsi que la forme de votre divinité d'élection et le *mantra* qui lui est associé apparaîtront dans le mental aussi naturellement que les pensées liées aux objets du monde.

Vous ne perdrez alors plus jamais conscience de la présence divine, quelles que soient vos pensées ou quels que soient les objets que vous voyez. Rien n'existera plus pour vous hormis Dieu.

Mes enfants, ne vous découragez pas si, au début, vous ne parvenez pas réellement à vous concentrer. Si vos efforts sont constants, vous réussirez. « Dieu seul est éternel. Si je ne parviens pas à le connaître dans cette vie, elle aura été vaine. Je dois obtenir sa vision aussi vite que possible ! », telle devrait toujours être votre attitude. Mes enfants, pour celui qui garde le but toujours présent à l'esprit, il n'existe pas d'obstacle ; pour lui, toutes les situations sont favorables. »

Brahmacārī : « Je ne peux pas méditer le matin ; je m'endors. »

Amma : « Fils, si tu t'endors pendant la méditation, récite ton *mantra* en bougeant les lèvres. Si tu as un *māla*, tiens-le contre ton cœur et fais *japa*. Cela t'aidera à rester vigilant. Lorsque tu t'assieds pour méditer, ta colonne vertébrale doit être droite. Seule la paresse te donne le dos rond. Si tu as quand même envie de dormir, lève-toi et récite ton *mantra*. Et ne t'appuie nulle part. Quand tu t'adosses à quelque chose, ton mental s'y attache. Si tu ne parviens pas à vaincre le sommeil, va courir un moment, puis reprends ta méditation. Chasse le *tamas* grâce au *rajas*. La pratique du *hatha yoga* est également excellente.

Tu ne vaincras ta somnolence que grâce à *lakṣya bōdha*. Certaines personnes travaillent de nuit en usine et passent parfois deux ou trois nuits sans dormir. Cependant, elles ne s'endorment pas devant les machines parce que si leur concentration diminue une seule seconde, elles risquent un accident : que la machine leur happe la main, et elles perdront aussi leur emploi.

Elles le savent et parviennent à chasser le sommeil, si puissant qu'il soit. Lorsque nous méditons, nous devrions faire preuve de la même vigilance et rester éveillés. Comprenons que nous gaspillons notre vie en cédant au sommeil au lieu de méditer. Alors nous refuserons de nous laisser vaincre. »

L'égoïsme dans les relations humaines

Lorsqu'Amma sortit de la salle de méditation, quelques dévots l'attendaient. Ils se prosternèrent devant elle. Elle les mena au *kalari maṇḍapam* et s'assit parmi eux. Un des dévots offrit à Amma un plateau de fruits.

Amma : « Comment vas-tu, maintenant, fils ? »

L'homme baissa la tête sans rien dire. Sa femme l'avait quitté pour un autre homme, et le désespoir l'avait poussé à boire. Quatre mois plus tôt, un ami l'avait conduit à Amma. Quand il était allé au *darśan*, il était tellement ivre qu'il n'était pas lucide. Amma ne l'avait pas laissé partir aussitôt ; elle l'avait gardé à l'*āśram* pendant trois jours. Depuis, il n'avait pas bu une seule goutte d'alcool. Il venait la voir dès qu'il avait un peu de temps libre. Mais visiblement, il souffrait encore du départ de sa femme.

Amma : « Fils, nul n'aime autrui plus que lui-même. L'amour de tout être humain repose sur la quête égoïste de son propre bonheur. Si notre ami ne nous apporte pas le bonheur que nous attendons, il devient notre ennemi. C'est ce que l'on peut observer dans le monde. Dieu seul nous aime sans égoïsme. Et c'est en l'aimant que nous parvenons à aimer et à servir nos semblables de manière désintéressée. Seul le monde de Dieu est pur de tout égoïsme. Tournons donc notre amour et notre attachement vers lui seul. Nous ne serons alors pas désespérés si quelqu'un nous abandonne ou nous fait du tort. Accroche-toi à Dieu. Tu n'as besoin de rien d'autre. Pourquoi te tourmenter en songeant au passé ? »

Le dévot : « Je ne suis plus aussi malheureux qu'auparavant, parce que maintenant j'ai Amma pour me protéger sur tous les plans. Amma, dès que je me sens triste, c'est ton *mantra* qui me réconforte. » Amma lui donna un peu de cendre et il partit.

Amma dit ensuite : « Voyez quelles expériences les gens traversent ! Quel enseignement pour nous ! Un mari aime-t-il vraiment sa femme ? Et l'amour qu'elle lui porte est-il réel ? Et pourquoi les parents aiment-ils leurs enfants ? Ils les aiment parce qu'ils sont le produit de leur propre sang, de leur propre chair ! Sinon, pourquoi n'aimeraient-ils pas tous les enfants de la même manière ?

Combien sont prêts à mourir pour leurs enfants ou pour leur conjoint ? Même si ce fils souhaitait mourir lorsque sa femme l'a quitté, ce n'était pas par amour pour elle, mais pour lui-même. C'est la perte de son propre bonheur qu'il pleurait. S'il avait vraiment aimé sa femme, il aurait accepté qu'elle soit plus heureuse avec quelqu'un d'autre. Il aurait été essentiellement préoccupé de son bonheur. C'est cela, l'amour désintéressé. Et si sa femme l'avait vraiment aimé, elle n'aurait jamais regardé un autre homme.

Nous disons que nous aimons nos enfants, mais combien d'entre nous sont prêts à mourir pour sauver la vie de leur enfant qui se noie ? Une fille est venue raconter son histoire à Amma. Son enfant est tombé dans un puits profond. Elle l'a vu tomber sans pouvoir empêcher ce malheur ; le temps que les secours arrivent, l'enfant était mort. Pourquoi la mère n'a-t-elle pas eu l'idée de sauter dans le puits pour sauver son enfant ? Quatre-vingt-dix pour cent des gens sont ainsi. Il est rare que quelqu'un risque sa vie pour sauver celle d'un autre. C'est pourquoi Amma dit que personne, hormis Dieu, ne nous aime de façon désintéressée. Accrochez-vous fermement à lui. Cela ne signifie pas que vous ne devriez pas aimer les autres. Voyez Dieu en chacun et aimez-le en tous. Ainsi, le chagrin ne vous submergera pas si vous perdez l'amour d'un être humain. »

Un jeune homme dont c'était la première visite à l'*āśram* était assis derrière les autres et écoutait. Cependant son visage n'exprimait aucun respect, aucune révérence.

Quand Amma se tut, il montra du doigt une photo d'Amma en Kṛṣṇa *bhava* et demanda : « Est-ce toi sur cette photo, portant des plumes de paon et d'autres ornements ? Est-ce une sorte de pièce de théâtre ? ».

Les dévots se retournèrent pour Devisager celui qui posait une question aussi inattendue.

Jouer un rôle pour le bien de la société

Amma : « Fils, comment peux-tu savoir si le monde lui-même n'est pas un genre de pièce de théâtre où chacun participe au drame sans même s'en rendre compte ? Le but de la pièce est de réveiller les acteurs, de les faire sortir de scène en détruisant leur ignorance.

Fils, tu es venu au monde nu. Pourquoi portes-tu des vêtements, puisque tu sais que ta forme réelle est nue ? »

Le jeune homme : « Je suis un être social et si je ne respecte pas les normes de la société, elle me critiquera. »

Amma : « Tu portes donc des vêtements par égard pour la société. Amma porte ce costume pour le bien de cette même société. On peut compter ceux qui parviennent au but en suivant la voie de *jñāna* sur les doigts d'une main. Amma ne peut négliger tous les autres, qui ne progresseront que sur la voie de la dévotion. Śrī Śaṅkaracārya, qui était un représentant de l'*advaita*, a bien fondé des temples, n'est-ce pas ? Il disait que Dieu est pure conscience, mais il a aussi montré qu'une simple pierre est Dieu. N'est-ce pas lui qui a composé le Saundarya Lahari, qui décrit la forme de la mère divine ? Et Vyasa, qui a écrit les Brahma Sutras, est aussi celui qui a rédigé le Śrīmad Bhāgavatam. Comprenant que la philosophie de l'*advaita* et du *vedanta* ne pouvait pas être assimilée par un mental ordinaire, ils se sont efforcés d'attiser la flamme de la dévotion dans le cœur des hommes.

Fils, Amma connaît sa véritable nature et sa forme réelle, mais les gens d'aujourd'hui ont besoin de quelques outils pour réaliser ce principe suprême. Les représentations de Dieu sont nécessaires pour renforcer leur foi et leur dévotion. Il est plus facile d'attraper un poulet en lui offrant du grain qu'en lui courant après. En voyant la nourriture, il s'approche et tu t'en saisis facilement. Pour élever la conscience des êtres ordinaires et leur permettre d'accéder au plan spirituel, il est nécessaire de se mettre à leur niveau. Leur mental ne peut percevoir que des noms et des formes ; nous utilisons donc ce moyen pour les aider à rendre le mental plus subtil. Pense à l'uniforme d'un homme de loi ou d'un policier. Quand le policier apparaît en tenue, l'ordre et la discipline règnent. Mais les gens auront une attitude bien différente s'il est en civil, n'est-ce pas ? Tel est le rôle des costumes et des ornements.

Ceux qui sont capables de percevoir la pierre dans l'idole, l'or dans la boucle d'oreille, le roseau dans la chaise, le substrat de l'univers, la véritable essence de toute chose, n'ont pas besoin de tout cela. Ils sont déjà parvenus à la vision de l'*advaita*. Mais la plupart des gens n'en sont pas encore là ; ils ont besoin de formes et de noms. »

Le jeune homme ne posa pas d'autre question. Amma ferma les yeux et médita un moment.

Le secret du karma yoga

Quand Amma rouvrit les yeux, un dévot demanda : « Un *karma yogi* qui sert le monde, cesse-t-il d'agir à mesure qu'il progresse sur la voie spirituelle ? »

Amma : « Pas nécessairement. Il peut rester actif jusqu'à la fin. »

Le dévot : « Amma, qu'est-ce qui est supérieur, le *bhakti yoga* ou le *karma yoga* ? »

Amma : « Il est en fait impossible de séparer *bhakti yoga* et *karma yoga*. Un vrai *karma yogi* est aussi un vrai dévot et inversement.

N'importe quelle action n'est pas nécessairement du *karma yoga*. Seules les actions accomplies sans motif égoïste, comme une offrande à Dieu, peuvent être qualifiées de *karma yoga*. La dévotion (*bhakti*) ne se résume pas à faire quatre fois le tour du sanctuaire, à lever les bras et à se prosterner devant la statue de la divinité. Le mental doit être fixé sur Dieu et chacun de nos actes être une forme d'adoration. Il s'agit de voir notre divinité d'élection en tout être et d'offrir à tous notre amour et notre service. Abandonnons-nous à Dieu de tout notre cœur. Alors seulement, nous pourrons déclarer que nous éprouvons de la dévotion.

Un véritable *karma yogi* garde l'esprit fixé sur Dieu quoi qu'il fasse. Si nous considérons que tout est Dieu, alors c'est de la *bhakti*. Par contre, si nous pensons à autre chose pendant que nous sommes en train de faire la *pujā*, (culte rituel), la *pujā* n'est pas du *bhakti yoga*, parce que l'action reste extérieure ; il n'y a pas d'adoration véritable. Mais même si notre travail est de nettoyer les toilettes, si nous répétons notre *mantra* en le faisant, en pensant que cette tâche nous est confiée par Dieu, alors c'est à la fois du *bhakti yoga* et du *karma yoga*.

Il était une fois une femme pauvre qui répétait : « *Kṛṣṇārpanam astu* » (que cela soit une offrande à Kṛṣṇa). Il y avait un temple à côté de chez elle et le prêtre n'aimait pas la prière de cette femme. Il ne supportait pas l'idée qu'elle puisse dire : « *Kṛṣṇārpanam astu* » tout en jetant les ordures. Il la disputait, mais elle ne répondait jamais rien.

Un jour, elle ramassa un peu de bouse de vache qui se trouvait dans la cour de sa maison et la lança dehors. Comme d'habitude, elle n'oublia pas de dire : « *Kṛṣṇārpanam astu* ». La bouse de vache atterrit devant le temple. Le prêtre, voyant cela, se mit à trembler de rage. Il traîna la femme jusqu'au temple et l'obligea à enlever la bouse de vache. Puis il la frappa et la chassa.

Le lendemain, il était incapable de bouger le bras ; il était complètement paralysé. Il implora le seigneur, qui lui apparut la nuit dans un rêve et lui dit : « J'ai apprécié la bouse de vache offerte par cette dévote beaucoup plus que ton offrande de riz sucré. Ce que tu fais ne mérite pas le nom d'adoration, tandis qu'elle m'adore dans chacun de ses actes. Je ne tolérerai pas que tu fasses du mal à une fidèle si dévouée. Tu ne guériras que si tu lui touches les pieds et implores son pardon. » Le prêtre comprit son erreur, demanda pardon à cette femme et fut bientôt guéri. »

Tourne-toi vers Dieu maintenant

Un dévot : « Je suis très pris par mon travail, je ne trouve pas le temps de méditer. Et quand je fais *japa*, je n'arrive pas à me concentrer. Amma, ne vaudrait-il pas mieux pour moi attendre d'être moins occupé, d'être plus en paix, avant de me mettre au *japa* et à la méditation ? »

Amma : « Fils, tu crois peut-être que tu te tourneras vers Dieu quand tu auras moins de travail ou que tu auras suffisamment profité des plaisirs du monde, mais cela ne se produira jamais. Tourne-toi vers lui maintenant, au milieu de toutes tes difficultés. Il te montrera certainement le chemin.

Amma va te donner un exemple. Imagine qu'une jeune femme ait des troubles mentaux. Un jeune homme arrive avec une proposition de mariage, mais quand il découvre qu'elle est malade, il déclare qu'il l'épousera lorsqu'elle sera guérie. Mais l'avis du docteur est qu'elle ne guérira que si elle se marie. Il est donc inutile pour elle d'attendre la guérison pour se marier !

Ou bien imagine que l'eau dise : « Attends de savoir nager pour te baigner. » Comment serait-ce possible ? Il faut d'abord se mettre à l'eau pour apprendre à nager ! Ainsi, Dieu seul peut purifier le mental. Si tu te souviens de Dieu pendant que tu travailles, cela te donnera la capacité de bien faire ton ouvrage. Les obstacles s'évanouiront, et par-dessus tout, ton mental sera purifié.

Si tu crois que tu commenceras à te concentrer sur Dieu quand tu auras surmonté toutes les difficultés et que ton mental sera en paix, tu te trompes, parce que cela n'arrivera jamais. Jamais tu n'atteindras Dieu de cette manière. Il est inutile d'attendre que la paix intérieure vienne.

La persévérance est la seule manière de t'améliorer. À tout instant, tu peux tomber malade ou bien perdre tes facultés mentales, et ta vie aura été en pure perte. Suivons donc le chemin qui mène à Dieu dès maintenant. C'est ce qu'il faut faire. »

Un visiteur : « Amma, un certain nombre de jeunes gens ont quitté leur foyer pour venir ici, en quête de Dieu. Mais ne sont-ils pas à un âge où ils sont censés profiter de la vie ? Ne sera-t-il pas temps pour eux, plus tard, de penser à Dieu et de devenir *sannyāsīs* ? »

Amma : « Fils, ce corps nous a été donné pour réaliser Dieu. Chaque jour nous rapproche de la mort. Les plaisirs du monde nous affaiblissent. Mais le souvenir constant de Dieu fortifie le mental. Il renforce en nous les *saṁskāras* bénéfiques et nous permet même de transcender la mort. Nous devons donc essayer de surmonter nos faiblesses tant que nous sommes encore en bonne santé et pleins de vitalité. Alors nous n'aurons pas à nous inquiéter de l'avenir.

Amma se rappelle une histoire : Il était une fois un pays où tout le monde pouvait devenir roi, mais un roi dont le règne ne durait que cinq ans. Après quoi on l'emmenait sur une île déserte où il était livré à la mort. Il n'y avait sur cette île aucun être humain, que des bêtes féroces qui tuaient aussitôt le roi et le dévoraient. Les gens le savaient, nombreux étaient pourtant les candidats à la royauté ; ils étaient poussés par le désir de régner et de jouir des plaisirs offerts au roi. Au moment où ils montaient sur le trône, ils étaient ravis. Mais à peine le couronnement passé, ils étaient en proie au chagrin, craignant le jour fatal où ils seraient dévorés par les prédateurs. Le roi, toujours tourmenté, ne souriait donc jamais. Il avait beau être entouré de tout le luxe imaginable, ni les mets délicieux, ni les serviteurs, ni les danses ou les musiques ne l'intéressaient. Il ne pouvait profiter de rien. Dès qu'il accédait au pouvoir, il ne voyait plus que la mort. Il était venu pour trouver le bonheur, mais la douleur ne lui laissait pas de répit.

Le dixième roi fut conduit sur l'île lorsque son règne de cinq ans fut terminé et comme tous ceux qui l'avaient précédé, il fut la proie des bêtes sauvages. Son successeur était un jeune homme. Mais il était très différent des autres rois. Après son accession au trône il ne sembla pas le moins du monde malheureux. Il riait, dansait, partait à la chasse et faisait des tournées pour s'enquérir du bien-être des gens. Tout le monde remarqua qu'il était toujours joyeux.

Son règne s'achevait, mais il n'y avait pas de changement dans son comportement. Tout le monde s'en étonnait. Ils lui dirent : « Majesté, le jour de votre départ pour l'île approche, mais vous ne semblez pas triste. D'habitude, dès qu'une personne monte sur le trône, ses tourments commencent. Mais vous, même aujourd'hui vous paraissez joyeux ! ».

Le roi répondit : « Pourquoi serais-je triste ? Je suis prêt à partir pour l'île. Il n'y a plus de bêtes féroces là-bas. Quand je suis devenu roi, j'ai appris à chasser, puis je suis allé sur l'île avec mes troupes et nous avons exterminé tous les animaux féroces. J'ai défriché la forêt et j'en ai fait des terres cultivables. J'ai creusé des puits et construit quelques maisons. Je vais maintenant aller vivre là-bas. J'abandonne le trône, mais je vais continuer à vivre comme un roi, car j'ai sur l'île tout ce qu'il me faut. »

Nous devrions agir comme ce roi et découvrir le monde de la béatitude pendant que nous sommes encore dans ce monde physique. Mais l'écrasante majorité des gens se comporte comme ses prédécesseurs, torturés par l'angoisse et la peur du devenir. Cela les rend incapables d'effectuer correctement le travail quotidien. La souffrance est leur lot présent et à venir. Jusqu'au dernier moment, ils ne cessent pas de pleurer. Mais si nous faisons preuve de *śraddhā* à chaque instant, nous ne souffrirons pas à l'avenir ; tous nos lendemains seront faits de béatitude.

Mes enfants, ne croyez pas que vous pouvez jouir du monde des sens maintenant et songer à Dieu plus tard. Le monde des sens ne nous apportera jamais aucune véritable satisfaction. Si nous mangeons du *pāyasam*, nous sommes satisfaits un moment, mais ensuite nous en voulons deux fois plus ! Ne songez donc pas à profiter du monde des sens aujourd'hui, remettant à demain le fait de penser à Dieu ! Nous ne pourrons jamais satisfaire les sens. Les désirs ne meurent pas si facilement. Seul celui qui a éliminé tous les désirs est dans la plénitude. Mes enfants, agissez en offrant votre mental à Dieu. Vous pourrez alors vaincre même la mort, et vous connaîtrez la béatitude éternelle. »

Mercredi 16 avril 1986

« Et pourtant, j'agis »

Bhagavad Gītā III, 22

Ce matin-là, nous allions couler du ciment pour le nouveau bâtiment. Comme c'était un travail dur, tout le monde demanda à Amma de ne pas y participer.

Brahmacārī Balu (Swāmi Amritaswarupānanda) : « Amma, nous allons faire du ciment. Tu seras en contact avec le ciment et les graviers, et les éclaboussures de ciment brûlent. »

Amma : « Est-ce que ça ne brûlera que le corps d'Amma, et pas le vôtre, mes enfants ? »

Balu : « Mais ton aide n'est pas nécessaire. Nous sommes là pour faire le travail. »

Amma : « Amma travaille volontiers. Elle n'a pas grandi assise dans sa chambre ; elle est habituée aux tâches dures. »

Il était clair que les efforts pour la dissuader de participer au travail avaient été vains. Amma se joignit à la file de ceux qui se passaient de grandes écuelles de ciment.

Un récipient rempli de ciment glissa de la main d'un *brahmacārī* et se répandit sur le sol. Il retira son pied à temps, mais Amma reçut quelques éclaboussures sur le visage. Elle les enleva avec une serviette que lui présenta un des *brahmacārīs*, puis se noua la serviette autour de la tête, prenant par jeu une pose qui souleva des vagues de rire au milieu du dur labeur.

Le soleil se fit plus ardent et des perles de sueur coulèrent du front d'Amma. En la voyant trimer sous la chaleur du soleil, un dévot voulut l'abriter sous son parapluie, mais elle ne lui permit même pas de l'ouvrir. « Les enfants d'Amma sont nombreux à peiner sous le soleil. Comment pourrait-elle accepter la protection d'un parapluie ? »

Le travail continua ; Amma rappela à ses enfants : « Imaginez que la personne qui est à côté de vous est votre divinité d'élection, imaginez que vous lui passez le seau. Ainsi, vous ne perdrez pas de temps ».

Tous étaient captivés par ses paroles et par son rire, personne ne songeait à la difficulté du travail ni au temps qui passait. Quand elle remarquait que ses enfants oubliaient le *mantra*, Amma chantait les noms divins.

« Om namaḥ śivāya, Om namaḥ śivāya »

Le travail se poursuivit jusqu'au soir. Les *brahmacārīs* n'étaient pour la plupart pas habitués à un travail physique aussi dur ; ils avaient des ampoules aux mains. Mais le travail terminé, ils n'eurent pas le temps de se reposer. Ils prirent une douche et se préparèrent à partir pour Thiruvanantapuram, où il y avait un programme de *bhajans*.

Un des *brahmacārīs* n'avait pas participé au travail. Il avait passé la journée à étudier le sanskrit. Quand elle le vit sur la berge, Amma alla vers lui et lui dit : « Mon fils, une personne qui n'a pas de compassion pour la souffrance des autres n'est pas spirituelle du tout. Elle ne verra jamais Dieu. Amma ne peut pas rester inactive et regarder ses enfants travailler. Son corps s'affaiblit rien qu'à l'idée que ses enfants travaillent seuls. Mais dès qu'elle se joint à eux, elle oublie tout. Même si Amma est trop faible pour travailler, elle vient leur tenir compagnie, en pensant qu'elle peut au moins prendre sur elle leur fatigue. Comment as-tu pu manquer à ce point de compassion, fils ? Alors que tant de personnes travaillaient, comment as-tu eu l'aplomb de rester dans ton coin ? ».

Le *brahmacārī* fut incapable de répondre. En le voyant tête baissée, plein de remords, Amma ajouta : « Amma n'a pas dit cela pour que tu te sentes coupable, fils, mais pour s'assurer que tu feras plus attention la prochaine fois. Il ne suffit pas d'accumuler des connaissances intellectuelles ; tu dois devenir plein d'amour et de compassion. Ton cœur doit s'ouvrir en même temps que ton intellect. C'est le but de la *sādhana*. Nul ne peut avoir la vision du Soi tant qu'il n'a pas le cœur rempli de compassion ».

Le bateau arriva. Quand Amma et les *brahmacārīs* atteignirent l'autre rive, le Brahmacārī Rāmakṛṣṇa les attendait avec le véhicule.

Il était allé à Kollam le matin pour le faire réparer et était revenu juste à l'heure pour conduire tout le monde au programme. Mais il n'avait pas eu le temps de manger quoi que ce soit de la journée. Amma s'installa dans le minibus et l'appela pour qu'il vienne s'asseoir auprès d'elle.

Rāmakṛṣṇa : « Je suis sale et je sens la sueur. Si je m'assieds près de toi, je vais salir tes vêtements et tu sentiras aussi la sueur. »

Amma : « Ce n'est pas un problème pour Amma. Viens, fils ! Amma t'appelle, c'est la sueur d'un de mes enfants, la sueur d'un dur labeur. C'est comme de l'eau de rose ! ».

Comme Amma insistait, Rāmakṛṣṇa vint s'asseoir auprès d'elle, tandis qu'un autre *brahmacārī* conduisait. En route, Amma fit arrêter le véhicule chez des dévots, qui donnèrent un peu de nourriture pour Rāmakṛṣṇa.

Satsaṅg en chemin

Le groupe voyageant avec Amma comprenait un jeune homme de l'âge des *brahmacārīs* ou presque ; il était arrivé ce jour-là à l'*āśram* et c'était sa première visite. Son regard exprimait l'étonnement : il contemplait la manière dont Amma et ses enfants voyageaient ensemble, riant, turbulents et joviaux.

« Viens ici, fils. », appela Amma ; elle lui fit une place à côté d'elle.

Amma : « Est-ce difficile pour toi de voyager dans ces conditions, avec si peu de place ? »

Le jeune homme : « Non, Amma. Quand j'étais étudiant, je voyageais souvent sur les marches des bus, parce qu'ils étaient trop pleins. Ce n'est donc pas un problème pour moi. »

Amma : « Au début, Amma se rendait en bus public aux programmes de *bhajans* et chez les dévots. Puis le nombre de ses enfants a augmenté et nous ne pouvions pas toujours tous monter dans le même bus. (Les bus en Inde sont souvent bondés.)

Il était également difficile de transporter l'harmonium et les tablas dans le bus. Et nous n'arrivions pas toujours à l'heure. Alors tout le monde a insisté auprès d'Amma pour qu'elle achète un véhicule et elle a fini par y consentir. Mais aujourd'hui, nous avons dépensé plus pour les réparations que pour l'achat du véhicule ! N'est-ce pas, Rāmakṛṣṇa ? »

Tout le monde rit aux éclats. À l'arrière du véhicule, on discutait bruyamment. Amma se retourna et appela : « Balu, mon fils ! »

« Oui, Amma ! »

« Chante un *bhajan* ! »

Brahmacārī Srikumar prit l'harmonium sur ses genoux.

manasa bhajare guru charanam
Ô mon mental, adore les pieds du guru.

Amma et ses enfants chantèrent plusieurs autres *bhajans*. Puis tout le monde resta silencieux pendant quelques minutes, goûtant la douceur des noms sacrés qu'ils venaient de chanter. Amma s'appuyait sur l'épaule de Gāyatri, les yeux mi-clos.

Amma sourit au nouveau venu, qui se décida à lui poser une question : « Amma, on dit que les *sādhaks* doivent éviter la compagnie des femmes. Comment une femme peut-elle donc les guider et leur servir de *guru* ? ».

Amma : « Fils, sur le plan de la vérité, la différence entre hommes et femmes existe-t-elle ? Pour un homme, il vaut beaucoup mieux avoir une femme comme maître plutôt qu'un homme. En ce sens, mes enfants ont beaucoup de chance. Ceux qui ont un *guru* masculin doivent transcender leur attirance pour toutes les femmes, mais pour ceux dont le maître est une femme, il suffit de transcender la femme en leur *guru* pour dépasser leur attirance pour toutes les femmes du monde. »

Jeune homme : « Rāmakṛṣṇa Deva n'a-t-il pas prescrit d'éviter strictement « les femmes et l'or » ? »

Amma : « Oui, ce qu'il a dit est absolument vrai ; un *sādhak* ne devrait pas même regarder la photo d'une femme. Mais ceux qui ont un *guru* ont quelqu'un pour leur montrer le chemin et les guider sur la voie. Il leur suffit de suivre le maître. Le poison d'un serpent est mortel, et pourtant l'antidote est préparée à partir du même poison, n'est-ce pas ? Un vrai *guru* met toutes sortes d'obstacles sur le chemin du disciple, car c'est ainsi qu'il développera la force de transcender toutes les difficultés. Il n'y a pas d'autre moyen. Mais ceux qui n'ont pas auprès d'eux un maître pour les guider doivent sans nul doute se montrer très vigilants. »

« Mon fils, regarde devant toi quand tu conduis ! » s'exclama Amma en riant. « Il regarde Amma dans le rétroviseur tout en conduisant ! »

Le jeune homme : « Amma, tu ne sembles pas fatiguée, même après avoir travaillé toute la journée sans arrêter une minute ! Pour nous autres, il semble que le corps soit un sac de douleur ! »

Amma : « Oui, on dit que le corps est un sac de douleur. Et pourtant, les sages qui ont fait l'expérience de la vérité disent que ce monde est un monde de béatitude. Pour ceux qui vivent dans l'ignorance, le corps est réellement un sac de douleur. Mais grâce à des efforts constants, il est possible de trouver une solution. La souffrance peut être éliminée en sachant reconnaître ce qui est éternel et ce qui est transitoire.

Regarde un corbeau noir posé au milieu d'une assemblée de grues blanches. Le noir accentue la beauté de cette blancheur. Ainsi, la douleur nous enseigne la valeur de la joie. Une fois que nous avons connu la souffrance, nous devenons plus prudents.

Un homme qui marchait dans la forêt posa le pied sur une épine. Il fit ensuite très attention où il mettait les pieds et cela lui évita de tomber dans un puits avoisinant. S'il n'avait pas marché sur l'épine, il aurait été moins prudent et se serait retrouvé dans le puits. Une petite douleur peut donc nous sauver d'un grand danger. Ceux qui avancent avec une vigilance sans faille transcendent finalement toute souffrance et parviennent à la béatitude éternelle. Ceux qui connaissent l'infini, qui ont réalisé la vérité, ne souffrent pas. Ils ne connaissent que la béatitude. La douleur survient quand vous pensez que vous êtes le corps, mais si vous considérez le corps comme un véhicule que vous utilisez pour atteindre la béatitude éternelle, alors il n'y a pas de problème. »

Le jeune homme : « On a beau dire que cette vie est faite de joie, l'expérience concrète semble montrer qu'elle est remplie de tourments. »

Amma : « Fils, pourquoi tomber dans un puits si tu le vois ? Pourquoi continuer à souffrir alors qu'il y a moyen de l'éviter ? Comme la chaleur du soleil et la fraîcheur de l'eau, la joie et la souffrance sont dans la nature de la vie. Pourquoi gaspiller tes forces à t'affliger ? Pourquoi travailler sans salaire? Mais si tu crois que la tristesse te fera du bien, alors bien sûr, sois triste !

Si tu te blesses, tu ne te contentes pas de rester assis et de pleurer ; tu mets un désinfectant sur la plaie, puis un pansement pour éviter qu'elle ne s'infecte et t'affaiblisse. Celui qui comprend l'essence de la vie spirituelle ne se laisse pas ébranler par les événements de la vie. Si vous savez qu'un pétard peut exploser à tout instant, vous n'êtes pas surpris au moment de l'explosion. Mais si vous n'y êtes pas préparé, la frayeur peut être telle qu'elle affectera même votre santé. Le moyen d'éviter la souffrance consiste à fixer le mental sur le Soi. Il est vrai qu'il est difficile de maîtriser le mental et que cela n'est pas possible en un instant. Il est difficile de traverser l'océan, mais ceux qui font l'effort nécessaire et apprennent la méthode à employer y parviennent.

Les *mahātmas* nous ont enseigné la manière de traverser l'océan du *samsāra*. Les écritures sont les instructions qu'ils nous ont données. Il nous suffit de les suivre. Il faut assimiler les principes essentiels en étudiant les écritures et en écoutant des *satsaṅgs*. Ne perdons jamais l'occasion d'être auprès d'un *mahātma*. Mettons leurs conseils en pratique et faisons notre *sādhana* régulièrement. Nous avons besoin de la compagnie des *mahātmas*. Notre attitude devrait consister à nous abandonner au *guru*. Si nous avançons avec *śraddhā*, nous serons libérés de toute souffrance. »

Le véhicule fit une violente embardée. Le *brahmacārī* qui conduisait avait évité de justesse la collision avec un camion qui venait en sens inverse.

« Fils, fait attention en conduisant ! »

Amma remarqua que les mains d'un des *brahmacārīs* étaient bandées. Avec beaucoup de tendresse, elle lui prit les mains et les plaça dans les siennes. « Oh, tes mains sont toutes crevassées ! Est-ce que tu as mal, fils ? »

Brahmacārī : « Non, Amma. C'est juste la peau qui est partie. J'ai mis un pansement pour que la plaie ne se salisse pas. »

Amma embrassa avec amour ses mains abîmées par le travail.

Le programme se termina tard et ils rentrèrent en pleine nuit. À l'intérieur du véhicule, les têtes des dormeurs se heurtaient les unes aux autres. Amma était allongée, la tête sur les genoux de Gāyatri. Par la fenêtre ouverte, une brise fraîche caressait les boucles qui tombaient du front d'Amma, en forme de demi-lune. À la lumière des réverbères, son anneau de nez scintillait comme une étoile.

Samedi 19 avril 1986

Des avocats en quête de justice

Il était seize heures et Amma n'avait pas encore fini de donner le *darśan* aux dévots. Un avocat qui venait régulièrement à l'*āśram* entra dans la hutte avec un ami qui n'avait jamais vu Amma auparavant. Après s'être prosternés devant elle, les deux hommes s'assirent sur une natte.

Avocat : « Amma, cet ami travaille avec moi. Il a des problèmes familiaux et a décidé de divorcer. Mais son épouse refuse la séparation. Elle a l'intention de le poursuivre en justice et d'obtenir une pension pour elle et pour leur enfant. »

Amma : « Fils, pourquoi envisages-tu de l'abandonner ? »

L'ami : « Son comportement n'est pas bon. Je l'ai vue plusieurs fois commettre des actes réellement mauvais. »

Amma : « En as-tu été témoin, fils ? »

L'ami : « Oui. »

Amma : « Tu ne dois rien faire si tu n'as pas été le témoin direct de ce comportement, fils, car ce serait un grand péché. Faire pleurer un être innocent est pire qu'aucune autre faute. Si tu l'abandonnes, ton enfant grandira sans père. Et si ta femme se remarie, il n'aura pas non plus de mère[21]. Tu as contribué à la naissance d'un enfant en ce monde. Ne serait-il pas honteux de

[21] Notez qu'Amma se réfère ici à un cas particulier ; il ne s'agit pas de généraliser.

faire en sorte que la vie de cet innocent ne soit qu'une misère sans fin ? Si le comportement de ta femme est tolérable, ne vaudrait-il pas mieux que vous trouviez le moyen de vivre en harmonie ? »

L'ami : « Non, Amma, ce n'est pas possible, pas dans cette vie en tous cas. Le seul fait de penser à elle me remplit de haine. Je n'ai plus aucune confiance en elle. »

Amma : « La solidité vient de la confiance. Une fois la confiance détruite, tout s'écroule. Si Amma parle ainsi, c'est que tu affirmes avoir été toi-même témoin de son mauvais comportement et déclares qu'il t'est impossible de rester avec elle. Il aurait mieux valu que vous parveniez à vous réconcilier d'une manière ou d'une autre. Mais Amma ne veut pas essayer de te contraindre à rester avec ta femme. Réfléchis et décide ensuite, fils. Même si tu romps la relation avec elle, il te faudra bien lui offrir une pension pour vivre. Bien des gens sont venus ici avec un problème similaire, et dans la plupart des cas, la femme était innocente. Les soupçons du mari étaient la seule cause du problème. »

L'ami : « Je lui ai pardonné de nombreuses fois, Amma. Ce n'est plus possible. J'ai même pensé à me suicider. »

Amma : « Il ne faut pas nourrir de telles pensées. Ta vie dépend-t-elle des paroles et des actes d'une autre personne ? La source de tous tes problèmes, c'est que tu n'es pas établi fermement en toi-même. Fils, ne perds pas ton temps à ruminer tout cela. Dès que tu as un moment, lis plutôt des livres spirituels. Si tu développes un peu de compréhension spirituelle, tu ne souffriras pas. »

L'ami : « Nous avons consulté un astrologue qui a déclaré que je pouvais pratiquer le *japa*, mais que la méditation était contre-indiquée et me nuirait. »

Amma (*en riant*) : « Voilà qui est intéressant ! Pas de méditation ? Bien sûr, il faut faire attention : quand tu achètes une voiture neuve, tu ne dois pas conduire trop vite au début. Et si tu conduis un moment, tu dois laisser le moteur reposer, sinon il va chauffer. Ainsi, au début, il ne faut pas méditer trop longtemps, sinon le corps souffrira d'une trop grande chaleur. Certaines personnes, dans l'élan initial de leur *vairāgya*, méditent trop longtemps et cela n'est pas bon. Quand tu pratiques le *japa*, essaie de le faire avec concentration, en visualisant ta divinité d'élection ou bien en te concentrant sur les lettres du *mantra*. La méditation ne te fera aucun mal, fils. Une fois que tu vois nettement ta divinité d'élection, concentre-toi sur elle. Sans concentration, tu ne retireras aucun bienfait de ta pratique. »

L'ami : « L'astrologue m'a conseillé de porter des pierres serties dans des bagues pour contrecarrer la mauvaise influence de certaines planètes. »

Amma : « Il est vrai que des pierres spécifiques sont indiquées pour chaque planète, mais rien ne peut nous aider autant que la méditation. Fils, si tu répètes ton *mantra*, cela te protégera de tous les dangers, comme une armure. »

Les deux hommes se prosternèrent et se levèrent. L'avocat demanda à son ami de l'attendre un moment dehors. Il confia ensuite à Amma en privé : « Il est venu parce que j'ai insisté. Quand je pense à leur petite fille, je prie pour que la famille reste unie. Amma, je t'en prie, trouve un moyen de les faire revenir à eux. »

Amma : « Le cœur de ce fils est rempli de colère contre sa femme. À ce stade, rien de ce que nous pouvons dire n'entrera dans son cœur. Mais Amma va néanmoins faire un *saṅkalpa*. »

L'avocat connaissait par expérience la signification de ces paroles : « Amma va faire un *saṅkalpa* ». Son visage s'éclaira ; il était soulagé, comme si un grand poids était tombé de son cœur.

Amma lança un regard plein de compassion aux deux amis qui s'éloignaient.

Samedi 10 mai 1986

Des épreuves inattendues

Il était deux heures du matin. On charriait du sable pour établir les fondations du bâtiment principal de l'*āśram*. Certains dévots s'étaient joints aux *brahmacārīs* pour travailler à cette heure avancée de la nuit. Tout le monde voulait profiter de l'occasion pour travailler avec Amma et recevoir ensuite son *prasād*[22].

Bien des gens avaient essayé d'arrêter Amma lorsqu'elle était venue après les *bhajans* pour transporter du sable. Elle avait répondu : « Amma peut-elle rester sans rien faire à regarder ses enfants travailler ? Le poids serait deux fois plus lourd pour Amma ! Autrefois, Amma priait toujours que Dieu lui donne l'occasion de servir les dévots. Dieu est le serviteur de ceux qui servent de manière désintéressée ».

« Arrêtons maintenant, les enfants. Vous avez travaillé toute la journée. »

Amma appela Gāyatri et demanda : « Ma fille, avons-nous des *vaḍas* à distribuer aux enfants ? ».

Gāyatri regarda les étoiles. Elles parurent lui sourire en retour, lui faire un clin d'œil en disant : « Bonne chance pour trouver des *vaḍas* à cette heure de la nuit ! ».

Amma dit : « Va piler des pois cassés. Nous ferons ensuite des *vaḍas* en un tour de main ».

---

[22] Amma avait l'habitude de distribuer quelques snacks et une boisson chaude comme *prasād* à tous les disciples et dévots lorsqu'ils avaient travaillé tard dans la nuit.

Gāyatri partit faire la pâte et on alluma un feu. Quand elle revint un peu plus tard, Amma elle-même se mit à faire frire les *vaḍas.* Elle les mit ensuite dans un récipient et en donna quelques-uns à un *brahmacārī* en disant : « Va distribuer les *vaḍas*, veille à ce que le partage soit égal entre tous ».

Il commença la distribution par ceux qui se trouvaient auprès d'Amma, puis partit trouver ceux qui travaillaient dans une autre partie de l'*āśram.* Amma donna un autre *vaḍa* à chacun de ceux qui l'entouraient. Le *brahmacārī* revint bientôt. Une fois qu'il eut pris un *vaḍa* pour lui-même, il en restait un.

Amma : « Est-ce qu'Amma ne t'a pas demandé de partager également entre tous ? »

Brahmacārī : « J'en ai donné un à chacun ; il en reste un. Nous pouvons le partager. »

Amma : « Non, prends-le. Amma en a donné un deuxième aux autres et tu ne l'as pas eu. Amma voulait voir si tu garderais le dernier pour toi au lieu de le rapporter.

Si un *sādhak* est prêt à donner ce qu'il a de manière désintéressée, cette attitude prouve la bonté de son cœur. Il montre aussi son degré de maturité en réussissant à passer des épreuves inattendues. À l'école aussi, il y a des interrogations-surprises. C'est en arrivant le matin que vous découvrez qu'il y a une interrogation ; elles révèlent l'état réel des connaissances de l'élève. Tout le monde connaît les dates des autres examens et a le temps d'étudier pour s'y préparer. À quoi bon vous prévenir à l'avance qu'Amma va sonder votre nature ? Si elle vous prévient et vous met ensuite à l'épreuve, c'est comme si vous répétiez un rôle pour ensuite le jouer. Non, il faut réussir les interrogations-surprises. Ce sont elles qui révèlent votre degré de vigilance.

Un *sādhak* agit et parle toujours avec beaucoup de vigilance et de discernement. Il ne prononce pas de parole inutile. Il exécute avec joie tout ordre du *guru* car il sait que chacune des paroles du maître est pour son bien. Un disciple devrait éprouver de la béatitude en obéissant aux instructions du *guru*. Vous devez être prêt à faire n'importe quel travail, en sachant que cela vous mènera au but. »

Chacun prit alors mentalement la ferme décision de mettre en pratique les paroles d'Amma.

La Brahmacāriṇī Līlā (Swāmini Ātmaprāna) posa une question : « Amma, Rāvaṇa a-t-il réellement existé ou bien représente-t-il simplement un principe ? ».

Un *brahmacārī* : « Si Rāvaṇa n'était pas un personnage réel, s'il n'était qu'un symbole, il faudrait alors déclarer que Rāma aussi est un symbole. »

Amma : « Rāma et Rāvaṇa sont des personnes qui ont réellement existé. Mais la description qui fait de Rāvaṇa un être muni de dix têtes dépeint un être humain qui est esclave des dix sens.[23] »

Brahmacārī Śakti prasād : « Si les chevreaux et les bébés humains peuvent naître avec deux têtes, pourquoi pas un Rāvaṇa à dix têtes ? »

Amma : « Si telle est la volonté de Dieu, rien n'est impossible. Mes enfants, allez dormir maintenant. Il faut vous lever demain matin. »

Dimanche 18 mai 1986

Il y a foule le dimanche à l'*āśram*, surtout quand le week-end concorde avec une fête. C'était le cas ce jour-là et la hutte de *darśan* était pleine à craquer. Il n'y avait pas de courant et sans

[23] Cela se rapporte aux cinq instruments de perception : les yeux, le nez, les oreilles, la peau et la langue, ainsi qu'aux cinq instruments d'action : les mains, les pieds, la bouche, les organes génitaux et les organes d'excrétion.

ventilateur, la chaleur était étouffante à l'intérieur. Mais l'affluence semblait rendre Amma encore plus joyeuse. Elle insista pour que les éventails fussent utilisés pour rafraîchir les dévots, non elle-même ; elle ordonna aux *brahmacārīs* d'apporter des chaises pour les personnes malades ou âgées et de donner à boire à ceux qui avaient soif. Elle s'inquiétait tout particulièrement des personnes qui attendaient dehors, au soleil. La foule était telle qu'il était difficile pour Amma d'entendre tout en détail ou bien de répondre aux souffrances et aux plaintes des dévots. Bien souvent, avant même qu'ils ne commencent à parler de leurs problèmes, Amma, qui pouvait lire leurs pensées, leur indiquait des solutions et les consolait en les assurant qu'ils avaient sa bénédiction.

« Mes enfants, venez vite ! Inutile de vous prosterner ou quoi que ce soit ! » leur disait-elle. C'est que les dévots qui attendaient dehors au soleil ne pouvaient entrer s'asseoir dans la hutte qu'à condition que d'autres sortent et leur cèdent la place après le *darśan.*

La sympathie pour les pauvres

Une femme confia en pleurant son problème à Amma : « Amma, toutes les poules du voisinage sont malades. Notre poule est en train elle aussi de tomber malade. Amma, est-ce que tu veux bien la sauver ? »

Un *brahmacārī* qui se trouvait près d'Amma ne put s'empêcher d'éprouver du mépris pour cette femme, qui au lieu de partir au plus vite après son *darśan* dérangeait Amma pour une affaire aussi peu importante, alors que la foule était si nombreuse. Mais l'instant d'après, Amma lui jeta un regard si sévère qu'il en fut déchiré. Amma consola affectueusement la femme et lui donna un peu de cendres pour qu'elle les applique sur la poule. La femme s'en alla tout heureuse.

Quand elle partit, Amma appela le *brahmacārī*. « Fils, tu ne comprends pas sa souffrance. Sais-tu combien il y a de douleur dans le monde ? Si tu en avais la moindre idée, tu ne l'aurais pas considérée avec mépris. Par la grâce de Dieu, tu as tout ce dont tu as besoin. Tu peux vivre sans soucis. Le seul revenu de cette femme provient des œufs de sa poule. Sa famille souffrira la famine si la poule meurt. Quand Amma songe à la vie de cette femme, elle ne considère pas sa souffrance comme une vétille. Cette femme dépense une partie de son maigre argent, venant de la vente des œufs, pour venir ici. Comme Amma est au courant de ses difficultés, elle lui donne de temps en temps de l'argent pour le bus. Vois comme elle s'abandonne à Dieu, alors même qu'elle est dans la misère ! Amma a les larmes aux yeux rien qu'en y songeant. Celui qui mange à satiété ignore les affres de la faim. Seul un affamé connaît cette souffrance.

Écoute toujours avec une grande attention ce que chacun te dit. Ne compare pas. Nous devons nous mettre au niveau de chaque personne. C'est seulement ainsi que nous pourrons comprendre leurs soucis, répondre de manière appropriée et les consoler. »

Un jeune homme regardait Amma intensément depuis qu'elle était entrée dans la hutte. C'était un professeur d'université, habitant Nagpur, arrivé quelques jours auparavant. Le jour de sa venue, il avait déclaré qu'il lui fallait repartir aussitôt après avoir rencontré Amma, car il devait rentrer chez lui de toute urgence. Mais cela faisait plusieurs jours et il était toujours là. Amma déclara alors à la ronde : « Ce fils est là depuis quelques jours. Amma lui a dit plusieurs fois de rentrer chez lui et de revenir ensuite, mais il ne veut rien entendre. Il n'est pas encore parti ».

Ne connaissant pas le *malayāḷam*, le jeune homme ignorait ce que disait Amma. Mais comme tous étaient tournés vers lui et regardaient dans sa direction, il savait qu'elle parlait de lui. Un de ses voisins lui traduisit les paroles d'Amma. Le jeune homme répondit : « Je ne pars pas, alors pourquoi parler de revenir ? ».

Amma (*en riant*) : « Amma connaît la manière de te faire partir en courant ! »

Cette remarque fit rire tout le monde.

Amma mendie pour ses enfants

Ô Annapūrṇa, toujours pleine
Des éléments qui prolongent la vie,
Ô bien-aimée de Śaṅkara,
Accorde-moi en aumône
La sagesse et le renoncement !

—Śrī Śaṅkaracārya

La cloche du déjeuner avait sonné depuis un bon moment, mais beaucoup de dévots n'avaient pas encore mangé, incapables de s'arracher à la contemplation d'Amma. Il se faisait tard et un résident vint dire à Amma que ceux qui servaient le déjeuner attendaient. Sur les instances d'Amma, quelques personnes partirent se restaurer, mais il était impossible de faire lever certains avant qu'Amma ne quitte la hutte. Ils ne se souciaient pas de la nourriture. Leur bonheur était de ne pas perdre un instant de la présence d'Amma. Les résidents de l'*āśram* en subissaient les conséquences, car ils devaient attendre parfois jusqu'à quinze ou seize heures pour leur servir le déjeuner.

Il était plus de quinze heures quand Amma se leva. Les dévots se pressèrent autour d'elle, se prosternèrent, lui bloquant ainsi par inadvertance le passage. Amma les releva, distribuant de petites tapes affectueuses et des caresses, tout en se dirigeant vers la cuisine.

Là, Amma découvrit que les résidents qui servaient le déjeuner se trouvaient devant un problème. Comme cela se produisait souvent les jours de *bhava darśan*, on avait préparé plus de nourriture qu'il ne semblait nécessaire, et pourtant tout avait bien vite disparu. On avait fait cuire plus de riz, mais cela aussi avait été avalé en un clin d'œil. Tout l'après-midi, les gens avaient continué à affluer à l'*āśram*. Une troisième fois, on avait préparé une tournée de riz ; il n'en restait presque plus et il y avait encore de nombreuses bouches à nourrir. Du riz cuisait sur le feu, mais il n'y avait pas de légumes pour l'accompagner. Les résidents qui travaillaient à la cuisine se demandaient quoi faire au moment où Amma entra. Sans se laisser déconcerter par la situation, elle ouvrit des pots contenant du tamarin, des graines de moutarde et des feuilles de curry. En quelques minutes, on prépara du *rasam* (du tamarin bouilli avec de l'eau, du sel, des piments, des oignons etc.). Une dévote avait apporté le matin un pot de yaourt. On coupa des oignons, des tomates et des piments verts, que l'on ajouta au yaourt. Bientôt, tout fut prêt et le riz aussi. Amma servit elle-même le déjeuner à ses enfants. Les dévots mangèrent le *prasād* offert par les mains sacrées d'Amma avec plus de délices et de bonheur que s'il s'était agi d'un somptueux festin.

Un dernier lot de fidèles arriva encore pour le déjeuner et Amma les servit eux aussi. Après s'être assurés que tous les dévots avaient mangé, les résidents de l'*āśram* s'assirent pour déjeuner. Il ne restait que du riz et du *rasam*. Trois *brahmacārīs* servaient les autres et quand ils eurent terminé, il ne restait plus de riz. Amma ne put supporter que trois de ses enfants n'aient rien à manger alors qu'ils avaient travaillé sans interruption pendant des heures. Il ne restait rien à la cuisine, excepté du riz, mais il aurait fallu du temps pour le faire cuire.

Voyant qu'Amma était préoccupée à leur sujet, les trois *brahmacārīs* déclarèrent fermement qu'ils n'avaient pas faim et ne voulaient rien. Mais Amma n'était pas d'accord. « Les enfants, attendez dix minutes, Amma revient tout de suite ! », dit-elle en sortant avec un récipient. Était-elle allée chez Sugunaccan ? Ou bien peut-être était-elle partie dans sa chambre, pour voir s'il restait de la nourriture offerte par les dévots ? En attendant, les *brahmacārīs* lavèrent la vaisselle et nettoyèrent la cuisine.

Amma revint bientôt, le visage rayonnant d'un sourire aussi radieux que la pleine lune. Elle avait donc trouvé à manger pour ses enfants. Les *brahmacārīs* ne purent réprimer leur curiosité. En regardant dans le récipient, ils virent qu'il était rempli de différentes sortes de riz cuisiné.

Les yeux des *brahmacārīs* se remplirent de larmes. « Amma ! » s'écria l'un d'eux. Amma était allée dans les huttes du voisinage, mendier de la nourriture pour ses enfants. Elle était de retour avec la *bhikṣā.* Telle était la cause de la joie qui rayonnait sur son visage.

Tous les voisins étaient de pauvres pêcheurs qui avaient à peine de quoi manger. Amma le savait et n'avait donc pris qu'une poignée de riz dans chaque hutte.

Les *brahmacārīs* jetèrent un regard à une image qui ornait le mur. Elle représentait le dieu Śiva mendiant de la nourriture à Devi Annapūrṇeśvari, assise sur un trône.

Aujourd'hui Devi elle-même avait frappé à la porte des pêcheurs pour obtenir une *bhikṣā* pour ses enfants. Amma s'assit par terre, adossée à la porte, et les *brahmacārīs* l'entourèrent. Amma fit des boulettes avec le riz et un peu de *sambar*, contenus dans le récipient. Elle nourrit ses enfants de ses propres mains.

« Encore une boulette ! » dit Amma.

« Non, Amma, il n'y aura plus rien pour toi. »

« Mes enfants, quand vous aurez assez mangé, Amma n'aura plus faim ! »

Elle donna une boulette supplémentaire à l'un d'eux. Il restait à peine deux poignées de riz et un morceau de pomme de terre du *sambar*. Ce fut tout le repas d'Amma, qui se leva, pleinement rassasiée.

Jeudi 25 mai 1986

Rāmakṛṣṇa était au lit avec de la fièvre. Amma était assise à côté de lui. Un *brahmacārī* entra dans la hutte, apportant une décoction de feuilles de basilic, de poivre noir et de gingembre. Une vieille photo était accrochée au mur, une photo d'Amma portant un sari de couleur. Amma déclara en la voyant : « À l'époque, Damayantī devait forcer Amma à porter un sari. Un jour qu'Amma devait aller quelque part, elle reçut une belle rouée de coups parce qu'elle ne portait pas de sari. Elle en mit donc un, mais dès qu'elle fut sur le bateau, elle le retira et le tint à la main, tout roulé. » Amma rit en évoquant ce souvenir.

La première nourriture solide

Une femme avait amené son bébé au *darśan*. Pendant des années elle avait désiré un enfant, sans pouvoir concevoir. Enfin, après avoir rencontré Amma et grâce à son *saṅkalpa*, elle avait donné naissance à un garçon. Aujourd'hui, elle était venue avec sa famille pour l'*anna prāśana* (la première nourriture solide) du bébé. Ils étaient très pressés d'accomplir la cérémonie afin de pouvoir rentrer chez eux.

La femme dit : « Ammachi, s'il te plaît, prends tout de suite mon bébé pour le nourrir. Nous ne pouvons pas passer la nuit ici, car il ne dort pas sans berceau. Et je n'ai pas apporté de lait pour lui. Si nous partons maintenant, nous serons à la maison avant la nuit. »

Amma : « Ma fille, ne parle pas ainsi ! Tu as obtenu cet enfant grâce à la bénédiction de Dieu. Tu es venue dans un lieu sacré. C'est seulement quand ils viennent dans un tel lieu que les gens sont tout à coup pressés ! Dès qu'ils arrivent au temple ou à la *gurukula*, ils veulent rentrer au plus vite ! Si tu emmènes un enfant malade à l'hôpital, diras-tu au docteur : « Je suis pressée ! S'il vous plaît, laissez-moi repartir bientôt » ? Ou bien « Docteur, je n'ai ni le berceau du bébé, ni son lait, et il a sommeil, il faut donc que vous l'examiniez tout de suite » ? Quand nous allons au temple ou dans un *āśram*, nous devrions avoir une attitude d'abandon à Dieu. Ma fille, en accomplissant de bonnes actions, en allant au temple et dans les *āśrams*, en pensant à Dieu, nous allégeons notre *prārabdha*. Est-ce que tu n'en as pas conscience ?

Si tu te précipites hors d'ici et que le bus tombe en panne, à qui te plaindras-tu ? Amma est triste de t'entendre parler de cette manière alors que tu viens ici depuis des années. Tu ne devrais jamais parler ainsi, ma fille. Abandonne tout à la volonté de Dieu. Pourquoi n'as-tu pas plutôt pensé : « Amma nourrira le bébé quand elle voudra » ? C'est cela, l'abandon de soi. Si tu rentres maintenant, tu auras beaucoup d'ennuis en route, c'est pourquoi Amma ne va pas te laisser partir tout de suite. »

C'était la première fois que cette dévote entendait Amma lui parler d'une manière aussi sérieuse. Elle pâlit. Voyant cela Amma lui fit signe d'approcher et lui dit : « Si Amma t'a dit cela, c'est qu'elle se sent libre de te parler ainsi. Ne sois pas triste ! ».

Le visage de la dévote s'éclaira en entendant ces paroles.

Bien qu'elle eût tout d'abord objecté, Amma accomplit la cérémonie sans tarder et les renvoya chez eux à temps pour qu'ils soient rentrés avant la tombée de la nuit.

Vendredi 30 mai 1986

Il était près de midi. Amma parlait aux dévots dans la hutte consacrée au *darśan*. Un *brahmacārī* était venu d'un autre *āśram*, situé à Kidangur. Elle lui dit : « Fils, acheter un médicament pour une plaie que nous avons à la main ou bien aller l'acheter pour soulager la souffrance d'une autre personne ne revient pas du tout au même. Dans le second cas, cela montre que notre cœur est plein d'amour. Voilà ce qu'il faut à un *sādhak* ; c'est le but de toutes ses pratiques spirituelles. Le but de notre *sādhana* ne devrait pas être d'obtenir notre propre libération, mais de développer suffisamment d'amour, de compassion et de sollicitude pour assumer le fardeau de la souffrance du monde. À quoi sert-il de rester assis quelque part les yeux fermés sans rien faire ? Notre cœur doit s'ouvrir au point de ressentir la souffrance des autres comme la nôtre ; nous travaillerons alors à l'éliminer. »

Un remède pour Amma

Depuis le matin, Amma souffrait d'une grosse toux. Un *brahmacārī* partit appeler Dr. Līlā. La semaine précédente, un dévot bien malade était venu à l'*āśram* ; sa toux sèche et persistante résonnait dans tout l'*āśram*. Lorsqu'il était allé dans le *kalari* pour se prosterner devant Amma, il toussait. Mais quand il était sorti du petit temple après le *darśan*, sa toux avait disparu. Au moment où il avait bu l'eau sacrée qu'Amma lui donnait, il avait été guéri. Il était resté une semaine à l'*āśram* et était reparti ce matin, tout heureux.

Un jour, Amma était tombée malade à Tiruvannamalai. Nealu avait décidé qu'elle devait consulter un médecin sans délai. Bien qu'il y eût quelques médecins dévots d'Amma à Tiruvannamalai, il l'emmena chez un autre. Sans attendre l'autorisation de personne, Amma, en toute innocence, était entrée tout droit dans le cabinet du médecin qui, furieux, lui avait ordonné de sortir. Amma évoquait ce souvenir en riant, disant : « Il n'y a aucune raison de le blâmer, il était en train d'examiner un patient quand Amma a soudain fait irruption ! Il a dû perdre sa concentration ! » Au moment où elle sortait, le docteur et l'infirmière l'avaient rappelée. Ils ignoraient complètement qui elle était et pourquoi elle était venue. Amma déclara ensuite : « Amma n'ira plus jamais consulter un médecin ; si elle a besoin d'un docteur, il faudra qu'un de ses enfants médecins vienne à l'*āśram* ».

Les paroles d'Amma s'avérèrent vraies. Le premier médecin à venir vivre à l'*āśram* de manière permanente fut la Brahmacāriṇī Līlā. Quand elle rencontra Amma, elle travaillait dans un hôpital géré par le Rāmakṛṣṇa Math à Thiruvanantapuram. Līlā reconnut en Amma le but ultime de sa vie. Peu après, elle abandonna son travail et vint vivre à l'*āśram.* Elle était donc maintenant chargée de soigner Amma. Comme Līlā savait que les médicaments seuls ne pouvaient pas soigner les maladies d'Amma, elle n'était jamais troublée quand Amma était malade, même quand elle paraissait très faible. Elle voyait dans ces maladies la *līlā* (le jeu) de l'épouse bien-aimée de Śiva, laquelle apporta un jour la mort au dieu de la mort lui-même. En d'autres termes, elle considérait les maux d'Amma comme un simple jeu de la mère divine.

« Dois-je aller te chercher quelques pilules, Amma ? » demanda Līlā. Elle posa la main sur le front d'Amma et dit : « Tu n'as pas de fièvre ; ce n'est rien de grave. Tu seras guérie dans un petit moment ».

Amma rit et répondit : « Même si Amma meurt, ma fille Līlā examinera le corps en disant : « Il n'y a rien de grave. Tu seras remise dans un petit moment ! ». Tout le monde rit en entendant cette remarque.

Samedi 31 mai 1986

La sādhana doit venir du cœur

Un *brahmacārī* vint trouver Amma pour lui demander des conseils pratiques au sujet de sa *sādhana.* Amma lui indiqua comment méditer : « Fils, concentre-toi sur le point situé entre les sourcils. Visualise ta divinité d'élection à cet endroit, comme si tu regardais ton image dans le miroir. » Elle mit le doigt entre ses sourcils et ajouta : « Imagine qu'il y a là un sanctuaire et visualise ta divinité d'élection à l'intérieur. Ceux qui méditent en suivant un emploi du temps, comme s'il s'agissait d'une tâche imposée, ne verront jamais Dieu. Il faut pleurer pour Dieu nuit et jour, oubliant même de manger et de dormir. Seuls ceux qui l'ont fait ont réalisé Dieu. Tel est le degré de détachement requis. Si quelqu'un te passait du piment sur le corps, tu chercherais par tous les moyens à apaiser la brûlure ! C'est avec la même ardeur que tu devrais désirer la vision de Dieu, pleurant pour l'obtenir, sans perdre un seul instant. C'est alors seulement que toutes les autres pensées s'évanouiront, comme dans le sommeil profond, et que tu accéderas au plan de l'expérience du Divin.

Quand les pêcheurs mettent un bateau à la mer, ils ferment les yeux et avec des cris rythmés, ils rament de toutes leurs forces pour passer la barre des vagues. Tant qu'ils n'ont pas passé ce cap, ils rament sans arrêter une seconde, en faisant beaucoup de bruit. Ensuite, ils peuvent poser la rame et se reposer. Il s'agit bien du même océan, mais une partie est agitée par les vagues tandis que l'autre est paisible. Au début, nous ne devrions pas connaître un instant de repos. Il faut être vigilant. C'est à cette condition que nous passerons le cap et atteindrons la paix.

Totapuri était établi dans l'*advaita*[24]. Il resta pourtant assis au milieu d'un cercle de feu, à pratiquer des austérités. Rāmakṛṣṇa Deva parvint à la réalisation en gardant le souvenir constant de Dieu. Pour réaliser Dieu, il ne faut penser qu'à lui. Un vrai *sādhak* ne pratique pas la méditation et le *japa* uniquement selon un emploi du temps. Son amour pour Dieu est au-delà de toutes les lois. Au début, un *sādhak* doit se plier à certaines règles, sans toutefois considérer les pratiques spirituelles comme un simple

[24] Totapuri était un grand ascète qui suivait la voie de *jñāna* (la sagesse suprême). C'est lui qui initia Śrī Rāmakṛṣṇa à l'état de sannyāsa.

devoir. Il faut pleurer et prier pour obtenir la vision de Dieu. Il ne s'agit pas d'une faiblesse. Nous devrions pleurer pour Dieu, et pour Dieu seul. N'est-ce pas ce que firent Śrī Rāmakṛṣṇa et Mīra ? »

La même vérité sous des noms différents

Un *brahmacārī* : « Est-ce une erreur si quelqu'un médite sur Kṛṣṇa et récite un *mantra* consacré à Devi ou bien les mille noms de Devi ? »

Amma : « Ce n'est pas un problème. Quel que soit le *mantra* ou le nom que tu répètes, tes pensées doivent se tourner vers ta divinité d'élection. »

Une *brahmacāriṇī* : « Comment est-ce possible ? N'y a-t-il pas des *bījākṣaras* (lettres racines) spécifiques pour chaque divinité ? Comment est-il alors possible d'en choisir un autre ? »

Amma : « Quel que soit le nom que tu lui donnes, la puissance divine est la même. Que tu appelles la noix de coco « *tenga* » ou « noix de coco », sa nature ne change pas. De même, selon leur *saṁskāra*, les gens chérissent dans leur cœur des représentations variées de Dieu. Ils le connaissent sous des noms différents, mais la conscience omniprésente est au-delà de tous les noms. Ce n'est pas une personne qui ne répondrait qu'à l'appel d'un certain nom. Il demeure dans notre cœur et Il le connaît. Le nombre des noms de Dieu est infini. Chaque nom est sien.

Quand tu accomplis une *pujā*, tu dois la dédier à la divinité qui préside au rituel, avec les *mantra*s appropriés. Mais si ton but est d'atteindre le Soi, peu importe si la forme sur laquelle tu médites est différente de la divinité de ton *mantra*, car nous considérons tout cela comme des formes variées du même Soi. Comprenons que tout est contenu en cela et que ce principe unique existe en chacun de nous. C'est la même conscience qui est présente en chaque objet, en toute forme, y compris en nous-mêmes. Il vaut certes mieux, au départ, fixer le mental sur une forme particulière, mais à mesure que tu avances sur le chemin, tu devrais être capable de percevoir le principe suprême et unique à travers tous les noms et toutes les formes. Le but du *mantra japa* est de nous conduire au silence ultime du Soi, d'où jaillissent tous les sons et toutes les formes. Si nous le pratiquons avec la compréhension correcte de ce principe, le *mantra japa* finira par nous mener à la source et nous verrons alors que la forme sur laquelle nous méditions, comme toutes les autres formes, existe à l'intérieur de nous en tant que manifestation du Soi unique.

Lorsque Kṛṣṇa vivait avec les *gopis* de Vṛndāvana, elles désiraient le voir à chaque instant, et ne jamais être privées de sa compagnie. Elles l'adoraient au point qu'elles l'appelaient leur Hṛdayeśa, le seigneur de leur cœur. Puis, un jour, Kṛṣṇa partit pour Mathura et ne revint jamais. Certains taquinèrent alors les *gopis* en leur disant : « Où est donc maintenant votre Hṛdayeśa ? Kṛṣṇa mérite semble-t-il le nom de *hridayasunya* (sans-cœur) plutôt que celui de Hṛdayeśa ! » Les *gopis* répondirent : « Non, il est toujours notre Hṛdayeśa ; auparavant, nous ne percevions Kṛṣṇa que sous sa forme physique et n'entendions sa voix qu'avec nos oreilles. Mais nous le voyons maintenant dans toutes les formes : nos yeux mêmes sont devenus Kṛṣṇa. Maintenant, nous l'entendons dans chaque son : nos oreilles mêmes sont devenues Kṛṣṇa. En vérité, nous-mêmes, nous sommes devenues Kṛṣṇa ! »

Ainsi, bien qu'au départ nous voyions Dieu sous l'aspect d'une divinité particulière et l'appelions par un certain nom, quand notre dévotion mûrit et s'épanouit, nous voyons Dieu dans tous les noms, sous toutes les formes et en nous-mêmes. »

Les *bhajans* du soir étaient terminés. On servait des dosas (une sorte de crêpes) pour le dîner. Comme l'affluence des dévots était plus forte que prévu, la cuisson des dosas dura jusqu'à dix heures trente. Dès qu'une galette était cuite, elle était servie aussitôt. Amma se rendit à la cuisine et envoya un *brahmacārī* chercher une autre plaque à dosas dans la maison de ses parents. Quand elle arriva, Amma la posa sur un réchaud et se mit aussitôt à faire des galettes. Ne dit-on pas que Dieu apparaît sous forme de pain devant ceux qui ont faim, la faim fût-elle physique ou spirituelle ?

Accomplir chaque action comme une forme d'adoration

Après le dîner, Amma se joignit aux *brahmacārīs* pour porter des graviers, utilisés pour fabriquer du béton. Ils faisaient la chaîne et se passaient le gravier dans de grandes écuelles en métal, rondes et peu profondes. Ceux qui, avant de venir à l'*āśram*, refusaient même de laver leurs vêtements, participaient maintenant à ce dur travail en compagnie d'Amma. Ils s'apprêtaient à prendre quelques leçons pratiques en matière de spiritualité.

Au milieu du travail, Amma s'arrêta et dit : « Mes enfants, cela aussi est une *sādhana*. Même quand vous travaillez, vos pensées doivent être fixées sur Dieu. Toute tâche que vous exécutez en fixant le mental sur Dieu est du *karma yoga*. Quand vous vous passez le gravier, imaginez que vous le donnez à votre divinité d'élection. Et quand vous le recevez de votre voisin, imaginez que c'est votre divinité qui vous le tend. »

Amma chanta un *kīrtan*. Tous se joignirent à elle, sans interrompre le travail.

tirukathakal patam

Ô déesse Durga, Ô Kāli,
Délivre-moi de ma triste destinée.
Chaque jour je t'implore, désirant la vision de ta forme.

Je t'en prie, accorde-moi une faveur
Permets-moi de chanter la gloire de tes hauts faits sacrés,
Et tandis que je te loue,
Je t'en prie, viens dans mon cœur.

Ô essence des vedas,
J'ignore les méthodes de méditation
Et ma musique n'est guère mélodieuse,
Prends pitié de moi,
Et plonge-moi dans la béatitude.

Tu es Gāyatri,
Tu es la renommée et la libération,
Kātyāyanī, Haimavati et Dakṣayāni.
Tu es l'âme de la réalisation
Et mon unique refuge.

Ô Devi,
Accorde-moi la faculté de parler des principes essentiels ;
Je comprends que sans toi,
Incarnation de l'univers,
Śiva, le principe causal,
N'existerait pas.

Il était bien plus de minuit. Au-dessus de l'étendue des cocotiers, la lune, avec des fils de lumière argentée, tissait un voile délicat et scintillant. Pendant ces heures silencieuses de la nuit, une mère et ses enfants travaillaient à ériger une demeure de paix, qui servirait demain de refuge à des milliers de personnes. La scène évoquait les paroles de sagesse de la Bhagavad Gītā : « Lorsqu'il fait nuit pour tous les êtres, ceux qui ont la maîtrise d'eux-mêmes restent éveillés ». Voilà ce qui se déroulait en ce lieu et à cette heure : pendant que le monde entier était plongé dans le sommeil, la mère de l'univers, sans un instant de repos, œuvrait à bâtir un monde de lumière éternelle. Les moments passés auprès de ce grand Architecte d'une ère nouvelle étaient des perles précieuses que ses enfants gardaient avec amour dans le trésor de leur cœur. Ils enrichissaient leur vie de manière incommensurable. Plus tard, ils se les rappelleraient.

Chapitre 9

Lundi 9 juin 1986

Les rites traditionnels pour l'initiation d'Anish à *brahmacārya* avaient commencé le matin. Un prêtre était venu d'Alleppey pour accomplir le *homa* et les autres rites nécessaires à l'initiation. Le feu sacré étincelait dans le *kalari* et les *mantras* védiques résonnaient, tandis que la présence divine d'Amma remplissait chacun de béatitude.

Amma se comportait comme une enfant. Chacune de ses paroles et de ses actions répandait la joie. Amusée à la vue d'Anish qui, pour se préparer à recevoir la robe jaune, s'était rasé la tête à l'exception de la mèche de cheveux traditionnelle à l'arrière, elle prit une fleur d'hibiscus et l'attacha à sa mèche ! Les spectateurs ne purent contenir leur rire.

Puis, en un instant, son humeur changea et son visage prit une expression sérieuse. L'atmosphère devint tout à coup très tranquille. Seul le son des *mantras* védiques et le craquement du feu rituel, alimenté par du bois de jacquier, rompaient le silence. Le visage de tous les assistants indiquait qu'ils étaient transportés dans un autre monde.

Amma donna à son fils un nouveau nom, Brahmacārī Satyatma Chaitanya.[25]

---

[25] Brahmacārī Satyatma Chaitanya a reçu depuis lors l'initiation à *sannyāsa* et il porte aujourd'hui le nom de Swāmi Amritagitānanda.

Après avoir été initié, Satyatma se prosterna devant elle et sortit recevoir la *bhikṣā*, conformément à la tradition.[26]

Une famille de dévots musulmans était arrivée pour le *darśan.* C'était un jour férié pour les musulmans et ils étaient venus le passer auprès d'Amma. Après la cérémonie d'initiation, Amma alla dans la hutte avec la famille. Elle leur parla longuement avant de remonter dans sa chambre.

Plus tard dans l'après-midi, Amma était assise sur le toit en terrasse de sa chambre, avec quelques *brahmacārīs.* Depuis des jours, ils s'efforçaient d'obtenir la permission de prendre une photographie de groupe avec elle, photo que l'on pourrait inclure dans sa biographie. Elle avait refusé plusieurs fois. Un *brahmacārī* demanda encore une fois: « Amma, nous avons entendu parler de nombreux *mahātmas*, mais il n'existe pas de photo de la plupart d'entre eux. Comme nous regrettons de ne pas connaître leur apparence ! Si nous ne pouvons prendre ta photo, nous décevrons les générations à venir. Amma, ne serait-ce que pour cette raison, tu devrais nous y autoriser. »

Amma : « Si Amma accepte, vous n'aurez plus que cela en tête et cela nuira à votre *sādhana.* En outre, je ne peux pas m'habiller comme vous l'aimeriez ; ce n'est pas ma façon d'être. Je ne peux pas poser pour une photo. »

Le ton sérieux de son refus réduisit les *brahmacārīs* au silence et les attrista. Mais combien de temps Amma pouvait-elle supporter de voir ses enfants tristes ? Elle finit par dire : « Appelez tout le monde ».

Les visages s'éclairèrent et ils descendirent tous en courant. Tous les résidents de l'*āśram* se rassemblèrent sur le toit en terrasse pour la photo, sans oublier le vénérable Ottūr Unni

---

26 Les *brahmacārīs* et les *sannyāsīs*, selon la tradition, ne sont censés manger que ce qu'ils reçoivent en aumône. De nos jours, ils sortent mendier une *bhikṣā* le jour de leur initiation.

Nambūdiripad, le plus âgé des enfants *brahmacārīs* d’Amma. Une fois la photo prise, Amma demanda à Ottūr de donner un *satsaṅg*. Alors, les *līlās* de Kṛṣṇa s’écoulèrent en un flot ininterrompu de la bouche de ce tendre dévot, dont l’être intérieur était depuis longtemps abandonné à l’enfant d’Ambadi (le village où Kṛṣṇa passa son enfance).

Captivée, Amma écoutait comme les autres le récit plein de fraîcheur des facéties de Kṛṣṇa, le petit voleur de beurre. Son discours terminé, Ottūr dit avec force : « Maintenant, nous voulons entendre le *satsaṅg* d’Amma ! ».

Amma : « Amma ne sait pas discourir. Quand les gens lui posent des questions, elle répond par quelque folie qui lui vient à l’esprit, c’est tout. »

Ottūr : « C’est peut-être de la folie, mais c’est ce que nous voulons entendre. Amma, notre dévotion n’a pas la force que tu décris. Que devons-nous faire ? »

Amma regarda Ottūr et sourit. Il mit la tête dans son giron. Elle l’étreignit avec beaucoup d’affection et l’appela : « Unni Kaṇṇa (bébé Kṛṣṇa) ! ».

Il ne suffit pas de faire une sādhana pour soi-même

Amma regarda un *brahmacārī* assis derrière elle. Le *brahmacārī* baissa la tête, évitant son regard. Lisant dans ses pensées, Amma déclara : « Mes enfants, savez-vous ce qu’Amma attend de vous ? Vous devez ressembler au soleil, non à un ver luisant. Le ver luisant ne brille que pour lui-même. Ne soyez pas ainsi. Le désintéressement est tout ce que vous devriez souhaiter. Soyez ceux qui tendent la main aux autres pour les aider, même au moment de mourir ».

Cette déclaration alla droit au cœur du *brahmacārī* assis juste derrière elle. Il y avait eu *bhava darśan* la veille, et les dévots étaient venus en grand nombre. Le *brahmacārī* chargé de servir le déjeuner avait eu désespérément besoin d'aide et s'était adressé à lui, son compagnon de hutte, lui demandant s'il accepterait de donner un coup de main. Mais il avait continué à méditer, sans lever le petit doigt pour l'aider. Amma l'avait appris et le *brahmacārī* l'avait évitée toute la matinée.

Amma ajouta : « Mes enfants, nous devrions nous assurer que chacune de nos actions aide les autres et contribue à leur bonheur. Si cela est impossible, prenons soin au moins qu'elles ne causent jamais ni douleur ni gêne. Lorsque nous prions Dieu pour qu'aucune de nos pensées, de nos paroles ou de nos actions ne nuise à quiconque, mais pour qu'elles soient toujours bienfaisantes, notre prière est une vraie prière. Soyons prêts à prier pour la croissance spirituelle d'autrui plutôt que pour la nôtre. Mes enfants, c'est là le plus grand progrès que nous puissions faire : développer cet amour désintéressé. La véritable adoration consiste à percevoir la souffrance et le bonheur d'autrui comme les nôtres. Les vrais dévots voient en autrui leur être même. Ils vivent dans un monde de paix et de contentement ». Amma se tut. Son regard était dirigé au loin, ailleurs.

L'heure des *bhajans* arriva bientôt. Amma emmena tout le monde au *kalari*. Elle s'assit ; un *brahmacārī* posa devant elle une *tambura*, et elle se mit à jouer, donnant le ton du premier chant. Elle chanta un *kīrtan* que Kṛṣṇan Nair, un de ses dévots mariés, avait composé pour elle et lui avait dédié. Tout le monde chanta avec elle, oubliant tout en sa présence.

katinnu katayi mannassin manasse

Ô Mère, toi qui resplendis, oreille de l'oreille
Mental du mental,
Œil de l'œil,
Tu es la vie de la vie
La vie de tout ce qui vit.

Ce que l'océan est à la vague,
Tu l'es à l'âme,
Tu es l'âme des âmes,
Tu es le nectar du nectar de la sagesse.
Ô Mère, tu es la perle du Soi immortel,
L'essence de la béatitude.
Tu es la grande māyā
Tu es l'absolu.

Les yeux ne peuvent te voir,
Ni le mental te saisir.
En ta présence, les paroles s'évanouissent, Ô Mère,
Ceux qui déclarent t'avoir vue, ne t'ont pas vue,
Car toi, grande Déesse, tu es au-delà de l'intellect.

Le soleil, la lune et les étoiles
Ne brillent pas par eux-mêmes,
C'est ta lumière qui les illumine.
Seuls les êtres courageux peuvent,
employant leur discernement,
Emprunter le chemin qui mène à la demeure
de la paix éternelle,
De la vérité suprême.

Après les *bhajans*, tout le monde médita un moment avant le dîner. Le doux son de la *tambura* vibrant sous les doigts d'Amma et sa voix résonnaient encore dans leur mental :

Seuls les êtres courageux peuvent,
employant leur discernement,
Emprunter le chemin qui mène à la demeure
de la paix éternelle,
De la vérité suprême.

Mercredi 11 juin 1986

Ceux qui prennent totalement refuge en elle sont toujours protégés

Il était juste deux heures du matin. Un *brahmacārī* rentrait de la plage où il venait de méditer. Lorsqu'il arriva sous l'auvent du *kalari*, vide, il éteignit la lumière et posa son āsana et son châle. Puis il réveilla un autre *brahmacārī* qui dormait là et avait demandé à être réveillé à deux heures pour méditer. Il était également chargé de sonner la cloche à quatre heures du matin, réveillant ainsi tout le monde pour l'*arcana*. En allant vers sa hutte pour aller se coucher, le *brahmacārī* vit un homme et une femme assis devant l'école de *vedanta*.

« Nous sommes venus voir Amma », dirent-ils humblement en se levant.

Brahmacārī « Amma est rentrée dans sa chambre à minuit. Elle montait l'escalier au moment où je suis parti à la plage pour méditer. »

Les visiteurs : « Nous avons dû arriver juste après minuit. »

Ils perçurent soudain le bruit de pas qui se rapprochaient. C'était Amma, souriante, qui venait vers eux.

Amma : « Mes enfants, quand êtes-vous arrivés ? »

Le dévot : « Juste après que tu sois montée dans ta chambre, Amma. Nous nous sommes assis là, déçus à l'idée que nous ne pourrions pas te voir cette nuit. »

Amma : « Amma venait juste de fermer les yeux quand votre image a surgi tout à coup, juste devant elle. Fils, est-ce que ta fille va bien ? »

Le dévot : « L'opération est prévue pour après-demain. Les médecins disent que son cas est compliqué. Ta bénédiction est notre seul espoir, Amma. C'est pour cela que nous sommes venus. »

Amma : « Pourquoi êtes-vous arrivés si tard, mes enfants ? Êtes-vous tombés en panne ? »

Le dévot : « Oui, Amma. Nous sommes partis à midi, mais nous avons eu des ennuis de voiture. La réparation a exigé plusieurs heures. C'est pourquoi nous sommes arrivés aussi tard. Sinon, nous aurions été ici à huit heures. »

Amma : « Ne t'inquiète pas, fils. Viens, asseyons-nous. »

Amma les prit par la main et les emmena devant le *kalari*, où ils s'assirent. Elle leur parla longuement, puis alla chercher un peu de cendres (*bhasma*) dans le temple et les leur donna comme *prasād*. « Dites à ma fille de ne pas s'inquiéter, Amma est avec elle. »

Quatre heures sonnaient quand ils se prosternèrent devant Amma. Elle demanda à un *brahmacārī* de prendre la barque et de leur faire franchir la lagune, puis elle rentra dans sa chambre. Au moment de quitter l'*āśram*, les visiteurs se retournèrent pour y jeter un dernier regard. Au même instant, Amma, qui grimpait l'escalier menant à sa chambre, leur rendit ce regard et leur sourit ; ce sourire, on ne pouvait s'y méprendre, les assurait de sa protection.

Une douce brise rafraîchissait agréablement l'atmosphère. Les visiteurs montèrent dans la barque, quittant l'*āśram* en savourant la fraîcheur extérieure de l'aube et celle, intérieure et apaisante, de la grâce d'Amma. L'étoile du matin resplendissait avec éclat, et son pâle reflet luisait à la surface de la lagune.

Vendredi 13 juin 1986

Amma était assise sur les marches, devant le bureau, entourée de quelques personnes. Un *brahmacārī* s'efforçait de lui expliquer qu'il était nécessaire de renvoyer les personnes responsables d'un des *āśrams* et d'en remettre la direction à une nouvelle équipe. Amma écouta tout ce qu'il avait à dire, avant de conclure : « Le but d'Amma est de transformer le fer et la rouille en or. À quoi bon faire de l'or avec de l'or ! ».

Une leçon de śraddhā

Amma remarqua un *brahmacārī* plongé dans ses pensées, lissant sa moustache.

Amma : « Arrête. De telles habitudes ne sont pas bonnes pour un *brahmacārī*. Quand tu es assis, ne bouge pas ton corps ou tes membres inutilement. Taper du pied, agiter les mains ou se lisser la moustache, ces habitudes ne conviennent pas à un *sādhak*. Tu dois faire un effort pour rester tranquille. »

Une *brahmacāriṇī* vint trouver Amma pour lui dire que beaucoup d'assiettes et de gobelets de l'*āśram* avaient disparu. Amma dit : « Apportez tous les gobelets et toutes les assiettes. N'en laissez pas un seul de côté. Apportez tout ».

Chacun des résidents de l'*āśram* avait reçu une assiette et un gobelet marqués à son nom, qu'il gardait dans sa hutte. Amma déclara : « Mes enfants, il faut que vous fassiez plus attention à ces objets. Beaucoup ont été perdus parce que les gens les laissaient n'importe où. Alors chacun a reçu une assiette et un gobelet à son nom. Maintenant, ceux-là aussi ont disparu. Quand quelqu'un perd son assiette, il prend celle du voisin, sans songer un instant que lui aussi en a besoin. Comment fera-t-il, sans assiette ? Pour finir, c'est Amma qui doit trancher la dispute. Ces enfants sont pires que des petits bébés ! », conclut Amma en riant.

Les *brahmacārīs* arrivèrent avec leurs assiettes et leurs gobelets, et Amma prit une mine sérieuse.

Amma : « À partir de maintenant, personne ne doit utiliser l'assiette de quelqu'un d'autre. Si vous avez perdu votre assiette, vous devez le confesser. Ne mentez jamais dans votre propre intérêt, même si cela doit vous coûter la vie. Si, par négligence, vous perdez de nouveau votre assiette et d'autres choses, Amma jeûnera. Ne l'oubliez pas, mes enfants ! »

En quelques minutes, toute la vaisselle fut déposée devant Amma, qui compta. Il en manquait beaucoup.

Amma : « Mes enfants, n'est-ce pas à cause de votre négligence que nous avons perdu tant d'assiettes et de gobelets ? Des gens de tout acabit viennent ici. Si vous laissez traîner ces objets une fois que vous vous en êtes servi, ceux qui en ont besoin les prennent. Pourquoi blâmer les autres quand c'est vous qui leur donnez l'occasion de voler ? C'est votre faute. Si vous aviez été plus soigneux, ces assiettes n'auraient pas disparu. Comme aucun d'entre vous ne connaît la valeur de l'argent, la perte de ces objets vous laisse indifférents. Amma a connu la misère. Elle connaît la valeur de la moindre *paisa*. Elle a parfois eu du mal à rassembler assez de bois pour préparer du thé. Si elle ne laisse absolument rien perdre, c'est qu'elle a connu les difficultés de la pauvreté. Si elle voit un morceau de bois, elle examine sa valeur et la manière dont on peut l'utiliser. Mais vous, les enfants, si ce bout de bois se trouve sur votre chemin, vous vous contenterez de donner un coup de pied dedans. Ou si vous le voyez abandonné sous la pluie, vous ne penserez jamais à le ramasser, à le sécher pour pouvoir l'utiliser. Amma, par contre, ne rejettera jamais un bout de bois comme inutile. Mes enfants, jetteriez-vous une pièce de cinq *paisas* ? Non, parce que ce sont cinq *paisas*. Mais pour cinq *paisas*, nous ne pouvons pas acheter le moindre bout de bois combustible. Sans bois sec, comment pouvons-nous faire cuire quoi que ce soit ? Même si on possède des centaines de roupies, il faut quand même du bois pour allumer un feu. Soyons attentifs à la valeur du moindre objet et à l'usage que nous pouvons en faire. Alors nous ne nous permettrons plus de gâcher quoi que ce soit.

Regardez ce qui se passe dans les hôpitaux. Ils n'ont pas d'eau pure pour les piqûres. Il faut l'acheter à l'extérieur et cela coûte une ou deux roupies. Beaucoup de malades souffrent pendant des heures parce qu'il n'ont pas cet argent. Une piqûre pourrait les soulager, mais ils ne peuvent se l'offrir et ils sont consumés de douleur. Pour eux, deux roupies ont une immense valeur ! Mes enfants, Amma a vu tant de malades se tordre de douleur parce qu'ils n'avaient pas d'argent pour acheter le moindre calmant. Vous devriez songer à eux en accomplissant la moindre de vos actions.

Dieu demeure en tout être. Ceux qui sont en proie à des souffrances intolérables sont aussi ses enfants, ce sont vos frères et vos sœurs. En pensant à eux, vous développerez une réelle *śraddhā*. Lorsque par négligence vous gaspillez une roupie, rappelez-vous que quelqu'un souffre pendant dix heures à cause de vous. Vous êtes la cause de l'intolérable douleur de ce malheureux. Votre négligence est comparable à celle de quelqu'un qui salirait la réserve d'eau potable de la communauté. Lorsque vous vous comportez ainsi, Amma pense aussitôt à ces malades, parce qu'avec l'argent que vous gaspillez, vous pourriez leur acheter des médicaments. Par-dessus tout, en vous montrant aussi négligents, vous perdez l'occasion de mettre au monde le joyau sans prix qui demeure en vous. »

Amma appela la *brahmacāriṇī* qui lui avait parlé des assiettes manquantes.

Amma : « À partir d'aujourd'hui, tu es chargée de veiller sur la vaisselle. Le matin, distribue le nombre d'assiettes et de gobelets requis à ceux qui serviront le repas et le soir, prend soin d'en récupérer le même nombre. Ce qui est perdu est perdu. Mais si nous perdons encore de la vaisselle, tu devras en répondre. L'attention que nous portons à chaque détail peut nous rapprocher de Dieu. La *śraddhā* avec laquelle nous accomplissons nos actions extérieures dévoile le trésor caché qui se trouve en nous. Mes enfants chéris, faites-donc attention à la moindre chose à mesure que vous avancez sur le chemin. C'est en examinant les petits détails qu'Amma connaît ce qui est important. »

De la cuisine, Amma se dirigea vers le nord de l'*āśram*. En passant, elle cracha sur le côté et sa salive tomba sur une plante d'épinard sauvage. Elle avait voulu cracher à côté des plantes, mais à cause du vent, sa salive était retombée sur les feuilles. Avec un gobelet d'eau, Amma lava soigneusement les feuilles. Puis elle se lava les mains au-dessus de la même plante, pour ne pas perdre d'eau.

Amma fait toujours attention à ne pas gaspiller l'eau. Même quand il y a un robinet, elle puise dans un récipient pour se laver les mains et le visage. Elle dit que quand nous ouvrons un robinet, nous avons tendance à utiliser plus d'eau qu'il est nécessaire. Toute action superflue est *adharma* (injuste). Lorsque nous négligeons d'accomplir une action nécessaire, c'est aussi *adharma*. Si on lui demandait de définir le *dharma*, Amma répondrait que cela consiste à accomplir nos actions au moment juste et de la manière appropriée.

Le *brahmacārī* qui accompagnait Amma réfléchissait à tout cela, appréciant l'exemple donné par Amma. Pourtant, un doute surgit dans son esprit et il pensa : « Mais était-il vraiment nécessaire qu'Amma lave les feuilles d'une plante à cause d'un peu de salive tombée sur elles ? ».

Tout en marchant, Amma déclara, comme pour répondre à la question silencieuse du *brahmacārī* : « Ces plantes, elles aussi, sont vivantes ! ».

Amma regarda un moment autour d'elle, puis entra dans le réfectoire. Quelques *brahmacāriṇīs* épluchaient et coupaient des racines de manioc pour le dîner. Elle s'assit à côté d'elles pour participer au travail.

Les brahmacārīs et les liens de famille

Un *brahmacārī* entama la conversation : « Plusieurs lettres sont arrivées de chez moi. Je n'ai répondu à aucune. Dois-je écrire, Amma ? ».

Amma : « Fils, au début, il ne faut pas écrire de lettres à la famille. Si tu écris, ils vont répondre, tu devras de nouveau écrire. Si tu veux vraiment écrire, par exemple si tes parents sont malades, contente-toi d'envoyer quelques lignes pour les consoler. Confie ton père et ta mère au *paramātman* et écris-leur avec cette attitude intérieure. Alors, cela ne te liera pas. Quand tu reçois une lettre de chez toi, ne la relis pas plusieurs fois. Une fois que tu en as saisi le contenu, tu peux la jeter. Les lettres t'apportent des nouvelles de ta famille et de tes amis, en les lisant, malgré toi, ton mental sera un peu entraîné vers eux. Mes enfants, n'oubliez jamais pourquoi vous êtes venus vivre ici.

Imaginez que vous rendiez visite à un malade qui se trouve au service des soins intensifs, et que vous lui racontiez en détail les souffrances de sa famille, quel sera le résultat ? Sa santé se dégradera encore plus et il en mourra peut-être. De même, vous êtes en ce moment sous traitement, et il vous faut faire très attention. Une fois que votre mental se sera développé de manière à ne pas faiblir ou succomber, quelles que soient les circonstances, il n'y aura plus de problème. Cependant, d'ici là, ces restrictions sont nécessaires. Maintenant, vous êtes comme de petits arbustes qui croissent à l'ombre d'un arbre. C'est pourquoi il vous faut observer certaines règles et limitations.

Si un membre de votre famille n'a personne pour prendre soin de lui et si son état de santé est très mauvais, alors il est juste d'aller lui apporter les soins et l'aide dont il a besoin. Voyez Dieu en lui et servez-le. Mais si tu entretiens ton attachement à ta famille, ni elle ni toi ne retireront aucun bienfait de ta présence à l'*āśram*. Si tu ne parviens pas à briser ce lien, il vaut mieux que tu restes à la maison et que tu t'occupes de tes parents.

Même si tu ne leur rends pas visite, à travers leurs lettres tu auras des nouvelles et tu seras au courant de leurs problèmes ; toutes tes pensées tourneront autour de cela. Les difficultés familiales engendreront des pensées qui s'enracineront automatiquement dans ton subconscient. Mais la sympathie que tu éprouves ne leur est d'aucune aide. Une fois que grâce aux pratiques spirituelles on parvient à un certain niveau, il est possible de faire un *saṅkalpa* (prendre une résolution) qui les aide. Mais au stade où tu en es, ce n'est pas possible. En te faisant du souci à leur sujet, tu ne fais que perdre la force que tu as acquise.

Si ta famille t'écrit, ne les encourage pas à le faire. Une noix de coco ne peut pas germer et devenir un arbre sans d'abord tomber de l'arbre-père. Ton attachement ne fait que t'éloigner de Dieu. Si tu essayes de faire une *sādhana* tout en conservant ton attachement à ta famille et à tes amis, tu n'avanceras pas. Si tu pratiques aujourd'hui ta *sādhana* dans la solitude, sans laisser le mental se fixer sur autre chose, tu peux développer la force de sauver non seulement ta famille, mais aussi le monde entier. »

Brahmacārī : « Mais nous ne pouvons pas nous empêcher de nous faire du souci lorsque nous apprenons les problèmes que rencontre notre famille, n'est-ce pas ? »

Amma : « Fils, une fois que tu as choisi la voie spirituelle, tu devrais tout abandonner complètement au Divin et avancer. En remplissant un réservoir, nous alimentons en eau les tuyaux qui lui sont reliés. De même, en aimant Dieu, nous aimons le monde entier, parce qu'Il demeure en chacun.

Si votre famille vient en visite, accueillez-la avec un sourire, prosternez-vous avec respect[27] et dites quelques paroles gentilles.

[27] En Inde, la coutume veut que les jeunes se prosternent devant les anciens de la famille et leur touchent les pieds.

Cela ne pose pas de problème ; en fait, c'est même ce que vous devez faire, mais pas plus. Dieu veillera à combler tous leurs besoins, ayez cette foi. Cultivez cette attitude, abandonnant tout à Dieu. Après tout, êtes-vous celui qui, en réalité, les protège ? En avez-vous le pouvoir ? »

Brahmacārī : « Pourquoi est-il si important de rompre les liens familiaux ? »

Amma : « Fils, de même que la terre attire tout à elle, notre famille exerce sur le mental un fort pouvoir d'attraction. C'est la nature particulière des liens du sang. Un *sādhak* doit être capable de considérer tous les êtres de manière égale. Nous ne pouvons connaître notre vraie nature qu'en abandonnant tous nos attachements. Celui qui nous lie à « mon » père, « ma » mère, « mon » frère ou « ma » sœur est profondément gravé en nous. Si nous ne le détruisons pas, il nous sera impossible de grandir et de bénéficier de notre *sādhana*. Si vous ramez alors que le bateau est encore amarré au quai, vous n'atteindrez jamais l'autre rive. »

Brahmacārī : « Amma, je n'écris à personne. Je voulais simplement savoir ce qu'il convient de faire. »

Amma : « Si les circonstances vous obligent à écrire, ne mettez pas plus de deux ou trois phrases. Prenez soin de parler de choses spirituelles. Au moins, en lisant votre lettre, leur mental sera un peu purifié. Quelqu'un qui se tourne vers la voie spirituelle peut avoir une grande influence sur les membres de sa famille et sur leur manière de penser. N'écrivez jamais que des choses positives. Certains parents de Rāmakṛṣṇa sont maintenant favorables à sa présence ici. Les contacts qu'ils ont eu avec lui leur ont permis de s'ouvrir à l'idée que la spiritualité est nécessaire dans la vie. »

Brahmacārī : « Tu dis que nous ne devrions même pas songer qu'il s'agit de notre famille. Mais comment pouvons-nous les servir sans avoir cette attitude ? N'est-il pas vrai que nous ne faisons une chose bien qu'avec le sentiment du « mien » ? »

Amma : « Lorsqu'un être spirituel sert, c'est aussi sa *sādhana*. Son but est de se libérer de tous les liens. Il aspire à une liberté totale. Il sert autrui afin de purifier son mental et de se détacher, pour atteindre le but ultime. En aimant Dieu et en s'abandonnant à lui, il est possible d'accomplir toute action parfaitement bien, sans avoir le sens du moi ni du mien. Faire l'effort et accepter que le résultat soit selon Sa volonté, telle devrait être notre attitude. Si nous sommes attachés, même le fait de servir deviendra un lien.

Il faut servir autrui sans rien attendre en échange. Si quelqu'un nous lance des épines, nous devrions être capable de lui lancer des fleurs en retour. S'il nous sert du poison, servons-lui du *pāyasam*. Tel devrait être notre état d'esprit. C'est pour y parvenir que nous servons le monde. Lorsque nous servons quelqu'un, considérons que la personne est Dieu. Chacune de nos actions devrait être une manière d'adorer Dieu. Toute action deviendra alors un *mantra* divin. »

Brahmacārī : « Qu'y a-t-il de mal à servir la famille de cette manière ? »

Amma : « Une fois que vous avez développé cette attitude mentale, ce n'est plus un problème. Mais vous êtes encore attachés à votre famille. Il vous sera donc difficile d'envisager ce que vous faites pour eux comme une manière de servir Dieu. Au début, il vous sera difficile d'avoir des contacts avec votre famille sans éprouver quelque attachement, comme vous êtes libres de le faire avec d'autres. Il est naturel d'être attaché à son foyer et à sa famille. Il faut beaucoup de pratique pour vaincre ce sentiment. C'est pourquoi il est recommandé qu'un chercheur se détache de sa famille. Lorsqu'il développe un amour réel pour Dieu et lui est attaché, il ne peut plus entretenir de lien avec quoi que ce soit d'autre. Pour que la graine germe, il faut qu'elle rentre complètement dans le sol et que son enveloppe se brise. Un *sādhak* doit briser son identification avec le corps et abandonner l'idée qu'il s'agit de « mon père » et de « ma mère ». Il doit voir Dieu en tous. »

En se levant, Amma ramassa les épluchures de manioc et demanda à quelqu'un de les ajouter à la boisson destinée aux vaches. Bénis par le nectar de ses paroles, les *brahmacārīs* se levèrent eux aussi pour aller travailler.

Dimanche 15 juin 1986

Amma était assise dans la hutte avec quelques dévots. Comme il avait plu toute la matinée, il n'y avait pas trop de monde.

Amma (*riant*) : « Les enfants de l'*āśram* disent que nous avons modifié le texte de la Bhagavad Gītā. Le seigneur dit : « Je suis là pour ceux qui prennent refuge en Moi, renonçant à tout. » Ils disent qu'ici, c'est juste le contraire et qu'Amma aime les dévots mariés plus que les renonçants. Mais une lampe allumée a-t-elle besoin de lumière ? Ceux qui sont dans les ténèbres, eux, en ont besoin. Qui a besoin d'eau fraîche, sinon celui qui entre, éprouvé par la canicule ? Amma dit aux enfants qui vivent ici : « Les chefs de famille souffrent dans la chaleur torride, intolérable, du désert de la vie dans le monde, tandis que vous, ici, goûtez constamment la fraîcheur. Amma étant proche, vous accourez à elle pour le moindre petit problème. Il n'en va pas de même pour eux. Au milieu de toutes leurs occupations, ils parviennent à trouver une journée pour venir voir Amma. Si elle ne leur accorde pas assez d'attention quand ils viennent, ils s'effondreront. Alors que vous avez renoncé à la vie dans le monde en venant ici pour réaliser le Soi, ils doivent s'occuper de leur foyer, de leurs enfants et assumer leur travail. Ils sont liés par leurs responsabilités et cependant, au milieu de tout cela, ils sont en quête de spiritualité. Il ne leur est pas possible de briser ces liens immédiatement. Seule une *sādhana* assidue leur permettra de développer le détachement nécessaire. Ils doivent marcher au milieu des flammes sans se brûler, telle est la vie d'un chef de famille. Dépourvus de chaussures, il leur faut marcher sur des épines sans se blesser. Les chaussures symbolisent la rupture des liens qui nous enchaînent à ce monde. Notre devoir est donc de les consoler. » Quand les enfants entendent ce discours, ils se taisent », conclut Amma en riant.

Un jeune homme nommé Sudhīr était assis auprès d'Amma. Il avait passé une maîtrise de sciences cinq années auparavant, mais au lieu de prendre un emploi, il s'était occupé de sa vieille mère, parce qu'il n'y avait personne d'autre pour le faire. Il gagnait sa vie en donnant des leçons aux enfants du voisinage. À la mort de sa mère, il s'était tourné vers la vie spirituelle, consacrant son temps au service d'autrui et à la *sādhana*. Mais assez vite, il s'était rendu compte qu'il lui était impossible de continuer sans un *guru* pour le guider. Il commença même à développer une aversion envers les pratiques spirituelles. En même temps, son intérêt pour les choses de ce monde faiblissait aussi.

Sudhīr était en proie à l'agitation intérieure et c'est dans cet état qu'il était arrivé à l'*āśram* pour sa première rencontre avec Amma, trois jours auparavant. Il lui avait demandé la permission de rester quelque temps à l'*āśram* et elle la lui avait accordée. Le deuxième jour, sa tristesse avait disparu. Il participa au travail de l'*āśram* avec beaucoup d'enthousiasme et de *śraddhā*. En outre, il chantait bien et il avait déjà appris plusieurs *kīrtans*.

Sudhīr : « Amma, le service désintéressé n'est-il possible que pour celui qui croit en Dieu ? »

Amma : « Fils, seul celui qui a foi en Dieu peut réellement servir autrui de manière désintéressée. Mais si un non-croyant est capable de servir de manière véritablement désintéressée et de pardonner aux autres leurs erreurs et leurs imperfections, peu importe alors qu'il ait ou non la foi. Ceux qui sont capables de servir ainsi, sans avoir la foi, méritent notre respect le plus profond. »

Un dévot met Devi à l'épreuve

La cloche du déjeuner sonna. Après avoir donné son *darśan* aux quelques dévots qui restaient, Amma se dirigea vers le réfectoire, accompagnée de ces derniers. Elle servit le déjeuner de ses propres mains et resta dans le réfectoire jusqu'à ce que presque tous eussent fini de manger. Elle sortit ensuite, mais fit soudain demi-tour au bout de quelques pas. Elle alla vers un homme encore assis devant son assiette, prit une boulette de riz qu'il avait mise de côté et se la mit dans la bouche. L'homme fut submergé par l'émotion. Il appelait « Kāli, Kāli, Kāli. » tandis que des larmes roulaient sur ses joues. Amma s'assit à côté de lui et lui caressa doucement la tête et le dos. Puis elle se leva et remonta dans sa chambre.

Pour cet homme, le comportement inhabituel d'Amma avait une profonde signification. Il était venu de Calcutta à Cochin pour ses affaires, et c'est là qu'un ami lui avait parlé d'Amma. Comme beaucoup de Bengalis, il adorait la mère divine et la description que son ami lui avait donnée du Devi *bhava* avait éveillé sa curiosité. Il avait donc décidé de venir voir Amma avant de rentrer à Calcutta. Accompagné de son ami, il était arrivé à l'*āśram* le matin et avait reçu le *darśan* dans la hutte. Plus tard, pendant qu'Amma servait le déjeuner, il avait façonné une boulette de riz qu'il avait mise de côté sur son assiette, en pensant : « Si elle est vraiment Kāli, Elle prendra la boulette de riz et la mangera. Si elle la mange, je resterai pour le Devi *bhava* de ce soir. Sinon, je partirai après le déjeuner. » Quand Amma sortit du réfectoire après avoir servi le repas, son cœur se serra et il fut envahi par un sentiment de désespoir. Mais quand elle réapparut peu après et mangea la boulette qu'il avait préparée pour Kāli, il perdit la maîtrise de lui-même. Les nuages accumulés en lui éclatèrent sous forme de larmes. Il resta pour le Devi *bhava*, alors que son ami quitta l'*āśram* dans l'après-midi.

Instructions destinées aux disciples

Il pleuvait cet après-midi-là. À quatre heures, Amma alla à la réserve et se mit à nettoyer avec l'aide de quelques *brahmacārīs*. Dehors, sous la pluie, Nīlakaṇṭha et Kuñjumon construisaient une barricade au nord de l'*āśram*.

« Ne restez pas sous la pluie, mes enfants ! » leur cria Amma.

« Pas de problème, Amma, le travail est presque terminé ! », répondirent-ils, et ils accélérèrent la cadence.

En les voyant faire, Amma déclara : « Comme vous faites ce travail pour Amma et que vous y mettez tant de joie, de sincérité et de dévouement, vous n'attraperez pas la fièvre. Mais il n'en va pas de même pour ceux qui travaillent sans enthousiasme pour quelqu'un d'autre ».

Quelques *brahmacārīs*, qui étaient restés à l'abri, échangèrent des regards mêlés de honte.

La *brahmacāriṇī* chargée d'approvisionner la cuisine en bois avait négligé son devoir. Une des résidentes vint se plaindre à Amma qu'il était difficile de cuisiner à cause du manque de bois.

Amma : « Amma a rappelé l'autre jour à cette fille qu'il nous fallait du bois, mais malgré cela, elle n'en a pas apporté. Où sont donc son respect et sa dévotion ? Amma ne veut pas dire que tout le monde devrait la respecter, la révérer. Mais pour construire une barque, il faut chauffer le bois et le courber. La barque ne prendra forme que si le bois se courbe. Ainsi, nous nous améliorons lorsque nous nous « courbons » par déférence mêlée de crainte et dévotion envers le *guru*. Sinon, seul l'ego grandit et nous ne faisons aucun progrès spirituel. L'humilité et l'obéissance sont essentiels au développement d'un *sādhak.* »

Lorsqu'Amma eut finit de réprimander la *brahmacāriṇī,* une autre résidente se plaignit d'elle.

Amma : « Fille, cette enfant s'est montrée désobéissante, mais ne nous mettons pas en colère contre elle. Ne disputons, ne critiquons jamais une personne par hostilité, mais uniquement dans le but de l'aider à progresser. Si nous le faisons poussé par la colère ou la jalousie, nous commettons une erreur beaucoup plus grande que la sienne et cela ne fera que rendre notre mental encore plus impur. Un *sādhak* ne devrait jamais agir ainsi. Un aspect important de la *sādhana* consiste à ne voir chez autrui que le bien, car c'est seulement ainsi que tous nos traits négatifs disparaîtront.

Si nous critiquons quelqu'un avec amour, en ayant uniquement son progrès à l'esprit, cela l'aidera à sortir de l'erreur. Mais si nous dénigrons par amour de la critique, cela ne fera que polluer notre mental et renforcer l'hostilité de l'autre personne, l'encourageant ainsi à commettre d'autres fautes. Mes enfants, ne regardez pas les défauts d'autrui ! Si l'on vous parle des défauts d'un autre, mettez en relief ses qualités, sans vous attarder sur les imperfections. Dites à votre interlocuteur : « Tu vois ses défauts, mais n'a-t-il pas les qualités suivantes ? ». Il cessera alors automatiquement de critiquer et ne vous approchera plus pour dire du mal d'autrui. De cette manière nous pouvons nous améliorer et aider également le critique à se libérer de cette habitude. Les boucheries et les débits de boisson ne peuvent fonctionner que grâce à leurs clients, n'est-ce pas ? Les médisants changeront de nature s'il n'y a personne pour les écouter. »

C'était l'heure des *bhajans.* Amma alla au temple et les chants commencèrent. Pendant les *bhajans,* un orage éclata et il se mit à pleuvoir des cordes. Les coups de tonnerre semblaient des tambours accompagnant la danse *tāṇḍava* (la danse de destruction) du dieu Śiva.

Mercredi 18 juin 1986

La mère qui veut voir ses enfants pleurer

Il était onze heures. Amma était dans la salle de méditation avec tous les *brahmacārīs*. Elle les disputait parce qu'ils n'étaient pas assez attentifs à leur *sādhana*. Elle conclut en disant :

« Mes enfants chéris, appelez Dieu en pleurant ! Ce n'est pas par colère qu'Amma vous dispute. Son cœur est plein d'amour pour vous, mais si elle ne vous manifeste que de l'amour, vous ne grandirez pas. De plus, quand Amma vous réprimande, votre péché est transféré sur elle.

Mes enfants, ne vous attachez pas à l'amour extérieur. Ceux qui vivent dans le monde doivent manifester leur amour, car c'est seulement ainsi que les autres en auront connaissance. Dans le monde, la paix intérieure de chacun dépend de l'amour extérieur ; sans cet amour, il n'y a aucune paix, la discorde règne inévitablement. Dans la vie spirituelle, en revanche, nous trouvons la béatitude en nous-mêmes.

Si vous êtes attaché à l'idée de ne rechercher que l'amour extérieur, vous ne parviendrez pas à découvrir en vous-mêmes l'essence divine. Vous n'obtiendrez le véritable contentement qu'en trouvant cela. Si vous possédez votre propre maison, vous êtes libre. Sinon, si vous ne payez pas votre loyer à terme, le propriétaire et ses gens viendront vous faire des ennuis. Le bonheur d'Amma est de vous voir trouver la béatitude en vous-mêmes. Amma est triste lorsqu'elle vous voit dépendre de ses marques d'amour et d'autres choses extérieures, parce que si vous dépendez de cela, vous souffrirez dans le futur.

Si Amma vous manifeste trop d'amour, cela posera un problème : au lieu de chercher à l'intérieur, vous ne vous concentrerez que sur cette mère extérieure. Mais si Amma montre un peu de colère, vous regarderez à l'intérieur en pensant : « Ô seigneur, qu'ai-je fait de mal ? Donne-moi la force d'agir en accord avec les désirs d'Amma. » Vous vous tournez ainsi vers votre propre Soi. Amma écoute des milliers de gens lui raconter leurs malheurs ; ils souffrent parce qu'ils ont été bernés par l'amour extérieur. Personne n'aime autrui plus que lui-même.

En outre, Amma a des millions d'enfants. Si vous ne dépendez que de son amour extérieur, vous serez jaloux chaque fois qu'elle montre de l'affection à quelqu'un d'autre. L'Amma extérieure que vous voyez maintenant est comme le reflet d'une fleur dans un récipient rempli d'eau. Il est impossible de se l'approprier, parce qu'il ne s'agit que d'un reflet. Pour réaliser la vérité, il faut rechercher le réel. Il ne suffit pas de prendre refuge en un reflet : prenez refuge en ce qui est vrai. Si vous aimez Amma, aimez-la en ayant conscience du principe réel. Lorsque vous aurez intégralement saisi ce principe, votre mental ne s'attachera à rien d'extérieur. Donc, mes enfants, tant que vous êtes sous la protection d'Amma, essayez de chercher à l'intérieur. C'est seulement ainsi que vous atteindrez la béatitude éternelle.

Amma est triste parce que ses enfants ne font pas assez d'efforts pour concentrer leur mental. Pleurez pour Dieu. C'est seulement en pleurant pour lui que vous obtiendrez la concentration. Rien n'est possible sans dévotion pour Dieu. Un vrai dévot ne désire même pas la libération. La dévotion est supérieure à la libération. Un dévot est toujours plongé dans la béatitude que lui procure son amour pour Dieu. Quel besoin a-t-il alors de la libération ? Le dévot éprouve une béatitude constante en ce monde, pourquoi voudrait-il alors songer à un autre monde ? ».

Amma montra le bout d'un de ses doigts. « En comparaison de la *bhakti*, *mukti* (la libération) n'est rien de plus que cela ».

Un *brahmacārī* avait posé un verre de café devant Amma. Elle en but une gorgée, prit le gobelet et en versa un peu dans la bouche de chacun. Tout en versant, elle murmurait à l'oreille de chacun : « Mon enfant, appelle Dieu en pleurant ! Pleure pour Dieu, mon enfant ! ».

Après avoir donné à chacun le café en *prasād*, Amma s'assit de nouveau et donna des instructions sur la manière de méditer. « Mes enfants, priez, le cœur douloureux. Liez le mental au *paramātman* sans le laisser errer. Priez : « Ô suprême Soi, ôte la couche d'impureté qui ternit mon miroir intérieur ! Accorde-moi de voir clairement mon véritable visage ! » Quand le mental erre, ramenez-le et liez-le de nouveau aux pieds sacrés de votre divinité d'élection ».

Les *brahmacārīs* se mirent à méditer. Les conseils d'Amma résonnaient encore dans leur esprit, rendant la méditation facile. Leur mental était tranquille, car ils n'avaient qu'à savourer avec leur œil intérieur la forme de l'essence divine dont ils venaient de contempler l'incarnation avec leurs yeux de chair.

Mercredi 25 juin 1986

Détachement de courte durée

Un mois auparavant, un jeune homme était venu à l'*āśram*, poussé par le désir d'y vivre. Au début, Amma ne lui en avait pas donné la permission. Puis, comme il insistait, elle lui avait dit : « Fils, la vie spirituelle n'est pas si facile. Il est difficile de persévérer sans le discernement et le détachement nécessaires. Seuls peuvent réussir ceux qui ne perdent jamais de vue le but, quelles que soient les circonstances. Fils, au fond de ton cœur tu es encore attaché à ta famille, c'est pourquoi Amma ne sait pas combien de temps tu parviendras à rester ici. Mais si ton désir est si intense, essaie, fils, Amma n'y fait pas objection ».

Le jeune homme avait donc commencé à vivre à l'*āśram*. Tout le monde fut conquis par la manière dont il respectait les règles de l'*āśram* et par le détachement intense avec lequel il accomplissait sa *sādhana*. Un *brahmacārī* mentionna un jour cette attitude à Amma, qui répliqua : « Lorsque nous plantons une bouture, quelques feuilles apparaissent. Il ne faut pas en conclure que l'arbre a pris racine, parce que ces feuilles-là tomberont très rapidement. Observe et vois si de nouvelles feuilles naissent ensuite. Si c'est le cas, tu peux alors considérer que la plante a commencé à croître. Ces feuilles ne surgissent qu'une fois que la plante a pris racine ».

Puis, un jour, le père et le frère du jeune homme étaient venus à l'*āśram*. Le père lui avait dit : « Fils, ta mère est très malheureuse de ne pas te voir. Elle ne se nourrit pas convenablement et parle sans cesse de toi ».

Les yeux du jeune homme s'étaient remplis de larmes et il avait demandé à Amma : « Puis-je rentrer chez moi, rien qu'une fois, pour voir ma mère ? ».

« Fais comme tu le souhaites », avait répondu Amma. Puis, comme un médecin donne un peu de médicament à un malade qui refuse de rester à l'hôpital, elle avait ajouté : « Fais aussi un peu de *japa* chez toi, fils ».

Aujourd'hui, une semaine plus tard, le jeune homme n'était toujours pas rentré. Un *brahmacārī* assis à côté d'Amma lui demanda : « Pourquoi tant de gens perdent-ils leur détachement initial ? »

Amma : « La plupart des gens commencent dans un élan d'enthousiasme. Ils éprouvent au départ un certain détachement, mais le secret de la réussite est de le conserver. Une fois que l'enthousiasme initial s'est dissipé, les *vāsanās* latentes, issues d'innombrables vies passées, une à une, commencent à lever la tête. L'attention du *sādhak* se tourne alors vers l'extérieur. Transcender les *vāsanās* requiert un effort intense et un grand sacrifice. La plupart des gens se découragent lorsqu'ils rencontrent plus de difficultés qu'ils ne s'y attendaient. De plus, il est courant que le progrès dans la *sādhana* faiblisse ; ils sont alors déçus. Mais ceux qui possèdent *lakṣya bōdha* (la conscience du but) n'abandonnent jamais. Ils essaient de nouveau, sans se lasser, ignorant les obstacles et les échecs. Seuls ceux qui ont une forte conscience du but sont capables de conserver leur détachement. »

Amma se leva et se dirigea du côté de la cuisine ; elle remarqua un étranger qui essayait de laver ses vêtements. Comme il n'était pas habitué à laver à la main, il avait d'abord essayé de frotter un savon entier pour l'étaler sur la pierre à laver. Amma l'observa quelques instants avant d'aller vers lui et de lui montrer comment faire. Un *brahmacārī* traduisait les conseils d'Amma en anglais. Le visiteur était bien sûr enchanté qu'Amma elle-même lui enseigne comment laver ses vêtements.

Amma se dirigea ensuite vers la hutte consacrée au *darśan.* En chemin, elle remarqua un *brahmacārī* qui portait des vêtements ocres.

Amma : « Fils, tu ne devrais pas porter cela. Tu n'es pas encore prêt. Montre du respect pour la couleur ocre chaque fois que tu la vois, mais ne la porte pas. L'ocre signifie que le corps a été brûlé dans le feu ![28]

Lorsque tu vois cette couleur, rappelle-toi la lignée des *ṛṣis.* Quand nous honorons une personne habillée en ocre, c'est cette lignée que nous honorons. »

Un dévot occidental écoutait la conversation. Quand il apprit par un *brahmacārī* qu'Amma parlait de vêtements ocres, il lui

[28] Il s'agit de brûler la conscience du corps dans le feu de la connaissance.

demanda s'il pouvait, lui aussi, être initié et porter cette couleur. Amma se contenta de répondre par un sourire. Mais il posa de nouveau la question, tout à fait sérieusement.

Amma : « Fils, ce n'est pas le genre de vêtements que l'on achète dans un magasin. Tu dois d'abord atteindre la maturité nécessaire. »

Mais le dévot n'était pas encore satisfait. « Si d'autres le portent, pourquoi pas moi ? »

Amma : « Fils, devient-on une femme rien qu'en portant des vêtements de femme ? Une femme se transforme-t-elle en homme si elle s'habille comme un homme ? Personne ne devient *sannyāsī* en se drapant d'un morceau de tissu ocre. La première chose requise est de plonger ton mental dans la couleur ocre. Quand tu auras fait cela, Amma te donnera des vêtements ocres. »

Le dévot garda le silence, n'ayant rien à répondre.

Brahmacārī : « Certaines personnes quittent leur foyer à la suite d'une dispute, et quand elles souffrent de la faim, elles mettent des vêtements ocres, rien que pour avoir de quoi manger. D'autres revêtent la couleur ocre par désespoir lorsque leur femme les quitte. Le sentiment de détachement est bon, mais il est nécessaire de comprendre son but réel ; sinon, il est inutile de porter des vêtements ocres. De nos jours, il est difficile de trouver de vrais *sannyāsīs*. Il faut se renseigner pour savoir s'ils ont été initiés dans une *gurukula*, selon les rites prescrits. Les véritables *gurus* ne la donnent pas à n'importe qui, ils examinent la maturité de la personne. »

S'attendre à réussir sans étudier

Amma entra dans la hutte et tous se prosternèrent avant de s'asseoir. Une famille de dévots était venue de Pattambi. Rajendran, le mari, était instituteur et Sarojam, sa femme, était couturière.

Ils avaient deux enfants, un fils en classe de cinquième et une fille en CE1.

Rajendran : « Amma, notre fille n'apprend rien du tout ! »

Sarojam : « Elle dit qu'elle n'a pas besoin de travailler parce qu'Amma l'aidera à réussir son passage en classe supérieure ! »

Amma attira la petite fille à elle et la caressa affectueusement.

Amma : « Ma fille, si tu n'apprends rien, tout le monde ne va-t-il pas blâmer Amma ? Comment peux-tu passer en classe supérieure si tu n'étudies pas ? »

De sa voix mignonne et innocente, la petite fille dit : « Mais mon frère est passé sans avoir travaillé ! ».

Tout le monde se mit à rire.

Amma : « Qui te l'a dit ? »

La petite fille : « C'est lui qui me l'a dit. »

Sarojam : « Amma, c'est ce qu'elle répond chaque fois que nous lui disons d'étudier. Elle dit que lorsque son frère s'est assis pour passer ses examens, tu lui es apparue. Tu es venue, tu t'es assise auprès de lui et tu lui a donné les réponses. Quand il est rentré à la maison, il a déclaré : « Je n'ai rien étudié du tout. C'est Amma qui m'a tout dit ».

Rajendran : « Il dit vrai, Amma. Il ne travaille jamais ; il passe son temps à jouer. Mais il a eu d'excellentes notes aux examens. Les professeurs ont été étonnés de ses résultats. »

Sarojam : « Maintenant la petite dit qu'Amma la fera réussir, elle aussi. » Amma rit et donna à l'enfant un baiser affectueux. « Fille, si tu ne travailles pas, Amma ne te parlera plus. Promets que tu vas étudier ! »

Elle promit et Amma lui donna une pomme, tirée d'un paquet posé près d'elle. Le joli visage de l'enfant rayonnait de joie.

La spiritualité et le monde

Damodara Menon, un fidèle dévot, vint se prosterner devant Amma.

Amma : « Oh, qui donc est-ce là ? Mon fils Damu ? » Monsieur Menon sourit et posa la tête dans les mains d'Amma.

Amma : « Es-tu parti quelques jours, fils ? »

Damu : « J'étais en voyage, Amma. Je rentre tout juste de Bangalore. Je ne suis même pas passé à la maison, je suis descendu du train à Kayamkulam, désirant tout d'abord voir Amma. »

Amma : « Les petits vont bien, fils ? »

Damu : « Par la grâce d'Amma, il n'y a pas de problèmes à la maison. Mais je suis inquiet pour un de mes amis que je viens de revoir. »

Amma : « Pourquoi donc, fils ? »

Damu : « Je viens de le voir à Bangalore. Nous avons été collègues autrefois. Un jour, il est parti de chez lui, il a quitté son travail pour devenir *sannyāsī*. Quand il est revenu, il y a cinq ans, il portait la robe ocre des *sannyāsīs*. »

Amma : « Où habite donc ce fils ? »

Damu : « Il était à Rishikesh, dans un *āśram*. Mais cette fois-ci, quand je l'ai revu il avait complètement changé. La robe ocre, les *rudrākṣas*, les cheveux longs et la barbe, tout avait disparu. Il était bien mis. Il a abandonné l'état de *sannyāsa* il y a quatre ans. Il est tombé amoureux d'une fille qui venait souvent à l'*āśram* et il l'a épousée. Ils vivent maintenant à Bangalore. Il a un travail, mais d'après ce qu'il m'a dit, il est profondément déçu. »

Amma : « Celui qui quitte la vie spirituelle pour retourner dans le monde récolte la souffrance, intérieure et extérieure. Le mental qui s'est tourné vers des pensées spirituelles ne peut plus trouver le bonheur dans les objets du monde ; il se retrouve plongé dans l'agitation. Les pratiques spirituelles créent autour du corps une aura subtile ; celle-ci est un obstacle à la jouissance des plaisirs physiques. Par compassion, la divinité d'élection du *sādhak* et les dieux qui entourent cette divinité lui créent une double mesure de souffrances et d'obstacles, car ils veulent son retour à la vie spirituelle. Ces difficultés ne viennent pas du déplaisir de Dieu ; elles sont sa bénédiction ! Si le *sādhak* obtient richesses et bonheur, son ego ne fera que croître et il commettra des erreurs. Il lui faudra renaître encore et encore. Pour empêcher cela, pour détourner son mental de ce monde, Dieu lui envoie de la souffrance.

Le mental qui a goûté ne serait-ce qu'un peu à la spiritualité ne peut plus trouver le bonheur dans les objets du monde. Si un homme épouse une autre que sa bien-aimée, il sera malheureux avec son épouse, parce que son mental ira vers celle qu'il aime. De même, le mental qui s'est tourné vers la spiritualité ne peut plus se satisfaire du royaume de la matière.

Puisque le mariage a déjà été célébré, ton ami devrait prendre soin de continuer sa *sādhana*. Celui qui suit correctement le *dharma* d'un chef de famille peut mener une vie pleine de sens. En effectuant les pratiques spirituelles avec constance, il est possible de goûter dès cette vie la béatitude spirituelle. Lorsque naît le véritable amour pour Dieu, le mental se retire des plaisirs physiques ; les désirs diminuent, ce qui engendre automatiquement la paix intérieure. Le désir est synonyme de souffrance et de douleur. Il n'y a pas de fumée sans feu, pas de désir sans souffrance. Mais il est impossible de vivre sans désirs. Tournons donc tous nos désirs vers Dieu.

En accomplissant une *sādhana* régulière, il est possible de mener de concert l'aspect spirituel et l'aspect profane de la vie, en parfaite harmonie. Le moyen d'y parvenir est d'accomplir toute action en se rappelant que le but de la vie est d'obtenir la libération. C'est ainsi que l'on est sauvé.

Sannyāsa possède cependant une grandeur spéciale. Un *sannyāsī* peut contempler Dieu et savourer la béatitude sans avoir à porter le fardeau de préoccupations liées au monde. Même s'il accomplit des actions sous forme de service, il n'éprouvera pas cela comme un poids, parce qu'il n'est pas attaché à l'action.

Un jour, un *sannyāsī* marchait sur une route quand un homme le rattrapa pour lui demander : « *Swāmi*, qu'est-ce que *sannyāsa* ? ». Le *sannyāsī* ne se retourna même pas pour le regarder, mais l'homme répéta plusieurs fois sa question. Le *sannyāsī* s'arrêta soudain, posa le ballot qu'il portait et continua sa route. Il n'avait pas fait dix pas que l'homme lui demanda à nouveau : « Qu'est-ce que *sannyāsa* ? » Le *swāmi* se tourna vers lui et dit : « N'as-tu pas vu que j'ai posé mon ballot ? *Sannyāsa* signifie abandonner la notion de « moi » et de « mien », se défaire de tout ce que l'on possède ».

Le *sannyāsī* reprit son chemin, mais l'homme le suivit de nouveau en demandant : « Que fait-on ensuite ? » Le *sannyāsī* fit demi-tour et retourna vers le ballot. Il le reprit sur son épaule et avança. L'homme ne comprit pas non plus le sens de ce geste, il répéta donc sa question. Tout en marchant, le *sannyāsī* dit : « Vois-tu cela ? C'est ainsi que l'on porte le fardeau du monde. Mais c'est seulement en renonçant à tout que l'on peut mettre le monde sur son épaule ».

Si tu gardes un animal sauvage, il faut le surveiller étroitement pour être sûr qu'il ne s'échappe pas. Si tu le laisses en liberté, tu dois le suivre partout car sinon, il pourrait s'enfuir. Quand tu le nourris, tu es obligé de rester avec lui jusqu'à ce qu'il ait fini son repas. Tu n'as jamais un instant de repos. Mais le gardien d'un jardin, lui, n'a qu'à rester à l'entrée et s'assurer que personne ne vole les fleurs. Il profite aussi du parfum des fleurs. De même, si vous courez après les plaisirs du monde, votre mental vous créera sans cesse des ennuis. Il ne sera jamais tranquille. La spiritualité, par contre, vous permet de goûter la beauté et le parfum de la vie. Il n'y a pas d'agitation, pas d'ennuis. Même si votre *prārabdha* vous amène de la souffrance, grâce à l'abandon que vous avez fait de vous-mêmes, vous ne la ressentirez pas comme telle. Cette souffrance elle-même est une forme de grâce divine ; Dieu étend la main pour vous élever vers un état de paix. »

Captivés, tous écoutaient avec attention la description détaillée qu'Amma donnait de la nature de la vie spirituelle et de la vie laïque. Quand ils se levèrent, les visages rayonnaient d'une compréhension nouvelle de la manière de mener leur vie.

Samedi 28 juin 1986

Kṛṣṇa était-il un voleur ?

Amma se trouvait dans l'une des huttes et discutait avec un des *brahmacārīs*, un dévot de Kṛṣṇa.

Amma : « Ton Kṛṣṇa est un grand voleur ! N'est-ce pas parce qu'il a volé du beurre que le vol a fait son apparition dans ce monde ? Pense à tout ce qu'il a commis ! »

Le *brahmacārī* ne put supporter les paroles d'Amma. Les larmes roulaient le long de ses joues pendant qu'il protestait : « Kṛṣṇa n'est pas du tout ainsi, Amma ! »

Il continuait à pleurer comme un petit enfant. Amma essuya ses larmes en disant : « Quel bébé ! Amma voulait juste mettre à l'épreuve ton attachement à Dieu. Kṛṣṇa n'était pas un voleur. Il était l'incarnation de l'honnêteté. S'il volait du beurre et se livrait à des espiègleries, c'était pour apporter la joie aux autres. En volant le beurre, il dérobait leur cœur. Lui seul, le seigneur Kṛṣṇa, en était capable. Jamais il n'a agi dans son propre intérêt. Il n'a pas volé le beurre pour lui-même, mais pour les pauvres petits pâtres, ses compagnons de jeu. Et ainsi, il est parvenu à lier le cœur des *gopis* à Dieu.

Auparavant, le mental des *gopis* était attaché à leur travail. Elles se consacraient à gagner leur vie en vendant du lait, du beurre et du yaourt. En volant ces produits, le seigneur libéra leur mental de cet attachement et leur permit de se concentrer sur lui. Il dérobait le beurre, mais il ne le mangeait pas lui-même. Il le donnait aux petits pâtres quand ils avaient faim en gardant les vaches. Il faisait ainsi d'une pierre deux coups : il nourrissait ses compagnons affamés et il libérait les *gopis* de leurs attachements.

Le seigneur était un véritable révolutionnaire. Les révolutionnaires de l'époque moderne veulent prendre aux riches pour donner aux pauvres. Mais pour y parvenir, ils veulent éliminer un groupe social. C'est la manière matérialiste. La manière spirituelle est différente. Kṛṣṇa a montré comment sauver tout le monde, riches ou pauvres, bons ou mauvais. Les gens disent aujourd'hui qu'il faut tuer les chiens enragés. Mais le seigneur nous conseille de transformer le mental enragé. C'est son modèle de révolution. La solution ne consiste pas à tuer, mais à transformer et à élever le mental de la personne. Un changement doit se produire chez l'individu pour que le mental limité et égoïste devienne vaste, jusqu'à embrasser la totalité, rempli d'amour et de compassion. C'est ce que Kṛṣṇa nous a enseigné.

Même le mariage de Kṛṣṇa ne fut pas de son choix. Il accepta de se marier pour rendre heureux ceux qui lui étaient chers. Son but était de faire goûter à tous la béatitude du Soi et pour y parvenir, il employa bien des méthodes différentes. Un mental ordinaire est totalement incapable de comprendre cela. Seul un mental subtil, en état de contemplation, peut saisir une parcelle du sens profond de sa vie.

Maintenant, chante un *kīrtan*, fils ! »

Un sourire éclaira le visage du *brahmacārī*, et comme il chantait, l'amour niché dans son cœur déploya ses ailes.

nilanjana miri nirada varṇa

ô toi qui as le teint des nuages de pluie,
Toi aux yeux bleu soulignés de collyre,
Tu es mon seul refuge, de toute éternité.
Ceci est la vérité, Ô Kaṇṇa,
Car il n'y a nul autre que toi pour me protéger.

Ô beau Kṛṣṇa au teint sombre,
Espiègle comme un enfant qui dérobe nos cœurs,
Toi qu'attire le son de la tambura du sage Narada,
Ô Kṛṣṇa éternellement radieux,
Toi qui danses sur la musique des chants dévotionnels,
Toi qui détruis toute avidité,
Toi le témoin éternel,
Accorde-moi de te voir clairement.

Ô toi qui donnes la libération,
Toi qui nous enchantes de ta māyā,
Toi dont l'humanité sert les pieds de lotus,
Ô seigneur Kṛṣṇa
Délivre-moi de l'existence liée à ce monde.

Pendant qu'il chantait, d'autres *brahmacārīs* arrivèrent avec un harmonium, une *gañjira*, des *kaimanis* et d'autres instruments musicaux. La hutte fut bientôt pleine, d'autres personnes s'assirent à l'extérieur ; tous reprenaient en chœur les paroles du *kīrtan*.

Amma ne parvint pas à finir le chant. Ses larmes coulaient ; peu à peu, elle ferma ses yeux remplis de larmes et demeura immobile, une main formant un mudra. Il émanait d'elle des vagues d'une puissance incommensurable, manifestation de l'état divin dans lequel elle était plongée. Ces vagues venaient éveiller les cœurs des personnes présentes. Au bout d'un moment, elle ouvrit les yeux, puis les ferma de nouveau. Elle semblait lutter pour sortir de son extase et redescendre vers notre plan de conscience. Il était déjà arrivé une fois qu'Amma parte en *samādhi* pendant les *bhajans* et ne revienne à la conscience ordinaire qu'au bout de plusieurs heures. Elle avait alors déclaré : « Si cela se produit, les enfants, chantez des *kīrtans* ; sinon, Amma pourrait bien demeurer ainsi pendant des mois, ou bien elle pourrait devenir un *avadhūta* (un être éveillé mais qui ne guide pas les humains et ne se met pas à leur niveau. Ces êtres semblent fous au reste de la société) ».

En se rappelant cet incident, les *brahmacārīs* continuèrent à chanter des *kīrtans* jusqu'à ce qu'Amma sorte de son *bhava*. Il lui fallut longtemps pour reprendre complètement conscience de ce qui l'entourait.

Bhava darśan

Ce soir-là un dévot de Madras, Subrahmanian, était assis à côté d'Amma. Il lui demanda d'expliquer le sens du *bhava darśan.*

Amma : « Fils, les gens vivent dans un monde de noms et de formes. C'est pour les guider vers la vérité qu'Amma joue ce rôle. Sans le mental, il n'y a pas de monde. Tant que vous avez un mental, les noms et les formes existent. Une fois le mental dissout, il n'y a rien. Ceux qui ont atteint cet état n'ont pas besoin de prier ou de faire *japa*. Dans cet état, il n'existe ni sommeil ni éveil : on ne perçoit aucune existence objective, rien qu'une tranquillité, une béatitude et une paix parfaites. Mais pour y parvenir, il faut avancer, et des méthodes telles que le *bhava darśan* sont donc nécessaires. »

Subrahmanian : « Certains critiquent Amma parce qu'elle étreint ses enfants. »

Amma : « Fils, demande-leur : « À ton âge, as-tu le cran d'embrasser la mère qui t'a mis au monde ? Et même si tu en es capable à la maison, le ferais-tu en pleine rue ? »[29] En réalité, ils en sont incapables à cause de leurs inhibitions. Mais de tels sentiments n'existent pas chez Amma.

Une mère éprouve beaucoup d'amour, de tendresse et d'affection pour son bébé, elle ne ressent aucun désir physique. Amma perçoit chacun comme son bébé. C'est peut-être une forme de folie, et vous pouvez enfermer Amma si vous le désirez, mais c'est sa manière d'être. Si vous demandez pourquoi Amma embrasse les gens, voici la réponse : le flot de compassion qui l'habite déborde ainsi vers l'extérieur. Cette compassion s'écoule spontanément lorsqu'on s'approche d'elle, comme le feuillage des arbres s'agite sous la brise. Comme un fruit est naturellement sucré, ce flot de compassion est la nature propre d'Amma. Qu'y peut-elle ? Pour elle, cela est très réel. Une vache peut être noire, blanche ou rouge, mais le lait est toujours blanc. De même, il n'y a qu'un seul Soi, non plusieurs. La pluralité n'existe qu'aux yeux de ceux qui s'identifient à une âme individuelle. C'est tout. Amma ne ressent pas cette différence, c'est pourquoi elle ne distingue pas entre hommes et femmes.

Ce qui manque le plus en ce monde aujourd'hui est l'amour désintéressé. La femme n'a pas le temps d'écouter les soucis de son mari ou de le consoler, et le mari ne console pas sa femme, il ne l'écoute pas quand elle a besoin de lui confier ses ennuis. Les gens ne s'aiment que pour leur propre bonheur. Nul ne va au-delà et n'aime autrui au point de sacrifier son propre bien-être. Personne n'est prêt à se sacrifier pour autrui. Au lieu de

[29] En Inde, les gens s'étreignent rarement en public.

l'attitude « Je suis là pour toi » il n'y a que l'inverse : « Tu es là pour moi ». Mais Amma ne peut pas avoir cette attitude.

Les gens qui examinent cela à leur niveau de conscience trouvent peut-être cela étrange. Mais ce n'est pas la faute d'Amma. Ils ont sans doute leur propre forme de folie, telle est la folie d'Amma. Un bouvier considère l'herbe comme de la nourriture pour le bétail ; un guérisseur qui se promène y reconnaît une plante médicinale. Chacun voit les choses en accord avec son *saṁskāra*.

Un *guru* et un disciple partirent un jour en pèlerinage. En chemin, il leur fallut traverser une rivière. Sur la berge, une jeune fille pleurait. Elle devait traverser la rivière, mais l'eau était trop profonde pour elle. Le *guru* n'hésita pas. Il prit la fille sur ses épaules, franchit la rivière et déposa la fille sur l'autre rive. Le *guru* et le disciple continuèrent leur voyage. Quand ils s'assirent pour dîner, ce soir-là, le disciple semblait troublé. Le *guru* remarqua l'expression de son visage et l'interrogea : « Que t'est-il arrivé ? ».

Le disciple dit : « J'ai un doute. Était-il convenable que tu portes ainsi une jeune fille sur ton épaule ? ».

Le *guru* rit et répliqua : « Voyons, je l'ai déposée sur la berge de la rivière. Est-ce que tu la portes encore ? ».

Subrahmanian : « Je pratique une *sādhana* depuis plusieurs années, et pourtant je n'ai eu aucune expérience particulière. Pourquoi ? »

Amma : « Si tu mélanges dix plats différents, peux-tu savourer le goût d'un seul d'entre eux ? Avance en ne nourrissant qu'un seul désir, le désir de voir Dieu. Alors tu auras des expériences. »

Quelques jeunes gens étaient venus pour le *darśan*. Amma resta un moment avec eux, leur parlant de sujets spirituels. Ils finirent par se prosterner devant elle, avant de se lever. Au moment de partir, un des jeunes dit : « Amma, donne-moi ta bénédiction, afin que ma foi en toi grandisse ! »

Amma : « La foi ne doit pas être aveugle, fils. Avant de décider en qui tu la places, tu dois examiner les choses attentivement. Vous êtes tous jeunes. Ne vous mettez pas à croire instantanément. Ce que vous voyez n'est pas la nature réelle d'Amma. Amma est folle. Ne croyez pas aveuglément qu'elle est une bonne personne ! »

Le jeune homme : « Est-ce à l'enfant de décider si sa mère est bonne ! »

Ses paroles soulevèrent des vagues de rire. Il venait juste de rencontrer Amma, et pourtant il se sentait si proche d'elle ! Mais qui peut échapper aux vagues d'affection qui s'élèvent d'Amma, océan d'amour ? »

Chapitre 10

Mardi 1er juillet 1986

Les pécheurs sont aussi ses enfants

Amma et les *brahmacārīs* étaient allés à Ernakulam. Ils rentrèrent à l'*āśram* vers midi. Parmi les dévots qui l'attendaient, beaucoup se prosternèrent à son arrivée. Sans monter dans sa chambre pour se reposer, Amma alla s'asseoir devant l'école de *vedanta* et se mit à donner *darśan* aux dévots.

Lors d'une réception qui avait eu lieu la veille à Ernakulam, les organisateurs avaient empêché un homme de mettre une guirlande au cou d'Amma. Un *brahmacārī*, faisant référence à cet incident, rapporta : « Cet homme était ravagé de chagrin hier. Quand Amma l'a appelé et lui a donné un peu de *prasād*, il s'est senti un peu mieux. Il se serait effondré si elle ne l'avait pas fait. Les organisateurs craignaient que les gens critiquent Amma, si un homme à la réputation aussi mauvaise était autorisé à s'approcher d'elle. »

Amma : « Ce fils a peut-être commis bien des fautes, mais hier il est venu voir Amma pour la première fois. Comment va-t-il se comporter à partir de maintenant ? Voilà tout ce que nous devrions considérer. La lumière n'a pas besoin d'éclairage ; ce sont les ténèbres qui en ont besoin. Si Amma rejette cet enfant, quel sera son sort ? Par ignorance, il a commis de graves fautes, mais pour Amma, il est toujours l'un de ses fils. Y a-t-il quelqu'un ici qui n'ai jamais commis d'erreur ? La plus grave des fautes est de faire le mal en sachant où est le bien. Nous nous tournons vers les pratiques spirituelles pour apprendre à pardonner aux autres leurs erreurs et à les aimer, non à les rejeter. Il est à la portée de tout le monde de rejeter autrui, mais accepter tout un chacun, voilà ce qui est difficile. L'amour seul permet de tirer les gens de leur erreur et de les guider vers une vie juste. Si nous désavouons quelqu'un à cause de ses erreurs, il continuera à les commettre.

Le sage Vālmīki était un brigand qui dévalisait et assassinait les voyageurs traversant la forêt. Un jour, il s'apprêtait à dépouiller et à tuer des sages. Ils réagirent en lui pardonnant et en le traitant avec beaucoup d'amour. S'ils n'avaient pas fait montre de compassion envers lui, il n'y aurait pas eu de Vālmīki et en conséquence, pas de Rāmāyāna, cette œuvre qui a éclairé tant de gens.

C'est la compassion de ces sages qui a engendré Vālmīki et le Rāmāyāna. Donc, mes enfants, il faut pardonner les fautes d'autrui et, avec amour, leur montrer le droit chemin. Ne parlez pas sans arrêt des fautes que quelqu'un a pu commettre dans le passé, car cela incitera la personne à refaire les mêmes erreurs. Hier, ce fils a confié à Amma : « Jusqu'à ce que je te rencontre, je ne pouvais penser à rien d'autre qu'au suicide. Mais aujourd'hui tout cela est terminé. J'ai tout à coup envie de vivre. Et même, j'ai bien dormi la nuit dernière ! Je pensais que ma famille me soutiendrait toujours, quoi qu'il arrive ; mais quand j'ai connu des moments difficiles, ils m'ont tous abandonné, un par un. Certains m'ont même renié. Maintenant je sais que Dieu seul est vrai et éternel. Si je m'étais tourné vers Dieu dès le début, je n'aurais pas autant souffert. »

Mes enfants, prenons refuge en Dieu. N'importe qui, même un homme d'affaires à l'emploi du temps chargé, peut passer une heure par jour à concentrer son mental sur Dieu. Dieu prend soin de ceux qui lui font confiance. Dans les moments difficiles, notre divinité d'élection viendra à notre secours. Dieu change même le mental de nos ennemis en notre faveur. Mais qui, de nos jours, a besoin de Dieu ? »

Un dévot : « J'ai entendu dire que le monde entier finirait par devenir hindou. »

Amma : « Cela semble peu probable, mais la majorité des gens assimileront les principes du *Sanatana Dharma.* »

Un autre dévot : « Cela ne manquera pas de se produire, car les Occidentaux, qui n'acceptent rien sans l'avoir d'abord mis à l'épreuve, ne pourront pas faire autrement qu'embrasser le *Sanatana Dharma*, qui est fondé sur les principes les plus logiques. »

Amma : « Mais les essais ont leurs limites. Affirmer que nous ne croirons quelque chose qu'après l'avoir mis à l'épreuve n'a pas de sens. La foi et l'expérience sont les exigences fondamentales. »

Le dévot : « De nos jours, les gens n'ont guère de respect pour les *mahātmas*. Leur foi est limitée aux temples. »

Amma : « C'est qu'ils ne mesurent pas la valeur des écritures ou des principes spirituels. Ce sont les hommes qui construisent le temple, sculptent et installent l'image de la divinité, c'est encore l'homme qui adore et se prosterne. La puissance des temples est générée par les dévots qui viennent y adorer Dieu. Et lorsque c'est un *mahātma* qui insuffle la vie à un temple, il possède un pouvoir supérieur, infiniment supérieur, car le *mahātma* a pleinement réalisé le divin en lui. Et pourtant, les gens n'ont pas foi en la puissance divine qui réside en l'être humain. Quel pouvoir peut bien avoir un temple si un *mahātma* ne lui insuffle pas la vie ou si les gens ne viennent pas y adorer Dieu ? »

Comme la foule grandissait, Amma entra dans la hutte réservée au *darśan*. Un dévot apporta des noix de coco fraîches. Il les posa dans la hutte, entra et se prosterna devant Amma.

Le dévot : « Ce sont les premiers fruits de notre jeune cocotier. Dès le début, j'avais l'intention de les apporter à Amma. »

Amma : « Les gens ne se sont-ils pas moqué de toi, en te voyant transporter ces noix de coco dans le bus ? »

Le dévot : « Qu'importe ! Pour Ammachi, je suis prêt à endurer toutes les moqueries ! Puis-je ouvrir une de ces noix de coco pour toi, Amma ? »

Amma accepta. Le dévot alla à la cuisine avec la noix de coco et Amma poursuivit sa conversation.

Le foyer doit devenir un āśram

Un dévot : « Est-il possible de réaliser Dieu tout en restant un *gṛhasthāśramī* ? »

Amma : « Oui, c'est possible. Mais il faut alors être un véritable *gṛhasthāśramī* et concevoir son foyer comme un *āśram*. Combien de *gṛhasthāśramīs* trouve-t-on de nos jours ? Un véritable *gṛhasthāśramī* a donné sa vie à Dieu et n'est attaché à rien. Il n'est attaché à aucune de ses actions. Le *dharma* est pour lui l'essentiel. Bien qu'il vive avec sa famille, son mental est toujours fixé sur Dieu. Il ne néglige jamais de prendre soin de sa femme et de ses enfants, ni de servir le monde car il considère cela comme un devoir confié par Dieu. Et il s'en acquitte avec beaucoup de soin. Mais il n'est pas attaché à ses actions comme c'est le cas aujourd'hui de la plupart des gens.

Si vous comprenez les principes de la spiritualité, vous pouvez constamment pratiquer une *sādhana*, tout en restant dans votre foyer. Ce n'est toutefois pas aussi facile que vous pourriez le croire. Si la télévision est allumée pendant que nous essayons de travailler, nous finirons par regarder l'écran. Pour résister et vaincre cette *vāsanā*, il faut un détachement d'une force exceptionnelle. Il est magnifique de parvenir à appeler Dieu tout en assumant le *prārabdha* d'une famille. Bien des enfants d'Amma, des chefs de famille, méditent et pratiquent le *japa* régulièrement chez eux. Beaucoup d'entre eux ont fait le vœu de ne pas manger ou de ne pas se coucher avant d'avoir fait l'*arcana*. Lorsqu'Amma songe à eux, son cœur déborde d'amour. »

Amma s'adressa ensuite aux *brahmacārīs* : « Vous, les *brahmacārīs*, vous êtes ici pour vous consacrer totalement au service du monde. Votre mental doit être entièrement fixé sur Dieu. Ne laissez place à aucune autre pensée. Le fait de penser à votre famille et à vos amis ne fera que créer plus de *vāsanās*. Il suffit de s'asseoir dans une pièce pleine de charbon pour avoir le corps couvert de particules de charbon. Ainsi, l'affection et l'attachement qu'un *sādhak* éprouve pour sa famille tireront son mental vers le bas. »

Om

C'était une nuit de Devi *bhava*. Les *brahmacārīs* étaient assis dans le *kalari maṇḍapam* et chantaient des *bhajans*. La nature elle-même semblait avoir renoncé au sommeil, captivée par les chants. Le flot des dévots n'avait pas ralenti depuis le début du *darśan*, il y avait de cela plusieurs heures.

Les hommes entraient dans le *kalari* du côté droit, les femmes du côté gauche de la porte. Chacun se prosternait aux pieds d'Amma, assise sur un *pīṭham* (un petit tabouret de bois), et déposait son fardeau de chagrins à ses pieds. Chaque personne s'agenouillait devant Amma, posait la tête dans son giron maternel et recevait son étreinte. Elle leur donnait du *prasād* et de l'eau bénite, et ils quittaient le temple avec au cœur un sentiment de plénitude. Amma acceptait à ses pieds les montagnes du *prārabdha* de ses dévots. Comme la rivière sacrée du Gange qui purifie ceux qui ont chuté, elle lavait leurs péchés dans le flot de son amour. Comme le dieu du feu Agni, qui dévore tout, elle les nettoyait dans son feu sacré, brûlant leurs *vāsanās.*

Comme d'habitude, Amma n'était pas le moins du monde impressionnée par la taille de la foule. En fait, plus la foule des dévots était importante, plus son visage semblait radieux. La présence invisible du divin, qui protège les univers innombrables, brillait à travers elle ; et en même temps, elle riait avec l'innocence d'une enfant, entraînant les autres à rire avec elle.

Un dévot, accompagné de son fils de quatre ans, entra dans le *kalari*. Le père se prosterna devant Amma. Juste à ce moment-là, l'enfant se mit à faire des bêtises, frappant le dos de son père et tirant sa chemise. Comme le papa restait humblement agenouillé devant Amma, le petit garçon prit cela pour une invitation à grimper sur le dos de son père et à le chevaucher comme un éléphant !

Amma appréciait beaucoup les facéties du garçon. Elle le taquina en lui versant de l'eau bénite sur le visage et sur le corps. L'enfant fit un bon en arrière pour éviter l'eau. Amma fit semblant de reposer le pot d'eau, et le petit s'avança de nouveau. Alors elle l'aspergea encore et il recula. Le jeu continua un moment, au grand plaisir de tous. Quand il sortit du temple avec son père, le petit espiègle était complètement trempé.

Chacun selon son saṁskāra

Le Devi *bhava* se termina à une heure du matin. La plupart des dévots allèrent se coucher, mais Amma, les *brahmacārīs* et quelques dévots veillèrent pour transporter les briques qui allaient être utilisées le lendemain pour la construction du bâtiment principal. Comme c'était la saison des pluies, la lagune qui entourait l'*āśram* débordait et la cour de l'*āśram* était remplie d'eau. Parmi les dévots qui aidaient à la tâche se trouvait une jeune femme de Delhi. Elle était arrivée la veille avec sa mère ; c'était la première fois qu'elle rencontrait Amma. Elle se mit à parler aux *brahmacārīs* et ne s'arrêta plus. Cela les mit mal à l'aise. Elle finit enfin par s'en aller. Le travail terminé, Amma s'assit à un endroit sec avec quelques-uns de ses enfants, du côté sud du *kalari*. Les *brahmacārīs* lui parlèrent de la familiarité excessive de la jeune femme.

Brahmacārī : « Elle parle trop et elle ne sait pas ce qu'il faut dire. Elle a déclaré qu'en me voyant, elle avait pensé à son mari. J'ai eu envie de la gifler quand elle a dit cela ! »

Amma : « Fils, cette faiblesse en elle est due à l'ignorance. Mais tu aurais dû avoir la force de la sagesse. Dans une telle situation, regarde à l'intérieur. Si tu vois la moindre faiblesse dans ton mental, éloigne-toi. Celui qui a développé une véritable maturité est capable de donner aux gens les conseils nécessaires. Il ne sert à rien de se mettre en colère. Cette femme exprimait simplement son *saṁskāra*. Elle ignore tout de la spiritualité. Vous, en revanche, devriez avoir le *saṁskāra* de lui indiquer la manière juste de se comporter, puisqu'elle en a besoin. Avant de punir quelqu'un, il faut considérer sa culture et le milieu dans lequel il a grandi. En lui montrant gentiment le droit chemin, nous pouvons remédier à son ignorance. »

Contact avec les femmes

Un dévot : « Śrī Rāmakṛṣṇa n'a-t-il pas dit qu'un *sādhak* ne doit pas parler aux femmes ni même regarder leur image ? »

Amma : « Celui qui a un *guru* n'a rien à craindre. Il lui suffit de suivre les instructions du *guru*. Le propre disciple de Rāmakṛṣṇa, Vivekānanda, ne s'est-il pas rendu aux États-Unis et n'a-t-il pas accepté des femmes comme disciples ? Mais au début, un *sādhak* doit s'éloigner autant que possible de l'autre sexe. Il ne doit pas même regarder l'image d'une femme ; et les femmes *sādhaks* doivent garder la même distance vis-à-vis des hommes. Ce degré de vigilance est nécessaire. Pendant la période de *sādhana*, il vaut mieux renoncer totalement aux sens et demeurer dans la solitude. Ensuite, le disciple devra faire face à différentes situations, alors qu'il est auprès du *guru*. Il doit considérer que ces situations font partie de sa *sādhana* et surmonter ces obstacles. Il est par exemple impossible de parvenir au but sans transcender l'attirance entre les sexes. Un *sādhak* qui s'est abandonné au *guru* en sera capable ; mais celui qui n'a pas de maître doit observer une stricte discipline extérieure, sinon, il peut chuter à tout moment.

Un *sādhak* doit se montrer vigilant lorsqu'il a des contacts avec les femmes. Mais il ne sert à rien de les éviter par peur. Après tout, il faut dépasser la peur. Comment pourrez-vous trouver Dieu sans développer la force mentale de tout transcender ? Personne ne réalise le Soi sans d'abord apprendre à voir le Soi suprême en tout être. Mais pendant la période de *sādhana*, le chercheur doit s'abstenir d'avoir des contacts étroits avec les femmes. Il doit garder une certaine distance et éviter de rester seul à converser avec une femme, que ce soit dans une pièce ou dans un lieu solitaire. Sans que vous vous en aperceviez, le mental y prendra plaisir et si vous n'avez pas une force suffisante, vous succomberez. S'il est nécessaire que vous parliez à une personne du sexe opposé, invitez quelqu'un à se joindre à vous. Si une tierce personne est présente, vous serez plus vigilant.

L'association entre homme est femme est comme celle entre le pétrole et le feu ; le pétrole s'enflamme s'il est proche du feu. Soyez toujours vigilants. Si vous décelez en vous la moindre faiblesse, réfléchissez et demandez-vous : « Qu'y a-t-il de si attirant dans un corps plein d'urine et d'excréments ? ». Il faut cependant dépasser également cette aversion et considérer toute chose comme une forme de la mère de l'univers.

Essayez de développer de la force mentale en voyant en tout être la conscience universelle. Mais tant que vous n'en avez pas la capacité, soyez très prudents. Le sexe opposé est comme un tourbillon qui vous entraîne vers le bas. Il est difficile de dépasser ces circonstances délicates sans une *sādhana* constante, *lakṣya bōdha*, et par-dessus tout, une attitude d'abandon au *guru*. »

Un dévot : « Les *brahmacārīs* ne sont-ils pas épuisés à force de porter des briques, de faire d'autres travaux et de voyager ? »

Amma : « Même les nuits de *bhava darśan*, les enfants portent des briques après la fin du *darśan*. Ils sont peut-être allés se coucher après avoir chanté des *bhajans* pendant tout le *darśan*, et puis on les appelle pour transporter des briques. Amma veut voir combien d'entre eux sont capables de travailler dans un esprit désintéressé, elle veut voir s'ils ne vivent que pour le confort du corps. C'est dans ces moments-là qu'on voit si leur méditation porte ou non ses fruits. Nous devons être prêts à aider les autres lorsqu'ils ont des difficultés. À quoi bon, sinon, se livrer à des austérités ? »

Le dévot : « Amma, viendra-t-il un jour où tous les êtres en ce monde seront bons ? »

Amma : « Fils, là où le bien existe, le mal est présent. Imagine qu'une mère ait dix enfants. Neufs d'entre eux sont bons comme de l'or, et un seul est mauvais. Ce mauvais rejeton suffit à causer la perte de tous les autres. Mais à cause de lui, ils seront contraints d'appeler Dieu. Le monde ne peut pas exister sans les paires d'opposés. »

Il était tard maintenant. Tous étaient captivés par les paroles d'Amma, personne n'avait remarqué le passage du temps.

Amma : « Mes enfants, il est très tard. Allez dormir maintenant. Amma vous verra demain. »

Amma se leva ; les dévots se prosternèrent devant elle avant de se lever aussi. Amma accompagna chaque visiteur pour lui montrer où il devait dormir. En la voyant patauger dans l'eau qui recouvrait le terrain, les dévots dirent : « Tu n'as pas besoin de venir, Amma. Nous trouverons bien nos chambres. »

Amma : « Il y a tant d'eau qu'il vous sera difficile de trouver le chemin, les enfants. Amma vient avec vous. »

Lorsqu'elle remonta enfin dans sa chambre après avoir accompagné les dévots, il était trois heures du matin. Les dévots s'allongèrent pour un repos de courte durée, jusqu'à l'aube.

Jeudi 10 juillet 1986

C'était un jour de *bhava darśan*. Toute la matinée, les dévots n'avaient cessé d'affluer. Vers deux heures de l'après-midi, Amma se prosterna devant mère terre et s'apprêtait à sortir de la hutte, quand d'autres arrivèrent encore. Ils étaient venus de Nagercoil dans un bus de location, espérant voir Amma cette après-midi-là et repartir ensuite aussitôt.

Avec un sourire, Amma s'assit de nouveau sur le petit divan de bois. Les nouveaux arrivants approchèrent et vinrent se prosterner devant Amma. Ceux qui étaient depuis un moment dans la hutte se levèrent pour leur céder la place. Trois petits enfants étaient venus avec ce bus, et comme ils chantaient fort bien, Amma réclama un *bhajan*. Ils entonnèrent :

pacai mamalai

Ô peuple de Srīrangam,
Que j'aime la douceur d'Achuta,
Dont le corps est comme une verte montagne luxuriante,
Dont la bouche est comme du corail
Et les yeux comme des lotus.
Le petit pâtre,
Que les grandes âmes se languissent de voir,

J'aime sa douceur plus que le goût du paradis.

Vers trois heures de l'après-midi, après avoir donné le *darśan* à tous les dévots de Nagercoil et enjoint à un *brahmacārī* de leur servir à déjeuner, Amma monta enfin dans sa chambre. Un *brahmacārī* l'y attendait. Amma s'assit par terre et Gāyatri lui servit à déjeuner. À côté d'Amma se trouvait une pile de lettres, une partie du courrier du jour. Elle tenait les lettres de la main gauche et les lisait tout en mangeant. Soudain, sans entrée en matière, elle se mit à parler au *brahmacārī*, répondant à sa question ; elle savait ce qui le préoccupait, sans qu'il ait eu besoin de le lui dire.

La méditation doit être pratiquée avec concentration

Amma : « Fils, quand tu t'assieds pour méditer, garde ton mental parfaitement fixé sur Dieu et veille à ce qu'il ne dérive pas vers d'autres objets. Tu ne dois avoir à l'esprit que ta divinité d'élection. Tu dois parvenir à ce degré de détachement.

Un jour, alors qu'un *sannyāsī* était en méditation, un homme passa juste devant lui, courant à toute vitesse. Le *sannyāsī* n'aima pas cela. Un peu plus tard, le même homme revint, tenant un enfant à la main. Le *sannyāsī*, en colère, lui demanda : « Pourquoi n'as-tu pas montré le moindre respect ? Ne voyais-tu pas que j'étais ici, en train de méditer ? ». Avec beaucoup de déférence, l'homme lui dit : « Je suis désolé, je n'avais pas la moindre idée que vous étiez assis ici ». « Et comment est-ce possible ? Es-tu aveugle ? », demanda le *sannyāsī*. L'homme répondit : « Mon fils était parti jouer avec un ami, mais il n'était pas rentré après une assez longue absence. Je craignais qu'il ne soit tombé dans l'étang voisin, je suis donc parti en courant voir où il était. C'est pourquoi je n'ai pas remarqué votre présence ».

L'homme eut beau demander humblement pardon, le *sannyāsī* était encore en colère. « Il est extrêmement impoli de ta part de me déranger alors que je médite sur le seigneur ! » dit-il. L'homme répliqua alors : « Vous qui méditiez sur Dieu, vous m'avez vu passer en courant, mais je ne vous ai pas vu, assis juste devant moi, alors que je courais chercher mon fils. Votre relation avec Dieu semble incomparablement moins forte que celle que j'ai avec mon enfant. Quelle sorte de méditation est-ce là ? Et si vous n'avez ni patience, ni humilité, à quoi sert-il donc de méditer ? ».

Notre méditation ne devrait pas ressembler à celle du *sannyāsī* de l'histoire. Lorsque nous nous asseyons pour méditer, nous devrions pouvoir concentrer le mental totalement sur notre divinité d'élection. Quoi qu'il arrive autour de nous, le mental ne devrait pas se laisser distraire. Et si cela se produit, à nous de veiller à le ramener immédiatement et à le lier à l'objet de notre méditation. Si nous pratiquons cela constamment, il ne s'en ira pas vagabonder ailleurs.

Quand tu t'assieds pour méditer, prends la ferme décision de ne pas ouvrir les yeux ni bouger les membres pendant un certain nombre d'heures. Quoi qu'il arrive, reste fidèle à ta décision. C'est cela, le véritable détachement (*vairāgya*).

Brahmacārī : « Amma, bien des pensées se glissent dans le mental et y créent beaucoup d'agitation. Il me semble parfois que mon seul désir est de voir Dieu et de l'aimer de tout mon cœur. D'autres fois je veux connaître les secrets de l'univers ; je veux les démêler grâce à la *sādhana*. Parfois encore, je ne veux rien de tout cela. Je désire simplement connaître la puissance qui œuvre en moi. Ces différentes pensées engendrent une certaine instabilité dans ma *sādhana*. »

Amma : « Quand tu connaîtras le Soi, ne crois-tu pas que tu comprendras spontanément tous ces secrets ? Et si, en cherchant à découvrir les secrets de l'univers, tu demeurais plongé en eux ? Quand tu voyages en bus, tu vois défiler puis disparaître tous les paysages. De même, tout ce que tu vois aujourd'hui disparaîtra. Ne prête donc pas attention à ces fameux secrets et ne développe pas d'attachement pour eux. Bien des savants s'efforcent de percer les mystères de l'univers et pourtant, jusqu'à présent, ils n'y sont pas parvenus. Mais si tu réalises Dieu, tu comprendras l'univers entier. Emploie donc tout le temps dont tu disposes à réaliser Dieu. Il est inutile de songer à quoi que ce soit d'autre. »

Adorer une forme

Brahmacārī : « Amma, Dieu est-il à l'intérieur ou à l'extérieur ? »

Amma : « Tu raisonnes en termes d'intérieur et d'extérieur parce que tu es lié à la conscience du corps. En réalité, il n'y a ni intérieur, ni extérieur. N'est-ce pas le sentiment du « moi » qui te fait croire que « je » et « toi » sont séparés ? Mais tant que la sensation « je » subsiste, il est impossible de déclarer que cette situation est dépourvue de réalité. Dieu est la puissance de vie qui demeure en tout. Lorsque vous visualisez Dieu à l'extérieur, sachez que vous visualisez ce qui en réalité se trouve en vous. C'est grâce à de telles techniques que le mental est purifié. »

Brahmacārī : « Une puissance particulière guide l'univers, mais il est difficile de croire qu'il s'agit d'un dieu ayant une certaine forme. »

Amma : « Toutes les formes de puissance ne sont autres que Dieu. Il est le tout-puissant, il maîtrise tout. Si tu acceptes l'idée que Dieu est la puissance universelle, pourquoi cette puissance, à laquelle tout est soumis, ne pourrait-elle pas assumer une forme que le dévot aime ? Pourquoi est-ce difficile à croire ? ». D'une voix très ferme, Amma ajouta : « Il existe dans cet univers une puissance primordiale. Je considère cette puissance comme ma mère, et même si je choisis de renaître une centaine de fois, elle sera toujours ma mère et je serai son enfant. Je ne peux donc pas déclarer que Dieu n'a pas de forme.

La plupart des gens ne parviennent pas à calmer leur mental s'ils n'ont pas une divinité d'élection. Il faut essayer de passer sur l'autre rive en se servant de la divinité d'élection comme d'un pont. Tu ne peux pas t'en passer et traverser à la nage. Qu'arrivera-t-il si tu t'essouffles au milieu de la traversée ? Tu as besoin d'un pont. Le *guru* sera à tes côtés pour te montrer le chemin dans les moments difficiles, les moments de crise, tu dois avoir foi en cela et t'abandonner à lui. Pourquoi donc te débattre inutilement ? Mais ne reste pas oisif sous prétexte qu'il y a quelqu'un pour te guider et te mener vers l'autre rive. Tu dois travailler dur.

Quand le bateau coule, il ne suffit pas de prier Dieu pour que la fuite soit colmatée. Tout en priant, essaye de boucher le trou. Accomplis l'effort nécessaire et prie en même temps pour obtenir la grâce de Dieu. »

Brahmacārī : « Combien de temps me faudra-t-il pour réaliser le Soi ? »

Amma : « Fils, il n'est pas si facile de parvenir à la réalisation, parce que tu as accumulé un grand nombre de tendances négatives. Que se passe-t-il lorsque nous lavons nos vêtements après un long voyage ? Nous ne sommes pas descendus en route, nous ne nous sommes assis à aucun endroit malpropre et pourtant, nous voyons lors du lavage à quel point nos vêtements sont sales ! De même, la saleté s'accumule dans notre mental sans même que nous nous en apercevions. Tu es venu ici en portant ce que tu as accumulé non seulement dans cette vie, mais aussi dans tes vies passées. Tu ne peux pas réaliser le Soi en restant assis les yeux fermés pendant un ou deux ans. Cela ne suffira pas à te purifier intérieurement.

Avant de planter l'arbre de ton choix, il d'abord déboiser et débroussailler. Si ton mental n'est pas pur, comment pourrais-tu voir le Soi ? Il est impossible de passer une couche de produit sur une plaque de verre sale et d'en faire un miroir. Il faut d'abord nettoyer le mental. Et tout en faisant cet effort, abandonne tout à Dieu. »

Le *brahmacārī* se prosterna devant Amma et se leva. Amma termina son repas, lut encore quelques lettres, puis descendit pour les *bhajans* qui précédaient toujours le *bhava darśan.* Au crépuscule, il se mit à pleuvoir doucement. Plus la nuit avançait, plus la pluie était forte et quand le Devi *bhava* se termina, à deux heures du matin, elle était torrentielle. Les dévots se réfugièrent dans l'école de *vedanta* et devant le *kalari.* Les gens dormaient où ils pouvaient. Lorsqu'Amma sortit du *kalari* après le Devi *bhava*, elle remarqua que beaucoup de dévots n'avaient pas trouvé d'endroit où dormir. Elle les conduisit jusqu'aux huttes des *brahmacārīs*, pendant que Gāyatri s'efforçait de la protéger en l'abritant sous un parapluie. Amma installa trois ou quatre personnes dans chaque hutte. Indiquant à chaque dévot sa place, elle lui séchait la tête avec une serviette. Devant le flot de son amour maternel, tous redevenaient de petits enfants.

Un dévot lui demanda : « Amma, où vont dormir les *brahmacārīs* ? Est-ce que nous ne leur causons pas beaucoup d'ennuis ? »

Amma : « Ils sont ici pour vous servir. Ces enfants sont venus ici pour apprendre le sacrifice de soi. Ils seront heureux d'endurer ce petit inconfort pour vous. »

Les *brahmacārīs* allèrent attendre l'aube au *kalari maṇḍapam.* L'abri étant ouvert sur trois côtés, les rafales de pluie s'y engouffraient, si bien qu'il était impossible de dormir. Au moins, il ne leur restait plus longtemps à attendre avant l'aube.

Amma découvrit alors quatre dévots âgés qui n'avaient pas encore trouvé où dormir. Elle les emmena à une chambre située au nord du temple. La porte était fermée. Elle frappa et deux *brahmacārīs* tout ensommeillés ouvrirent. Ils étaient allés se coucher avant la fin du *darśan* et comme ils dormaient profondément, ils ne s'étaient pas aperçu de ce qui se passait.

« Mes enfants, laissez ces personnes dormir ici. » Sur ce, Amma confia les dévots aux deux *brahmacārīs* et monta dans sa chambre. Les *brahmacārīs* cédèrent leur natte aux dévots, puis allèrent s'installer devant la salle de méditation, près de la porte, là où ils n'étaient pas exposés à la pluie, qui s'était un peu calmée.

Les *brahmacārīs* étaient venus vivre en présence de l'incarnation du sacrifice de soi. Ils lui avaient voué leur vie. Et maintenant, à chaque instant, elle leur enseignait comment vivre.

Jeudi 7 août 1986

Vairagya

Vers deux heures trente de l'après-midi, Amma sortit de la hutte et monta dans sa chambre, où elle trouva la Brahmacāriṇī Saumya (Swāmini Kṛṣṇamritaprana) qui l'attendait.

Depuis plusieurs jours, Saumya, d'origine australienne, désirait lui parler. Amma lui avait demandé de venir ce jour-là. Elle s'assit par terre et Saumya lui servit le déjeuner.

Saumya : « Il y a un moment que je désire poser quelques questions à Amma. Puis-je les formuler maintenant ? »

Amma : « D'accord, pose tes questions. »

Saumya : « Si je sens que je suis attachée à quelque chose, je décide de ne pas l'acheter ou de ne pas l'accepter. Est-ce du détachement (*vairāgya*) ? »

Amma : « Si cet attachement doit te mener vers ce qui est irréel, alors il s'agit bien de *vairāgya*.

Il faut reconnaître la véritable nature de chaque objet et comprendre que les choses matérielles ne nous apporteront jamais le vrai bonheur. Elles nous procureront peut-être une satisfaction passagère, mais le résultat final sera toujours la souffrance. Si nous comprenons réellement cette vérité, notre passion pour les objets des sens diminuera automatiquement. Il sera facile d'en détourner le mental.

Un homme qui adorait le *pāyasam* (dessert à base de riz sucré et de lait), fut un jour invité par un ami qui fêtait son anniversaire. Le *pāyasam* constituant le plat principal du festin, notre homme était très heureux. Il en prit un bol entier et le goûta : il était excellent, les proportions de riz, de lait et de sucre étaient parfaites, et le cuisinier avait ajouté de la cardamome, des raisins secs et des noix de cajou. Au moment où il allait en prendre une autre cuillerée, un lézard (gekko) tomba du plafond, droit dans son bol ! Il avait beau adorer le *pāyasam*, il jeta le contenu du bol. Au moment où il vit que le lézard était tombé dedans et l'avait donc rendu impropre à la consommation, il ne s'y intéressa plus. Ainsi, une fois que nous comprenons que la souffrance est inéluctable si nous recherchons le bonheur dans les objets des sens, il est facile d'éviter ce qui revêt d'ordinaire pour nous un grand attrait et de contrôler le mental. Ce sentiment de détachement est *vairāgya*. En voyant un cobra, un enfant, ignorant à quel point il est venimeux, essayera peut-être de l'attraper. Mais jamais nous n'agirions ainsi, n'est-ce pas ?

Ma fille, il vaut mieux développer le détachement en apprenant à connaître les bonnes et les mauvaises qualités des choses plutôt que de chercher à en détourner le mental par la force. La maîtrise du mental viendra alors naturellement. »

Saumya : « Il me semble que le véritable bonheur vient du détachement, il ne peut venir des objets que l'on accumule ou dont on jouit. »

Amma : « Crois-tu que le bonheur vient du détachement ? Non, ce n'est pas vrai. Le bonheur vient de l'amour suprême. Ce qu'il te faut pour réaliser le Soi, Dieu, c'est l'amour. Seul l'amour te mènera au détachement absolu. »

Saumya : « Il est donc inutile de renoncer à quoi que ce soit ? »

Amma : « *Tyāga* (le renoncement) ne suffit pas. Connais-tu la paix intérieure si tu es en colère contre quelqu'un ? Et n'est-il pas vrai que tu n'es vraiment en paix que quand tu aimes ? Tu es heureuse lorsque tu respires le doux parfum d'une fleur. Éprouverais-tu la même joie si tu te bouchais le nez ? Et ne savoures-tu pas mieux le goût du sucre quand tu le laisses fondre dans la bouche ? Ce bonheur vient-il du détachement (*vairāgya*) envers le sucre ? Non, il provient de l'amour.

Lorsque tu vois des excréments, tu te bouches le nez. C'est de la répulsion. Il n'y a là aucun amour et donc, pas de bonheur. Si tu renonces aux objets de ce monde en pensant : « La joie que je retire des objets extérieurs est transitoire et m'apportera plus tard de la souffrance. Le bonheur que me procurent les objets de ce monde n'est pas permanent, il est momentané et donc irréel », tu peux qualifier cela de *vairāgya*. Mais pour connaître le vrai bonheur, il ne suffit pas de renoncer aux objets du monde avec *vairāgya* ; il faut encore atteindre la réalité, grâce à l'amour. Telle est la voie qui mène à la béatitude éternelle.

Tu n'as pas besoin de haïr le monde de l'illusion. À travers lui, tu peux apprendre comment parvenir au monde réel, éternel. Nous aspirons au monde éternel, et c'est seulement grâce à l'amour que nous grandirons assez pour atteindre cet état. Quand la lune se lève, les eaux des lacs et des océans de la terre montent vers elle, par amour ; la fleur s'épanouit pour goûter la caresse du vent, et cela aussi, c'est par amour ; qu'est-ce qui nous apporte donc la béatitude ? Non pas le détachement, mais l'amour. »

Saumya (un peu mal à l'aise) : « Je ne veux pas du bonheur que donne le fait d'aimer quelque chose. »

Amma : « Un *sādhak* n'aime pas un objet séparé de lui-même. Il aime son propre Soi, présent en tout ce qui l'entoure. À mesure que grandit son amour pour l'éternel, son désir de le connaître gagne lui aussi en intensité. Ainsi, lorsque nous aimons l'éternel, le détachement (*vairāgya*) réel se développe en nous.

Imagine la situation suivante : nous apprenons qu'un ami qui vit au loin est en route pour nous rendre visite et qu'il peut arriver à tout instant. Dès que nous sommes au courant, nous l'attendons, sans même manger ni dormir. N'est-ce pas notre amour pour lui qui nous permet de l'attendre sans nous soucier de manger ni de dormir ? »

Saumya : « Qu'est-ce qui doit venir en premier, l'austérité ou l'amour ? »

Amma : « La véritable austérité naît de l'amour. Sans amour, il ne peut y avoir d'austérité. L'ascèse sans amour ne dure jamais bien longtemps, parce que le mental se fatigue et retourne à son état premier. Dès que nous avons appris la venue de notre ami, nous avons renoncé à la nourriture et au sommeil, tant notre désir de le voir était fort. Il a jailli de notre amour pour lui. Notre ascèse est venue naturellement et grâce à l'amour, cela ne nous a pas paru être un sacrifice ou une épreuve. Mais sans amour, nous éprouverions une telle austérité comme une terrible épreuve. Si nous sautons un repas parce que nous nous sommes imposé ce *tapas*, nous ne penserons qu'à la nourriture.

Pour se détacher d'une chose, il faut en aimer une autre. Fille, si tu es capable de vivre ici avec patience et en acceptant ce qui se présente, c'est uniquement parce que tu as de l'amour pour le but, pour la réalisation du Soi. Les gens nourrissent des désirs, de la colère, de la jalousie et de l'orgueil. Comment alors est-il possible à quelques personnes de contrôler ces émotions négatives et de vivre ici dans un esprit de pardon et d'endurance ? Tu ne le fais que par amour pour la réalisation du Soi. Sinon, tous ces traits de caractère se manifesteraient en toi. Mais grâce à l'amour, ils ne peuvent pas vivre et s'épanouir dans ton mental. Ton amour pour le but les restreint. »

Saumya : « S'il en est ainsi, pourquoi es-tu aussi stricte lorsqu'il s'agit du respect des règles de l'*āśram* ? Le détachement ne devrait-il pas se produire spontanément ? »

Amma : « Amma ne dit pas que tu n'as pas besoin de *vairāgya.* Il faut pratiquer *vairāgya*, mais ce détachement ne sera complet que grâce à l'amour. Au début, les restrictions sont absolument essentielles. Il y a maintenant ici environ trente renonçants. Tous désirent réaliser le Soi, mais leur mental est l'esclave de leur corps. Ils veulent connaître le Soi, mais trouvent difficile de renoncer au bien-être physique. Il est donc nécessaire d'imposer quelques règles.

Si quelqu'un doit partir de bon matin mais n'arrive pas à se réveiller, c'est à nous de le tirer du sommeil, n'est-ce pas ? Si un enfant désire voir le lever du soleil, mais ne parvient pas à se lever parce qu'il est sous la coupe du corps, sa mère le réveille.

Il te faut rester debout et vigilante, prête à vivre l'aube du divin. Le temps n'attend pas. Mais mes enfants ne font pas leur devoir. S'ils ne sont pas vigilants, Amma doit les réveiller. Sinon, elle les induirait gravement en erreur. Amma trouve que sa sévérité dans ce domaine est son plus grand acte d'amour envers ses enfants de l'*āśram.* »

Les règles sont importantes dans un āśram

Saumya : « Les règles de l'*āśram* semblent parfois bien sévères. »

Amma : « Les règles sont indispensables dans un *āśram* où vivent de nombreuses personnes et qui est fréquenté par un très grand nombre de visiteurs. Par exemple, hommes et femmes ne doivent pas se parler trop librement. Les résidents de l'*āśram* doivent donner l'exemple aux autres. En outre, tous les résidents n'ont pas la même nature. Ceux qui viennent d'arriver n'ont pas encore beaucoup de maîtrise d'eux-mêmes.

Mais les enfants qui sont ici depuis le début ont acquis un certain contrôle de leur mental. Les nouveaux venus peuvent leur confier leurs doutes, il n'y a pas de mal à cela. Mais il doit y avoir une limite, c'est ce que dit Amma. Parlez lorsque c'est nécessaire, pas plus. »

Saumya : « Nous sommes bien éveillés les jours où c'est toi qui nous réveilles, Amma ! »

Amma : « Les enfants qui aiment Amma et aspirent à réaliser le Soi se lèvent sans attendre que quiconque les réveille. Quand Amma monte dans sa chambre la nuit, elle a beaucoup de lettres à lire. Ensuite, elle ne peut pas se coucher sans se renseigner pour savoir s'il y a assez de légumes, de riz, d'argent, etc., pour le lendemain. S'il manque quelque chose, elle doit donner des instructions, dire ce qu'il faut acheter ou ce qu'il faut faire. Il lui faut aussi s'occuper des visiteurs, comme de la discipline des enfants qui vivent ici et de leurs besoins. Avec tout cela, comment pouvez-vous attendre d'elle qu'elle passe dans chaque chambre pour vous réveiller ?

Si vous aimez Amma, il suffit de suivre attentivement ses instructions. Aimer Amma, c'est lui obéir. Il faut avoir soif. L'amour qu'il éprouve envers le *guru* et son institution, sa relation avec le *guru*, aident celui qui a un maître à tout oublier et à croître pour devenir l'infini. Pour devenir un arbre, une graine doit s'enfoncer dans le sol. »

Saumya : « Amma, en général, tu ne me grondes pas. Pourquoi ? »

Amma : « Vraiment ? Est-ce que je ne te dispute pas dans le *kalari* pendant le Devi *bhava*[30] ?

Saumya : « Juste un peu. »

Amma (en riant) : « Amma ne te trouve qu'un seul défaut : tu ne te lèves pas de bonne heure le matin. Tu te couches après avoir travaillé dur une partie de la nuit. Et ne restes-tu pas debout dans le *kalari* pendant tout le Devi *bhava* ? Tu essayes en outre sincèrement d'atteindre le but de la réalisation. Tu désires suivre régulièrement la discipline de l'*āśram* et tu ne tentes jamais d'y échapper en te cachant ou en t'esquivant. Il n'y a donc aucune raison de te réprimander. »

Comment éliminer les défauts

Saumya : « Il y a ici des hommes et des femmes ; ne souhaites-tu pas que nous manifestions de l'amour envers tous ? »

Amma : « Il n'est pas nécessaire d'aller au-devant de chacun et de lui montrer ton amour ; il suffit de ne nourrir aucun sentiment négatif, aucun, quel qu'il soit. L'amour vrai est l'absence de sentiments négatifs envers qui que ce soit. En les éliminant, tu permets à l'amour toujours présent en toi de briller ; alors les distinctions, les différences, n'existent plus. As-tu observé comment ceux qui s'aimaient hier se méprisent aujourd'hui ? Leur amour n'a donc jamais été réel. L'attachement induit la colère ; notre but est de ne nourrir ni attachement, ni colère. C'est là le véritable amour. En outre, nous servons autrui de manière désintéressée, et c'est la plus noble forme d'amour. »

Saumya : « Je m'efforce de ne pas avoir de sentiments négatifs envers qui que ce soit. »

---

[30] Au cours du *Devi bhava*, c'est en général Swāmini Kṛṣṇamrita qui est au service d'Amma.

Amma : « L'attachement et l'aversion ne sont pas des objets qu'il nous est loisible de prendre et de rejeter. Les bulles à la surface de l'eau éclatent si nous essayons de les saisir ; il est impossible de les attraper. De même, nous ne pouvons pas expulser de notre mental pensées et émotions. Si nous tentons de les refouler, elles ne feront que redoubler de force et nous créer des problèmes. Seule la contemplation nous permettra d'éliminer nos émotions négatives. Examinons nos tendances négatives et efforçons-nous de les remplacer par de bonnes pensées. Il est impossible de les éliminer par la force.

Si nous versons de l'eau pure dans un gobelet d'eau salée et continuons quand il est plein, la teneur en sel s'affaiblira et nous obtiendrons finalement un verre d'eau pure. De même, c'est en cultivant de bonnes pensées que nous pouvons éliminer les mauvaises.

Il est impossible d'extirper des émotions telles que la colère et le désir, mais nous pouvons prendre garde à ne leur laisser aucun espace dans notre mental. Reconnaissons que nous sommes les instruments de Dieu et développons l'attitude d'un serviteur.

En vérité, nous devrions penser que nous sommes des mendiants. Un mendiant arrive dans une maison pour demander *bhikṣā* (une aumône de nourriture). Il est peut-être mal accueilli : « Il n'y a pas de *bhikṣā* ici. Va-t-en ! Pourquoi es-tu venu ? ». Mais quelles que soient les invectives qu'il reçoit, il n'ouvre pas la bouche. Il pense : « Je ne suis qu'un mendiant. Je n'ai personne sur cette terre à qui confier mes tourments. Dieu seul connaît mon cœur ».

S'il tentait d'expliquer cela à cette famille, on ne le comprendrait pas, il le sait. Si quelqu'un se met en colère contre lui, il se contente de partir sans rien dire et frappe à la porte suivante. Si là encore on l'accueille avec colère, il tente sa chance chez le voisin, sans se plaindre. Telle devrait être notre attitude. Dès que nous assumons le rôle d'un mendiant, l'ego s'écroule en grande partie. Nous avons alors le sentiment que Dieu est notre seul refuge et les *vāsanās* négatives tombent d'elles-mêmes. On ne devient plus grand que le plus grand qu'en se faisant plus petit que le plus petit. C'est en servant tous les êtres que l'on devient le maître de l'univers. Seul celui qui se prosterne même devant un cadavre (śava) devient Śiva. »

Saumya : « Si nous possédons quelque chose dont quelqu'un ici a besoin, est-ce une erreur de le leur donner ? »

Amma : « Ne fais pas cela, ma fille. Tu es une *brahmacāriṇī.* Tu es venue ici pour faire une *sādhana.* Si tu souhaites donner quelque chose à quelqu'un, donne-le au bureau ou donne-le à Amma et elle le transmettra à la personne qui en a besoin. Si tu donnes directement, tu auras le sentiment : « Je donne » et tu développeras de l'attachement envers cette personne. Ne donne donc pas toi-même. Au niveau du *guru*, il n'y a plus de problème car aucune pensée concernant la personne qui reçoit ne surgit plus dans le mental ; mais au stade où tu en es, il n'est pas nécessaire de manifester ton amour à l'extérieur ; il doit se développer à l'intérieur de toi. Quand il n'y a plus d'aversion ni d'hostilité, c'est l'amour. Quand la moindre trace d'aversion disparaît du mental, le mental devient Amour. Il devient comme du sucre : tout le monde peut en prendre et en savourer la douceur, sans que vous-même ayez rien à donner.

Si une mouche tombe dans le sirop, elle meurt. Au stade où tu en es, ceux qui viennent te trouver pour te demander quelque chose y sont poussés par un motif impur que tu ne perçois pas ; ils sont comme des mouches. Ils ne retireront aucun bienfait de ta générosité. Ils se font du mal et cela t'est également nuisible.

Un insecte qui s'approche de la lampe cherche de la nourriture. La fonction de la lampe est de nous éclairer, mais les insectes viennent pour la manger. Ils périssent dans leur tentative et il arrive que la lampe s'éteigne. Il ne faut donc pas donner à autrui l'occasion de se détruire et de nous détruire. Nous sommes remplis de compassion, mais ceux qui sont en face de nous sont peut-être différents. Si à l'avenir tu occupes un poste de responsable dans un *āśram* ou une *gurukula*, certains viendront peut-être à toi avec des intentions impures. Si tu as suffisamment progressé, ton amour détruira leurs pensées impures. Si un éléphant tombe dans un incendie de forêt, le feu n'est pas en danger[31].

Mais au stade où tu en es, ton amour ne fera qu'encourager la faiblesse d'autrui. »

Saumya : « Il faut donc avoir beaucoup d'amour à l'intérieur, mais ne pas le montrer. »

Amma : « Il ne s'agit pas de ne pas le montrer, mais de se comporter en accord avec le *dharma* d'un *āśram* ; voilà ce que veut dire Amma. Tu dois toujours prendre en compte les circonstances. Si des visiteurs voient des *brahmacārīs* et des *brahmacāriṇīs* discuter, ils en feront autant. Ils ne savent pas à quel point votre cœur est pur. En outre, il est inutile que vous parliez ; ce n'est pas ce qu'aimer veut dire. Aimer signifie ne nourrir aucun sentiment négatif, quel qu'il soit. »

Saumya : « Quand nous discutons, il s'agit de sujets spirituels, de questions que nous nous posons au sujet des enseignements. »

Amma : « Mais les gens l'ignorent, ma fille. Les témoins ne voient qu'une chose : un *brahmacārī* et une *brahmacāriṇī* ont ensemble une conversation, et ils imiteront ce comportement. Quand les gens voient un homme et une femme se parler, ils l'interprètent mal. Tel est le monde d'aujourd'hui. »

Saumya avait tant de compassion qu'elle donnait tout ce qu'on lui demandait ; quelques visiteurs avaient commencé à lui

[31] Le feu symbolise ici le *sādhak* avancé, tandis que l'éléphant représente les pensées impures d'autrui.

demander chaque fois l'argent nécessaire pour payer leur voyage de retour en bus. Amma avait interdit à Saumya de continuer à donner ainsi, parce que certains avaient tenté d'exploiter sa compassion. Il était de plus contraire aux règles de l'*āśram* de demander de l'argent aux résidents. Saumya avait d'abord été contrariée, mais elle était maintenant satisfaite des explications données par Amma.

Comment discerner entre le bien et le mal

Saumya posa d'autres questions : « J'ai accompli des actions en croyant qu'elles étaient justes, mais il s'est avéré qu'elles étaient erronées. Je n'en avais à l'époque aucune idée.

Comment discerner entre ce qui est juste et ce qui ne l'est pas, de manière à agir correctement ? »

Amma : « Pour l'instant, suis les instructions d'Amma. Écris tes sentiments, par exemple : « J'ai eu cette mauvaise pensée » ou bien : « Je me suis mise en colère contre un tel ». Puis demande à Amma de t'aider, et corrige-toi.

Au début, les *brahmacārīs* et les *brahmacāriṇīs* ne doivent pas se parler, telles sont les injonctions d'Amma à ses enfants qui vivent ici. Au bout d'un certain temps de *sādhana*, ce n'est plus un problème. Amma n'est pas aussi stricte avec ses enfants occidentaux parce qu'ils viennent d'un contexte culturel différent. Dans leur pays, il n'y a pas la même différence entre hommes et femmes. »

Saumya : « Lorsque nous obtenons le résultat escompté, est-ce dû à une attitude intérieure juste ou bien est-ce simplement le fruit de l'action extérieure ? »

Amma : « C'est le fruit d'une attitude mentale pure. Mais il faut en outre être attentif à l'action elle-même et observer le résultat ; il faut de l'entraînement pour agir avec une attitude mentale pure. »

Saumya : « Dieu nous pardonnera-t-il nos fautes ? »

Amma : « Il pardonne jusqu'à un certain point, mais pas au-delà. Il nous pardonne les fautes que nous commettons sans le savoir, parce qu'après tout, nous étions ignorants ; mais si nous faisons consciemment le mal, Il ne le tolérera pas au-delà d'une certaine limite. Alors il nous punira. Le petit bébé appelle son père « da, da ». Le père sait que son bambin l'appelle et cela le fait rire. Mais si l'enfant continue plus tard, quand il est assez grand pour parler correctement, son père ne rira plus ; il lui donnera une fessée. De même, si nous commettons des erreurs en sachant très bien que nous agissons mal, Dieu nous punira certainement. Mais cela même est une forme de grâce ; Dieu peut très bien punir un dévot pour une faute légère, afin qu'il ne recommence pas. Cette punition vient de la compassion infinie de Dieu envers le dévot et a pour but de le sauver. C'est comme une lumière dans les ténèbres.

Un garçon avait l'habitude de sauter par-dessus un fossé rempli de fils de fer barbelés pour aller chez le voisin. Sa mère lui dit : « Fils, ne saute pas par-dessus le fossé car si tu glisses, tu vas te blesser. Prends le chemin normal, même s'il est un peu plus long » ; le garçon protesta : « Mais maman, il ne m'est encore jamais rien arrivé ! », et il continua à prendre le raccourci. Mais un jour, en sautant par-dessus le fossé, il tomba et se coupa le pied. Il alla trouver sa mère en pleurant. Elle le consola avec beaucoup d'amour, pansa sa blessure et lui enjoignit encore de prendre le chemin normal. Mais le garçon désobéit ; il glissa une deuxième fois, tomba sur les barbelés et se coupa. Il alla de nouveau trouver sa mère en pleurant, mais cette fois, avant de soigner ses blessures, elle lui donna une fessée.

Si le garçon avait vraiment souffert la première fois, il n'aurait pas recommencé. Ce n'est pas par colère, mais par amour que sa mère lui a donné une fessée la deuxième fois. De même, les punitions que Dieu nous envoie dans sa compassion sont destinées à nous éviter de continuer à mal agir.

Certains crayons ont au bout une gomme, avec laquelle nous pouvons tout de suite effacer nos erreurs. Mais si nous nous trompons toujours au même endroit, à force d'effacer, nous allons déchirer le papier. »

Amma finit de manger. Elle se lava les mains et se rassit.

Saumya : « Quand je pense à quelque chose, cela semble juste sur le moment, puis peu après je me dis qu'après tout, c'est peut-être une erreur. Je n'arrive pas à décider quoi que ce soit ; j'ai toujours des doutes au sujet de ce qui est juste et de ce qui ne l'est pas. »

Amma : « Si nous ne sommes pas capables de distinguer entre le bien et le mal, demandons l'avis d'un *guru* ou d'un sage. Nous verrons alors clairement le droit chemin. Il est difficile de progresser sans s'abandonner à une personne capable de nous guider jusqu'au but, sans avoir foi en elle. Lorsque nous rencontrons une telle âme, capable de nous guider, il faut suivre ses conseils et développer une attitude d'abandon total de soi-même. Il est impossible de progresser si on critique le *guru* lorsqu'il nous montre nos erreurs ou nous réprimande. »

Saumya : « Comment les désirs deviennent-ils des obstacles aux pratiques spirituelles ? »

Amma : « Imagine que le tuyau relié à un robinet soit plein de trous. Il ne sortira du robinet qu'un filet d'eau. Ainsi, si le mental nourrit des désirs égoïstes, nous ne parviendrons pas à nous concentrer totalement sur Dieu et ne pourrons pas nous approcher de lui. Comment celui qui ne peut franchir une petite rivière pourrait-il traverser l'océan ? Il est impossible d'atteindre l'état suprême sans renoncer à tout égoïsme. »

Saumya : « Le *japa*, la méditation ou la prière, laquelle de ces pratiques est la plus efficace pour détruire les *vāsanās* ? »

Amma : « Toutes ces méthodes nous aident à vaincre les *vāsanās*. Si nous prions avec une concentration totale, cela suffit. Mais peu de gens prient tout le temps et leur concentration n'est pas totale. C'est pourquoi nous utilisons des méthodes comme le *japa*, la méditation et le chant dévotionnel. De cette manière, nous pouvons garder constamment à l'esprit la pensée de Dieu. Si nous plantons des graines, il faut mettre de l'engrais, les arroser régulièrement, les protéger des animaux et détruire les vers et les insectes qui les attaquent. Tout cela sert à améliorer la récolte. De même, les différentes pratiques spirituelles que nous effectuons servent toutes à accélérer notre progression vers le but. »

Saumya : « Amma m'a demandé de psalmodier *om namaḥ śivāya* de sept heures à huit heures du soir. Je ne peux donc pas participer aux *bhajans*. »

Amma : « Ne t'inquiète pas, ma fille, Amma va demander à quelqu'un d'autre de prendre le relais. »

Amma regarda la pendule accrochée au mur. Il était cinq heures moins le quart. Elle dit : « C'est bientôt l'heure des *bhajans*. Amma va prendre sa douche, maintenant. Ma fille, si jamais tu as des problèmes, tu dois venir en parler à Amma. »

Saumya se prosterna devant Amma, le visage radieux, toute à la joie d'avoir pu s'entretenir aussi longuement avec Amma et d'avoir obtenu des réponses aux questions qu'elle se posait.

Peu après, Amma se rendit dans le *kalari* et les *bhajans* qui précèdent toujours le Devi *bhava* commencèrent. La même mère qui, sous l'aspect du *guru*, avait consacré tant de temps à répondre avec patience aux questions de sa disciple, apparaissait maintenant comme une fidèle ouvrant son cœur pour exprimer sa soif ardente de Dieu en chantant. Elle chantait de tout son être, oubliant tout dans l'extase de la dévotion.

Chapitre 11

Mercredi 20 août 1986

Maîtrisez la colère

Tout le monde avait travaillé sans arrêt depuis le matin. C'était la fin de l'après-midi. Il s'agissait de nettoyer le terrain de l'*āśram* et de transporter des matériaux de construction utilisés pour faire du béton et construire le nouveau bâtiment. Amma aidait à porter de longues barres d'acier. Son sari blanc était tout taché de vert par la mousse qui recouvrait les barres humides.

Un dévot travaillant dans le Rajasthan était arrivé la veille au soir. Il avait mauvais caractère et avait prié Amma de l'aider à dominer la colère. Amma, qui demeure dans le cœur de chaque être, le savait ; s'adressant à lui avec un sourire, elle dit : « Mon fils, Amma a le sentiment que tu as en toi un peu trop de colère. Si tu te mets de nouveau en colère, prends une photo d'Amma, pose-la devant toi et dispute Amma. Dis-lui : « Est-ce là tout ce que j'obtiens en t'adorant, la colère ? Tu dois me l'enlever immédiatement ! Sinon, je vais. » Puis prends un coussin et donne des coups de poings dedans en imaginant qu'il s'agit d'Amma. Si tu le souhaites, tu peux même lancer du sable sur Amma. Mais ne te mets pas en colère contre les autres, fils. »

L'homme fut ému jusqu'aux larmes par l'amour d'Amma.

Au crépuscule, le travail était presque terminé. Amma portait maintenant des pierres. Ses enfants protestèrent en la voyant soulever la plus grosse pierre et se la mettre sur la tête. Ils essayèrent de la dissuader et insistèrent pour qu'elle prenne des pierres plus petites. Mais elle souffrait de voir ses enfants soulever les pierres les plus lourdes. Elle leur dit : « Aucune douleur physique n'est aussi terrible que la souffrance mentale. »

Le dur labeur se transformait en adoration. Chacun essayait de porter des charges plus lourdes que ce qu'il pouvait soulever. Les gouttes de sueur tombaient comme des fleurs d'adoration aux pieds de la mère de l'univers, des fleurs contenant les graines dorées d'une ère nouvelle.

Samedi 23 août 1986

Amma se trouvait dans le *kalari maṇḍapam* avec quelques dévots.

Parmi eux se trouvait Vijayalakshmi, mariée depuis un an environ. Un de ses amis lui avait récemment fait connaître Amma. D'emblée, elle avait adoré Amma et avait eu en elle une foi totale. Elle venait depuis régulièrement en visite, mais son mari n'avait pas grande foi en Amma. Il ne s'intéressait guère à la spiritualité, sans toutefois s'opposer aux visites de sa femme à l'*āśram*. Après sa rencontre avec Amma, Vijayalakshmi cessa de s'intéresser à son apparence extérieure. Elle rangea ses bijoux et ses saris de prix pour ne plus porter que du blanc. Son mari exprima cependant son désaccord ; ingénieur ayant réussi, il était doté d'un large cercle d'amis.

Amma : « Ma fille, si tu ne portes que du blanc, cela plaira-t-il à mon fils ? »

Vijayalakshmi : « Peu importe, Amma. J'ai rangé tous mes autres saris et les hauts assortis. Je veux les donner à des gens qui en ont besoin. J'ai tant de vêtements superflus ! »

Amma : « Ne fais pas cela maintenant, ma fille ! Ne fais rien qui puisse blesser ton mari. Tu as un certain *dharma*, ne le néglige pas. D’ailleurs, mon fils ne fait pas d’objection à tes visites. N’est-ce pas déjà merveilleux ? »

Vijayalakshmi : « Amma, il a le temps de faire des centaines de choses, mais il n’a pas le temps de venir te voir, pas même une seule fois. Pendant des années je me suis habillée et je l’ai accompagné partout, mais c’est fini. Je suis fatiguée de cette pompe et de cet apparat. Ce sari et ce haut en coton me conviennent parfaitement. »

Amma : « Ne parle pas ainsi, ma fille. Il est vrai qu’il ne vient pas voir Amma ; néanmoins, il a beaucoup de dévotion. »

Vijayalakshmi : « Que veux-tu dire ? Il refuse d’aller au temple. Lorsque je lui ai demandé de m’accompagner au temple de Guruvayur, il a répondu : « J’ai décidé quand j’étais étudiant de ne jamais mettre le pied dans un temple. Mais à cause de toi, il m’a fallu rompre ce vœu. C’est parce que ta famille est si pieuse que j’ai dû briser mon serment ». Amma, je dois supporter qu’il se plaigne encore du fait que nous avons été mariés au temple. »

Amma rit et répondit : « Ma fille, il ne vient peut-être pas ici et ne va pas au temple, mais il a le cœur bon. Il a de la compassion envers ceux qui souffrent et cela suffit. Ne fais rien qui le contrarie. »

La déception se lisait sur le visage de Vijayalakshmi.

Amma : « Ne t’inquiète pas. N’est-ce pas Amma qui te donne ce conseil ? Si tu ne portes que du blanc, il sera fâché. Que dira-t-il à ses amis ? Porte donc du blanc pour venir ici, mais à la maison ou quand tu voyages avec lui, porte tes vêtements et tes bijoux, comme d’habitude. Sinon les gens blâmeront Amma, n’est-ce pas ? Ton mari est aussi l’enfant d’Amma. Ne t’inquiète pas, ma fille. »

Vijayalakshmi ne trouva rien à répondre ; l'expression de son visage montrait qu'elle avait accepté les paroles d'Amma.

Agir

Un autre dévot, Rāmachandran, posa alors une question : « De nombreux livres rapportent que dans les anciennes *gurukulas* on accordait encore plus d'importance aux actions qu'à la *sādhana*. Les *upaniṣads* affirment que le *karma yoga* seul ne suffit pas pour obtenir la réalisation du Soi ; les *gurus* confiaient cependant aux nouveaux disciples la tâche de soigner le bétail ou de couper le bois pendant les dix ou douze premières années. Pourquoi ? ».

Amma : « Il est impossible de purifier le mental sans accomplir des actions désintéressées. C'est la première qualité nécessaire à un être spirituel, le désintéressement. Certaines tâches étaient confiées au disciple pour prendre la mesure de son absence d'égoïsme. S'il accomplissait le travail dans un esprit de désintéressement et de sacrifice, il prouvait ainsi la fermeté de sa résolution d'atteindre le but. Si le disciple observe la moindre parole du *guru*, il devient le roi des rois ; cette attitude d'abandon de soi fait de lui le souverain des trois mondes.

Avant d'accepter un aspirant comme disciple au vrai sens du terme, il faut le mettre à l'épreuve, sans rien omettre. Un maître authentique n'acceptera un nouveau disciple qu'après de tels tests.

Finalement, un marchand de cacahuètes prend la direction d'un magasin de diamants. S'il perdait une cacahuète, cela importait peu, mais un diamant est infiniment plus précieux. Un être spirituel est censé apporter au monde la paix et la joie. Le devoir du *guru* est de le mettre à l'épreuve et de voir s'il possède la *śraddhā* et la maturité nécessaires ; sinon, le disciple nuira au monde.

Un jeune homme arriva un jour dans un *āśram*, espérant y résider. Le *guru* tenta de l'en dissuader, en lui disant que le temps n'était pas encore venu pour lui d'y vivre. Mais le jeune homme refusa de rentrer chez lui. Le *guru* finit par céder. Il confia au disciple la tâche de garder un verger, non loin de l'*āśram*.

Quand le jeune homme rentra le soir à l'*āśram* après avoir rempli sa mission, le *guru* lui demanda : « Qu'as-tu mangé aujourd'hui ? » Le disciple répondit : « J'ai mangé quelques pommes, cueillies dans les arbres. » Le maître le réprimanda : « Qui t'en a donné la permission ! ». Le disciple ne répondit rien.

Le lendemain, il retourna travailler. Cette fois, il ne cueillit aucun fruit, il se contenta de ramasser ce qui était tombé au pied des arbres. Le soir, le *guru* le gronda de nouveau. Le jour suivant, il ne mangea pas de fruits. Quand la faim se fit trop forte, il mangea les baies d'une plante sauvage ; mais il s'avéra qu'elles étaient vénéneuses. Il s'effondra dans le verger, incapable de se relever.

Il implora à voix haute le pardon de son *guru*. En l'entendant appeler, quelques-uns des disciples accoururent. Ils lui offrirent un peu d'eau, mais il refusa, disant qu'il n'accepterait rien à boire ni à manger sans la permission de son maître. Dieu lui apparut alors et lui dit : « Je vais te rendre ta vigueur et te conduire à ton *guru*. ». Le disciple répliqua : « seigneur, non ! Je ne veux retrouver mes forces qu'avec l'accord de mon *guru*. » Le disciple étant parvenu à un tel degré d'abandon, le maître lui-même vint à lui et le bénit. Le disciple recouvra aussitôt ses forces. Il se prosterna devant le *guru* et se leva.

Voilà le genre d'épreuves auxquelles les *gurus* d'autrefois soumettaient ceux qui aspiraient à devenir leurs disciples.

La patience

Rāmachandran : « Amma, en observant la manière dont tu te comportes avec tes enfants, on a le sentiment que tes réprimandes les aident mieux à grandir que tes louanges. »

Amma : « Afin de développer le sens de la discipline et l'humilité dont il a besoin, le disciple doit éprouver envers le *guru* à la fois de la dévotion et un respect mêlé de crainte. Au départ, les petits enfants apprennent leurs leçons par crainte du maître. Lorsqu'ils abordent les études supérieures, ils ont un but dans la vie et il est inutile de les pousser à travailler.

La patience est la qualité indispensable du début à la fin de la vie spirituelle. Avant que l'arbre puisse se développer, il faut que l'enveloppe qui entoure la graine se brise. De même, avant de connaître la réalité, vous devez vous débarrasser de votre ego. Le *guru* soumet le disciple à des épreuves variées pour voir si celui-ci est venu dans un élan momentané d'enthousiasme ou par amour véritable pour le but. Comme les interrogations surprises à l'école, le *guru* envoie ses épreuves sans prévenir. Le devoir du *guru* est de voir l'étendue de la patience, du désintéressement et de la compassion du disciple. Il observe s'il se trouve désemparé devant certaines situations ou bien s'il a la force de survivre face à différentes épreuves. Le disciple est destiné à guider le monde dans le futur. Des milliers de gens placeront leur confiance en lui. Pour qu'ils ne soient pas déçus, il doit posséder force, maturité et compassion. Si le disciple va dans le monde dépourvu de ces qualités, il commet une sérieuse tromperie.

Le maître soumet l'élève à de nombreuses épreuves pour le modeler. Un *guru* donna un jour à son disciple une grosse pierre et lui demanda d'en faire une idole. En peu de temps, renonçant même à manger et à dormir, celui-ci sculpta une statue. Il la déposa aux pieds du maître, se prosterna les mains jointes et attendit sur le côté.

Le *guru* jeta un regard sur la statue et la lança par terre, où elle se brisa. « Est-ce ainsi que l'on fait une statue ? » demanda-t-il en colère. Le disciple regarda la statue cassée et pensa : « J'ai travaillé pendant des jours pour sculpter cette idole, sans même m'interrompre pour manger ni dormir, et pourtant, il n'a pas fait un seul éloge. » Connaissant ses pensées, le maître lui donna une autre pierre et lui demanda d'essayer de nouveau.

Le disciple travailla avec grand soin et sculpta une idole encore plus belle que la précédente ; il l'apporta au *guru*, certain qu'il serait cette fois satisfait. Mais le visage du maître devint rouge de colère à l'instant où il vit la statue : « Est-ce que tu te moques de moi ? Celle-ci est encore pire que la première ! ». Il flanqua la statue par terre et elle se brisa. Le *guru* étudia le visage du disciple ; celui-ci se tenait tête baissée, en signe d'humilité. Il n'était pas en colère, il était triste. Le *guru* lui confia une autre pierre et lui dit de recommencer.

Le disciple obéit et se mit à l'œuvre avec grand soin. Le résultat fut splendide. De nouveau, il déposa l'idole aux pieds du *guru*. Mais à l'instant même où il l'offrait, le *guru* s'en saisit et la lança contre un mur, réprimandant rudement le disciple. Cette fois, celui-ci n'éprouva ni ressentiment, ni tristesse devant la réaction du *guru*, parce qu'il avait développé une attitude d'abandon total de lui-même. Il pensa : « Si telle est la volonté de mon *guru*, qu'il en soit ainsi ; toute action de mon *guru* est pour mon bien. » Le *guru* lui donna une autre pierre et le disciple la reçut avec joie. Il revint avec une autre magnifique statue, et le *guru* la réduisit en morceaux. Mais cette fois, il n'y eut aucune émotion chez le disciple. Le maître fut satisfait. Il embrassa le disciple, posa les mains sur sa tête et le bénit, lui accordant la béatitude éternelle.

Une tierce personne, observant les actions du *guru*, se serait étonné de sa cruauté ou aurait pensé qu'il était fou. Seuls le *guru* et le disciple s'abandonnant à lui pouvaient savoir ce qui se passait réellement. Chaque fois qu'il brisait une statue, le *guru* sculptait en réalité une image authentique de Dieu dans le cœur du disciple. Ce qu'il brisait, c'était son ego. Seul un *sadguru* en est capable et seul un disciple authentique peut connaître la joie qui en découle.

L'élève doit comprendre que le *guru* sait mieux que lui ce qui est bon ou mauvais pour lui, et ce qui est bien ou mal en général. Il ne faut jamais approcher un maître par désir de gloire, mais dans le but d'abandonner son individualité. Si nous éprouvons de la colère envers le *guru* parce qu'il ne fait pas notre éloge, reconnaissons que nous ne sommes pas encore mûrs pour être des disciples et prions pour qu'il détruise cette colère. Comprenons que chacune de ses actions est pour notre bien.

Si le disciple de l'histoire avait quitté le *guru*, ayant le sentiment qu'il ne recevait pas les louanges qu'il méritait, les portes de la béatitude éternelle lui seraient restées fermées. Les maîtres donnent à leurs disciples certains travaux à exécuter car ils savent que la méditation à elle seule ne leur permettra pas de développer la patience et la maturité requises. Les qualités que l'on obtient par la méditation doivent se manifester à travers nos actions. Si nous ne sommes en paix que lorsque nous méditons, et pas le reste du temps, cela ne dénote pas un état réellement spirituel. Nous devrions pouvoir considérer toute action comme une forme de méditation. Alors l'action (*karma*) devient véritablement une méditation (*dhyāna*). »

Vijayalakshmi : « Amma, un de mes amis vient de recevoir l'initiation à un *mantra* (*mantra dīkṣā*) à l'*āśram* de Śrī Rāmakṛṣṇa. Amma, quel est le but de *mantra dīkṣā* ? »

Amma : « Le lait ne se transforme pas tout seul en yaourt. Pour que le processus commence, il faut ajouter un peu de ferment, sinon nous n'obtiendrons jamais de yaourt. De même, le *mantra* donné par un *guru* éveille chez le disciple la puissance spirituelle latente.

En vérité, comme le fils reçoit la vie de son père, le disciple vit grâce au *prāṇa* du *guru*. Le *prāṇa* que le *guru* insuffle au moment de l'initiation aide le disciple à atteindre la perfection. Au cours de l'initiation, le *guru* relie le disciple au fil qui est à l'intérieur de lui.

Vijayalakshmi : « Accepterais-tu de me donner un *mantra*, Amma ? »

Amma : « Lors de ta prochaine visite, viens le demander, ma fille. » (C'est en général pendant les Devi *bhava* qu'Amma donne les *mantras*.)

Un groupe de dévots vint se joindre à l'auditoire. L'un d'entre eux mentionna un *sannyāsī* qui venait d'atteindre *mahāsamādhi* (il avait quitté son corps).

Le dévot : « Je suis allé voir sa mise au tombeau ; on a construit une cellule remplie de sel, de camphre et de cendres sacrées, dans laquelle on a déposé le corps. »

Rāmachandran : « Les vers ne mangeront-ils pas le cadavre, même s'il est mis dans le sel et le camphre ? »

Un autre dévot : « J'ai entendu dire que Jnanadeva apparut en songe à un dévot bien des années après sa mort. Dans le rêve, Jnanadeva lui demandait d'ouvrir la tombe où reposait sa dépouille. Il obéit et on découvrit que les racines d'un arbre enserraient le corps, qui ne montrait aucune trace de décomposition. On ôta les racines et on referma la tombe. »

Amma : « Une fois que la vie a quitté le corps, quelle différence cela fait-il ? Sommes-nous affectés si des vers se développent dans les excréments que notre corps a rejeté ? C'est la nature du corps ; il est périssable. L'âme seule est éternelle. »

Un dévot parla ensuite à Amma de ce qu'il avait lu dans les journaux concernant l'*āśram*. Il s'agissait du cas de Śakti prasād, un jeune homme venu à l'*āśram* pour devenir *brahmacārī*. Son père, musulman, essayait de le forcer à réintégrer le foyer paternel et lui avait intenté un procès en justice pour l'empêcher de venir résider à l'*āśram*[32].

Amma murmura « Śiva ! » puis resta un moment silencieuse. Elle déclara enfin en riant : « Parlons-en à l'ancien. Mais il est en profonde méditation et rien de tout cela ne l'affecte. Il a un œil de plus que tout le monde, mais il ne semble pas regarder ce qui se passe ; il ne descend pas jusqu'à nous, c'est donc à nous de nous débattre dans les difficultés. »

Le dévot : « Amma, que veux-tu dire ? »

Amma : « Le troisième œil de Śiva est l'œil de la connaissance. Il est en *jñāna bhava*. Rien ne l'affecte. Amma, par contre, est la mère. Elle considère tous les êtres comme ses propres enfants et elle est mue par la compassion. »

Pendant qu'Amma parlait, un *brahmacārī* assis près d'elle pleurait. Il était désemparé parce qu'il avait appris qu'Amma allait partir en tournée aux États-Unis. Il n'était pas malheureux qu'Amma se rende dans un autre pays ; simplement, il ne pouvait pas supporter l'idée d'être séparé d'elle pendant trois mois. La nouvelle du voyage d'Amma à l'étranger avait semé la tristesse dans tout l'*āśram*. C'était la première fois qu'elle partait aussi longtemps. Il restait encore plusieurs mois avant le tour, mais bien des résidents fondaient en larmes rien qu'en y pensant.

Amma se tourna vers lui et essuya doucement ses larmes. Elle lui dit : « Mon fils, c'est dans de tels moments qu'Amma voit qui parmi vous est méritant. Elle veut savoir si vous serez capables ou non de maintenir votre conscience du but (*lakṣya bōdha*) et votre discipline, même en son absence. »

---

[32] Le père de Śakti prasād perdit le procès. Le jugement de la cour suprême fit jurisprudence en Inde, accordant à l'individu le droit de choisir librement sa religion.

En cet instant, l'amour maternel d'Amma cédait le pas à son devoir en tant que *guru* qui enseigne à ses disciples. Et pourtant le fleuve divin de son amour semblait prêt à déborder, parce que son cœur fondait toujours en voyant ses enfants pleurer. Même son rôle de *guru* était grandement adouci par son affection maternelle.

Lundi 25 août 1986

Kuttan Nair, de Cheppad, est un chef de famille dévot d'Amma. Au début, lorsqu'il rencontra Amma, il crut comme beaucoup d'autres que pendant le Devi *bhava* la mère divine habitait le corps d'Amma. Mais en observant le comportement d'Amma après chaque Devi *bhava*, il fut peu à peu convaincu que la présence de la mère divine brillait toujours à travers elle. Quand son fils aîné Srikumar vint demeurer en permanence à l'*āśram*, Amma rendit de fréquentes visites à la famille Nair. C'était toujours une fête pour les enfants de la famille. On réserva une pièce pour Amma au sud-ouest de la maison, où elle méditait souvent. Quand elle venait, elle chantait des *bhajans* avec les *brahmacārīs* dans la salle de *pujā* de la maison. Elle y célébrait aussi parfois des rituels (*pujās*).

Amma avait accepté de passer ce matin-là chez les Nair en se rendant à Kodungallur. Il était déjà presque midi ; Amma et ses enfants n'étaient toujours pas là. Personne n'avait mangé, attendant l'arrivée d'Amma. Maintenant, la matinée était presque terminée, ils en conclurent qu'Amma avait décidé de ne pas leur rendre visite. Qu'allaient-ils faire de toute la nourriture qui avait été préparée pour elle et ses enfants ?

Kuttan Nair se rendit dans la salle de *pujā* et ferma la porte. Il entendit bien vaguement crier au-dehors, mais il ignora le bruit. Il regarda la photo d'Amma et se plaignit mentalement : « Pourquoi nous as-tu laissé en vain espérer ta venue ? »

C'est alors qu'il entendit la voix d'Amma, comme le clair carillon d'une cloche.

« Comment aurions-nous pu arriver plus tôt ? Voyez comme il est difficile pour une famille qui n'a que deux enfants de partir en voyage ! Il y avait tant de choses à régler à l'*āśram*, surtout que nous partons pour deux jours. Bien des choses réclamaient de l'attention. Il y a des ouvriers et il fallait tamiser le sable. Il fallait aussi consoler les enfants qui ne venaient pas. Il y avait tant à faire... »

Un *brahmacārī* expliqua : « Amma est sortie de sa chambre à sept heures ce matin et a donné *darśan* de bonne heure aux dévots. Puis elle est venue nous aider à vider deux bateaux chargés de sable et à le transporter à l'*āśram*. Il était onze heures, et nous aurions dû partir pour Kodungallur tôt le matin. Nous sommes partis en coup de vent, sans rien manger. »

Ils n'avaient pas non plus le temps maintenant. Amma se dirigea tout droit vers la salle de *pujā*, chanta quelques *kīrtans* et fit une *pujā*. Quand elle sortit, les enfants l'entourèrent.

Elle se contenta de leur dire : « Amma reviendra une autre fois. Elle n'a pas le temps. » Les enfants avaient l'air déçu. Ils n'avaient plus beaucoup l'occasion de jouer avec Amma, comme autrefois. Amma les caressa et les consola un par un ; elle leur distribua des bonbons. On empaqueta de quoi petit déjeuner. Amma donna *darśan* à tout le monde, puis monta dans le véhicule accompagnée de ses disciples ; ils comptaient se restaurer en route.

Le *brahmacārī* Balu attendait Amma à l'entrée d'Ernakulam. Il y était venu la veille pour les affaires de l'*āśram*. Il dit alors à Amma qu'un dévot d'Ernakulam l'attendait, espérant sa visite.

Amma : « Comment pourrions-nous y aller ? Les enfants de Kodungallur voulaient qu'elle vienne vendredi et samedi dernier, nous avons repoussé la visite à aujourd'hui parce qu'un de mes enfants repartait en Europe dimanche. Demain nous devons aller à Ankamali, alors la visite de deux jours a été réduite à une journée. Si nous n'arrivons pas à Kodungallur aussi vite que possible, nous faisons du tort aux gens de là-bas ; il est impossible d'aller ailleurs. Nous avons emporté des provisions afin de pouvoir manger en route, au lieu de nous arrêter. »

Le minibus repartit ; les *brahmacārīs* ne perdirent pas de temps et posèrent aussitôt des questions.

Brahmacārī : « Amma, est-il possible d'atteindre le but grâce à la *sādhana* et au *satsaṅg*, sans l'aide d'un *guru* ? »

Amma : « Tu n'apprendras pas à réparer une machine en lisant un livre. Il faut aller dans un garage et apprendre sous la direction d'un mécanicien qui connaît le travail, de quelqu'un d'expérimenté. De même, tu as besoin d'un *guru* qui puisse t'indiquer les obstacles que tu vas rencontrer au cours de ta *sādhana* et la manière de les surmonter pour parvenir au but. »

Brahmacārī : « Les écritures parlent en abondance de ces obstacles. Est-ce qu'il ne suffit pas de les lire et de pratiquer une *sādhana* en suivant leurs indications ? »

Amma : « L'étiquette d'un médicament indique peut-être les doses à prendre, mais il faut prendre le remède sous surveillance médicale. L'étiquette donne des indications générales, mais un docteur décide quel médicament vous convient, quelle quantité vous devez ingurgiter et de quelle manière, selon votre constitution et votre état de santé. Si vous ne prenez pas le remède correctement, il vous fera plus de mal que de bien. De même, les *satsaṅgs* et les livres vous apporteront une certaine connaissance de la spiritualité, mais il peut s'avérer dangereux de faire une *sādhana* intense sans l'aide d'un *guru*. Il est impossible d'atteindre le but sans un *sadguru*. »

Brahmacārī : « Ne suffit-il pas d'avoir un maître ? Est-il nécessaire de vivre en sa présence ? »

Amma : « Fils, lorsque nous transplantons un arbuste, nous emmenons un peu de la terre où il a poussé pour l'aider à s'acclimater à ses nouvelles conditions de vie ; sinon il aura peut-être du mal à prendre racine dans le sol nouveau. La présence du *guru* est comme la terre du sol d'origine qui aide le jeune arbre à s'adapter. Au début, le *sādhak* aura des difficultés à pratiquer sa *sādhana* sans interruption. La présence du maître lui donne la force de vaincre tous les obstacles et de rester fermement sur la voie spirituelle.

Les pommiers ne poussent que dans certaines conditions climatiques. Il faut les arroser, mettre de l'engrais et détruire les parasites qui attaquent les arbres. De même, dans une *gurukula*, un *sādhak* se trouve dans le milieu le plus propice aux pratiques spirituelles et le *guru* l'aide à déblayer les obstacles qui entravent sa route. »

Brahmacārī : « Ne suffit-il pas de faire le type de *sādhana* que nous préférons ? »

Amma : « Le *guru* prescrit le type de *sādhana* qui convient le mieux au disciple. C'est lui qui décide si le disciple doit méditer ou servir de manière désintéressée, ou bien si le *japa* et la prière suffisent. Certains n'ont pas une constitution convenant aux pratiques *yogiques*, d'autres ne peuvent pas méditer très longtemps. Si cent cinquante personnes grimpent dans un bus fait pour en transporter vingt-cinq, qu'arrivera-t-il ? Nous ne pouvons pas utiliser un petit mixeur de la même manière qu'un broyeur industriel. Si nous le laissons tourner sans arrêt pendant longtemps, il risque de chauffer et de casser. Le *guru* indique les pratiques spirituelles qui conviennent à la constitution physique, mentale et intellectuelle de chacun. »

Brahmacārī : « Mais n'est-il pas bon pour tout le monde de méditer ? »

Amma : « Le *guru* connaît l'état de notre corps et de notre mental mieux que nous. Les instructions qu'il donne sont en accord avec la qualification de l'aspirant. Si vous ne saisissez pas cette vérité et vous mettez à pratiquer une *sādhana* à partir de renseignements glanés ici ou là, il peut arriver que vous perdiez votre équilibre mental. Trop de méditation échauffe la tête et peut aussi provoquer l'insomnie. Le maître donne des instructions au disciple suivant sa nature, il lui indique sur quelle partie du corps il doit se concentrer pendant la méditation et combien de temps il doit méditer.

Si nous voyageons avec un compagnon qui habite le lieu de notre destination et connaît donc le chemin, le voyage sera facile. Sinon, un trajet d'une heure peut prendre jusqu'à dix heures. Même si nous avons une carte, nous pouvons nous égarer ou bien être attaqués par des voleurs. Mais si nous avons un compagnon qui connaît la route, nous n'avons rien à craindre. C'est un rôle similaire que joue le *guru* lorsqu'il nous guide dans notre pratique spirituelle. À n'importe quel stade de la *sādhana*, un obstacle peut surgir, et il nous sera difficile de continuer sans un *guru*. La présence d'un *sadguru* est le véritable *satsaṅg*. »

En écoutant Amma parler de sujets spirituels, ses enfants avaient à peine conscience du temps qui passait. Mais Amma savait mieux qu'eux à quel point ils avaient faim. « Quelle heure est-il, les enfants ? », demanda-t-elle.

« Trois heures, Amma. »

« Arrêtez le minibus quand vous verrez un endroit ombragé. »

Ils s'arrêtèrent pour déjeuner au bord de la route, à l'ombre d'un arbre. Les *brahmacārīs* récitèrent le quinzième chapitre de la Bhagavad Gītā. Même en voyage, Amma insistait pour que l'on observe la coutume de réciter la Gītā avant de manger. Puis elle servit le déjeuner à chacun. Le repas était constitué de riz et de camandi (sauce à la noix de coco). On alla chercher de l'eau dans une maison voisine.

Pendant le repas, un couple en moto passa à grande allure. Désignant le couple, Amma demanda : « Avez-vous le désir de voyager ainsi avec une femme ? Ces désirs surgiront peut-être, mais s'ils apparaissent, délivrez-vous en immédiatement grâce à la contemplation. Vous pouvez imaginer que vous jetez la femme de vos rêves dans un fossé profond et continuez votre route. Alors, elle ne reviendra pas dans vos pensées ! ». Amma éclata de rire.

Darśan au bord de la route

Vu le mauvais état de la chaussée, quelques *brahmacārīs* suggérèrent de prendre une autre route, passant par la ville d'Aluva. Mais Amma n'étant pas d'accord, ils gardèrent l'itinéraire qu'elle avait choisi. Un peu plus tard, ils rencontrèrent un petit groupe qui attendait Amma au bord de la route. C'était peut-être pour eux qu'Amma avait refusé de changer de chemin.

« Amma, arrête-toi un peu ici avant de repartir ! », lui demandèrent-ils.

« Oh ! Mes enfants chéris, nous n'avons pas le temps ! Mais la prochaine fois ! », répondit Amma avec beaucoup de tendresse, et ils cédèrent à ses paroles. Mais au moment où le véhicule allait partir, une femme arriva en courant, les implorant d'attendre.

La femme : « Amma, j'ai fait du café pour les *brahmacārīs* à dix heures ce matin et j'ai attendu tout ce temps ici ; j'ai dû aller une minute à la maison. Amma, je t'en prie, entre une minute chez moi avant de repartir ! »

Amma répondit qu'il était déjà très tard et qu'elle ne pouvait donc pas s'arrêter.

La femme : « Il le faut, Amma ! Je t'en prie ! Tu peux venir rien qu'un petit moment ! »

Amma : « Nous avons promis d'être à Kodungallur à trois heures et il est déjà quatre heures. Une autre fois, ma fille. Amma retournera à Kodungallur. »

La femme : « Alors je t'en prie attend rien qu'une minute. J'ai préparé du lait pour toi dans un thermos et je vais envoyer mon fils le chercher. Bois au moins cela avant de partir ! »

Amma céda à cette requête, exprimée avec tant de dévotion, et la femme envoya son fils chercher le lait en courant. Pendant ce temps, une vieille femme mit une guirlande au cou d'Amma, qui la bénit en lui prenant les mains. Des larmes de dévotion vinrent aux yeux de la vieille femme.

Entre-temps, le garçon était de retour avec le lait. Sa mère le versa dans un verre et le tendit à Amma. C'est alors qu'elle se souvint des bananes qu'elle avait fait cuire pour les *brahmacārīs*. De nouveau, elle envoya son garçon les chercher en courant. Elle ne laissa Amma partir qu'une fois les bananes mises dans le véhicule. Devi est en vérité l'esclave de ses dévots !

Ils arrivèrent à Kodungallur à cinq heures et les *bhajans* commencèrent à sept heures. Comme toujours, la douce voix d'Amma créa des vagues puissantes de dévotion.

Mardi 2 septembre 1986

Amma était dans la hutte de *darśan* et recevait des visiteurs ; un médecin était venu de Kundara, accompagné de sa famille. La jeune fille du médecin était assise à côté d'Amma et méditait.

Amma parlait du tapage qu'un des voisins avait soulevé la veille contre les *brahmacārīs*.

Amma : « Hier, les enfants ont pu entendre quelques authentiques *mantras* védiques ! Notre voisin n'a pas mâché ses mots. Comme les enfants ne voulaient pas entendre, ils ont mis une cassette de *bhajans* à plein volume. Ils ne pouvaient pas répondre, n'est-ce pas ? Après tout, ils doivent faire honneur aux vêtements qu'ils portent. »

Amma s'adressa alors aux *brahmacārīs* : « Nous sommes des mendiants, mes enfants ! Les mendiants supportent tout. Cultivons cette attitude. Si nous perdons notre discernement en entendant quelques paroles prononcées par le voisin, et que nous faisons alors nous-mêmes du bruit, nous perdrons notre paix intérieure. Le pouvoir que nous avons obtenu en consacrant notre temps à la *sādhana* doit-il être gaspillé pour quelque chose d'aussi trivial ? Si nous ne prêtons aucune attention au voisin, ses paroles n'affecteront que lui ; elles ne peuvent nous atteindre que si nous les prenons au sérieux. À travers ses paroles, Dieu nous met à l'épreuve en nous donnant une chance de voir à quel point nous avons assimilé ce que nous avons appris : nous ne sommes ni le corps, ni le mental, ni l'intellect. Que peuvent donc nous faire les paroles de cet homme ? La paix et la tranquillité de notre mental dépendent-elles d'autres personnes ?

Se comporterait-il de cette manière envers un bandit ? S'il a osé traiter ces enfants ainsi, c'est parce qu'ils sont doux comme de petits enfants. Savez-vous ce qu'ils ont dit ? « Amma, il a eu beau faire un scandale et nous insulter, nous n'avions pas envie de lui répondre. Il nous semblait qu'une personne dérangée parlait, et qui prendrait au sérieux les paroles d'un fou ? »

Le docteur dit : « La famille qui habite à côté de notre hôpital ne nous donne pas la moindre goutte d'eau potable. Même si nous leur promettons de tirer nous-mêmes l'eau du puits, avec un seau et une corde, ils ne nous y autorisent pas. Ils disent que nous allons remuer la boue au fond du puits en faisant cela. Ils ne donnent même pas d'eau aux malades de l'hôpital. Comme il est triste que le mental de certaines personnes soit si mauvais ! ».

Amma : « Prions pour que ces êtres deviennent bons. »

Le médecin : « Dieu transforme pour nous la pluie de l'océan en eau. Il est malheureux que certains prétendent être propriétaires de cette eau. »

Amma (regardant la fille du médecin) : « Ma fille médite depuis qu'elle s'est assise. Que lui est-il arrivé ? »

Le médecin : « Amma, la première fois qu'elle t'a vue, tu lui as dit : « Tu dois méditer ; Dieu te rendra alors si intelligente que tu réussiras très bien dans tes études. » Depuis, elle médite chaque jour. » Amma sourit et regarda la jeune fille avec amour.

Une femme se prosterna et se leva. Amma lui demanda : « Ma fille, es-tu venue parce que mon fils Satish t'a parlé d'Amma ? »

Étonnée, la femme écarquilla les yeux. Puis elle fondit en larmes. Amma essuya ses larmes. Quand elle fut un peu plus calme, elle expliqua : « Oui, Amma. je viens de Delhi. Je suis allée à Sivagiri et j'y ai rencontré Satish. C'est lui qui m'a parlé d'Amma et qui m'a indiqué comment venir ici. En me prosternant devant toi, je me demandais intérieurement si tu serais capable de me dire son nom, et dès que je me suis levée, c'est ce que tu as fait ! »

Amma rit innocemment, et la femme prit place auprès du petit divan de bois d'Amma.

Méditation au bord de la lagune

Quelques *brahmacārīs* étaient allés à Ernakulam faire des achats. Il était très tard et ils n'étaient pas encore rentrés. Amma s'assit au bord de la lagune pour les attendre, et les *brahmacārīs* s'installèrent autour d'elle. Si un résident de l'*āśram* partait quelque part et ne rentrait pas au moment prévu, Amma allait en général l'attendre à la jetée, quelle que soit l'heure, et ne montait se coucher qu'à son retour.

Un bateau à moteur passa sur la lagune, soulevant des vagues qui vinrent éclabousser la rive ; le bruit s'éloigna.

Amma : « Ils rentreront peut-être très tard, ne restez donc pas sans rien faire, mes enfants. Méditez. » Tout le monde se serra autour d'Amma.

Amma : « Chantons tout d'abord Aum quelques fois. Quand vous chantez Aum, imaginez que le son s'élève du *mūlādhāra* vers le *sahasrāra* pour se répandre ensuite dans tout le corps. et se dissoudre enfin dans le silence. »

Amma chanta Aum trois fois. Elle marqua chaque fois une pause, afin que tous pussent reprendre en chœur après elle. La syllabe sacrée résonnait comme le son d'une conque dans le calme de la nuit ; elle se fondit enfin dans le silence. Ils entrèrent en méditation. Tout était tranquille, excepté le grondement de l'océan et le bruit du vent dans les cocotiers.

Deux heures passèrent. Ils chantèrent de nouveau Aum ensemble. Amma chanta un *kīrtan*, que tous reprirent en chœur.

adbhuta caritre

Ô toi que les êtres célestes adorent,
Toi dont la légende est merveilleuse,
Accorde-moi la force d'éprouver
de la dévotion pour tes pieds !

Je t'offre toutes les actions que j'ai accomplies
Dans les ténèbres de l'ignorance.
Ô toi qui protèges les désespérés, pardonne-moi
Toutes les fautes commises par ignorance.

Ô impératrice de l'univers
Ô mère, je t'en prie brille dans mon cœur
Comme le soleil qui se lève à l'aube.
Aide-moi à considérer tous les êtres de manière égale,
Délivre-moi du sens des différences.

Ô grande déesse,
Cause de toutes les actions, vertueuses ou mauvaises,
Toi qui libères de tous les liens,
Donne-moi tes sandales
Qui protègent les vertus fondamentales
Sur la voie de la libération, sur le chemin du dharma.

Le chant était à peine terminé qu'ils entendirent un klaxon sur l'autre rive et virent les phares d'un véhicule.

Amma se leva aussitôt. « Les enfants, est-ce notre bus ? » demanda-t-elle ? Peu après, le bateau transportant les *brahmacārīs* fendait l'eau et arrivait sur la berge de l'*āśram*. Ils furent transportés de joie en voyant Amma qui les attendait. Sautant sur la rive, ils vinrent se prosterner devant elle comme s'ils ne l'avaient pas vue depuis des semaines.

Pendant qu'ils déchargeaient le bateau, Amma demanda : « Mon fils Rāmakṛṣṇa n'est-il pas rentré avec vous ? ».

« Il sera bientôt là. Il a dû conduire un homme à l'hôpital. En rentrant, nous avons été arrêtés par un groupe de gens ; ils ont amené un homme qui avait reçu un coup de poignard lors d'un affrontement. Ils voulaient que nous le transportions à l'hôpital. Nous avons d'abord répondu que nous devions te demander ; mais comme il n'y avait pas d'autre véhicule disponible, Rāmakṛṣṇa l'a emmené.

Amma : « Dans de telles circonstances, il est inutile de demander à Amma. Si quelqu'un est malade ou blessé, vous devez le conduire à l'hôpital le plus vite possible. Ne cherchons pas à savoir s'il s'agit d'un ami ou d'un ennemi. Si nous ne pouvons pas aider les gens dans une telle situation, quand le pourrons-nous ? »

Il était deux heures trente du matin quand Rāmakṛṣṇa rentra enfin à l'*āśram*. Alors seulement, Amma monta dans sa chambre.

Dimanche 14 septembre 1986

La construction du nouveau bâtiment semait la pagaille sur le terrain de l'*āśram*. Des briques et des pierres étaient éparpillées partout. Même si les résidents essayaient de mettre de l'ordre dans ce chaos, le lendemain, tout était à recommencer. Amma n'aimait pas voir l'*āśram* en désordre, alors dès qu'elle sortait de sa chambre, elle se mettait à ranger.

Ce jour-là, Amma descendit de bonne heure et demanda aux *brahmacārīs* d'apporter des pelles et des paniers. Ils se mirent à déplacer un gros tas de sable qui était dans un coin de la cour et le transportèrent assez loin de là. Amma se noua une serviette autour de la tête et commença à remplir les paniers. Elle travaillait avec vigueur et son enthousiasme était communicatif.

Amma remarqua qu'un *brahmacārī* ne cessait de parler en travaillant. Amma dit : « Mes enfants, ne parlez pas en travaillant. Répétez votre *mantra* ! Ceci n'est pas un travail ordinaire, c'est une *sādhana*. Quel que soit le travail que vous effectuez, efforcez-vous de psalmodier mentalement le *mantra*. Sinon, ce n'est pas du *karma yoga*. Il ne suffit pas de lire des livres sur la vie spirituelle, d'en entendre parler ou de discourir à ce propos ; il faut mettre les enseignements en pratique. C'est pourquoi nous avons besoin de faire ce genre de travail. Le mental ne doit pas s'éloigner de Dieu une seule minute. »

Amma se mit à chanter, et tous reprirent le *bhajan* en chœur

nanda kumara gopala

Ô fils de Nanda, protecteur des vaches
Bel enfant de Vṛndāvana
Toi qui enchantes Radha
Ô Gopala au teint sombre
Ô Gopala, toi qui as soulevé la montagne Govardhana
Et qui joues dans le mental des gopis

Le tas de sable disparut en quelques minutes. Ensuite, il fallut encore laver les graviers et tamiser le sable. Cela se déroulait en deux endroits différents.

Un dévot était venu avec sa famille et voulait qu'Amma donne la première nourriture solide (*anna prāśana*) à son petit garçon.

Quand Amma eut fini de travailler, elle se rendit au *kalari* avec cette famille. Tout était prêt pour la cérémonie. Amma prit le bébé sur les genoux. Elle lui mit de la pâte de santal sur le front et quelques pétales sur la tête, puis elle fit brûler un peu de camphre et offrit l'*ārati* au bébé. Elle tenait le petit garçon, le caressait et lui donna du riz à manger. La scène évoquait Yaśodā nourrissant le bébé Kṛṣṇa et jouant avec lui. Pour Amma, ce n'était pas un bébé ordinaire ; elle voyait en lui l'enfant chéri d'Ambadi.

Quand Amma sortit de sa chambre pendant la méditation ce soir-là, deux *brahmacārīs* étaient plongés dans un ardent débat devant la salle de méditation. Amma les écouta. Dans l'échauffement de la dispute, ils ne remarquèrent pas sa présence.

Brahmacārī : « La vérité ultime est la non-dualité (*advaita*). Il n'existe rien d'autre que *brahman.* »

Second *brahmacārī* : « S'il n'existe rien en-dehors de *brahman*, alors quel est le fondement de l'univers que nous percevons ? »

Premier *brahmacārī* : « L'ignorance. L'univers est un produit du mental. »

Second *brahmacārī* : « S'il n'existe pas deux entités, alors qui est affecté par l'ignorance ? *Brahman* ? »

« Mes enfants ! », appela Amma. Ils se retournèrent vivement et se turent en voyant Amma.

Amma : « Les enfants, c'est bien de parler du *vedanta*, mais pour en faire l'expérience il faut faire une *sādhana.* À quoi bon se faire le gardien de la fortune d'un autre ? Au lieu de perdre votre temps à débattre, vous devriez être en train de méditer à cette heure-ci. C'est la seule richesse qui vous appartient. Faites *japa* constamment. C'est le seul moyen de parvenir à un résultat, d'évincer l'imposteur (l'ego individuel) qui a usurpé votre demeure intérieure.

L'abeille cherche le miel partout où elle va. Rien d'autre ne l'attire. Mais une mouche préfère les excréments, même au milieu d'un jardin de roses. Aujourd'hui, notre mental ressemble encore à une mouche ; cela doit changer. Il doit développer la faculté de chercher uniquement le bien en toute chose, comme l'abeille ne cherche que le miel partout où elle va. Les débats ne nous aident pas à y parvenir, les enfants ! Essayons de mettre en pratique ce que nous avons appris.

La non-dualité est la vérité, mais elle doit devenir une expérience. Il s'agit pour nous de rester ancrés dans cette réalité quelle que soit la situation. »

Amma console un jeune aveugle

Amma se rendit à la maison réservée aux visiteurs, où logeait un jeune aveugle, et entra dans sa chambre. Aussitôt qu'il perçut la présence d'Amma, il se prosterna à ses pieds. Il était à l'*āśram* depuis quelques jours et en ce moment, il était très contrarié.

Dès le jour de son arrivée, les *brahmacārīs* s'étaient occupé de lui. Ils l'accompagnaient au réfectoire et l'aidaient quotidiennement pour tous ses besoins personnels. Ce jour-là, beaucoup de dévots étaient venus pour le déjeuner et le riz préparé avait été vite épuisé. On avait mis à cuire d'autres marmites de riz. Vu la foule, le *brahmacārī* supposé aider le jeune aveugle n'avait pas pu venir le chercher pour l'accompagner au réfectoire lorsque la cloche du déjeuner avait sonné. Quand il alla enfin le chercher, il vit le jeune homme qui descendait les marches avec l'aide d'un dévot. « Je vous en prie, pardonnez-moi », dit le *brahmacārī*, « dans le feu de l'action, j'ai oublié de venir vous chercher plus tôt. Il y a une telle foule aujourd'hui et il n'y a plus de riz. On en a mis sur le feu et il sera bientôt prêt. »

Mais le jeune homme ne parvint pas à pardonner au *brahmacārī*. « J'ai de l'argent. Pourquoi devrais-je avoir des problèmes pour obtenir du riz puisque je peux payer ? » Sur ces mots, il remonta dans sa chambre. Le *brahmacārī* attribua la dureté de ses paroles à la faim. Il alla chercher des fruits et les lui apporta. « Le riz sera bientôt prêt et je vais vous l'apporter, » dit le *brahmacārī*. « En attendant, je vous en prie, mangez ces fruits. » Mais le jeune homme se mit à crier et refusa les fruits.

Quand elle apprit ce qui était arrivé, Amma vint lui rendre visite. Elle dit d'un ton sévère au *brahmacārī* : « Que tu es négligent ! Pourquoi ne lui as-tu pas apporté sa nourriture à l'heure ? Ne comprends-tu pas qu'il ne voit pas et ne peut pas venir tout seul au réfectoire ? Si cet enfant n'était pas aveugle, il serait venu manger dès que la cloche a sonné. Si tu n'avais pas le temps de venir le chercher, parce que tu étais trop occupé, tu aurais pu lui apporter sa nourriture dans sa chambre. Si tu ne montres pas de compassion envers des gens comme lui, qui donc en recevra jamais de toi ?

Mes enfants, ne perdez pas une occasion de servir les dévots. Ils ne voudront peut-être pas toujours votre aide au moment où cela vous convient. Servir dans ces circonstances, c'est la véritable adoration. »

Amma caressa doucement le dos du jeune homme. « Es-tu très fâché, fils ? C'est uniquement parce qu'il avait trop de travail qu'il n'a pas pu venir te chercher lorsque la cloche a sonné. Le *brahmacārī* qui te conduit d'habitude au réfectoire n'est pas là aujourd'hui et cet autre fils, auquel il en avait confié la responsabilité, est allé aider ceux qui servaient le déjeuner parce que la foule était trop importante. Il a oublié, pris par son travail.

C'est pourquoi personne n'est venu à l'heure pour toi ; ne crois pas que c'était délibéré, fils.

Où que tu sois, tu dois t'adapter aux circonstances. La patience est indispensable pour tout. Ici à l'*āśram*, nous avons l'occasion d'apprendre à vivre dans un esprit de sacrifice. C'est seulement ainsi que nous recevrons la grâce de Dieu. Fils, comprends que c'est ici un *āśram*. Si quelqu'un commet une faute, pardonne ; c'est une manière de manifester ton lien véritable avec Amma et avec l'*āśram*. »

Le jeune homme fondit en larmes. Avec beaucoup de tendresse, Amma essuya ses larmes et lui demanda : « As-tu mangé quelque chose, fils ? » Il fit non de la tête. Amma demanda à un *brahmacārī* d'apporter de la nourriture, le repas étant maintenant prêt. Puis elle s'assit par terre, prit la main du jeune homme et le fit asseoir à côté d'elle. Le *brahmacārī* apporta une assiette remplie de riz et de légumes. Amma fit des boulettes de riz et nourrit le jeune homme de ses propres mains. Baignant dans la douceur de son amour, il devint comme un petit enfant. Elle lui fit manger toute l'assiette, puis le conduisit au robinet et l'aida à se laver les mains. Enfin, elle le ramena dans sa chambre.

Chaque battement de son cœur devait déclarer : « J'ai beau être aveugle, aujourd'hui, avec les yeux de mon cœur, j'ai vu la mère divine ! ».

La fête d'Onam à l'āśram

La fête d'Onam est un jour de grandes réjouissances pour les gens du Kerala. C'est traditionnellement une fête de famille. De toute l'Inde, les enfants d'Amma étaient venus passer Onam avec elle. Beaucoup de petits enfants étaient venus avec leurs parents. Amma jouait avec eux. Les garçons et les filles formaient un cercle autour d'Amma, la tenant prisonnière. Normalement, on installait plusieurs jours à l'avance une balançoire et Amma se balançait avec eux pendant Onam. À cause de la construction du nouveau bâtiment, cette année, il n'y avait pas d'endroit où l'édifier. Mais maintenant, voyant tous les enfants réunis, Amma voulait une balançoire pour eux. Alors les *brahmacārīs* Nedumudi et Kunjumon attachèrent une poutre entre deux piliers de la construction et y fixèrent une balançoire. Les enfants firent asseoir Amma et la poussèrent, au ravissement général.

Amma participa aussi à la préparation de la fête d'Onam pour ses enfants en coupant des légumes, en aidant à allumer les feux à la cuisine et en assurant la direction générale des opérations. À midi, elle fit asseoir les petits enfants au nord-ouest dans le réfectoire et assise au milieu d'eux, elle leur fit chanter Aum. Elle entonnait Aum et ils répétaient. Tout, alentour, vibrait de la syllabe sacrée. Montant des cœurs purs des enfants, le son remplit l'atmosphère d'une rafraîchissante douceur.

Puis Amma réclama des feuilles de bananier, disposées devant les enfants pour servir d'assiettes. Le repas était prêt mais n'avait pas encore été transféré dans les récipients de service et les *pappadams* n'étaient pas frits. Amma était cependant pressée de servir les petits enfants, elle mit donc les différents mets dans de petits récipients et les servit. Mais cela n'était pas encore suffisant à ses yeux. En se baissant, elle façonna pour chaque enfant des boulettes de riz et le nourrit de ses propres mains.

Quand Amma eut fini de nourrir les petits enfants, ses enfants adultes (chefs de famille et *brahmacārīs*) étaient déjà assis dans les deux pièces adjacentes. Amma les servit alors eux aussi. C'était pour ce moment que les dévots avaient quitté leur famille pour venir la voir ; en les servant de ses propres mains, Annapūrṇeśvari les remplissait de bonheur.

En mangeant, quelqu'un s'exclama : « Ayyo (Oh non !) » Peut-être avait-il mordu dans un piment. Amma commenta : « Quoi qu'il arrive, les petits enfants ne disent jamais « ayyo ». Ils crient toujours « Amma ! ». Cet « ayyo » s'introduit lorsque nous grandissons. Quel que soit votre âge, en toutes circonstances, votre langue devrait prononcer le nom du seigneur avant toute autre parole. Pour cela, le mental a besoin d'entraînement, c'est pourquoi on nous dit de répéter le *mantra* constamment. Les enfants, votre mental doit prendre l'habitude de s'exclamer « Kṛṣṇa ! » ou « Śiva » quand vous vous cognez le doigt de pied ou qu'il vous arrive quoi que ce soit d'autre. »

Une dévote : « On dit qu'en criant « Ayyo » nous appelons le dieu de la mort. »

Amma : « C'est exact, car dès que nous ne prononçons pas le nom de Dieu, nous nous rapprochons de la mort. Dire autre chose que le nom de Dieu, c'est inviter la mort. Donc, si nous ne voulons pas mourir, il suffit de chanter continuellement le nom du seigneur. »

Amma rit.

Après avoir servi le *pāyasam* à ses enfants, elle leur distribua des quartiers de citron, saisissant l'occasion pour semer en eux les graines de la spiritualité. « Les enfants, le *pāyasam* et le citron sont comme la dévotion et la connaissance. Le citron vous aide à digérer le *pāyasam*. De même, la connaissance vous aide à assimiler la dévotion en comprenant correctement les principes sur lesquels elle se fonde. Pour goûter pleinement la saveur de la dévotion, la sagesse est indispensable. Mais la connaissance sans dévotion est amère, elle n'a aucune douceur. Ceux qui disent : « Je suis tout » montrent rarement de la compassion ; la dévotion inclut la compassion. »

Amma n'oublia pas de demander individuellement à chacun s'il avait mangé. Comme si elle était la mère d'une grande tribu, Elle faisait attention à chaque détail concernant ses enfants. Une famille qui, d'ordinaire, arrivait tôt pour la fête d'Onam, était venue tard cette année. Amma leur demanda la cause de ce retard et s'enquit des études des enfants.

Après le repas, les *brahmacārīs* et les dévots se mirent tous à nettoyer l'*āśram*. Le terrain était très encombré à cause du travail de construction et le travail de nettoyage se poursuivit jusque dans la soirée. Après les *bhajans*, Amma se joignit à l'équipe de nettoyage. Ils remplirent les trous et les fossés qui se trouvaient devant le nouveau bâtiment avec de la terre et recouvrirent le tout de sable propre et blanc. Il s'agissait de préparer ainsi l'anniversaire d'Amma, qui tombait une semaine plus tard. On attendait des milliers de dévots pour cette journée-là.

Après le dîner, d'autres personnes arrivèrent et se rassemblèrent autour d'Amma. Elle leur parla un moment, puis s'allongea sur le sable, la tête dans le giron d'une des femmes. Amma regarda Markus, un jeune Allemand, et rit : « Regardez sa tête ! » dit-elle.

Markus était presque chauve. Seule une mince couronne de cheveux blonds entourait le grand espace désert de son crâne. « Travail, travail, il travaille tout le temps, pluie ou soleil, nuit et jour. », dit Amma en désignant Markus.

Markus : « Tout le terrain est utilisé pour les fêtes de l'anniversaire d'Amma. Il n'y a pas un bout de terrain libre. C'est donc là que nous allons cultiver », dit-il en se touchant le crâne. Tout le monde rit de la plaisanterie.

Un dévot : « Est-ce parce qu'il y a beaucoup de saleté là-dedans ? ». Amma s'esclaffa et tout le monde rit avec elle, y compris Markus.

Un autre dévot : « C'est ce qu'on appelle Chertala[33] ! »

---

[33] Chertala est une ville côtière située au nord de l'*āśram*. Le mot signifie littéralement en malayāḷam « Tête remplie de saleté » *cher* : saleté et *tala* : tête.

Un *brahmacārī* rentrait de chez ses parents. Il se prosterna et s'assit près d'Amma.

Amma : « Fils, Amma n'a-t-elle pas promis qu'elle te servirait du *pāyasam* si tu rentrais aujourd'hui ? »

Brahmacārī : « Mais il n'y a sûrement plus de *pāyasam*, Amma. Tout ce qui a été préparé pour ce midi a dû être consommé. »

Amma : « Dieu va en envoyer. Permettrait-Il qu'Amma dise une parole fausse ? »

Au même moment, une famille qui venait d'arriver de Kollam offrit à Amma un récipient de *pāyasam* qu'ils avaient apporté. Amma en servit au *brahmacārī* et à tous les autres. Elle-même ne mangea que quelques noix de cajou qu'un enfant retirait pour elle du *pāyasam*.

Amma : « Amma n'aime pas tant que ça les noix de cajou. Il y en a beaucoup dans sa chambre, apportées par les enfants. Amma n'en mange pas d'habitude, mais elle aime goûter celles qui sont dans le *pāyasam* ou dans certains plats de légumes. »

Amma grappilla un raisin, une graine de cardamome, un morceau de noix de cajou et les mit dans la paume de sa main. Elle déclara : « Ceci donne du goût au *pāyasam*, comme la spiritualité donne de la douceur à la vie. »

Visite au foyer familial et renoncement

Amma dit au *brahmacārī* qui était allé voir sa famille : « Mon fils, tu déclares que tu n'as ni parents, ni biens, etc., et cependant tu rentres chez toi. En revanche, ceux qui proclament qu'ils te sont très attachés viennent très rarement ici. Examine tes actions avec grand soin. Onam est une fête spirituelle. Si nous décidons de jouer un certain rôle en ce monde, jouons le bien. Nous nous tournons vers la vie spirituelle pour nous délivrer du sens du « moi ». « Mes parents, mon frère et ma sœur, ma famille », tout cela est inclus dans ce « je ». Quand le « je » disparaît, ils disparaissent eux aussi. Il ne reste alors que « toi », c'est-à-dire Dieu. Nous devons tout abandonner à sa volonté et vivre selon ce principe. Pour que nous récoltions les bienfaits de la vie spirituelle, il faut que cette condition soit remplie.

Chaque fois que tu quittes l'*āśram*, tu perds un peu de ton temps de *sādhana*. Chaque instant de ta vie est précieux. Si ton père et ta mère désirent tant prendre le repas d'Onam avec leur fils, ils peuvent venir ici. Nous avons tout préparé pour qu'ils viennent. Si tu continues à rentrer chez toi, tu perdras le *saṁskāra* que tu as développé ici, et seuls persisteront tes attachements.

Au début, les *sādhaks* doivent rester éloignés de leur famille, sinon, l'attachement qu'ils éprouvent pour elle les empêchera de progresser dans leur *sādhana*. Si tu restes attaché à ta famille, c'est comme si tu stockais un produit aigre dans un récipient en aluminium : des trous se formeront dans le récipient et tu ne pourras plus rien y mettre. L'attachement à toute autre chose qu'à Dieu amenuise notre force spirituelle. L'attachement est l'ennemi d'un *sādhak*. Il doit considérer les choses ainsi et se garder de telles relations. Si tu rames dans un bateau amarré au rivage, tu n'iras nulle part.

Nous sommes les enfants du Soi. Nous devrions avoir avec notre famille la même relation qu'avec les autres personnes. Si nos parents sont âgés et malades, il n'y a pas de mal à aller s'occuper d'eux. Mais même dans ce cas, si nous avons le sentiment qu'il s'agit de « mon » père ou de « ma » mère, tout est perdu. Éprouvons de la compassion pour ceux qui souffrent et voyons Dieu en eux ; cette attitude est valable envers les membres de notre famille. Si ceux qui parlent de « mon » fils et de « ma » fille avaient pour vous un amour véritable, ne viendraient-ils pas vous voir ici ? Si vous venez à l'*āśram* en tant que chercheur spirituel, menez la vie d'un *sādhak*. Sinon, ni votre famille ni le monde n'en retireront le moindre bienfait. Et cela ne va pas, mes enfants !

Nous arrosons les racines de l'arbre et non son feuillage, car c'est ainsi que l'eau profite à toutes les parties de l'arbre. De même, si nous aimons vraiment Dieu, nous aimerons tous les êtres vivants de l'univers parce que Dieu demeure dans le cœur de tous les êtres. Dieu est le fondement de tout. Voyons donc Dieu en toutes les formes, aimons-le et adorons-le en elles. »

Dieu est dans le temple

Un des dévots parla de Dayānanda Sarasvatī[34]. Il décrivit la lutte de Dayānanda contre le culte des idoles et raconta comment il avait adopté ce point de vue.

« Dayānanda vit un jour une souris emporter une sucrerie placée en offrande devant l'image de Devi. Il songea : « Quel pouvoir a donc cette image si elle ne peut empêcher une souris de voler la nourriture qui lui a été offerte ? Comment pouvons-nous alors espérer qu'une simple icône résolve nos problèmes ? ». Et à partir de ce jour, il s'opposa fermement au culte des idoles. »

Amma, qui avait écouté tranquillement, répliqua : « Quand un fils regarde un portrait de son père, songe-t-il à l'artiste qui a peint le tableau ou bien se rappelle-t-il son père ? Les symboles de Dieu nous aident à nous concentrer sur lui. Nous montrons à un enfant l'image d'un perroquet et lui disons que c'est un perroquet. Quand l'enfant grandit, il est capable de reconnaître un perroquet sans l'aide de l'image. Si Dieu est partout et si tout est Dieu, n'est-il pas aussi dans l'idole de pierre ? Comment pouvons-nous donc nier le pouvoir de l'image ? Et si la petite souris a pris ce qui avait été offert à Devi, nous pouvons l'interpréter

[34] Le fondateur d'Arya Samaj, le mouvement réformateur hindou. Il s'efforça de faire revivre les pratiques védiques ; c'était un adversaire de l'adoration des idoles.

en ce sens : la petite créature avait faim et elle a pris ce qui avait été offert à sa propre mère. Après tout, Devi n'est-elle pas la mère de tous les êtres ? »

Le dévot : « De nombreux brahmanes ont pratiqué le *japa* et effectué des *pujās* pendant des années, sans pour autant réaliser le Soi. »

Amma : « Ce qui importe, c'est le détachement et la soif ardente de réaliser la vérité. Il est impossible de trouver Dieu uniquement à travers les austérités (*tapas*). Pour atteindre Dieu, il faut avoir le cœur pur et il faut aimer. »

Le dévot : « La Bhagavad Gītā dit que le corps est un temple (*kṣetra*). »

Amma : « Nous faisons des déclarations du style : « Dieu est en nous et non à l'extérieur » parce que nous distinguons encore entre l'intérieur et l'extérieur. Nous devrions considérer tous les corps comme des temples et tous les objets comme notre propre corps. »

Les différences de castes n'ont pas de sens

Le dévot : « Aujourd'hui encore, certaines personnes observent la coutume de *l'ayitham*, qui se fonde sur le système des castes. Il y a même des *gurus* érudits qui la respectent. »

Amma : « Connaissez-vous l'histoire du balayeur de basse caste qui s'approcha de Śaṅkaracārya ? Śaṅkaracārya lui dit : « Ôte-toi de mon chemin. » Le balayeur demanda : « Que dois-je bouger, mon corps ou mon âme ? Si tu veux que je bouge mon âme, où dois-je la mettre ? La même âme est partout présente. Si c'est mon corps que je dois bouger, quelle est la différence entre mon corps et ton corps ? Ils sont constitués des mêmes matériaux. La seule différence est la couleur de la peau. »

Un dévot chanta un couplet satirique : « Certains sont si fiers d'être des *brahmanes* que le seigneur Brahma lui-même n'est pas leur égal ! » Amma rit.

Amma : « Un authentique *brahmane* est celui qui a la connaissance de *brahman*, Celui qui a fait monter la *kuṇḍalinī* jusqu'au sommet de la tête, jusqu'au *sahasrāra* (le pétale aux mille lotus). Si l'on priait les personnes ayant un *saṁskāra* extrêmement élevé d'éviter de se mêler à ceux dont le *saṁskāra* manque de raffinement, c'est pour que la pureté de leur *saṁskāra* ne soit pas affectée. Mais où donc trouve-t-on aujourd'hui un vrai brahmane ? Les écritures disent que pendant le *kali yuga*, les brahmanes deviendront des *sudras* et inversement.

À l'époque actuelle, les instructions concernant les différentes castes n'ont donc aucun sens.

Dans les temps védiques, on donnait aux gens le travail qui correspondait le mieux à leur *saṁskāra*. Mais ce n'est pas le cas de nos jours. Autrefois, on confiait le culte dans les temples à des brahmanes éminents. Aujourd'hui, il est impossible de mettre l'étiquette « brahmane » sur un fils de brahmane ou « *kṣatriya* » sur un fils de *kṣatriya*. Bien des gens issus de la caste de pêcheurs de la région ont reçu une éducation et ont de très bons emplois. Ils ne connaissent rien au travail traditionnel de leur communauté. »

Un jeune homme posa la question : « Le seigneur ne dit-Il pas dans la Bhagavad Gītā : « J'ai moi-même établi les quatre castes (*varṇas*) » ? Dans ce cas, n'est-il pas responsable de toutes les injustices commises de nos jours au nom des castes et de la religion ? »

Un autre dévot répliqua : « Pourquoi ne pas citer aussi le vers suivant ? Il dit : « En accord avec les *guṇas*. » Cela signifie que l'on est *brahmane* ou hors-caste (*cāṇḍāla*) par ses actions et sa conduite, non de naissance. »

Amma : « Nul n'est *brahmane* avant la cérémonie du cordon sacré (*upanayana*), de même que l'on n'est pas chrétien avant le baptême. Les musulmans ont d'autres rituels qui jouent le même rôle. Jusqu'à ce que l'enfant soit initié par cette cérémonie, qu'est-il réellement ? Vous voyez, ce sont les hommes qui ont instauré les castes, pas Dieu. Il est inutile de blâmer Dieu pour les injustices commises au nom des castes et de la religion. »

Les paroles d'Amma mirent fin au débat. Il était bien tard, mais même les petits enfants n'étaient pas couchés. Un groupe s'était assemblé non loin de là, autour de la balançoire. Quelques adultes essayaient de persuader une petite fille de chanter un chant en l'honneur d'Onam. Timide, elle se fit un peu prier, puis elle chanta de sa voix innocente :

maveli nadu vaneedum kalam

Quand Maveli gouvernait le pays
Tous les hommes étaient égaux
Il n'y avait ni voleur ni escroc,
Pas une seule parole mensongère

Heureux ceux qui entouraient Amma et contemplaient les nuages d'automne défilant rapidement au ciel, jouant avec le clair de lune ; ils songeaient que si Onam commémorait l'époque ancienne où le monde était beau parce que l'égalité y régnait, ici, en présence d'Amma, c'était chaque jour Onam, parce que des gens de toutes races, de toutes castes, de toutes croyances vivaient ensemble, enfants de la même mère aimante.

Mercredi 17 septembre 1986

Les *brahmacārīs* étaient en cours. Amma descendit de sa chambre et se dirigea vers l'étable. Le réservoir qui avait été construit pour recueillir les excréments des vaches était plein. Amma prit un seau, le remplit dans le réservoir et alla le vider sous les cocotiers. Peu après, les *brahmacārīs* arrivèrent, le cours étant terminé. Ils prirent le seau et continuèrent le travail qu'elle avait commencé. Ils insistèrent tant qu'elle arrêta et partit.

Ses pieds, ses mains, ses vêtements étaient maculés, éclaboussés de bouse de vache. Une dévote ouvrit le robinet et voulut laver les pieds et les mains d'Amma, mais elle ne le lui permit pas. « Non, ma fille, Amma le fera elle-même. Pourquoi te salir les mains ? »

La dévote : « Pourquoi fais-tu ce genre de travail ? Tes enfants ne sont-ils pas là pour le faire ? »

Amma : « Fille, si Amma regarde sans participer au travail, ils l'imiteront et deviendront paresseux ; ils seront un fardeau pour le monde. Cela ne doit pas arriver. Amma est très heureuse de travailler. Elle est simplement désolée pour Gāyatri. Quand Amma fait ce genre de travaux, ses vêtements sont très sales et c'est Gāyatri qui les lave. Même si Amma essaye de faire la lessive, Gāyatri ne la laisse pas faire ; mais parfois, Amma ruse et fait quand même le lavage ! ». Amma rit de bon cœur.

Une autre femme avança pour se prosterner devant Amma.

Amma : « Non, ne te prosterne pas maintenant, ma fille ! Les vêtements d'Amma sont pleins de bouse de vache. Amma va d'abord prendre une douche ; elle revient. »

Amma monta dans sa chambre et quelques minutes plus tard, elle était de retour. Les dévots, qui attendaient auprès du *kalari*, l'entourèrent. Les *brahmacārīs* étaient également présents.

Le satsaṅg est important, la sādhana indispensable

Un *brahmacārī* demanda : « Amma, pourquoi accordes-tu tant d'importance au *satsaṅg* ? »

Amma : « Le *satsaṅg* nous enseigne à vivre correctement. Si nous voyageons vers une destination lointaine, une carte nous permet de ne pas nous perdre et d'arriver au moment prévu. Ainsi, le *satsaṅg* nous permet d'aiguiller notre vie sur la bonne voie, en évitant tous les dangers. Si tu apprends à cuisiner, tu peux ensuite facilement préparer un repas. Si tu étudies l'agriculture, tu peux sans difficulté devenir fermier. Si tu comprends quel est le but réel de la vie et que tu œuvres de la bonne manière à le réaliser, ta vie sera remplie de joie. Voilà l'aide que nous apporte le *satsaṅg*.

Nous pouvons utiliser le feu pour incendier notre maison ou bien pour cuire notre nourriture. Avec une aiguille, on peut se percer un œil ou bien coudre ses vêtements. Il est donc essentiel de déterminer l'usage correct de chaque chose. Le *satsaṅg* nous aide à saisir le véritable sens de la vie et à mener notre vie en accord avec cette compréhension. Ce que nous obtenons grâce au *satsaṅg* est un trésor qui nous accompagne dans toutes nos vies. »

Brahmacārī : « Le *satsaṅg* en lui-même est-il suffisant pour réaliser Dieu ? »

Amma : « Il ne suffit pas d'écouter un discours théorique sur l'art de la cuisine pour être rassasié. Il faut ensuite cuisiner et manger. Pour faire pousser des fruits, on ne peut pas se contenter d'étudier l'arboriculture, il est indispensable de planter les arbres fruitiers et d'en prendre soin.

Vous avez beau savoir qu'il y a de l'eau à un certain endroit, à moins de creuser un puits, vous n'aurez pas d'eau. Il est impossible d'étancher sa soif en regardant l'image d'un puits. Il faut puiser l'eau dans un vrai puits et la boire. Et suffit-il de regarder la carte dans une voiture à l'arrêt ? Pour arriver à destination, il faut parcourir la route indiquée sur la carte. De même, il ne suffit pas de participer à des *satsaṅgs* ou de lire les écritures. Pour connaître la vérité, il est nécessaire de mener sa vie selon les principes exposés ; libérons-nous donc de tout désir et adorons Dieu, sans rien attendre ni désirer en retour.

La *sādhana* seule nous permet d'éviter d'être esclaves des circonstances et d'intégrer dans notre vie ce que nous avons appris. Apprenons d'abord les principes spirituels en écoutant les *satsaṅgs*, puis vivons selon ces principes.

Même si les écritures nous révèlent : « Je suis *brahman* », « Tu es cela » etc., avant que la connaissance de la réalité puisse briller en nous, l'ignorance qui nous habite doit disparaître. Si nous répétons « Je suis *brahman* » sans faire la moindre *sādhana*, cela revient à nommer un enfant aveugle *prakāśa* (lumière).

Un homme donna un jour un discours dans lequel il tint le raisonnement suivant : « Nous sommes *brahman*, n'est-ce pas ? Alors pourquoi faire une *sādhana* ? ». Après son exposé, on lui servit à dîner. Le garçon déposa devant lui une assiette avec des morceaux de papier sur lesquels étaient écrits les mots « riz », « *sambar* », et « *pāyasam* ». L'assiette ne contenait aucune nourriture. L'orateur se fâcha. « À quoi jouez-vous ? Cherchez-vous à m'insulter ? »

Le garçon répondit : « J'ai écouté votre discours tout à l'heure. Je vous ai entendu déclarer que vous étiez *brahman* et que cette pensée suffisait, qu'il n'y avait pas besoin de *sādhana*. J'ai donc pensé que vous seriez certainement d'accord pour vous contenter de penser à la nourriture ; cela doit suffire à apaiser votre faim ; visiblement, il est superflu de manger. »

Il ne suffit pas de parler, les enfants ! Il faut agir. Seule la *sādhana* nous permettra de réaliser la vérité. Si quelqu'un ne fait pas d'efforts, le *satsaṅg* a pour lui la même valeur qu'une noix de coco pour un chacal : il restera sur sa faim. Un tonique améliore notre santé à condition que nous suivions les instructions marquées sur la bouteille et que nous prenions la bonne dose.

Le *satsaṅg* revient à lire les instructions, la *sādhana* à prendre le tonique. Le *satsaṅg* nous apprend à distinguer entre l'éternel et l'éphémère, mais seule la *sādhana* nous permettra de faire l'expérience et de réaliser ce dont on nous parle.

Si on assemble correctement les différentes parties d'une radio et branche le tout, on peut entendre le programme émis par une station de radio éloignée, sans quitter son foyer. Entraînons correctement notre mental grâce à la *sādhana*, vivons en accord avec les enseignements des *mahātmas* et nous pourrons goûter la béatitude éternelle tandis que nous sommes encore dans ce corps. Consacrons-nous à la *sādhana* et au service désintéressé, cela suffit.

Nous aurons beau étudier le *vedanta* toute une vie, sans *sādhana*, nous ne ferons jamais l'expérience de la réalité. Ce que nous cherchons est en nous, mais pour le trouver, nous avons besoin des pratiques spirituelles. Pour que la graine devienne un arbre, il faut la planter, l'arroser et mettre de l'engrais. Il ne suffit pas de la garder dans la main. »

Tous étaient captivés par les paroles d'ambroisie d'Amma, sans prêter attention au temps qui passait. Elle finit par leur dire : « Il est très tard, les enfants, allez-vous coucher. Ne faut-il pas que vous vous leviez pour l'*arcana* demain matin ? »

À contrecœur, ils se levèrent et partirent. Un peu plus loin, ils se retournèrent et virent la forme enchanteresse d'Amma, illuminée par le clair de lune. N'était-ce pas la lumière de son visage qui se reflétait dans la lune, le soleil et les étoiles ?

Tameva bhantam anubhati sarvam
Tasya bhasa sarvamidam vibhati.

Quand il brille, tout brille dans son sillage
C'est sa lumière qui illumine tout.

—Kathopaniṣad

Glossaire

adharma : ce qui est contraire au *dharma*, à la loi divine, ce qui est péché, en opposition à l'harmonie divine.

advaita : non-dualité. La philosophie qui enseigne que la réalité suprême est « une et indivisible ».

ahiṃsā : la non-violence. S'abstenir de blesser aucune créature vivante en pensée, en parole ou en action.

Ambika : « mère ». La mère divine.

Ammachi : mère.

anna prasana : la première nourriture solide donnée à un bébé.

Annapūrṇa : la déesse de l'abondance. La forme de la mère divine qui donne la nourriture.

ārati : le rituel dans lequel on offre de la lumière sous la forme du camphre qui brûle, en sonnant une cloche devant la divinité du temple ou devant une personne sainte, en conclusion d'une *pujā* (adoration). Le camphre ne laisse pas de résidu quand il brûle, ce qui symbolise l'anéantissement total de l'ego.

arcana : « Ooffrande en adoration ». Une forme d'adoration dans laquelle on récite les noms d'une déité, généralement 108, 300 ou 1000 noms en une session.

āsana : un petit tapis sur lequel le chercheur s'assied en méditation. Posture de *yoga*.

āśram : « lieu où l'on s'efforce » (de réaliser Dieu). Un endroit où les chercheurs spirituels vivent ou séjournent pour y mener une vie spirituelle et faire une *sādhana*. C'est généralement la résidence d'un maître spirituel, d'un saint ou d'un ascète, qui guide les chercheurs.

ātman : le vrai Soi. La nature essentielle de notre existence réelle. Un des principes fondamentaux du *Sanatana Dharma*, c'est que nous ne sommes ni le corps physique, ni les émotions, ni le mental, ni l'intellect ou la personnalité. Nous sommes le Soi, pur et que rien ne peut souiller.

AUM : syllabe sacrée. Le son ou la vibration primordiale, qui représente *brahman* et la création entière. AUM est le *mantra* primordial et on le trouve généralement au début d'autres *mantras.*

avatār : « descente. » Une incarnation du Divin. Dieu s'incarne dans le but de protéger le bien, de détruire le mal, de rétablir l'harmonie et la justice dans le monde et de guider l'humanité vers le but spirituel. Il est très rare qu'une incarnation soit une incarnation totale (*purnavatar*).

ayitham : le mot *malayāḷam ayitham* (du sanskrit *asuddham*) se réfère à une croyance selon laquelle une personne de caste élevée est souillée par la proximité ou le contact de personnes de castes très basses.

Bhagavad Gītā : le chant du seigneur. Bhagavad = du seigneur ; Gītā = chant, se réfère surtout à des conseils. L'enseignement donné par Kṛṣṇa à Arjuna sur le champ de bataille de Kurukṣetra au début de la guerre du Mahābhārata. C'est un guide pratique pour la vie quotidienne ; il contient l'essence de la sagesse védique.

Bhagavan : « le seigneur béni ; Dieu ». Selon le *vedanga*, une branche de la littérature védique, Bhagavan est celui qui détruit le cycle de la transmigration et accorde l'union avec le divin.

bhajan : chant dévotionnel.

bhakti : la dévotion.

bhakti yoga : « l'union grâce à la *bhakti.* » La voie de la dévotion. La manière de réaliser le Soi grâce à la dévotion et à l'abandon total à Dieu.

bhasma : cendre sacrée.

bhava : *bhava* signifie devenir. Identification intérieure à une divinité. « Humeur divine ».

bhava darśan : le darśan qu'Amma donne aux dévots dans l'état d'identification à la mère divine. Au début, Amma apparaissait aussi en Kṛṣṇa *bhava.*

bhiksha : aumônes.

Bhīṣma : l'ancêtre (le grand-oncle paternel) des Pāṇḍavas et des Kauravas. C'était un valeureux guerrier, doté d'une profonde sagesse. Sa sympathie allait aux Pāṇḍavas, mais à cause d'un serment qu'il avait fait, il prit le parti des Kauravas dans la guerre du Mahābhārata. Il s'agit de l'épisode où Draupadi, épouse des Pāṇḍavas, est malmenée par Duḥśāsana, frère du roi Kaurava Duryodhana. C'est finalement Kṛṣṇa qu'elle implore de venir à son secours et qui la sauve en faisant un miracle : son sari n'a plus de fin, il est devenu d'une longueur infinie.

brahmacārī/brahmacāriṇī : un disciple célibataire qui fait des pratiques spirituelles sous la direction d'un *guru.* (*brahmacārinī* est l'équivalent féminin).

brahmacārya : « demeurer en brahman ». Observer le célibat et discipliner le mental et les sens.

brahman : la réalité absolue ; le tout ; l'être suprême, un et indivisible, en qui tout existe et qui est présent en toute chose

Brahma Sutras : aphorismes écrits par le sage Badarayana (Véda Vyasa) et qui exposent la philosophie du *vedanta.*

cāṇḍāla : intouchable

ceci : (malayāḷam) sœur aînée. Il est plus affectueux d'appeler quelqu'un ceci que simplement par son nom.

darśan : entrevue avec une personne sainte ou vision du divin.

Devi : « celle qui brille ». La déesse.

dhara : un flot ininterrompu de liquide. Ce terme est employé pour désigner un traitement médical dans lequel on verse sans arrêt un remède liquide sur le malade. Cela désigne aussi une forme de bain rituel donné à l'image d'une divinité.

dharma : « ce qui soutient l'univers ». *Dharma* a de nombreux sens, entre autres : la loi divine, la loi de l'existence, ce qui est conforme à l'harmonie divine, ce qui est juste, la religion, le devoir, la responsabilité, la conduite juste, la justice, la bonté et la vérité. Le *dharma* représente les principes essentiels de la religion.

dhyāna : méditation, contemplation.

diksha : initiation.

dośa : crêpe faite avec de la farine de riz.

Durga : un des noms de Śakti, la mère divine. Elle est souvent dépeinte tenant de nombreuses armes et chevauchant un lion. Elle détruit le mal et protège le bien. Elle détruit les désirs et les tendances latentes (*vāsanās*) de ses enfants et révèle le Soi suprême.

Dvaraka : une ville située sur une île. C'est là que Kṛṣṇa vécut et remplit ses responsabilités de roi. Une fois que Kṛṣṇa eut quitté son corps, Dvaraka fut submergée par l'océan. Les archéologues ont récemment découvert les restes d'une ville dans l'océan proche du Gujarat et ils pensent qu'il s'agit des restes de Dvaraka.

ekāgratā : concentration parfaite.

gāyatri : le *mantra* le plus important des *vedas*, associé à la déesse Sāvitri. Lorsqu'un garçon reçoit *upanayana* (le cordon initiatique), il est censé réciter ce *mantra*. Désigne aussi la déesse Gāyatri.

gopala : « petit vacher ». Un des noms de Kṛṣṇa.

gopi : les *gopis* étaient des laitières qui vivaient à Vṛndāvana. Elles étaient les dévotes les plus proches de Kṛṣṇa et leur dévotion suprême pour le seigneur est célèbre. Elles sont l'exemple de l'amour le plus ardent pour le seigneur.

gṛhasthāśramī : un *grihasthasrami* est quelqu'un qui se consacre à la vie spirituelle, tout en menant la vie d'un chef de famille.

guna : la nature primordiale (*prakṛti*) est composée de trois gunas, trois qualités ou tendances fondamentales, sous-jacentes à toute la manifestation : *sattva* (la bonté, la pureté, la sérénité), *rajas* (l'activité, la passion) et *tamas* (les ténèbres, l'inertie, l'ignorance). Ces trois *gunas* ne cessent d'interagir et de réagir entre elles. Le monde phénoménal est composé de différentes combinaisons des trois *gunas*.

guru : « celui qui balaye les ténèbres de l'ignorance ». maître, guide spirituel.

gurukula: un *ashram* avec un *guru* vivant, où les disciples vivent et étudient avec le *guru*.

Guruvāyur : lieu de pèlerinage au Kerala, proche de Trissur, où se trouve un célèbre temple dédié à Kṛṣṇa.

Haimavati : un des noms de la mère divine Pārvatī.

hatha yoga : une voie systématique développée dans des temps très anciens et qui a pour but de nous aider à réaliser le Soi. Cette voie inclut des exercices physiques et psychiques qui visent à faire du corps et de ses fonctions vitales de parfaits instruments pour la réalisation.

homa : feu sacrificiel.

hṛdayasunya : sans cœur.

Hṛdayeśa : seigneur de mon cœur.

japa : répétition d'un *mantra*, d'une prière ou d'un des noms de Dieu.

Jarasandha :le fils du roi de Magadha, Brihadratha. Celui-ci avait épousé deux jumelles mais n'avait pas d'enfant. Le sage Canda-Kausika le bénit en lui donnant une mangue sanctifiée par des *mantras*. Les reines la partagèrent et chacune donna naissance à la moitié d'un enfant. Atterrées, elles demandèrent aux servantes de jeter les deux moitiés. Dans la nuit, une démone du nom de Jara fut attirée par ces morceaux de chair. Par curiosité, elle rapprocha les deux moitiés qui s'unirent. L'enfant se mit à crier et les reines accoururent. Le roi lui donna le nom de Jarasandha, car Jara lui avait donné la vie. Jarasandha devint un héros, un empereur. Kamsa, oncle de Kṛṣṇa, était son beau-fils. Quand Kṛṣṇa tua Kamsa, Jarasandha jura de détruire toute la lignée de Kṛṣṇa et attaqua dix-sept fois Mathura. Kṛṣṇa finit par se retirer sur l'île de Dvaraka. Jarasandha avait capturé quatre-vingt-six rois. Il attendait d'avoir cent prisonniers pour les offrir en sacrifice à Śiva. Il fut tué en combat singulier par Bhīma et tous les rois furent délivrés.

jivātman : l'âme individuelle.

jñāna : sagesse spirituelle ou divine. La vraie connaissance est une expérience directe, qui transcende tout ce qui peut être perçu par le mental, l'intellect et les sens, tous limités. On y accède grâce à des pratiques spirituelles et à la grâce de Dieu ou du *guru*.

kalari : le petit temple où Amma donnait le *bhava darśan* jusqu'en 1989. Avant sa construction, pendant l'enfance d'Amma, c'était là que se trouvait l'étable familiale.

Kāli : « celle qui est sombre ». Un aspect de la mère divine. Du point de vue de l'ego, Elle peut paraître effrayante car Elle détruit l'ego. Mais si elle détruit l'ego et nous transforme, ce n'est que par sa compassion infinie. Kāli a de nombreuses formes. Sa forme bienveillante est appelée Bhadra Kāli. Un dévot sait que derrière son apparence féroce se cache la mère aimante, qui protège ses enfants et accorde la grâce de la libération.

kamaṇḍalu : un pot avec une anse et un bec recourbé que les moines utilisent pour recueillir de l'eau et de la nourriture.

Kamsa : l'oncle démoniaque du seigneur Kṛṣṇa. Il fut tué par Kṛṣṇa.

kanji : gruau de riz.

Kaṇṇa : « celui qui a de beaux yeux ». Surnom de Kṛṣṇa quand Il était bébé.

kapha : voir « *vata, pitta, kapha.* »

karma : action.

karma yoga : « l'union grâce à l'action ». La voie spirituelle du service désintéressé et détaché, dans laquelle on offre à Dieu le fruit de toutes ses actions.

karma yogi : un *karma yogi* suit la voie du service désintéressé.

Kātyāyanī : un des noms de la mère divine Pārvatī.

Kauravas : les cent enfants de Dhṛtarāṣṭra et de Gāndhārī. Les Kauravas étaient les ennemis des Pāṇḍavas, qu'ils combattirent lors de la guerre du Mahābhārata.

kindi : un récipient traditionnel en bronze ou en laiton avec un bec que l'on utilise pour les rituels d'adoration.

kīrtan : hymne.

Kṛṣṇa : « celui qui attire à lui » (comme un aimant), « celui qui est sombre ». La principale incarnation de Viṣṇu. Né dans une famille royale mais élevé par des parents adoptifs, il mena la vie d'un petit vacher à Vrindavan, où il était aimé et adoré par ses compagnons pleins de dévotion, les *gopis* (laitières) et les *gopas* (vachers). Kṛṣṇa devint ensuite le souverain de Dvaraka. Il était l'ami et le conseiller de ses cousins, les Pāṇḍavas, surtout d'Arjuna, dont il fut le conducteur de char pendant la guerre du Mahābhārata, et auquel il révéla son enseignement dans la Bhagavad Gītā.

Kṛṣṇa bhava : l'état dans lequel Amma révèle son unité avec Kṛṣṇa.

Kucela : un ami très cher de Kṛṣṇa, qui, dans sa jeunesse, avait étudié avec lui. Kucela se maria et vécut la vie d'un brahmane pauvre, mais maître de lui et satisfait de son sort. Un jour sa femme, lasse de leur misère, le pria d'aller voir Kṛṣṇa, son ami d'enfance, et de lui demander de les aider financièrement. Kucela décida d'aller trouver Kṛṣṇa, non pour demander de l'aide, mais pour revoir un ami très cher. Kṛṣṇa accueillit Kucela avec beaucoup d'affection. Ce dernier, rempli de joie et de paix, ne souffla pas un mot à Kṛṣṇa de la pauvreté qui l'accablait. Kṛṣṇa, connaissant le cœur de son ami, décida de lui faire une surprise et de lui accorder de grandes richesses. Kucela entama le voyage de retour, mais il ignorait l'intention de Kṛṣṇa. Son seul regret était de devoir annoncer à sa femme qu'il n'avait pas eu le cœur de demander quoi que ce soit. En arrivant chez lui, il fut étonné de voir qu'un palais ceint de splendides jardins se dressait à la place de sa pauvre hutte et que sa femme, entourée de servantes, portait de riches vêtements et des bijoux. Kucela pria le seigneur afin de ne jamais s'attacher à la richesse qu'Il lui avait accordé et de toujours L'aimer d'un amour pur.

kuṅkuma : le safran.

kṣatriya : la caste des guerriers.

kṣetra : temple ; champ ; corps.

kuṇḍalinī : « le pouvoir du serpent. » L'énergie spirituelle qui repose comme un serpent lové à la base de la colonne vertébrale. Grâce aux pratiques spirituelles elle s'élève par la canal de la *sushumna* (un nerf subtil à l'intérieur de la colonne), et monte en traversant les *cakras* (centres d'énergie). À mesure que la *kuṇḍalinī* s'élève de *cakra* en *cakra*, le chercheur spirituel fait l'expérience de niveaux de conscience plus subtils. La *kuṇḍalinī* atteint finalement le *cakra* situé au sommet du crâne (le sahasrāra), ce qui mène à la libération

lakṣya bodha : concentration ininterrompue sur le but suprême, dont on reste en permanence conscient.

Lalitā Sahasranāma : les mille noms de Lalitambika, une des formes de la mère divine.

līlā : « jeu ». Les mouvements et les activités du divin, qui par nature sont libres et ne sont pas nécessairement soumis aux lois de la nature.

mahāsamādhi : quand un être réalisé quitte son corps, on appelle cela mahā-samādhi, « le grand samādhi ».

mahātmā : « grande âme ». Amma emploie ce terme pour désigner un être réalisé.

mahāsamādhi : quand un être réalisé quitte son corps, on appelle cela mahā-samādhi, « le grand samādhi ».

mala : un rosaire, généralement fait de graines de *rudrakṣa*, de perles en bois de *tulasi* ou de santal.

mantra : formule sacrée ou prière que l'on répète constamment. Cette répétition éveille les pouvoirs spirituels latents en nous et nous aide à atteindre le But. Le *mantra* est plus efficace si on le reçoit d'un maître spirituel lors d'une initiation.

mantra dīkṣā : initiation à un *mantra.*

mātājī : « mère. » Le suffixe ji dénote le respect.

Maveli ou **Mahābali :** un démon roi, réputé pour la droiture et la justice de son gouvernement. La tradition du Kerala raconte que lors de la fête d'Onam, il visite la Terre pour voir comment vont ses anciens sujets.

māyā : « illusion ». La puissance divine, le voile avec lequel Dieu, lors du jeu divin de la création, se cache et donne l'impression de la multiplicité, créant ainsi l'illusion de la séparation. Māyā voile la réalité et nous trompe, nous faisant croire que la perfection se trouve à l'extérieur de nous.

mudra : geste sacré de la main qui représente des vérités spirituelles.

Mūkāmbikā : la mère divine, telle qu'elle est adorée dans un célèbre temple dédié à Devi. Ce temple est situé à Kallur, en Inde du Sud.

mukti : la libération.

muladhara : parmi les six cakras, le muladhara est le plus bas ; il est situé à la base de la colonne vertébrale.

Nanda : le père adoptif de Kṛṣṇa.

Nārāyaṇa : nara = connaissance, eau. « Celui qui est établi dans la connaissance suprême ». « Celui qui demeure dans les eaux originelles. » Nom de Viṣṇu.

ojas : énergie sexuelle transmuée en énergie vitale subtile grâce aux pratiques spirituelles.

om namaḥ śivāya : le *pañcākṣara mantra* (mantra composé de cinq syllabes) qui signifie « salutations à Śiva, celui qui est propice ».

pada pujā : l'adoration des pieds du seigneur, du guru ou d'un saint.

Pāṇḍavas : les cinq fils du roi Pāṇḍu, les héros de l'épopée du Mahābhārata.

paramātman : l'esprit suprême ; *brahman.*

Pārvatī : « la fille de la montagne. » L'épouse divine de Śiva. Un des noms de la mère divine.

pāyasam : pudding de riz sucré.

pīṭham : siège sacré.

pradakṣiṇam : une forme d'adoration dans laquelle on fait le tour d'un lieu saint, d'un temple ou d'une personne sainte, en tournant dans le sens des aiguilles d'une montre.

prārabdha : « responsabilités, fardeaux. » Fruit des actions passées faites dans cette vie ou dans des vies antérieures, qui se manifeste dans cette vie.

prasād : les offrandes consacrées distribuées après une *pujā.* Tout ce que donne un *mahātmā*, en signe de sa bénédiction, est considéré comme un *prasād.*

prema : amour suprême.

prema bhakti : amour suprême et dévotion.

pujā : rituel d'adoration.

purāṇas : Un des 18 textes sacrés regroupés sous le nom de *purāṇas.* Les *purāṇas* font partie des écritures.

pūrṇam : parfait, complet.

Radha : une des *gopis* de Kṛṣṇa. Elle était la *gopi* la plus proche de Kṛṣṇa et personnifie l'amour le plus pur, l'amour suprême pour Dieu. Radha est la divine épouse de Kṛṣṇa à Goloka, la demeure céleste de Kṛṣṇa.

rajas : l'activité, la passion. Une des trois *guṇas* ou qualités fondamentales de la nature.

Rāma : « celui qui donne la joie ». Le divin héros de l'épopée du Rāmāyaṇa. Il était l'incarnation de Viṣṇu, et il est considéré comme l'idéal de la vertu.

Rāmāyaṇa : « la vie de Rāma ». Une des plus grandes épopées de l'Inde, écrite en vers par Vālmīki. Le Rāmāyaṇa raconte la vie de Rāma, qui était une incarnation de Viṣṇu. Une grande partie de l'épopée raconte comment Sītā, l'épouse de Rāma, fut enlevée et emmenée à Śrī Laṅka par Rāvaṇa, le roi-démon, et comment elle fut délivrée par Rāma et ses dévots.

rasam : un bouillon composé de tamarin, de sel, de piments, d'oignons et d'épices.

Rāvaṇa : le roi-démon de Śrī Laṅka, qui est le méchant personnage dans le Rāmāyaṇa.

rudrākṣa : res graines de l'arbre *rudrākṣa*, qui possèdent à la fois des propriétés médicinales et un pouvoir spirituel. Elles sont associées au seigneur Śiva.

sādhak : Un chercheur spirituel qui pratique une *sādhana* dans le but d'arriver à réaliser le Soi.

sādhana : Disciplines et pratiques spirituelles telles que la méditation, la prière, le *japa*, la lecture d'écritures saintes et le jeûne.

sahasrāra : (le lotus) « aux mille pétales ». Le cakra supérieur, situé au sommet de la tête, où la *kuṇḍalinī* (*śakti*) s'unit à Śiva. Il ressemble à une fleur de lotus ayant mille pétales.

samādhi : sam = avec ; adhi = le seigneur. Unité avec Dieu. Un état de concentration profonde et absolue, dans lequel toutes les pensées cessent, le mental entre dans un état de calme absolu dans lequel il ne reste que la pure Conscience, puisque l'on demeure dans l'*ātman* (le Soi).

sambar : un bouillon épicé contenant des légumes.

samsāra : le monde de la pluralité ; le cycle des naissances, des morts et des renaissances.

samskāra : samskara a deux sens : la culture ; la totalité des impressions gravées dans le mental par les expériences (qu'elles datent de cette vie ou de vies antérieures) qui influencent la vie d'un être humain, sa nature, ses actions, son état intérieur, etc.

Sanātana Dharma : « la loi divine éternelle ». Le nom traditionnel de l'Hindouisme.

saṅkalpa : une résolution pleine et entière, manifestée. Le *saṅkalpa* d'une personne ordinaire ne porte pas toujours ses fruits mais le *saṅkalpa* d'un être réalisé donne à coup sûr le résultat voulu.

Śaṅkaracārya : Śrī Śaṅkaracārya était un mahātma et un philosophe. Il vécut au 8ème siècle et fut un des grands représentants de la philosophie de l'*advaita vedanta.*

sannyāsi : un moine ou une nonne qui a fait un vœu formel de renoncement. Un *sannyāsi* porte traditionnellement un vêtement de couleur ocre qui symbolise le fait que tous ses attachements ont été brûlés.

sadguru : un maître spirituel réalisé.

satsaṅg : sat = la vérité, l'existence ; saṅga = association avec. Être en compagnie d'êtres sages et vertueux. Désigne aussi un discours spirituel donné par un sage ou un érudit.

śakti : puissance. *Śakti* est aussi un des noms de la mère divine, l'aspect dynamique de brahman.

śāstri : érudit dans le domaine des écritures.

Śiva : « celui qui est propice ; celui qui est gracieux ; celui qui est bon. » Une des formes de l'être suprême. Le principe masculin ; l'aspect statique de brahman. L'aspect de la trinité associé à la destruction de l'univers, la destruction de ce qui n'est pas réel.

śraddhā : en sanskrit, *śraddhā* désigne la foi enracinée dans la sagesse et l'expérience, tandis que le même mot, en malayalam, signifie l'application avec laquelle on se consacre à son travail et aussi la conscience, la vigilance que l'on porte à chaque action. Amma utilise souvent le terme dans ce dernier sens.

śrī : « lumineux, saint ». Un préfixe qui est une marque d'honneur.

Śrīmad Bhāgavatam : le Śrīmad Bhāgavatam raconte l'histoire des incarnations de Viṣṇu et surtout narre avec force détails la vie de Kṛṣṇa. Ce texte met l'accent sur la voie de la dévotion.

sudras : la caste la plus basse parmi les quatre castes de l'antique système indien, tandis que les brahmanes sont la caste supérieure.

tamas : les ténèbres, l'inertie, l'apathie, l'ignorance. *Tamas* est l'une des trois *guṇas*, qualités fondamentales de la Nature.

tampran: un terme respectueux aux castes supérieures. L'histoire à laquelle Amma fait référence est celle-ci : un habitant de la forêt analphabète s'est lié d'amitié avec un *yogi*. Le *yogi* passait la plupart de son temps à méditer profondément sur le seigneur Narasimha, l'incarnation homme-lion du seigneur Viṣṇu. Voyant son grand désir d'avoir une vision du seigneur, l'habitant de la forêt eut pitié de son ami *yogi* et partit à la recherche de l'homme-lion. Sa recherche devint très intense. Il renonce à la nourriture, au sommeil et au repos et cherche inlassablement l'homme-lion avec une innocence, une intensité et un désir qui ont finalement forcé le seigneur Viṣṇu à apparaître devant lui sous le nom de Narasimha. L'homme noua un nœud coulant autour du cou du seigneur et l'amena au *yogi*, sans se douter que ce n'était autre que le seigneur suprême qu'il avait capturé. Le seigneur a donné instantanément *mokṣa* à l'habitant de la forêt tandis que le yogi étonné a reçu une promesse de libération dans cette naissance elle-même.

tandava : la danse de béatitude de Śiva, surtout au crépuscule.

tapas : « chaleur ». Discipline, austérités, pénitence et sacrifice de soi. Pratiques spirituelles qui consument les impuretés du mental.

tapasvi : un chercheur spirituel qui se livre à des austérités (*tapas*).

tīrtham : eau sacrée.

tyāga : renoncement.

upanayana : La cérémonie traditionnelle au cours de laquelle un enfant né de parents appartenant aux trois castes supérieures reçoit le cordon sacré et est initié à l'étude des textes sacrés.

upaniṣads : « être assis aux pieds du maître ». « Ce qui détruit l'ignorance ». L'ultime et quatrième partie des Védas, qui expose la philosophie du *vedanta*.

vada : un beignet salé, frit, fait de lentilles.

vairāgya : le détachement.

vānaprastha : la troisième étape de la vie. Dans la tradition de l'Inde ancienne, il y a quatre étapes de la vie. On envoie d'abord l'enfant à une *gurukula* où il mène la vie d'un *brahmacārī*. Puis il se marie et mène la vie d'un chef de famille, tout en se vouant à une quête spirituelle (*gṛhasthāśramī*). Quand les enfants du couple sont assez grands pour être indépendants, les parents se retirent dans un ermitage où ils se consacrent totalement à la spiritualité et aux pratiques spirituelles. Pendant la quatrième étape de la vie, ils renoncent totalement au monde et mènent la vie de *sannyasis.*

varṇa : caste principale. Les quatre castes principales sont les *brahmanes*, les *kṣatriyas*, les *vaiśyas* et les *śūdras*.

vāsana : dérivé de vas = vivant, qui reste. Les vāsanas sont les tendances latentes ou désirs subtils qui existent dans le mental et qui tendent à se manifester par des actions et des habitudes. Les *vāsanas* sont le résultat d'impressions laissées par des expériences (*saṁskāras*) qui existent dans le subconscient.

vata, pitta, kapha : selon la science ancienne de l'*Ayurveda*, il existe trois forces vitales ou humeurs biologiques primordiales, appelées *vata, pitta* et *kapha* ; elles correspondent aux éléments de l'air, du feu et de l'eau. Ces trois éléments déterminent les processus vitaux de croissance et de décomposition ; elles sont les forces qui déclenchent le processus de la maladie. La prédominance de l'un ou de l'autre de ces éléments chez un individu détermine sa nature physique et psychique.

veda : « connaissance, sagesse ». Les écritures anciennes et sacrées de Sanātana Dharma. Un ensemble de textes sacrés en sanskrit, divisé en quatre parties : Ṛg, Yajur, Sāma et Atharva. Les *vedas* font partie des plus anciens textes connus au monde et sont considérés comme la révélation directe de la vérité suprême, accordée par Dieu aux *ṛṣis*.

vedānta : « la fin des *vedas* ». La philosophie des *upaniṣads*, la partie conclusive des *vedas*, qui contient la vérité ultime que « tout est l'un sans second ».

vīṇā : un instrument à cordes indien, associé à la mère divine.

Vṛndāvana : le lieu où vécut le Kṛṣṇa historique, menant la vie d'un petit vacher.

Vyāsa : le sage qui divisa le *Veda* unique en quatre parties. Il rédigea aussi 18 *purāṇas* (récits mythologiques), le Mahābhārata et les Brahma Sutras.

yāga ou yajna: rite sacrificiel védique élaboré, offrande.

yāma et **niyāma :** les règles et les observances sur la voie du yoga.

Yaśodā : la mère adoptive de Kṛṣṇa.

yoga : vient de la racine sanskrite *yuj* qui signifie « joindre, unir ». Une série de méthodes grâce auxquelles on peut atteindre l'union avec le divin. Une voie qui mène à la réalisation du Soi.

yogi : quelqu'un qui excelle dans la pratique du *yoga* ou qui est établi dans l'union avec l'être suprême.

Guide pour la prononciation

Voyelles :

a	comme	**a**	dans **a**rmoire
ā	comme	**a**	plus long
i	comme	**i**	dans **I**talie
ī	comme	**i**	plus long
u	comme	**ou**	dans ch**ou**x
ū	comme	**ouu**	plus long
e	comme	**er**	dans lev**er**
ai	comme	**ai**	dans p**ai**lle
o	comme	**eau**	dans **beau**

(**o** et **e** sont toujours longs en Sanskrit)

au	comme	**ao**	dans cac**ao**
ṛ	comme	**r'**	dans **r'b**outeux

Consonnes :

k	comme	**k**	dans **k**ilogramme
kh	comme	**kh**	dans Ec**kh**art
g	comme	**g**	dans **g**arage
gh	comme	**gh**	dans di**g-h**ard
ṅ	comme	**n**	dans si**ng**
c	comme	**tch**	dans **ch**air
ch	comme	**tchh**	dans staun**ch-h**eart
j	comme	**dj**	dans **j**oy
jh	comme	**dge**	dans he**dge**hog
ñ	comme	**ny**	dans ca**ny**on

ṭ	comme	**t**	dans **t**ube
ṭh	comme	**th**	dans ligh**th**ouse
ḍ	comme	**d**	dans **d**ouleur
ḍh	comme	**dh**	dans re**d-h**ot
ṇ	comme	**n**	dans **n**avire
t	comme	**t**	dans **t**ube
th	comme	**th**	dans ligh**th**ouse
d	comme	**d**	dans **d**ouleur
dh	comme	**dh**	dans re**d-h**ot
n	comme	**n**	dans **n**avire
p	comme	**p**	dans **p**ain
ph	comme	**ph**	dans u**p-h**ill
b	comme	**b**	dans **b**ateau
bh	comme	**bh**	dans ru**b-h**ard
m	comme	**m**	dans **m**ère
ṁ	before a guttural sound like **ṅ**, before a palate sound like **ṇ**, before a dental sound like **n** and before a lip sound like **m.**		
ḥ	prononcer **aḥ** comme **aha**, **iḥ** comme **ihi, uḥ** comme **uhu**		
ṣ	comme	**ch**	dans **ch**ose
ś	comme	**s**	dans **s**prechen
s	comme	**s**	dans **s**i
h	comme	**h**	dans **h**ot
y	comme	**y**	dans **y**oga
r	un **r** roulé dans Roma, Madrid		
l	comme	**l**	dans **l**ibre
v	comme	**w**	dans **w**agon

www.ingramcontent.com/pod-product-compliance
Lightning Source LLC
Chambersburg PA
CBHW060829190426
43197CB00039B/2531
* 9 7 8 1 6 8 0 3 7 8 9 0 0 *